以绿色金融创新
支持京津冀协同发展

刘宏海◎著

责任编辑：张智慧　王雪珂
责任校对：孙　蕊
责任印制：程　颖

图书在版编目（CIP）数据

以绿色金融创新支持京津冀协同发展（Yi Lüse Jinrong Chuangxin Zhichi Jingjinji Xietong Fazhan）/刘宏海著. —北京：中国金融出版社，2018.4

ISBN 978-7-5049-9465-3

Ⅰ.①以… Ⅱ.①刘… Ⅲ.①区域经济发展—协调发展—金融支持—研究—华北地区 Ⅳ.①F127.2

中国版本图书馆 CIP 数据核字（2018）第 033599 号

出版　中国金融出版社
发行
社址　北京市丰台区益泽路 2 号
市场开发部　（010）63266347，63805472，63439533（传真）
网上书店　http：//www.chinafph.com
　　　　　（010）63286832，63365686（传真）
读者服务部　（010）66070833，62568380
邮编　100071
经销　新华书店
印刷　北京市松源印刷有限公司
尺寸　169 毫米 × 239 毫米
印张　24
字数　311 千
版次　2018 年 4 月第 1 版
印次　2018 年 4 月第 1 次印刷
定价　86.00 元
ISBN 978-7-5049-9465-3
如出现印装错误本社负责调换　联系电话（010）63263947

序　言

　　绿色金融是新常态下推动绿色发展的新引擎。过去四十年，依靠以投资拉动为主、资源消耗型和劳动密集型的粗放发展模式换取了经济的高速增长，也付出了资源过度消耗、生态环境污染的代价，尤其是京津冀地区，资源环境约束严重、过剩产能集聚。在经济转型升级的大背景下，绿色发展和环境保护的重要性上升到前所未有的高度。绿色发展需要绿色金融的支持。绿色金融在引导资源配置中发挥着关键作用，是实现绿色可持续发展的必要条件，也是调整产业结构、撬动经济增长的新支点。近年来，我国绿色金融取得了快速发展，绿色金融政策逐步完善，金融机构的绿色金融理念提升、参与度不断提高，绿色信贷、绿色债券、绿色基金等绿色金融工具多元化发展，绿色评级、绿色认证、绿色标准等绿色服务体系不断健全。但是由于绿色项目的"准公共性"及其期限长、收益低的特点，当前我国绿色金融仍存在巨大的供需缺口。

　　京津冀协同发展是我国区域发展的重要战略，通过非首都功能疏解、交通一体化、生态保护和产业转移升级实现区域协同发展，将为中国经济增长提供新动能。绿色发展对京津冀协同发展至关重要，资源承载超限、环境污染严重已经成为制约其发展的重要"短板"。本书作者将京津冀协同发展和绿色发展两大战略有机结合，就如何通过绿色金融创新推动京津冀经济转型升级和可持续发展这个命题做了非常有价值、有意义的探索。

　　本书令我印象深刻的有两点。其一在于"务实"。作者详细梳理了北京、天津、河北三地的绿色金融供给与需求的总量、结构状况，工作量甚至细致到各个项目的资金需求，得出的供求缺口有详实的数据作为支撑。但不仅于此，本书的亮点在于其解决问题的实用性。作者从理论、制度设计、产品、机构等方面提出了很多具有可操作性的建议，第七部分"设立京津冀绿色发展银行"则为日后设立绿色银行的实践提供了清晰、可行、具体的操作指引。其二在于"创新"。除了引导传统金融支持绿色金融发展之外，作者从体制机制、机构结构、产品服务、第三方中介机构、监管监督方面进行了创造性的研究，通过创新驱动增加京津冀绿色金融供给，思路开阔，具有前瞻性。

作为刘宏海在中央财经大学攻读博士时的导师，我与其接触较多，知道他是一个做事认真、善于思考的人。他在商业银行从事资产负债管理工作多年，经验丰富，这点在本书里也多有体现。他善于从商业银行资产、负债和资本管理的角度探究盘活绿色资金存量、扩大增量的可行措施，例如将绿色信贷与资本占用挂钩、降低其风险权重，对绿色金融定向降准，纳入 MPA 考核等，第七部分也较为细致和专业地研究了创建绿色银行的可行路径。本书将为政策制定者、金融机构、相关研究人员在构建绿色金融体系、进行绿色金融产品和服务创新、开展学术研究方面提供重要参考。

史建平

2018 年 1 月

目　录

1　经济新常态下的京津冀绿色协同发展 ………………… 1
　1.1　中国经济发展遇到增长瓶颈，进入经济新常态 ………… 3
　1.2　随着经济高速增长，环境问题凸显 …………………… 9
　1.3　京津冀协同发展支持经济转型和绿色发展 …………… 12
　1.4　京津冀绿色协同发展需绿色金融支持 ………………… 18

2　京津冀协同发展需树立绿色发展理念 …………………… 23
　2.1　绿色金融纠正市场失灵和金融失灵 …………………… 25
　2.2　绿色金融促进经济绿色增长 …………………………… 34
　2.3　绿色金融支持传统经济转型升级 ……………………… 47

3　京津冀协同发展中的绿色问题 …………………………… 53
　3.1　我国经济发展过程中的绿色问题 ……………………… 55
　3.2　北京资源承载超限，雾霾严重 ………………………… 64
　3.3　天津工业发展粗放，环境约束压力大 ………………… 70
　3.4　河北"两高一剩"产业集中，污染严重 ……………… 77
　3.5　京津冀经济发展区域分割，协同效益低 ……………… 84
　3.6　京津冀协同绿色发展 …………………………………… 88

4　绿色金融发展的关键问题 ………………………………… 95
　4.1　绿色金融定义 …………………………………………… 97

  4.2 绿色金融的国际国内发展 ………………………………… 99
  4.3 当前绿色金融面临的主要挑战和关键问题 …………… 128
  4.4 绿色金融的发展动向 ……………………………………… 134
  4.5 京津冀绿色金融发展情况 ………………………………… 138

5 京津冀协同发展中的绿色金融供求分析 ………………………… 143
  5.1 国内及京津冀地区经济与金融失衡 …………………… 145
  5.2 京津冀绿色金融产品供给 ………………………………… 158
  5.3 京津冀绿色金融需求 ……………………………………… 190
  5.4 京津冀绿色金融供求缺口 ………………………………… 216
  5.5 京津冀绿色金融供给不足的困难与原因 ……………… 230

6 创新绿色金融扩大京津冀金融供给 ……………………………… 237
  6.1 绿色金融创新发展总体思路 ……………………………… 239
  6.2 引导传统金融支持绿色发展 ……………………………… 243
  6.3 创新驱动增加京津冀绿色金融供给 …………………… 253

7 设立京津冀绿色发展银行，助力京津冀绿色协同发展 ………… 265
  7.1 京津冀绿色发展银行战略定位 …………………………… 267
  7.2 组建京津冀绿色发展银行 ………………………………… 279
  7.3 京津冀绿色发展银行业务发展 …………………………… 296

参考文献 …………………………………………………………………… 305

附表
  1 北京市通州区"十三五"时期经济社会发展
    主要指标及目标值 ………………………………………… 334
  2 北京市拟疏解产业一览表 ………………………………… 336

3	北京市 2017 年高精尖投资项目	341
4	河北省 2017 年重点合作项目	346
5	2016 年京津冀地区银行业金融机构情况	360

跋　绿色金融的远征 369

后记 372

1

经济新常态下的京津冀绿色协同发展

当前中国经济已由高速增长阶段转变为高质量发展阶段,经济发展进入新常态。在新常态下,我国劳动力资源的国际比较优势趋弱,人口红利逐渐消失,传统制造业模式的发展面临技术瓶颈,投资驱动经济的模式难以为继。同时,三十多年的经济高速增长对生态环境造成了严重负面影响,我国环境与资源的承受能力已接近上限。在传统增长动能和外部环境的双重制约下,粗放式经济发展模式已然不可持续,寻找经济增长新动力并以此推动经济实现绿色可持续发展成为当前经济发展的核心主题。

1.1 中国经济发展遇到增长瓶颈，进入经济新常态

改革开放三十多年来，我国经济实现了高速增长。2010年中国经济总量达41.30万亿元，成为世界第二大经济体。截至2016年底，我国经济总量已攀升至74.41万亿元，是1978年改革开放之初经济总量的202倍；人均GDP也由1978年的384.74元增长到5.038万元，增长近130倍。然而在经济高速增长、物质极大丰富的同时，环境问题也日趋严重。

过去几十年的发展历程中，我们走的是以投资拉动为主、资源消耗型和劳动密集型的粗放发展模式。应该说，在改革开放初期，中国作为落后的发展中国家，充分发挥本国廉价而丰富的劳动力资源和自然资源实现"追赶式"增长，在当时是必要的，也是落后的发展中国家实现经济增长的通常途径。然而经过几十年的高速增长后，由于内外部环境的变化，环境与资源已难以支持如此庞大的经济体量继续快速增长，自2010年以后，我国GDP增长率逐年下滑，劳动力、技术和投资皆到发展拐点，经济转型势在必行。具体而言，我国旧的经济增长模式难以为继主要体现在劳动力、技术和投资等几个方面。

1.1.1 人口红利逐步消失，劳动力比较优势渐弱

中国是一个人口大国，在相当长的时期存在大量农村富余劳动力，提供了充足的人力支撑。第三次人口普查结果显示，1982年我国共有农村人口7.97亿人，占到当年城镇和农村人口总数的79.09%。在城镇化进程中，大量的农村人口转移到城镇，由传统农业转移到加工制造业。由于制造业的劳动生产率显著地高于农业[①]，因此在这一人口转移过程中极大地提高了我国的要素生产率，推动经济高速增长。另外，因成本优势，加工制造行业的劳动密集型企业在外贸市场上竞争力增强，

---

① 李扬，张平，张晓晶，汪红驹. 当前和未来五年中国宏观经济形势及对策分析[J]. 财贸经济，2013，(01)：5-13.

吸引大量的外商投资，并有效拉动了我国的出口贸易，使我国的出口总额在2014年实现2.34万亿美元，是改革开放初期的241倍。吴雪、周晓唯（2017）的研究表明，自1985年以来，我国人口红利对GDP的贡献率始终为正且有大幅增加，2010年和2011年两个年度人口红利对GDP的贡献率超过16%[①]，说明在过去相当长的一段时期内，众多的人口成为我国经济快速增长的不可或缺的因素。然而近年来，由于内外部环境的变化，以及20世纪90年代计划生育国策的影响逐步显现，我国的劳动力资源的供给出现压力，且在国际市场上劳动力成本的比较优势也逐渐丧失。

首先，自2011年以来中国的人口抚养比逐年上升。人口抚养比是指一国非劳动年龄人口占劳动年龄人口的比例，这一指标衡量的是每100名劳动年龄人口要抚养的非劳动年龄人口数量的情况。一般认为，人口抚养比低说明一国劳动力供应充足，社会负担较轻，人口和劳动力条件有利于实现经济增长，是人口红利的释放阶段；人口抚养比上升则说明全社会需要抚养的非劳动人口比例上升，社会负担加重，且会牵制劳动年龄人口的有效供给，若一国一直保持人口抚养比上升趋势，则意味着人口红利渐渐消失。中国的人口抚养比在2005年至2011年这段时期内逐年降低，由40.10%下降至2011年的34.40%。这一过程伴随的是人口红利释放的过程，也恰恰是中国经济高速增长的一段时期。然而在2011年后，我国人口抚养比转而上升，到2015年达到36.97%[②]，虽然这一指标尚未突破国际上认定的50%的人口机会窗口期的临界值，但也说明我国的劳动力供给压力较2011年以前的时期有所增加。

其次，近年来随着我国经济快速发展和劳动力工资福利的普遍提

---

① 吴雪，周晓唯. 人口红利、制度红利与中国经济增长［J］. 经济体制改革，2017（03）：11-16.

② 数据来源：Wind资讯。

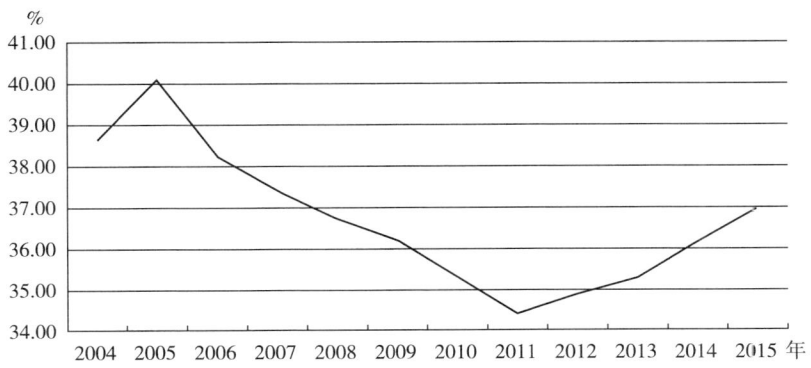

数据来源:Wind 资讯。

图 1-1 我国人口抚养比变动情况

高,劳动力资源的国际比较优势在逐渐降低。以制造业为例,2010 年到 2016 年,中国制造业工人月平均收入由 1 582 元增加至 3 233 元,年平均复合增长率为 13.66%,而同期制造业利润总额的年均复合增长率为 9.95%,利润增速低于平均工资收入 3.71%。劳动力成本快速增加逐渐削弱了我国制造业的国际竞争力,国际制造业企业也正逐步向劳动力成本优势逐渐显现的东南亚各国转移,这对我国传统制造业的发展和对外贸易都造成了冲击。

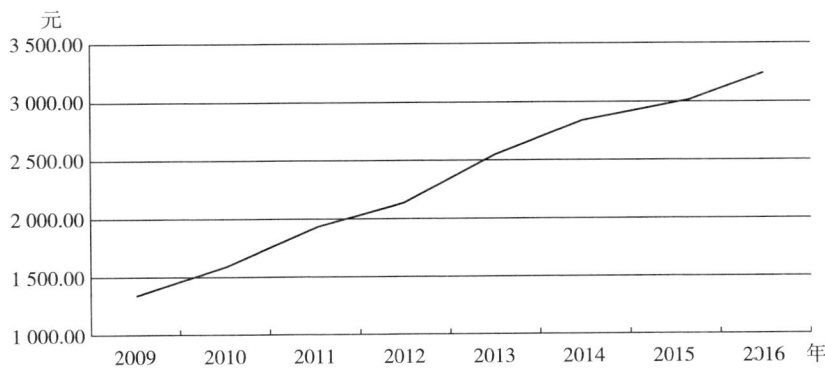

数据来源:Wind 资讯。

图 1-2 制造业农民工月均工资变动情况

此外，过去几十年我国经济发展中，主要是依靠人力资源量的投入，而对人力资本投入的重视程度不够，使得我国劳动力人口在知识、技能方面的提高速度较慢，劳动力素质整体处于相对较低的水平。在过去的"两头在外"的贸易模式中，我国劳动力的整体水平可以满足简单加工的需要。然而当前我国面临经济转型，传统的制造业亟待向高端制造业、自主技术创新转型，在这一背景下，人力资本投入的欠缺就与当前的产业转型需求出现了结构性矛盾，在一定程度上制约了我国制造业的转型升级。

因此，随着人口老龄化、劳动年龄人口供给压力和劳动力成本的上升，我国在过去一段时期内的劳动力资源优势正在逐渐消失，近十多年来的人口红利也释放殆尽，当前的劳动力资源现状已无法支持我国传统模式下经济继续保持高速增长，经济增长方式的转型已成为持续发展的必然要求。

1.1.2 "两头在外"的制造业模式发展面临技术瓶颈

长期以来，我国经济的增长模式一直是要素驱动和投资驱动，经济增长主要依靠土地、能源、原材料、资本和廉价劳动力的大量投入实现，而对技术、知识、人才等要素的重视程度和投入程度不够。制造业的发展基本走的是一条低技术含量、低附加值、简单加工的道路，自主创新能力较低。以汽车制造和空调制造为例，2016年12月，我国汽车产销量分别达到2 811.9万辆和2 802.8万辆，产销量均稳居世界第一位。然而自主品牌的品牌价值仍然较低，汽车发动机等关键部件的核心技术和专利依然掌握在发达国家手中，需要高价引进；2016年空调产量突破1.6亿台，已成为世界最大的空调生产国，但是，我国的空调制造业还不完全掌握空调压缩机和制冷剂等技术，核心技术依然依赖发达国家。从对外贸易中进出口产品结构来看，我国进口产品中高科技含量、高价值的产品占比较高，出口品中廉价的生活用品、矿产资源等占比较高，进出口产品结构不合理。

经济中的这种低级技术含量的供给，一方面，使我国供给与需求之间出现了结构性的矛盾。经过多年的发展，我国供给相比需求短缺的时代已经过去，基本实现了物质资源丰富，但是当前存在的问题是所供给的产品质量和技术与人民日益提高的产品需求不相匹配，才会出现近年来众多消费者赴日本购买马桶盖、从澳大利亚购买进口奶粉等现象。另一方面，由上文中的论述可知，当前我国劳动力资源等要素成本上升、人口红利逐渐消失和核心技术需要高价从国外引进等因素的存在，使中国旧模式下的生产成本不断提高，而在国际市场激烈竞争导致产品价格上调空间十分有限的情况下，制造业企业利润被大幅压缩，不利于制造业和整体经济的持续快速发展。我国制造业急需创新驱动，为人民美好生活转向高技术、高质量的产品生产。

1.1.3 投资驱动经济发展的模式亟待转型

作为经济增长的"三驾马车"之一，投资拉动在我国的经济发展过程中一直发挥着重要作用。自 2006 年以来，我国投资和资本形成对 GDP 增长的贡献率始终在 40% 以上，2009 年和 2010 年分别达到 86.5% 和 66.3%。2016 年底，我国全社会固定资产投资额达到 60.65 万亿元。巨额投资拉动经济增长的同时，也逐渐暴露出了限制这种模式持续发挥作用的问题。

首先，经过多年的投资驱动发展，我国增量投资转化为资本的效率和边际回报率均在降低，可投资领域减少，继续依靠大规模投资拉动经济的空间越来越小。一般来说，在一个经济体中，投资只有最终形成机器设备、厂房、基础设施等物质资本后，才能对经济增长起到实际拉动作用，这就存在一个投资向资本转化的效率问题。衡量投资转化为物质资本的效率，可以用全社会资本形成总额和同期的全社会固定资产投资额之间的比例来衡量。以 2003 年为例，2003 年我国全社会固定资产投资完成额为 5.56 万亿元，同期资本形成总额为 5.58 万亿元，资本形成总额与全社会固定资产投资完成额的比值为 1.04，说明当年每 1 元的固定资产投资可以形成1.04元的物质资本,投资效率是比较高的。然而自2003年以后,我国的投资效率整体上一直呈下降趋势(图1-3)。到2016年,这一比率下降到54.37%,说明我国近年来的总投资有近一半是无效的。此外,经过多年的大规模投入,铁路、高速公路、房地产及其他基础设施领域投资已接近饱和,政府可投资领域减少,伴随着投资边际效率的下降,传统的投资模式已无法继续支持经济的高速增长。

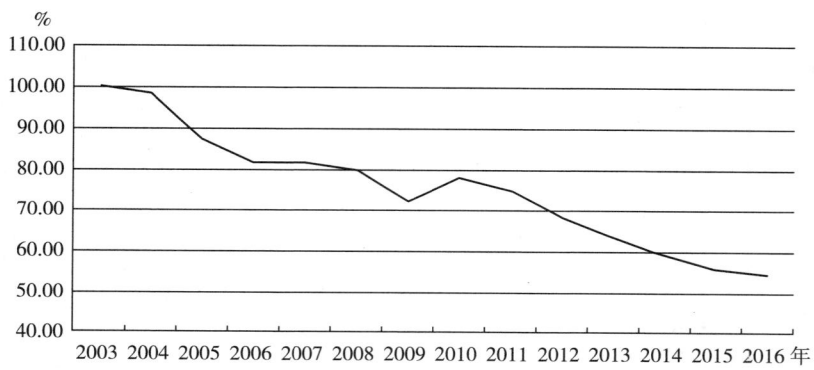

数据来源:Wind资讯。

图1-3 投资—资本转化率变化情况

其次,我国的投资以政府和国有企业为主导,社会资本投资占比较低,使得地方政府债务已接近或达到上限,限制了原有投资模式的继续。2015年,全国人大常委会决议明确,拟将债务率不超过100%作为地方政府债务的整体风险警戒线,即地方政府债务余额/地方综合财力不超过100%。而在2016年,贵州、辽宁和云南三个省份的债务率已经超过100%的警戒线,大部分省份债务率也达到80%以上。地方政府沉重的债务负担限制了持续通过债务融资进行投资的能力。同时,在过去以GDP为导向的经济发展模式下,出于短期拉动GDP的考虑,过去大量的政府和国有企业融资长期的大规模的投向钢铁、煤炭和水泥等产能过剩和资源消耗型行业,投资回报率较低甚至为负,也导致银行不良资产的快速增长。上述负面结果的累积增加了经济中的潜在风险,影响了投资拉动经济的效率,不利于经济可持续发展。

1.2 随着经济高速增长,环境问题凸显

我国能源消费结构中,水电、风电、核电、天然气等清洁能源占比较低,工业发展主要依靠煤炭、石油等化石能源。经济快速发展带来了大量的能源消耗和环境污染,严重透支了环境与资源的承载能力,脆弱的生态环境成为经济持续发展的重要制约因素。

1.2.1 经济发展中的主要能源消耗情况

在改革开放以前的相当长的时间里,中国一直是一个农业大国,第二产业和第三产业不发达。改革开放开始后,随着产业的升级和结构的调整,我国以工业和制造业为代表的第二产业迅速发展起来,第二产业在国民经济中的比重不断提高,且一直在国民经济中占主导地位。截至2015年,以不变价计算,我国第二产业占国内生产总值的比重为46.88%,同期第一产业和第三产业的占比分别为7.97%和45.14%。

第二产业的快速发展带来了大量的资源消耗。以煤炭、电力和石油等主要能源为例,2016年,全国能源消费总量43.6亿吨标准煤,煤炭消费量占能源消费总量的62.0%,水电、风电、核电、天然气等清洁能源消费量占能源消费总量的19.7%。2015年,我国工业煤炭消耗量为37.57亿吨,制造业煤炭消耗量为17.95亿吨,其中工业煤炭消耗量增长速度在2010年至2011年尤为突出,分别达到了17.81%和11.88%。2016年,我国发电量为591 111.20亿千瓦时,2003年以来发电量的年均增长率为9.63%。在高能源消耗的同时,我国的能源利用率较低,1980年,我国单位GDP能耗为2.664万吨标准煤,到2015年,单位GDP能耗降至0.662万吨标准煤,较1980年下降75.15%。但也应看到,即便如此,我国的单位GDP能耗较北美、欧洲等发达国家仍存在差距,经济发展依然属于资源消耗型的粗放模式。

1.2.2 与经济高速增长相伴的环境污染问题

几十年经济高速增长过程中的能源消耗产生了大量的污染物排放，给我国的生态环境也造成了巨大压力。以空气、土壤为例，2016年，全国338个地级及以上城市中，仅有84个城市环境空气质量达标，占全部城市数的24.9%；254个城市环境空气质量超标，占全部城市数的75.1%。全国338个城市发生重度污染2 464天次，严重污染784天次，以PM2.5为首要污染物的天数占重度及以上污染天数的80.3%[1]。根据环保部环境空气质量综合指数评价，环境空气质量相对较差的10个城市为衡水、石家庄、保定、邢台、邯郸、唐山、郑州、西安、济南和太原，半数以上位于京津冀地区[2]。土壤污染方面，根据环保部和国土资源部2014年对全国土壤污染状况调查结果显示，当前我国土壤环境状况总体不容乐观，部分地区土壤污染较重，工矿业废弃地土壤环境问题较为突出。全国土壤总的污染超标率为16.1%，其中轻微、轻度、中度和重度污染点位比例分别为11.2%、2.3%、1.5%和1.1%。其中，无机污染物超标点位数占总数的82.8%。

1.2.3 环境承载能力对经济持续发展的制约

我国虽然自然资源丰富，但也存在人口众多，资源分布不平衡的现实。加之几十年来粗放的经济发展模式，导致环境承载能力和资源承载能力已近极限，经济按照旧的模式继续发展不仅不可能，而且已经造成的环境问题和资源问题已经反过来对经济的持续发展形成了制约。

从资源和环境方面来看，资源属于生态环境的一部分，人们每天的生产生活活动都需要消耗大量的资源，资源空间较生产生活活动大，则说明某一区域环境可以承载更多的人类活动，环境承载能力较强，因此，环境承载能力本质上就是特定区域内的资源承载能力。以石油、煤炭和天然气等经济发展过程中所需的主要能源为例，2014年，我国平

---

[1] 中国环境状况公报. 中华人民共和国环境保护部. 2016.
[2] 中国环境状况公报. 中华人民共和国环境保护部. 2016.

均每天的石油消费量为141.22万吨、平均每天煤炭消费量为1 127.71万吨、平均每天天然气消费量为5.12亿立方米。而当前我国石油、煤炭和天然气的基础储量分别为34.96亿吨、2 440.10亿吨和51 939.50亿立方米。也就是说,以2014年的消费量计,不考虑能源进口的情况,我国现有的易开发石油、煤炭和天然气储量分别还能够支持7年、60年和28年。若按照现有的粗放式经济发展模式继续下去,考虑到能源消费量会随经济增长逐年增长的特征,我国现有的石油、煤炭和天然气无法支持经济持续快速发展,资源和环境的承载能力已接近上限。

从对已造成的环境污染治理情况来看,全国各地在环境治理中投入了大量的资金,造成资金资源浪费。根据国家统计局统计,2001年,全国环境污染治理投资总额为1 166.7亿元人民币,仅占当年GDP总量的0.24%,2014年,因治理环境污染而投资的总量为9 575.5亿元人民币,占2014年GDP总量的1.49%,占当年全国财政收入的6.82%。从地区来看,京津冀三省市2014年环境污染治理投资合计1 358.8亿元,超过全国总投资额的1/7。因经济增长带来的环境污染问题,需要占用有限的财政资源反过头来进行治理,这就限制了财政收入支持经济进一步增长的作用。

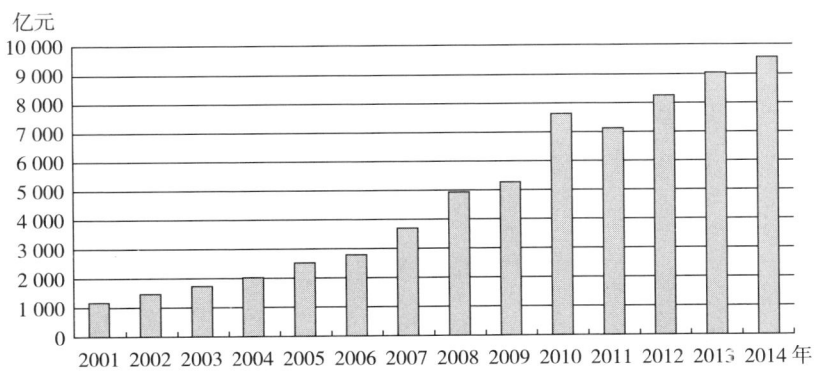

数据来源：国家统计局。

图1-4 全国环境污染治理投资情况

综上所述，我国经济的持续发展面临着资源和环境承载能力的约束，同时政府的环境治理投入占用了相当部分的经济发展成果，不利于国民收入的快速积累。如果继续旧的粗放式发展模式，环境对经济的上述制约影响还会继续加深，积累到一定程度后甚至会逆转经济发展方向。因此，中国必须遵循"创新、协调、绿色、开放、共享"的发展理念，寻找经济的绿色发展路径。

1.3 京津冀协同发展支持经济转型和绿色发展

继珠三角城市群和长三角城市群之后，京津冀三地的协同发展将是未来我国经济增长的新的重要动力，推动京津冀绿色协同发展是中国未来经济发展的重大战略选择。当前京津冀经济发展不均衡，河北和天津旧经济比重大，北京资源承载压力大、雾霾严重，急需转变经济发展方式，践行绿色发展理念。

1.3.1 供给侧结构性改革背景

供给和需求是经济学最重要的两个概念，无论在国内还是国外，长期以来在制定经济政策时都注重"需求侧"的管理，认为投资、消费和净出口是经济增长的"三驾马车"。在相当长的时间里，我国经济增长也主要依靠需求侧的拉动，尤其是 2008 年国际金融危机后，为了对冲外需萎缩对国内经济的冲击，中国推出了一揽子投资计划，希望通过投资刺激产出，实现经济平稳较快增长。

当前中国经济进入了"新常态"，经济从高速增长转为高质量发展，同时之前高速增长中存在的诸多结构性矛盾在经济增速放缓后逐渐暴露，在这种情况下，单纯的需求侧调控边际效益已越来越弱，且旧的依靠投资短期刺激经济的模式，在带来经济增长的同时，也造成了产能过剩、资产价格泡沫、地方债务压力加大、企业效益下降、银行不良资产率上升等负面结果。这种情况下，中国经济改革的方向由需求侧转向供给侧，着力解决经济发展中的结构性问题，是十分必要的。

中国目前的结构性问题具体表现为产业结构、区域结构、要素投入结构、排放结构、经济增长动力结构和收入分配结构六个方面。其中，产业结构问题表现在低附加值产业、高消耗、高污染、高排放产业的比重偏高，产品供给与需求水平不相匹配，中低端产品供给过剩，高端产品供给不足；区域结构问题表现在人口的区域分布不合理，户籍人口城镇化率偏低，区域发展不平衡、不协调；要素投入结构问题表现在资源能源、劳动力、资金投入比重偏高，人才、技术、知识、信息投入比重偏低；排放结构问题表现在废水、废气、废渣、二氧化碳等的排放比重偏高；经济增长动力结构问题表现在过多依赖投资、消费、净出口"三驾马车"，特别是投资来拉动经济增长；收入分配结构问题表现在城乡收入差距、行业收入差距、不同群体收入差距较大[①]。这六个方面的结构性问题既相对独立、又相互叠加，需要通过供给侧结构性改革有针对性地加以解决。2015 年 11 月 10 日召开的中央财经领导小组第十一次会议首次提出了"供给侧结构性改革"的概念，拉开了中国在经济新常态下新一轮改革大幕。

1.3.2 京津冀协同发展背景

在中国经济进入"新常态"和供给侧结构性改革的大背景下，寻求经济增长的新动力已成为必然。从区域发展带动全国发展的视角来看，中国在 20 世纪 80 年代以广州、珠海和深圳为核心的珠三角城市群，20 世纪 90 年代以上海为中心的长三角城市群的开发都为当时的经济增长提供了重要推动力。从世界其他国家情况来看，美国东北部的大西洋沿岸城市群，以华盛顿、纽约等大城市为核心，涵盖 40 个中小城市，占美国总人口的 20%，制造业产值占全美的 70%，城市化水平达到 90%以上，并且成为世界最大的金融中心；北美五大湖城市群，以芝加哥、底特律、匹兹堡以及加拿大的多伦多和蒙特利尔为核心，成为

---

① "结构性改革：改什么怎么改——访国务院发展研究中心资源与环境研究所副所长李佐军". 经济日报, 2015.

世界六大城市群之一和北美地区重要的汽车、钢铁产业集合地。美国的钢铁集中在匹兹堡，汽车集中在底特律地区，底特律地区汇集了通用、福特和克莱斯勒三大汽车公司，其产量和销售额约占美国总数的80%左右，是一个巨大的世界工厂。这些城市群都为地区和全国的经济发展起到了重要的推动作用。

京津冀深处中部腹地，地区面积21.6万平方公里，占全国的2.3%，区域内人口1亿人，占全国总人口的7.23%。坐拥政治中心，沿海港口群，其区域内经济发展可构成中国经济增长的新的重要动力。然而，京津冀地区虽然具有突出的区位优势和地缘优势，但区域内发展差异较大，资源配置不合理，发展协同程度较低。2016年，京津冀三地GDP总量达到74 612.6亿元，占全国的10%，其中，北京市GDP 24 899.3亿元，天津市GDP 17 855.39亿元，河北省GDP 31 827.9亿元。2015年，北京市、天津市和河北省的地方公共财政收入分别为4 723.86亿元、2 667.11亿元和2 649.18亿元，北京市、天津市、河北省农村居民消费水平分别是22 315元、19 921.83元和7 666.45元，北京市分别是天津市和河北省的1.1倍和2.9倍；北京市、天津市、河北省城镇居民消费水平分别是41 845.69元、35 289.97元和17 923.51元，北京市分别是天津市和河北省的1.2倍和2.3倍。

从人均收入水平看，2016年，北京、天津人均GDP分别为11.46万元和11.5万元，而河北仅为4.2万元，不足京津的1/2；同年，北京市、天津市和河北省的居民家庭人均可支配收入为52 530元、34 074元和14 433元，北京市分别是天津市和河北省的1.5倍和3.6倍；北京市、天津市和河北省的农村居民家庭人均可支配收入为20 568.72元、18 481.63元和11 050.51元，北京市分别是天津市和河北省的1.1倍和1.9倍。从产业结构看，北京以第三产业为主，2016年第三产业增加值占GDP的比重达到80%，并呈明显的高端化趋势，天津、河北第二产业比重仍在一半左右，分别为44.82%和47.31%。从城镇化程度上看，北京和天津城镇化程度较高，大部分人口聚集于城镇，而河北城镇化水平还较低。2015年，京津冀三地城镇化率分别为87.6%、82.93%和53.32%。

除了发展的不平衡外，北京作为首都还对周边地区存在着"虹吸效应"，这种虹吸效应主要体现在产业和人口上。产业"虹吸效应"使科技资源、人才资源、信息资源、金融资源迅速向北京集中，增添了许多非首都功能。第六次人口普查的数据显示，2010年北京外来人口中，河北籍人口占常住外来人口的22.1%。产业"虹吸效应"在资源聚集北京的同时，许多非首都功能产业也向北京汇集，这就导致了北京人口拥挤程度加重，同时也进一步加剧了交通、环境压力，使北京市"大城市病"问题更加突出。同时，产业和人口方面存在的虹吸效应进一步加剧了京津冀区域内发展的不平衡，河北和天津大量的人才、资源、资金都涌入了北京，不利于津、冀两地自身的发展。

综上所述，要想使京津冀地区成为中国经济增长的新动能，则必须着力打造京津冀城市群，遵循供给侧结构性改革的思路，打破地区之间的种种壁垒，以有序疏解北京非首都功能为核心，在交通一体化、生态环境保护、产业升级转移等重点领域率先取得突破，实现京津冀的协同发展这一国家战略。

1.3.3　京津冀协同发展需重点贯彻落实绿色发展理念

以资源消耗、环境污染为代价换取经济增长的旧经济发展模式已经给生态环境造成了巨大破坏，且遭破坏后的环境反过来又制约了经济的持续发展，这一矛盾在京津冀地区则表现得更为突出。京津冀地区是水资源矛盾最尖锐的地区，生态环境再生能力也非常差。而能耗高、污染大及原材料依赖型的行业在区域内占比较高，加剧了京津冀地区的环境交叉污染。一是京津冀三地工业固体废物总量庞大。2014年京津冀及周边地区产生大宗工业固体废物（含废石）23.7亿吨，其中河北15.7亿吨，内蒙古2.8亿吨，山西2.7亿吨，山东1.8亿吨，仅河北省承德市尾矿库就达 867 座,尾矿存积量近 22 亿吨;包括废钢铁、废有色金属、废塑料、废轮胎、废橡胶、废纸、废弃电子电器、报废汽车等产生量 4 410 万吨,其中河北 1 080 万吨。尤其河北以重化工业为主,钢铁、水泥、平板玻璃等高污高耗产业产能过剩严重,同时污染处理管理起步较晚,基础薄弱,固体废物处置水平总体偏低,导致污染问题及次生污染比较严重。2015 年,河北省二氧化硫排放量为 110.84 万吨;氮氧化物排放量为 135.08 万吨。

二是工业发展加重了京津冀水体污染程度。北京市监测五大水系有水河流 95 条段中,Ⅱ类、Ⅲ类水质河长占 48.0%;Ⅳ类、Ⅴ类水质河占 7.5%;劣Ⅴ类水质河占 44.5%。污染类型属有机污染型,主要污染指标为化学需氧量、生化需氧量、氨氮等。监测有水湖泊 22 个,水面面积 720 万平方米,其中,Ⅱ类、Ⅲ类水质湖泊占 32.6%,Ⅳ类、Ⅴ类水质湖泊占 48.8%;劣Ⅴ类水质湖泊占 18.6%。主要污染指标为化学需氧量、总磷和生化需氧量等。天津水环境质量总的状况是,引滦水量正在衰减,境内及入津河流污染比较严重;地下水处于严重超采,除造成地下水位下降、地面沉降外,水体普遍受到污染,近岸海域呈富营养化状态。由于城市防污基础设施滞后、排水不畅、清污不分等多种原因,造成河流污染严重,其中 18 条河流严重污染,有的水质还达不到Ⅴ类标准(属于有毒水),海河是天津市的母亲河,成为我国严重污染的三河(辽河、淮河、海河)之一。河北全省河流水质总体为中度污染,主要污染物为化学需氧量、高锰酸盐指数和氨氮。实际监测 199 个地表水省控监测点位,其中河流监测 159 个断面,湖库淀监测 40 个点位。199 个点位中,达到或好于Ⅲ类的水质断面占 54.27%,同比降低 1.6 个百分点;Ⅳ类水质断面占 9.55%,同比降低 3.3 个百分点;Ⅴ类水质断面占 9.04%,同比升高 2.34 个百分点;劣Ⅴ类占 27.14%,同比升高 2.56 个百分点,主要污染指标为化学需氧量、高锰酸盐指数、总磷,其断面超标率分别为 41.2%、33.7%、32.2%。2016 年全省河流水质总体为中度污染，主要污染物为化学需氧量、高锰酸盐指数和氨氮。八大水系（2016年新增辽河水系）水质总体为中度污染。Ⅰ~Ⅲ类水质比例为50.95%，Ⅳ类水质比例为8.18%，Ⅴ类水质比例为8.80%，劣Ⅴ类水质比例为32.07%，与上年相比持平。全省八大水系的氨氮浓度均值与上年相比下降了32.3%，化学需氧量浓度均值升高了2.6%。

三是京津冀是空气污染较严重的区域之一。2016年，北京市空气中细颗粒物（PM2.5）超过国家标准1.2倍；二氧化氮（NO_2）年平均浓度值为48微克/立方米，超过国家标准0.25倍；可吸入颗粒物（PM10）年平均浓度值为92微克/立方米，超过国家标准。二氧化硫（SO_2）达到国家标准；各区空气中PM2.5年平均浓度范围在61.0至96.4微克/立方米，均未达到国家标准；二氧化硫年平均浓度范围在9.2至20.1微克/立方米，均达到国家标准；二氧化氮年平均浓度范围在29.1至59.4微克/立方米，怀柔区、延庆区、平谷区、密云区达到国家标准，其余各区均未达到国家标准；可吸入颗粒物年平均浓度范围在80.3至122.4微克/立方米，均未达到国家标准。北京市空气质量达标天数为198天，占比全年天数的54.1%，共发生"重污染"过程39天，比2015年减少7天。天津市2016年二氧化硫（SO_2）年均浓度为21微克/立方米，低于国家年平均浓度标准（60微克/立方米）；二氧化氮（NO_2）年均浓度为48微克/立方米，超过国家年平均浓度标准（40微克/立方米）0.2倍；可吸入颗粒物（PM10）年均浓度为103微克/立方米，超过国家年平均浓度标准（70微克/立方米）0.47倍；细颗粒物（PM2.5）年均浓度为69微克/立方米，超过国家年平均浓度标准（35微克/立方米）0.97倍；一氧化碳（CO）24小时平均浓度第95百分位数为2.7毫克/立方米，低于24小时平均浓度标准（4毫克/立方米）；臭氧（O_3）日最大8小时平均浓度第90百分位数为157微克/立方米，低于日最大8小时平均浓度标准（160微克/立方米）。河北省作为京津冀固体颗粒污染物的来源地，空气质量更差。2016年上半年，

74个城市中空气质量相对较差的10个城市中河北省占据6个：保定、邢台、邯郸、唐山、衡水、石家庄，环保部称，河北省会石家庄市已经成为京津冀污染最重的城市。

上述情况表明，京津冀地区无论是资源承载能力还是环境承载能力，都无法继续支撑旧的粗放式的经济增长模式，同时，受到严重污染的环境损害了区域内人民的身体健康和生活质量，这与经济发展的初衷也是相悖的。因此，党中央在十八届五中全会上适时提出了"创新、协调、绿色、开放、共享"的五大发展理念，绿色发展也成为京津冀协同发展中的基本理念。

1.4 京津冀绿色协同发展需绿色金融支持

金融最基本的功能就是服务实体经济，自金融诞生以来，就与实体经济相辅相成，共同发展。时至今日，金融已成为现代实体经济发展不可或缺的条件。京津冀绿色协同发展中面临着疏解非首都功能、交通一体化建设、生态环境保护和产业升级转移四大重点领域，各领域任务涉及面广、投资需求大，必须充分发挥绿色金融的绿色杠杆作用，为京津冀绿色协同绿色发展提供充足资金支持。

1.4.1 金融与实体经济的关系

金融是现代经济的核心。金融是实体经济发展到一定阶段的产物，其最基本的功能是为实体经济提供资金融通服务，实现资本的跨期配置。但这并不是金融的全部内涵。随着经济的不断发展，实体经济的有效运行除了基本的资金融通外，越来越需要金融在交易方式、风险管理、资产定价和公司治理等方面提供全方位的支持，也就使金融的内涵和外延随着实体经济的发展而不断深化和扩张。

传统的以融资媒介为主要功能的金融发展成了涵盖资金融通、支付结算、资产定价、信息交换和风险管理五大功能的现代金融。现代金融是实体经济发展不可或缺的条件，金融活则经济活，金融体系能否为实体经济提供有力的支撑是当前我国经济发展的关键。一个健康的金融体系能够有效地引导社会储蓄向投资转化，调剂市场上的资金余缺，同时它能够充分发挥市场的作用，对各种资产和资金成本准确定价，提高市场效率从而支持实体经济的发展。实体经济永远是推动经济发展的核心，自改革开放近四十年来，我国经济之所以能取得如此巨大的成就，就是因为高度重视实体经济的发展壮大。未来我国要实现一系列发展目标，实现国家强大和人民富裕，也必须重视实体经济的创新和发展，同时金融是服务实体经济的手段，与实体经济存在着共生共荣的关系，也要重视金融和实体经济融合，尤其要在金融服务实体经济这一基本职能的基础上加快金融创新，在金融中融入绿色元素，提高绿色金融服务的可获得性，增强绿色金融服务实体经济的能力，以绿色金融促进经济可持续发展。

1.4.2 绿色金融与绿色发展的关系

"十三五"规划提出"生态环境质量总体改善，能源和水资源消耗、建设用地、碳排放总量得到有效控制，主要污染物排放总量大幅减少"[①]的发展目标，我国要在未来的发展中落实这一规划，坚持绿色发展理念，摒弃旧有的粗放经济增长模式，实现经济的绿色可持续发展。

经济社会的绿色发展背后是绿色金融的支持。绿色金融是指金融机构在经营活动中将环保、生态因素加入到投融资业务的决策体系，通过将生态效益作为收益的一部分、将对生态的负外部性作为成本的一部分加以考量，起到对金融资源的调配作用，引导资金流向绿色环保项目，进而推动经济社会和金融业自身的可持续发展。从绿色金融发展的最新特征来看，绿色金融的内涵主要有两个方面，一方面是通过设计适当的金融产品，为绿色环保项目提供资金支持；另一方面是利用金融市场和金融衍生工具达到存量资源优化、节能减排的目的，如碳排放权交

---

① "十三五"规划（2016—2020年）.

易市场和碳金融体系等。

　　绿色金融对实现绿色发展的作用主要体现在以下三个方面：首先，绿色金融可以为绿色发展提供资金支持，绿色发展中必然伴随着产业技术升级、环境污染治理和生态修复等工程，这些工程有着巨大的资金需求。然而大多数的绿色环保项目存在着期限长、回报低的特点，传统金融支持存在困难。因此过去的一段时期里金融机构参与绿色金融的积极性不高或者更多的是出于承担社会责任、提升企业形象的角度支持绿色项目。不同于传统金融，绿色金融将绿色环保的理念引入到金融领域中，通过政策、产品和机构等多个角度激励和约束金融机构直接参与绿色项目融资，并通过财政与金融的杠杆作用，吸引更多的社会资本进入绿色领域，为绿色发展提供有力的资金支持。其次，绿色金融可以分散绿色发展中技术创新的风险。绿色发展要摒弃落后技术和旧的增长模式，必须加快新技术创新。技术创新具有高风险性，这与商业银行信贷资金的风险偏好不相适应，使得企业的绿色技术创新很难获得商业银行信贷资金的支持。然而绿色金融可以通过鼓励风险投资和私募股权基金的发展，为新技术创新提供新的融资机会，不仅可以解决科技成果转化过程中的融资难题，而且可以通过风险投资等金融中介，将各种经济资源整合起来，提高要素使用效率，从而分散技术创新的风险。最后，绿色金融将生态环境的成本与效益纳入到投融资决策体系中来，由于绿色金融会将生态环境因素纳入到金融机构的投融资决策中去，就使金融机构在决策具体项目时为了降低环境风险，会加强对企业环保能力的审核和评估，会倒逼企业为了获得必要的金融服务，提升自身的"绿色"程度，加大对环保技术的研发投入力度，因此绿色金融引导资源配置方向，推动绿色环保产业的培育和传统产业的技术改造升级，通过差异化定价影响实体企业融资的成本，进而引导资金逐步从"两高一剩"行业退出，流向低污染、低能耗的绿色环保产业，推动经济的绿色发展。

京津冀地区作为我国继长三角城市群和珠三角城市群后中国最具协同发展潜力的城市群，将是我国经济增长的新的重要动能。由于京津冀地区目前存在着区域内发展不平衡、环境污染严重、资源和环境承载能力较差等问题，在强调京津冀协同发展的同时，还必须坚持绿色理念，实现绿色发展，即实现京津冀绿色协同发展。京津冀绿色协同发展过程涉及疏解非首都功能、交通一体化建设、生态环境保护和产业升级转移四大重点领域，各领域任务涉及面广、投资需求大，建设周期长，从效果来看各项任务均有利于经济社会的绿色可持续发展，因此需要绿色金融从资金和综合金融服务方面提供大力支持。当前我国金融供给总量巨大，但在地区和资金投向上结构不够合理。从京津冀地区情况来看，传统金融更多的是集中在传统产业中，尤其是"两高一剩"行业，而绿色金融尚处于起步阶段，无论是政策保障、机构服务还是产品供给方面都远不能满足京津冀地区的"绿色需求"。因此，在京津冀地区如何引导传统金融之水流入绿色金融之渠，通过存量盘活、流量引导和增量创新，为京津冀绿色协同发展提供有力的资金支持，是京津冀绿色协同发展的重点课题。

2

京津冀协同发展需树立绿色发展理念

　　经济学理论中关于市场在资源配置上的效率理论建立在信息透明、充分竞争等假设基础上，但现实经济中信息不对称等诸多因素的存在，造成了经济发展中的市场失灵。由于负外部性的存在，使经济增长过程中出现污染与产能过剩并存的现象。为保持经济可持续发展，必须秉承绿色发展理念，而绿色金融可通过引导资源配置促进传统经济向绿色发展方向转变。

2.1 绿色金融纠正市场失灵和金融失灵

经济学理论中,微观上,在理性人等假定下,可以通过市场配置实现帕累托最优,达到"人人为我、我为人人"的效果。在宏观上,通过不断的要素投入和技术进步就可以实现经济的持续增长。但在实际中,由于市场不完全竞争、信息不对称、外部性等问题的存在,使得市场并不总是有效的。绿色金融可作为一种制度安排或宏观精准调控手段,纠正和弥补市场失灵和金融失灵。

2.1.1 经济发展下的市场失灵

现实情况中,经济学中的假定往往是不存在的,比如,完全竞争在现实中几乎是不存在的,或者即使市场符合完全竞争的条件,市场配置资源的结果也可能不符合社会所能接受的公平标准。此外,对于一些特殊的产品,还可能根本就不存在所谓的市场,因而也就不可能通过市场来配置资源。因此,就存在市场失灵。

(1) 市场失灵的原因

亚当·斯密认为市场机制能够导致资源的合理配置。完全的市场机制取决于六大假设条件:一是完全竞争市场,二是外部效应,三是规模报酬不变或递减,四是经济信息完全对称,五是当事人完全理性,六是交易成本可以忽略不计。但在现代经济中,完全竞争的市场假设是不存在的,不完全的信息会造成市场机制的扭曲,会造成各种"市场失灵",影响着市场机制发挥自动调节经济的作用,也就是说,市场机制在资源配置上存在一定的缺陷。

资源的有效配置,是指能够使得社会效率达到最大的资源配置,其隐含要求是所有要素的社会边际收益与社会边际成本相等,私人边际成本和私人的边际收益相等。由于市场经济本身存在各种各样的"不完全性"。正是这些不完全性导致了经济活动的社会边际成本和社会边际收益不相一致,造成市场机制的失灵。如果一些领域中,资源的私人边际收益小于社会边际成本,则意味着,在该处配置的资源数量相对较少,当使之增加至社会边际收益等于社会边际成本时,才能使资源配置再一次实现均衡。反之,如果在某个地方,资源的私人边际成本小于社会边际收益,则意味着在该处配置的资源相对较多。一般来说,在市场经济中,私人边际成本等于私人边际收益,而无法保证社会边际成本和社会边际收益相等。一个典型的例子是涉及影响环境的产品的生产,这些产品中,私人边际成本小于社会边际成本,导致生产性曲线外移。在现实中,就是高耗高污染等产业产能过剩。

(2) 市场失灵的表现

不完全竞争和垄断。竞争是市场经济中的动力机制,完全竞争是亚当·斯密等人的基本假设,但竞争在一定条件下才成立:产品无差异完全可替代,市场存在大量的买者和卖者。但一方面,分工的细化使产品的差异性不断提高,市场上充斥着大量的差异性产品,另一方面,某些生产成本使一个生产者比大量生产者更有效率,此外,技术进步、市场扩大、并购等多种原因会产生垄断。垄断不仅降低竞争,在一定程度上还抑制技术进步。

外部性问题。外部性是指私人的边际成本不等于社会的边际成本。私人的边际成本大于社会的边际成本时产生正外部性;当私人的边际成本小于整个社会的边际成本时,就产生了负外部性。在现实生活中,由于各种制度的不完善及成本计算的困难性,外部性几乎无时无处不在。从经济学的角度而言,无论是负外部性还是正外部性,都会导致资源配置的失灵。生产领域的负外部性会导致某些商品供给过度,正外部性则会导致某些商品供给不足;消费领域的负外部性行为会导致某些商品消费过度,而正外部性则会使某些商品消费不足。

在负外部性产品的生产过程中,每一单位的产品都会产生除生产者和消费者之外的第三方成本。污染降低了其他使用者从空气、水、土壤获得的收益。在完全的竞争条件下,该产品需求曲线 $D = MB$ 衡量生产者从每一该产品中获得的边际收益,也就是边际社会收益。供给曲线

$S=MC$ 为生产者每额外生产一单位该产品的边际成本，MSC 为生产新增的一单位该产品所引起的全部成本。

对于生产者来说，负外部性产品最优产量在 C 点，$MC=MB$，即边际私人成本等于边际私人收益，但对于整个社会来说，最优产量在 A 点，即 $MSC=MB$，即边际社会成本等于边际社会收益等于边际私人收益。对比 C 点和 A 点，可以看出 C 点的产量高于 A 点，多余的产量反映在现实生活中就是过度生产部分，同时，C 点的价格低于 A 点，反映在现实生活中就是由于环境污染所带来的危害。因此，可以看出，由于负外部性的存在给社会带来了"纯损"，反映在图 2-1 中，就是三角形 ABC 部分。

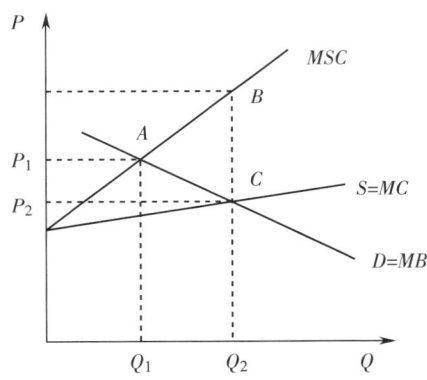

图 2-1　负外部性带来的无效率和纯损

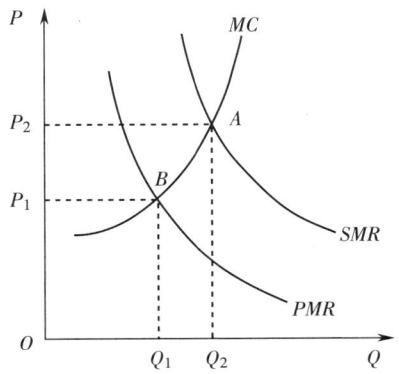

图 2-2　正外部性所产生的供给不足

图 2-2 反映的是具有正外部性的产品，比如环境治理和绿色金融供给，这样的活动给社会带来正面效应，因而边际社会收益大于边际私人收益，边际社会收益曲线 SMR 位于边际私人收益曲线 PMR 之上。企业按边际私人收益与边际成本（私人成本 MC）的交点决定的均衡产量进行生产，只生产 Q1 数量的产品，产品价格为 P1。由于产品具有正的外部性，社会边际收益较大，所以社会对该产品需求的均衡数量应当为 Q2，产品价格为 P2。也就是说，社会对该产品的需求量大于企业实际生产出来的数量，其差额为（Q2 - Q1）。所以，存在正外部性的产品，企业生产的产品数量常常低于社会要求的最优水平，并衍生如下三个问题。

公共资源的过度使用。公共资源不具有排他性，但具有竞争性。单个消费者在做出自己的公共资源使用决策时，并不考虑自己的行为对其他人的影响。以江湖河流、草原、空气这些公共资源为例，产权界定、监督、执行或将外部效应内部化的费用太高，以至于很难采取有效的行动对付外部性。在每个消费者都追求利润最大化的情况下，产权的不清晰会导致公共资源的过度使用，典型的例子是公地悲剧。

公共产品和公共服务供给不足。公共产品具有消费的非竞争性、效用的不可分割性和受益的非排他性。所谓非竞争性，是指消费者之间并不存在竞争，一个人的消费并不会减少其他人的消费。非排他性是指在技术上不可能将某个消费者或厂商排除在受益范围之外。从本质上讲，公共产品与市场机制的作用是矛盾的，因此，现实生活中，公共产品和公共服务往往供给低于需求。

收入与财富分配不公。完全竞争市场机制无法兼顾效率与公平的问题，市场机制和市场竞争的目标是实现效率，这就决定了收入的初始分配由资源禀赋决定，资本与效率的原则又存在着"马太效应"，强者愈强、弱者愈弱，在经济社会领域里导致收入差距过大和贫富分化。收入差距过大不仅破坏市场效率，更影响社会稳定。

市场失灵的存在，不仅导致经济效率的降低，产能过剩严重，环境污染问题突出，更导致经济中"纯损"的增加。经济增长的根本目的是经济发展和人的全面完善。符合科学发展观的经济增长与发展，应是速度与结构、质量、效益相统一的增长，全面、协调、可持续的发展。

2.1.2 经济发展中的金融失灵

金融是现代经济的核心，在引导经济资源配置中具有重要作用。市场经济与货币信用经济或金融经济互生共荣，资金的筹集、融通和配置充分高效，经济的增长和发展也就越优化和充分。但资金的天然逐利性、市场的失灵以及调控手段的不足等多种原因导致金融在促进经济增长的同时也会在某些领域和环节失灵。

（1）金融在经济增长中的作用

金融联结国民经济各方面，它为成千上万个企事业单位的经济活动提供资金、支付和清算，并分散风险，政府可以通过利率、汇率、信贷、结算等货币政策手段对重要金融变量进行干预，直接影响微观经济主体的经济活动。金融的发展状况、结构和创新从不同层面对经济增长产生影响。

①金融结构与经济增长

20世纪，格利和肖（1960）在《金融理论中的货币》一书中首次指出不同的金融结构对经济增长影响不同，一国经济能否最有效地运用其资源取决于其金融制度的效率。之后，学者进行了深入的研究，关于金融结构和经济增长的关系，目前代表性的观点分为两种：一是以戈德史密斯（1969）为代表的传统金融结构理论[1]，他通过对35个国家的数据研究后发现，发达的金融结构促进经济增长与发展，金融结构与经济增长相辅相成。[2] 二是根据金融中介融资角度划分为不同的金融结构，然后研究不同的金融结构对经济增长的影响。把金融结构分为银行

---

[1] 马长有. 中国金融结构与经济增长的实证分析[J]. 社会科学研究, 2005 (03): 55-60.
[2] 孙力军. 中国金融发展与经济增长关系的理论和实证分析[D]. 复旦大学, 2007.

主导型（以德国、日本为代表）和市场主导型（以美国、英国为代表）。① 银行主导型观点认为，银行具有获取信息的专业化优势，能够高效地获取资金和配置资金，有利于资源配置和公司管控，有利于实施重要战略，实现规模经济。尤其是在法律法规不完善、执行力较差的情况下，银行主导型金融机构比市场主导型金融机构更有效，同时大银行主导型金融结构能够降低由于金融机构过度竞争带来的金融不稳定问题，代表性的研究有斯蒂格利茨（Stiglitz，1985）等。② 市场导向型认为，市场导向型金融结构在获取信息有效性、动员储蓄与资本有效性、控制风险、鼓励创新等方面均优于间接融资为主的金融体系，从而能够提高资金配置效率，降低交易成本，代表性的研究有艾伦（Allen，Gale，1999）等。此外，银行主导型金融体系往往出现大银行垄断，大银行凭借其有利地位，对企业设租寻租最终将损害债权人的利益，提高资金的成本，限制中小企业发展和创新型活动，不利于经济的长期增长。③

　　针对不同的经济发展阶段与不同的金融结构的关系，学者们认为，经济增长的动力与经济发展阶段紧密联系，落后经济体的经济增长关键是资本积累，而发达国家经济增长则主要依靠技术进步。因此，金融体系影响经济增长的渠道在不同的发展阶段也不同，处于不同经济发展阶段的实体经济，对于金融服务的需求存在系统性差异。Allen 和 Gale（2002）认为金融市场投资不确定性高、对投资项目的评价存在差异，并且信息成本较低的环境中具有相对优势，因而更有利于新技术和新产业的发展。金融中介在技术相对成熟、不确定性低、投资者对投资决策的看法相对一致的环境中更有优势。④ 因此，在一个以传统产业为主的经济体中，金融中介主导型的金融结构更能促进经济增长；而对处

---

① 赵思宇. 金融结构优化与经济发展问题分析 [J]. 中国商论，2016（16）：177 - 178.
② 田代臣. 金融结构优化与经济发展研究 [D]. 西南财经大学，2010.
③ 吴超. 我国金融结构优化和经济增长稳定性研究 [D]. 中共中央党校，2012.
④ 何晓静. 区域创新体系发展中的金融结构支持：理论与实证研究 [D]. 暨南大学，2011.

于创新型经济体来说,市场主导型的金融体系对经济增长的促进作用更大。① 林毅夫、章奇、刘明兴（2011）等也证实最优的金融结构是与经济体中产业结构和企业特性相匹配的金融结构,当一国的金融结构在和产业规模结构相匹配时,金融体系才能最有效率地促进经济增长。在一个以大企业为主的经济中,存在一个以直接融资为主导的金融结构,将会有利于经济的增长和发展。②

②金融创新与经济增长

金融创新优化资金配置。金融创新提高了金融机构、产品和服务的多样化程度,这种多样化提高了储蓄和投资总规模以及资金边际效率,进而推动了经济的增长。金融创新在新的意义上将储蓄与投资重新组合起来,能够提供更多、更灵活的投融资安排,从而使全社会的资金融通更为顺利；同时,金融创新也会扩大金融服务的范围,为本来被金融体系排除在外的潜在需求者带来投资机会,不仅使他们得到更高的投资回报（从零开始）,同时,社会投融资需求也进一步得到满足,而且还推动了整个社会经济的发展。③

优化产业结构。金融创新从需求和供给两方面对经济技术结构及变化产生影响。金融创新改变居民消费需求,消费结构调整必然引导供给结构的调整,对产业转型升级提出要求。同时,金融创新为技术创新活动提供资金,促进技术进步,实现制造工艺改进,导致产业变迁,从而使产业结构不断进行调整并趋于合理化。此外,金融创新以自身具备的信息优势,将资本投向具有发展潜力的新兴部门,引导新兴产业的发展,从而促进产业结构的高度化。④

推动国际经济一体化。新的金融工具、金融市场和金融机构不断出

---

① 田代臣. 金融结构优化与经济发展研究［D］. 西南财经大学, 2010.
② 林毅夫. 银行业结构与经济发展研究［J］. 经济研究, 2018（8）.
③ 燕欣春. 我国金融发展对经济增长影响的理论分析与实证研究［D］. 中国海洋大学, 2006.
④ 张慧丽. 我国金融创新对产业结构优化升级的影响研究［D］. 山东财经大学, 2015.

现，为资金的全球化流动提供了工具和通道，加强了各国金融市场的紧密联系，促进了全球金融市场的繁荣，使得国家投资的资金来源更加多元和广泛，进而推动了经济的增长。

(2) 金融失灵的表现

经济发展中的金融市场失灵，指的是金融体系无法依靠现有条件下的自发市场活动，满足经济发展的大量资金需求，以及经济发展过程中由于市场失灵的存在带来的一系列金融问题，其主要表现在以下几个方面。

第一，外部性问题。负外部性的融资项目由于私人边际成本低于社会边际成本，因此，相对投资收益也较高，能承担的融资成本也相对较高。例如，炼焦、钢铁、重化工业等工业向天空排放废气、向河里排放污水，使全体环境使用者承担了环境污染成本，但其并没有承担污染环境和对人体健康产生负影响的成本，使得该类高污染投资相对过度，但社会整体负担了该负外部性的成本。与此相反，污水处理、风沙治理等项目治理环境污染，对全体居民有利，但由于这些项目期限长、风险大、收益率较低，使得该领域投资少于最优数量。①

第二，公共物品问题。公共物品具有非竞争性和非排他性，使得其私人收益远远小于私人成本，因此，公共物品往往投资不足。例如，大气污染治理作为公共环保项目，成本很高，但由于使用具有非排他性，私人不可能向所有受益者收费从而弥补其投资，因此造成该类项目高投入低回报，最终产生公共物品投资不足的问题。

第三，不完全信息问题。信息的不完全性增加了决策的不确定性，影响投融资活动的有效性。由于投资者和金融机构不能充分获得项目的收益信息和风险信息，认为存在很大风险，因此这类项目没有得到最优化授信和投资。不完全信息还包括信息的不对称，使得信息不足的一

---

① 王遥，潘冬阳. 中国经济绿色转型中的金融市场失灵问题与干预机制研究 [J]. 中央财经大学学报，2015 (11).

方存在巨大的风险，带来逆向选择和道德风险问题，最终造成具有信息优势的一方不当获利。

第四，市场不完全竞争问题。在垄断竞争的银行业结构中，由于某些银行具有垄断地位，使得相关市场偏离有效的状态。具有一定垄断优势的银行往往选择高收益、风险低的项目，而环保、风沙治理等项目由于期限长高风险低收益，这使得从事该类项目的企业不能得到所需要的资金。

第五，顺周期和短期化行为。商业性金融机构的行为往往是顺周期的，在经济向好时期，这些金融机构往往加大投资的力度，使经济进一步繁荣甚至过热。当经济形势不好时，收缩信贷，加剧经济困难。这种顺周期行为，不仅加剧经济波动，更增加了金融体系自身的不稳定性。

2.1.3　绿色金融对市场失灵和金融失灵的纠正

市场失灵叠加金融失灵，不仅导致经济效率的降低，产能过剩严重，环境污染问题突出，更导致经济中"纯损"增加。经济增长的根本目的是提高人民生活水平到高质量和满意的程度，因此合意的经济增长，应是速度与结构、质量、效益相统一的增长，全面、协调、可持续的增长。为纠正市场失灵和金融失灵，更有效地发挥市场对资源配置的决定性作用，必须优化现有金融产品和金融服务对实体经济的支撑作用，绿色金融不仅仅是新兴的金融产品和服务，更是一整套系统性的对当前金融体系和金融制度的安排。从经济学角度来看，绿色金融就是通过金融产品和服务的创新、政策和体制的安排，纠正市场内在天然逐利造成的外部性缺陷。因此，从更深层次上看，绿色金融是国家实施精准宏观调控的有效手段。

在绿色金融的发展过程中，可以通过三种方式将外部性内部化。一是广义碳税。通过征税和强力监管下的惩罚措施在整个社会层面将外部性内部化。二是通过成立绿色银行、政策性金融机构、绿色基金等非营利性绿色金融机构来实施绿色金融，在金融机构层面将外部性内部化。这些政策性银行、绿色金融机构不以营利为第一目的，在经营管理、项目投资中将绿色因素纳入其中，通过对直接造成环境污染或间接造成环境污染企业和项目提高融资成本、对具有正外部性的风沙治理、土壤修复等项目提供补贴，在对负外部性提供进行收费弥补的同时对正外部性进行补贴，从而对外部性进行了内部化，实现资源配置的帕累托改进。三是外部约束和推动。通过建立污染黑名单、绿色信息平台等手段，一方面，可以降低信息搜索成本和信息不对称性，提高环境评估方法和数据的可获得性，避免信息不对称带来的投资风险；另一方面，可以对高污染高耗能项目和企业形成道德压力，迫使这些企业改进生产工艺，提高要素投入和产品输出的清洁性。

绿色金融有针对性地提供环保资金，治理雾霾，发展清洁能源，治理大江大河，修复土壤。纠正了私人投资环保领域、环保资金供给不足的问题。绿色金融一方面引导传统资金从高污染、高耗能行业中退出，进入绿色发展领域，为清洁能源、清洁生产等工艺和环节提高资金支持，提高绿色资金总量，另一方面，绿色金融通过降低经济中的"纯损"部分，提高资金总量。绿色金融的发展降低了对大气污染治理、污水净化、土壤修复的投资，使经济中的纯损部分变为增量部分。另外，通过创新金融工具，绿色金融可以降低环保项目的风险。例如，通过信息平台降低信息不对称的风险；PPP中，政府资金承担劣后功能，可确保私人的投资收益率的稳定性；绿色贷款中，通过对绿色贷款进行财政补贴和成立专门的机构对绿色信贷进行担保，可降低发放绿色贷款的金融机构的风险；绿色债券中，第三方的债券评级机构和增信机构的背书，也可以降低投资者的风险。

2.2　绿色金融促进经济绿色增长

在微观上，绿色金融纠正和弥补市场失灵和金融失灵，在宏观上，绿色金融通过作用于经济增长的三大因素劳动、资本和技术进步，在提高劳动者素质、调整资本结构、促进技术进步的同时促进经济增长。

2.2.1 经典生产函数

（1）古典生产函数

在索洛模型中，生产函数的一般形式为：

$$Y = F(L, K) \quad (2-1)$$

其中，Y 为总产出，L 和 K 分别为劳动总量和资本总量，它们均随时间变化而变化，从而，Y 也随时间变化而变化。

由于生产规模报酬不变，有：

$$\lambda Y = F(\lambda L, \lambda K) \quad (2-2)$$

其中，$\lambda > 0$，令 $\lambda = \frac{1}{L}$，即把上式同除以 L，得到：

$$\frac{Y}{L} = F(1, \frac{K}{L}) \quad (2-3)$$

令 $y = \frac{Y}{L}$ 表示人均产量，$k = \frac{K}{L}$ 表示人均资本，则有：

$$y = F(1, k) = f(k) \quad (2-4)$$

上式表明，人均产出由人均资本存量决定：

求 k 关于时间 t 的导数，有：

$$\frac{dk}{dt} = \frac{d(K/L)}{dt} = \frac{1}{L^2}(L \cdot \frac{dK}{dt} - K \cdot \frac{dL}{dt}) = \frac{1}{L} \cdot \frac{dK}{dt} - \frac{K}{L} \cdot \frac{1}{L} \cdot \frac{dL}{dt}$$

$$(2-5)$$

其中，$\frac{dk}{dt}$ 为人均资本随时间推移而产生的增量，可以用 $\dot{k}$ 来表示，$\frac{dK}{dt}$ 为总量资本随时间推移而产生的增量，其数值应等于新增投资减去资本折旧，于是有：

$$\frac{dK}{dt} = I - \delta \cdot K \quad (2-6)$$

其中，I 为投资总额，δ 为折旧率。在封闭经济中，投资等于储蓄，即：$I = S = s \cdot Y$，于是有：

$$\frac{dK}{dt} = sY - \delta \cdot K \qquad (2-7)$$

用 n 表示人口的增长率，假设劳动增长率与人口增长率相等，由瞬时增长率定义有：

$$\frac{\frac{dL}{dt}}{L} = \frac{1}{L}\frac{dL}{dt} = n \qquad (2-8)$$

代入后，有：

$$\dot{k} = \frac{1}{L}(sY - \delta \cdot K) - nk = sy - \delta k - nk$$
$$= sf(k) - (n+\delta)k \qquad (2-9)$$

因此，最终索洛方程可表示为：

$$\dot{k} = sf(k) - (n+\delta)k \qquad (2-10)$$

其中，$\dot{k}$ 为人均资本随时间的增量，称为"资本的深化"。$(n+\delta)k$ 是保持人均资本 k 不变的必需的投资。$(n+\delta)k$ 称为资本的广化。因此，人均储蓄由资本的深化和资本的广化两部分组成。即：

资本的深化 = 人均储蓄 - 资本的广化

如果 $sf(k) > (n+\delta)k$，则 $\dot{k} > 0$，人均资本水平提高，经济社会经历资本深化。如果 $sf(k) < (n+\delta)k$，则人均资本水平下降。

如果初始人均资本偏离 $\bar{k}$，在经济机制作用下，会自动向稳态点对应的资本存量 $\bar{k}$ 移动，在 $\bar{k}$ 左边，$\dot{k} > 0$ 表明人均资本随时间自动增加，直到 $sf(k) = (n+\delta)k$，人均资本等于 $\bar{k}$ 为止。在 $\bar{k}$ 右边，$sf(k) < (n+\delta)k$，$\dot{k} < 0$ 表明人均资本随时间推移持续减少，直到 $sf(k) = (n+\delta)k$，人均资本等于 $\bar{k}$ 为止。

因此，在索洛模型中，人均储蓄、人均资本、人均产出会自动趋于稳态，从而经济实现稳态增长。当经济社会的新增储蓄量正好全部用于新增劳动力资本配备和资本折旧时，人均资本存量维持不变，经济产生稳态增长。当经济处于稳态时，人均收入固定不变，k 和 y 固定不变，其增长率为零，这时，经济增长率等于人口增长率 n。[①]

（2）考虑技术进步的生产函数

引入技术进步的生产函数为：

$$Y = F(AN, K) \quad (2-11)$$

其中，AN 被称为有效劳动，如果 $\hat{y} = K/AN$，则（2-11）式可写为：

$$\hat{y} = f(\hat{k}) \quad (2-12)$$

其中，$f(\hat{k}) = F(1, \hat{k})$。

假定技术进步 A 以 g 的速度增长，这时新古典增长模型的基本方程为：

$$\dot{k} = sf(k) - (n + \delta + g)k \quad (2-13)$$

引入技术进步后，新古典增长模型稳态增长如图 2-3 所示。

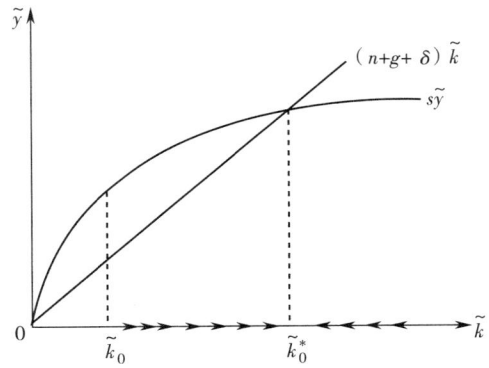

图 2-3 引入技术进步的新古典增长模型

---

① 高鸿业. 西方经济学 [M]. 北京：中国人民大学出版社，2011.

可以看出，引入技术进步后的经济增长模型和未引入技术进步的模型稳态分析一样。在经济初始状态时，如果有效劳动平均的资本为 $\hat{k}_0$ 低于其稳定状态值，则 $\hat{k}_0$ 会持续动态提高到稳定值 $\hat{k}_0$ 处，即直到 $s\hat{y} = (n + g + \delta)\hat{k}$ 为止。

因此，可以看出，技术进步不仅提高总体经济增长率，也是人均产出的持续增长的原因。在经济稳态下，技术进步是经济持续增长的唯一原因。[①]

（3）经济增长因素分解

$$Y = AF(N,K) \qquad (2-14)$$

对方程（2-14），根据经济增长要素进行微分，则产出的变动为：

$$\Delta Y = MP_N \times \Delta N + MP_K \times \Delta K + F(N,K) \times \Delta A \qquad (2-15)$$

式中，劳动变动为 ΔN，资本变动为 ΔK，技术变动为 ΔA，MP_N 和 MP_K 分别为劳动和资本的边际产品。将方程（2-15）的两边同除以 $Y = AF(N,K)$，化简后得：

$$\frac{\Delta Y}{Y} = \frac{MP_N}{Y} \times \Delta N + \frac{MP_K}{Y} \times \Delta K + \frac{\Delta A}{A} \qquad (2-16)$$

进一步可变形为：

$$\frac{\Delta Y}{Y} = \left(\frac{MP_N \times N}{Y}\right) \times \frac{\Delta N}{N} + \left(\frac{MP_K \times K}{Y}\right) \times \frac{\Delta K}{K} + \frac{\Delta A}{A} \qquad (2-17)$$

根据经济学理论，在竞争性的市场上，厂商使用的生产要素的边际产量等于要素实际价格的水平，因此，$MP_N \times N$ 和 $MP_K \times K$ 分别为劳动和资本的收益，从而 $\left(\frac{MP_N \times N}{Y}\right)$ 和 $\frac{MP_K \times K}{Y}$ 分别是劳动收益在产出中所占的份额和资本收益在产出中所占的份额，分别记为 α 和 β，则

$$\frac{\Delta Y}{Y} = \alpha \times \Delta N + \beta \times \Delta K + \frac{\Delta A}{A} \qquad (2-18)$$

[①] 高鸿业. 西方经济学[M]. 北京：中国人民大学出版社，2011.

即：产出增长 = 劳动份额 × 劳动增长 + 资本份额 × 资本增长 + 技术进步。

上式表明，劳动量变动、资本量变动和技术进步是经济产出增长的三大因素，一般地，由于技术进步无法直接观察到，经济学家们通过去除劳动增长贡献和资本增长贡献后得到：

$$\frac{\Delta A}{A} = \frac{\Delta Y}{Y} - \alpha \times \Delta N + \beta \times \Delta K \qquad (2-19)$$

其中，$\frac{\Delta A}{A}$ 被称为索洛余量。

经济增长是多因素共同作用的结果，影响劳动、资本、技术的所有因素变动都间接影响经济增长。美国经济学家丹尼森（E. F. Denison）把影响经济增长的因素归结为六个：劳动、资本、资源配置状况、知识进展、规模经济、其他影响单位投入产量的因素。①

2.2.2 绿色金融提高劳动者素质

生态环境的急剧恶化和资源的严重短缺，已经威胁到人类的生存和发展。污染物进入环境后，随着生态系统的物质循环，不断地迁移、扩散、积累、聚集，带来多重危害。② 绿色金融的发展，可以促使金融资源进入新能源、新工艺等传统金融资源较少涉及的领域，减轻经济增长对物质要素的依赖和降低经济增长对生态环境破坏，提高空气、水、土壤等环境质量，增强劳动者健康和人口素质。

为分析绿色金融对经济增长的影响，我们引入具有人口素质提高的柯布—道格拉斯生产函数③：

$$Y(t) = [A(t)L(t)]^{\alpha} K(t)^{\alpha} H(t), \beta\alpha > 0, \beta > 0, 1 - \alpha - \beta > 0 \qquad (2-20)$$

---

① 高鸿业. 西方经济学 [M]. 北京：中国人民大学出版社，2011.
② 周毅. 人口与环境可持续发展 [J]. 贵州师范大学学报（社会科学版），2003（02）：23 - 31.
③ 李亚卿. 西方经济学 [M]. 北京：化学工业出版社，2008.

式中，H 为人力资本存量，L 表示劳动力数量，A 为技术进步。上式中 K、L、H 三者的规模不变。假定 K 的动态变化为：

$$\dot{K}(t) = S_K Y(t) \qquad (2-21)$$

式中，S_K 表示产量中用于实物资本积累的比例，假定没有折旧。这与索洛模型中的假定是一样的。

和索洛模型一样，再假定 L 的动态变化为：

$$\dot{L}(t) = nL(t) \qquad (2-22)$$

A 的动态变化为：

$$\dot{A}(t) = gA(t) \qquad (2-23)$$

进一步假定，由人力资本积累与实物资本积累模型类似：

$$\dot{H}(t) = S_H Y(t) \qquad (2-24)$$

式中，S_H 为产出中用于人力资本积累的比例。

把式（2-20）两侧同除以 $A(t)L(t)$ 得：

$$y(t) = k(t)^\alpha h(t)^\beta \qquad (2-25)$$

式中，$h(t)^\beta = \left[\dfrac{H(t)}{A(t)L(t)}\right]^\beta$ 表示每单位有效劳动的人力资本。根据上式的结论，索洛模型中单位有效劳动资本的动态变化公式 $\dot{k}(t) = s_k k(t) - (n+g)k(t)$ 变为：

$$\dot{k}(t) = s_k k(t)^\alpha h(t)^\beta - (n+g)k(t) \qquad (2-26)$$

$\dot{k}(t) = 0$ 的均衡增长路径的条件可表述为：

$$s_k k(t)^\alpha h(t)^\beta = (n+g)k(t) \qquad (2-27)$$

解得 $k = [S_K/(n+g)]^{1/(1-\alpha)} h(t)^{\beta/(1-\alpha)}$ 满足这一条件的组合如图 2-4 所示。两曲线的交点处表示一个恰当的 h、k 组合，可以实现二者都处在平衡增长路径上。如果储蓄率增加，会让 $\dot{k}(t) = 0$ 曲线上移，于是实现实物资本和人力资本均处于平衡增长的 h、k 的组合会向右上方移动。图 2-4 中点 E 的位置，就处于平衡增长路径上。此时，h、k 和 y 不变，总的实物资本、总的人力资本和总产量（K、H 和 Y）以速度 $n+g$ 增长，每个工人平均的实物资本、平均的人力资本和平均的产量（K/L、H/L 和 y/L）以速度 g 增长。

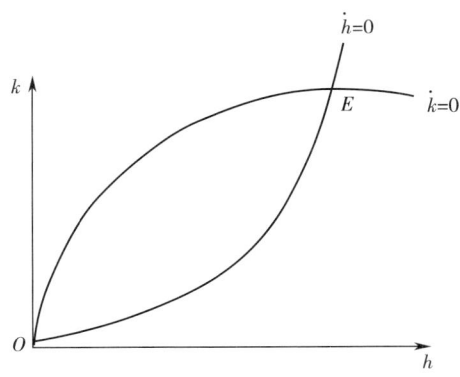

图 2-4　人力资本提高与经济增长率

通过发展绿色金融，环境质量将会得到改善，人体健康程度将会提高。健康是人力资本的重要组成部分，它影响人的劳动生产率、生活质量和福利水平，并通过多种途径影响经济增长：第一，健康状况影响劳动者的体力和精神状态，越健康的人，劳动能力也就越强，思维也更敏捷，生产率也更高。第二，健康水平影响劳动力供给，不健康的劳动力不能确保工作质量或者直接被排除在劳动力市场之外，影响家庭收入和经济产出。第三，健康状况的改善提升了劳动者的身体素质，降低成年人死亡率，促使其后代更健康，从而提高了长期生育率。第四，健康状况直接影响了劳动者的受教育程度，更健康的身体状况使人们的预期寿命变长，教育人力资本收益变高，此时，理性的劳动者会增加自己的人力投资；第五，健康影响劳动者在生命周期中的消费决策，更健康的人通常储蓄更多或者投资更多，这种储蓄和投资会增加全社会的可用资本总量,进而提高人均资本水平,从而促进经济增长。[①] 因此,绿色金融的发展通过改善环境质量,进而从劳动力供给、劳动效率、人口结构、人力资本投资等多个方面影响经济增长。

2.2.3 绿色金融投资促进金融资源优化配置

金融资源是经济增长的重要因素。绿色金融通过两种途径优化金融资源配置,第一,增加全社会投资总量。通过发展绿色金融,提高了水、空气等环境质量,进而降低了劳动者在预防和治疗由于环境污染等产生疾病的医疗消费,提高社会中投资总量。第二,改善全社会投资结构。政府和企业将一部分原本投入在产能过剩、高耗能高污染等方面的投资转移到清洁能源、绿色技术上等,这一部分绿色金融投资并不改变社会投资总量。

生产函数采用柯布—道格拉斯生产函数[②]:

$$Y(t) = A(t)K(t)^{\alpha}L(t)^{\beta}$$

则人均产出为:

$$y = f(k,g) = Ak^{1-a}g^{a} \qquad (2-28)$$

其中,g 代表人均绿色投资,k 代表其他普通投资。为了简化分析,假设之前并不拥有绿色金融,并假定绿色金融和投资经济总量的比例为 τ 和绿色投资全部转化为绿色资本存量。这意味着:

$$g = \tau y = tAk^{1-a}g^{a} \qquad (2-29)$$

这里 τ 是绿色金融公共投资占总产出的比例,因为政府公共投资来源于税收,为简化分析,将 τ 看成税率。

现在,加入绿色公共投资后的生产函数资本边际产品为:

$$f_k = A(1-\alpha)(g/k)^{\alpha} \qquad (2-30)$$

这里 f_k 是保持 g 不变而对 k 求偏导而得,这意味着假定它改变资本

[①] 吕娜. 健康人力资本与经济增长 [D]. 武汉大学, 2011.
[②] 武普照, 王耀辉. 公共投资的经济增长作用分析 [J]. 山东社会科学, 2007 (04): 69 – 72.

和产出数量时，其他投资数量不变。

把 $g = \tau y$ 代入得到：

$$y = k \cdot A^{1/(1-\alpha)} \cdot \tau^{a/1-a} \quad (2-31)$$

从而，给定绿色公共投资比率 τ，y 和 k 成一定比例，τ 增加意味着绿色公共投资量增加，同时 y 和 k 的比例系数也提高。

两种投入的比例是：

$$g/k = (g/y)/(k/y) = \tau \cdot (y/k) = (A\tau)^{1/(1-\alpha)} \quad (2-32)$$

这里 $\dfrac{y}{k}$ 的值来自（2-31）式，把（2-32）式代入（2-30）式会得到：

$$f_k = (1-a) \cdot A^{1/(1-a)} \cdot \tau^{a/(1-a)} \quad (2-33)$$

因此，绿色公共投资比率 τ 的提高意味着资本边际产品 f_k 的提高。

除了 f' 会被私人边际收益代替外，消费者最优化的路径仍然满足由于均一所得税税率为 τ，私人边际收益就为 $(1-\tau)f_k$，因而，将（2-33）式中的代入，消费增长率就为：

$$\gamma = c/y = (1-\sigma) \cdot [(1/\sigma) \cdot A^{1/(1-a)} \cdot (1-\tau) \cdot \tau^{1/(1-a)} - \rho]$$
$$(2-34)$$

这意味着，只要 τ 固定，那么增长率 γ 就是固定的。

给定一个初始资本量 $k(0)$，所有变量的大小可以重新得出。特别是初始消费水平是：

$$c(0) = c(0) \cdot [(1-\tau) \cdot A^{1/(1-a)} \cdot \tau^{1/(1-a)} - \gamma] \quad (2-35)$$

图2-5展示了经济增长率 γ 和绿色公共投资率或者说是税率 τ 之间的关系。一个更高的绿色公共投资率会提高（2-33）式中的 f_k 并因此会提高（2-34）式中的 γ，但一个较高的税率意味着人们只能保留他们税前收入的一小部分 $(1-\tau)$，这又会降低（2-34）式中的 γ。在较低的 τ 值处，g/y 的正效应占优势地位，因此，γ 随着 τ 的上升而上升。随着 τ 值的上升，税收的扭曲下作用持续增大，γ 终于达到了最

高。对于此后更高的 τ 值，税收效应占了主导地位，因此 γ 随着 τ 的上升而下降。当 τ 趋向 0 或者 1 时，增长率 γ 会趋向同一个负值 $-\rho/\sigma$。

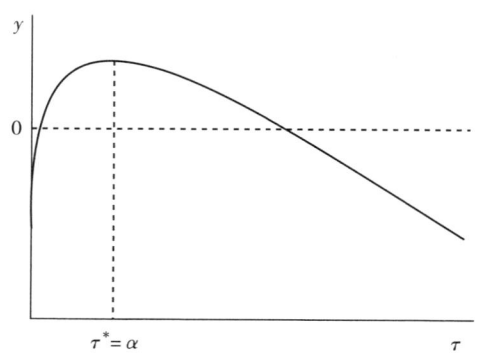

图 2-5 绿色投资率 τ 和经济增长率 γ 之间的关系

(2-34) 式表明，求 γ 的最大值等价于对 $(1-\tau)\cdot\tau^{a/(1-a)}$ 求最大值，解是 $\tau^*=a$。最大化 γ 的 τ 值仅依赖于生产参数 α，而独立于偏好参数 ρ 和 σ。[①]

2.2.4 绿色金融促进技术进步

在索洛及后来的经济模型中，技术进步是人均产出增长和经济增长的重要源泉。广义技术进步指技术所涵盖的各种形式知识的积累与改进。狭义上的技术进步主要是指中间投入品、生产设备工艺以及制造技能等方面的革新和改进。具体表现为提高工人的劳动技能、对旧设备的改造、采用新设备改进旧工艺、采用新工艺、使用新的原材料以及通过开发新产品等。[②]

为分析绿色金融对技术进步的影响，我们需借助于罗默的技术内生模型。该模型中，经济分为三个部门：研究部门、中间产品生产部门和最终产品生产部门。研究部门使用人力资本和现有知识存量来生产

[①] 陈宇学. 创新驱动发展战略 [M]. 北京：新华出版社，2014.
[②] 高文静. 中国工业部门碳生产率研究 [D]. 山西财经大学，2012.

新的知识，中间品部门使用来自研究部门的设计和已有的产出品生产耐用性生产设备。最终产品部门使用劳动、人力资本、资本和生产设备生产最终产品。生产投入包括四种类型：物质资本、人力资本 H、非技术劳动 L 和技术 A，资本以消费品的单位来测度。劳动投入以人数计算。人力资本为人的知识和技能，模型将知识的竞争性部分 H 和非竞争性部分技术 A 分开。A 以新产品的设计数量来测度，它的增长不受约束，可以脱离任何人而独立存在。

为了使分析绿色金融的发展对技术进步和经济增长更加简便，模型假定人口和劳动的供给不变、人力资本存量不变，投入生产的部分也是不变的。同时假定放弃消费等于向资本品部门转移资源。中间产品的种类共有连续的 i 中，且 x_i 表示第 i 种中间产品的数量且在 $x = \{x_i\}_i^\infty = 1$ 之间分布，H_A 和 H_Y 分别代表研发部门与生产部门所使用的人力资本，假定经济中的人力资本总量不变。

生产函数采用柯布—道格拉斯生产函数：

$$Y(t) = A(t)K(t)^\alpha L(t)^\beta$$

引入研发部门后，最终产品部门的生产函数为[①]：

$$Y_t = \left(\int_0^\infty x(i)^{1-\alpha-\beta} d_i\right) H_Y^\alpha L^\beta \quad (2-36)$$

式中，L 代表劳动力；α、β 分别是人力资本和劳动力的产出弹性。

研究和开发部门的生产率为：

$$\dot{A} = \delta H_A A \quad (2-37)$$

可以得到：

$$H_A = \dot{A}/(\delta A) \quad (2-38)$$

将（2-38）式代入（2-36）式，可得：

---

① 武普照. 环保产业投资问题研究［M］. 上海：上海三联书店，2010.

$$Y_t = (H - H_A)L^\beta \left(\int_0^\infty x(i)^{1-a-\beta} d_i\right) = \left(H - \frac{\dot{A}}{\delta A}\right)L^\beta \left(\int_0^\infty x(i)^{1-a-\beta} d_i\right)$$
(2-39)

又假设储蓄率为 s，

则 $s_t = sY_t$

假定资本的利率为 r；储蓄可用于投资的比率为 φ，则储蓄的总漏损率为 $1-\varphi$；由市场利率挤压的投资用 s_n 表示，其中 φ、δ 满足 $0 \leq \varphi \leq 1$，$\delta > 0$，因此，国民经济中的总投资为：

$$I_t = \varphi S_t - \delta r_t \qquad (2-40)$$

把储蓄代入（2-40）式，得：

$$Y_t = \frac{I_t + \delta r_t}{\varphi s} \qquad (2-41)$$

将（2-41）式代入（2-39）式，得到：

$$\frac{I_t + \delta r_t}{\varphi s} = \left(H - \frac{\dot{A}}{\delta A}\right)^\alpha L^\beta \left(\int_0^\infty x(i)^{1-\alpha-\beta} d_i\right) \qquad (2-42)$$

假设劳动和资本投入不变，则 Y 显然将与 A 以同样的速度增长，假定所有变量的共同增长率为 g，则有：

$$g = \frac{\dot{C}}{C} = \frac{\dot{Y}}{Y} = \frac{\dot{K}}{K} = \frac{\dot{A}}{A} = \delta H_A \qquad (2-43)$$

把 $H_Y = H - H_A$ 和（2-43）代入最终产品部门的生产函数，可得：

$$g = \delta HA = \delta H - \frac{a}{(1-\alpha-\beta)(\alpha+\beta)} r \qquad (2-44)$$

从（2-42）式得出：储蓄可转化为投资的比率 φ 和科技创新效率 $\dot{A}$ 之间存在正向的非线性关系。具体来说，金融体系和科技创新互为促进，金融体系越发达，科技创新效率也会越高。在同一科技水平上，科技创新效率越高，则金融发达程度越高。

从（2-44）式可以得出：技术进步速度和经济增长速度与利率高

度敏感，利率越高，技术进步速度和经济增长速度越低。因此，该模型表明，在科技进步内生条件下，科技与金融相生相依，技术进步不仅与储蓄转化为投资的比例高度正相关，也与利率负相关。

绿色金融从两个方面促进技术进步：一是提高储蓄投资转化效率。金融机构规模的扩张、数量的增加可以提高市场的竞争程度，降低金融机构的利润率，提高金融机构的专业化水平，降低资金供需中的转换成本，提高由储蓄向投资转换的效率。二是绿色金融提高绿色发展领域的资金总量和降低资金成本。绿色金融扩大用于支持清洁能源、节能环保、水资源、气候弹性农业、智能电网、低碳运输体系等绿色经济领域发展的资金总量，在总量可用资金扩大和存在财政补贴的情况下，绿色金融实现金融机构对环境友好型企业给予更优惠的贷款条件，提高这类企业的投资总量。实现资金从高耗能高污染产业中转移到清洁技术、环境友好的产业中去，实现了产业结构的优化升级和绿色发展。

2.3 绿色金融支持传统经济转型升级

传统经济转型注重经济发展速度与结构、质量、效益相统一的增长，全面、协调、可持续发展，主要体现是经济保持中高速增长、创新驱动发展成效显著、发展协调性明显增强、人民生活水平和质量普遍提高、国民素质和社会文明程度显著提高、生态环境质量总体改善和各方面制度不断优化。在我国经济转型中绿色发展是核心要求之一，绿色金融将在此时期发挥重大作用。

2.3.1 绿色金融优化消费结构

消费结构是在一定的经济社会状况下，人们所消费的各种不同类型的消费资料的关系。影响消费结构的因素很多，在微观上，家庭收入、家庭储蓄率、家庭生命周期所处的阶段与家庭规模、家庭投资水平等都是影响消费结构的因素。在宏观上，物价水平、市场环境因素、福利制度、消费品状况、投融资制度、收入分配制度、社会保障制度、劳动就业制度等也影响消费结构。消费结构随着经济发展而发生动态变化，随着我国经济的持续发展，社会的主要矛盾已经由人民不断增加的物质文化需要同落后的生产力之间的矛盾变成人民对美好生活的向往与不平衡不充分发展之间的矛盾，反映在消费结构上，就是对消费结构升级的要求。

金融对消费结构具有重要影响。首先，金融体系的发展可以拓展家庭及个人投资的边界，提高其实际收入和预期收入，而收入是影响消费的最主要因素。其次，借贷融资、信用卡等的日益便利，可以释放被压抑的消费需求，使消费者随时可以获得消费各类产品和服务所需的资金。再次，越来越丰富、便捷的金融产品和金融服务，提高了交易速度、降低了交易成本，避开了传统消费的时空限制。最后，金融环境的改善、金融法制的加强和金融风险的降低，例如医疗保险、养老保险和意外伤害保险的普及降低居民的预防性支出和实际医疗健康支出，提高未来收入的正向预期，可以促进更多的消费。

绿色金融的发展，从三个方面优化消费结构。一方面是提高高层次消费的比例；另一方面是提高消费的绿色性和环境友好性；最后是扩大绿色消费品的供应，提高消费者的可选择空间。根据马斯洛的需求层次论，生存和安全处于较低的层次，而自我实现和自我超越处于较高的需求层次。在消费结构上，对应马斯洛的需求层次论的，是家庭的必需的消费支出、继续维持家庭存在的家庭经营费用，包括教育子女、娱乐和休闲等支出以及家庭受别人重视，自身社交方面的支出。绿色金融的发展，提高了经济增长投入和产出的清洁性，改善了环境质量，促使人们更健康，进而降低了在预防和治疗疾病、维持身体健康的支出，一般来讲，降低的这部分支出会被用来到高层次的消费支出上，如自身及家庭子女的教育。同时，绿色信贷和绿色个人信贷的发展，可以促使企业和个人在消费时采用更多的环境友好型消费品，降低消费的负外部性，从而改善消费的结构。最后，绿色金融的发展通过对绿色领域进行资金支持和降低融资成本，可以提高绿色消费品供应量和供给的回报率，如绿色农业产品、有机产品等，这些产品供应量的扩大和产品的日益多样化直接扩展了消费者的可选择空间，提高消费者消费的绿色程度，更健康的绿色消费将进一步提高人的健康水平，降低在生存方面的消费支出，促使消费进一步升级。

2.3.2 绿色金融促进供给结构转型

供给侧结构性改革是"十三五"规划的主线，也是京津冀协同发展的重要任务之一。其主要任务，一是"去产能、去库存、去杠杆、降成本、补短板"，化解京津冀地区中钢铁、化工、煤炭等重工业的过剩产能，二是推动产业结构升级，通过建设北京具有全球影响力的科技创新中心，大力发展战略性新兴产业，推动科技创新平台、空客、国产计算机操作系统落地，扩大有效和中高端供给。

金融体系具有清算支付、融资、资源配置、风险管理等基本功能，作为货币资金借贷与金融工具发行和流通的空间和场所，金融在经济运行中发挥着举足轻重的作用，随着经济的金融化程度不断提高，金融体系日益成为市场机制的主导和枢纽。绿色金融从多个途径促进供给结构转型。首先，绿色金融扩大资金总量，拓展融资途径，为创新型技术提供资金。例如，通过广义碳税等手段，可以扩大整个社会的资金可用总量。在实际执行中，对资源征税、对环境污染企业处罚不仅使外部性内部化，还增加整个社会可用资金总量。同时，通过监管机构对发展绿色金融服务和产品的金融机构定向降准、差别化准备金率也增加整个社会的可用资金总量。其次，绿色金融优化资金流向，引导资金由传统领域向绿色新兴领域流动，减少在高耗能高污染行业的资金可用量。在实际中，通过差别化产业信贷政策、对高耗能高污染行业进行惩罚性融资政策，强化金融机构的环境法律责任，强制企业进行绿色保险投保，建立污染企业名录和环境信息平台等手段将降低这些领域和企业的可用资金量，而绿色信贷、绿色债券以及绿色基金等将提高绿色发展领域的可用资金量。最后，缓释清洁技术和清洁项目的投资风险。由于不确定性的存在，企业的经营活动和创新存在一定的风险，金融系统和金融机构的作用就是对风险进行交易、分散和转移，绿色金融产品和服务的多元化、投资方式多样化和投资风险分散化可以缓释这类项目的风险，提高这类项目的投资回报率。例如，清洁技术研发、雾霾治理，土壤修复等项目期限长、风险大、收益率低，因此，传统上，私人很少进行该类投资。绿色贷款和绿色债券以及财政补贴从不同角度降低了这类项目的融资成本和提高了相对收益，降低了项目的风险。同时，绿色金融创新以自身具备的信息优势，将资本投向具有发展潜力的新兴部门，促进新兴产业的发展，由于传统重化工产业生产率远远低于新兴产业，因此，绿色金融在优化产业结构的同时也扩大了产业之间的发展差异，加速了产业结构优化的进程。

2.3.3 绿色金融促进经济动能转换

经济转型升级是经济发展方式的转变，不仅体现在需求结构的升级、供给结构的结构性变革，更突出表现在经济动能的新旧转换。具体来讲，就是经济增长的动力由投资刺激转变到依靠需求拉动，由要素投入转向创新驱动，新技术、新产品、新业态、新模式不断涌现。

随着创新驱动发展战略的实施，我国传统金融越来越难以满足创新型科技企业的融资需求。与成熟期企业不同，创新科技型企业往往处于商业化初期，其融资需求存在抵押少、风险高、收益大、现金流不确定的典型特征，这与信贷资金要求充足的抵押、现金流稳定的业务模式存在错位。绿色金融，不仅仅是一种新兴的金融产品和服务，本质上更是一种制度安排、宏观调控手段。正如上文分析，绿色金融的发展可以纠正市场失灵和金融失灵。具体到创新驱动上，绿色金融在四个方面促进经济动能转换。首先，绿色金融给创新活动提供资金。由于新技术、新方法的绿色性和清洁性，绿色基金、绿色股票及绿色债券的发展通过多个方面给被传统金融排斥在外新技术新业态提供资金支持，一方面是政府对这些领域的投资提供补贴,另一方面是通过绿色基金等方式引导私人资金进行投资,同时监管机构对涉及新技术新方法在评级、上市、担保等方面的政策措施也将引导资金进入该领域。其次,绿色金融促进新业态新模式发展。作为第三产业的组成部分,平台经济、分享经济、体验经济蓬勃发展,这些产业优化资源配置、提高生活的便利性和效用,但由于这些新产业新模式抵押品不明确,收益不确定,因此普遍被排斥在传统金融之外。以共享单车为例,共享单车的发展降低了城市拥堵程度和提高了出行的绿色程度,但由于盈利模式不明确,抵押品不明确,因此通过传统金融融资比较困难。绿色银行、绿色基金等的发展可以有效解决这一问题,在满足其融资的同时降低行业的竞争程度,控制风险。最后,绿色金融提高投资转化效率。作为金融发展的一种形式,绿色金融的发展提高金融体系机构、产品、服务多样化程度,从而为资金拥有者和资金筹集者提供更多的选择,提高资金的流动速度和效率,减少中介成本,优化资源配置。

京津冀协同发展中的绿色问题

京津冀协同发展寻求绿色发展，转向以推动社会发展关内容，以效率、和谐、持续为目标的一种新型发展方式，面临诸多困难，包括产业结构偏重工业、水土等资源总量不足和分布不均、环境污染严重，这些困难构成京津冀协同发展中的绿色问题。

3.1 我国经济发展过程中的绿色问题

目前中国经济发展和生态环境的现状是：经济发展过程中由于产业结构的不合理，资源被过度消耗且利用效率低下，生态环境遭受到比较严重的破坏。经济快速发展引发了一系列绿色问题，反过来，绿色问题又制约了我国经济的发展，主要体现为产业结构偏重型化、农业污染日益严重、资源分布不均加剧环境污染。

3.1.1 产业结构仍偏重型化

近十年来，我国产业结构发生了较大的变化，产业之间的比例关系明显改善，产业结构调整也逐步合理化。第一产业在 GDP 中所占的比重呈现逐渐下降的趋势，从 2006 年的 10.6% 下降到 2016 年的 8.6%。第二产业占比也持续下降，从 2006 年的 47.6% 下降到 2016 年的 39.8%。第三产业占 GDP 的比重则逐年上升，从 2006 年的 41.8% 上涨到 2016 年的 51.6%，但仍远低于发达国家。

表3-1　　　　　2006—2016 年全国三次产业比重　　　　单位:%

地区	中国			美国			世界		
年份	第一产业	第二产业	第三产业	第一产业	第二产业	第三产业	第一产业	第二产业	第三产业
2006	10.6	47.6	41.8	—	—	—	—	—	—
2007	10.3	46.9	42.9	—	—	—	3	28	69
2008	10.3	46.9	42.8	1.3	21.4	77.4	2.9	27.5	69.4
2009	9.8	45.9	44.3	1.2	21.4	77.4	2.9	27	70.1
2010	9.5	46.4	44.1	1.2	20	66.1	2.8	26.3	70.9
2011	9.4	46.4	44.2	—	—	—	—	—	—
2012	9.4	45.3	45.3	1.2	20.2	78.6	3.1	26.7	70.2
2013	9.3	44	46.7	1.5	20.5	78.1	3.1	26.4	70.5
2014	9.1	43.1	47.8	1.3	20.7	78	—	—	—
2015	8.9	40.9	50.2	—	—	—	3.9	27.6	68.5
2016	8.6	39.8	51.6	—	—	—	—	—	—

资料来源：国家统计局。

2012年以后,美国第三产业占GDP比重维持在78%以上,全球第三产业占GDP比重的平均值在70%左右,高于我国的峰值51.6%。虽然我国第二产业比重近十年呈下降趋势,和发达国家差距正在不断缩窄,但产业结构仍偏重型化,轻型制造业占比较少。[①] 近五年,工业在第二产业中的比重均在83%以上,而在工业产值中,高污染、高能耗的重工业比例仍然偏高。通过表3-2可以看出,在公布轻工业和重工业规模以上工业增加值数据的5个省份中,重工业占比均明显高于轻工业,其中,经济发达省份的工业结构相对合理,重工业占比仍在60%左右;在经济相对落后的甘肃、新疆地区,重工业占比甚至高达80%以上。国家统计局每年发布的《国民经济和社会发展统计报告》中归纳的六大高耗能行业均为重工业,包括石油加工、炼焦和核燃料加工业,化学原料和化学制品制造业,非金属矿物制品业,黑色金属冶炼和压延加工业,有色金属冶炼和压延加工业,电力、热力生产和供应业。高耗能、高污染的重工业比例偏高且产能过剩严重,制造业附加值不高,处于价值链的中低端,已经成为第二产业面临的内部结构矛盾,制约了经济社会的可持续增长。

表3-2　　2016年5个省份规模以上工业增加值中重工业占比

省份	轻工业	重工业	重工业占比
江西	2 634.90	4 319.30	62.11%
浙江	5 414.65	7 530.32	58.17%
广东	10 853.78	18 690.03	63.26%
甘肃	234.22	1 073.99	82.10%
新疆	334.85	1 917.20	85.13%

数据来源:Wind资讯。

除了重型化,我国产业结构另外一个显著特点就是生产方式粗放并且产能过剩。我国传统制造业如粗钢、水泥等产能较高,粗放的生产

---

① 蓝玉才.三产首超二产将继续促进产业结构转变[J].中国商贸,2014(07):38.

方式导致资源利用效率低下,生产过程中废气和污水排放严重,造成了资源和环境的双重恶化。我国是粗钢生产大国,粗钢生产具有技术含量低、资源消耗高、高污染和附加值低的特点,大规模生产必然导致资源的大量消耗和环境的严重污染。据世界钢铁协会统计,2016年全球粗钢产量为16.285亿吨,同比增长0.8%;中国粗钢产量为8.084亿吨,同比增长1.2%,占全球的49.6%,同比提高0.2个百分点。钢铁行业的污染物排放量很大,烟尘排放量约占工业烟尘排放总量的9.7%;粉尘排放量约占工业排放总量的16%;二氧化硫排放量约占工业排放总量的8.24%。2016年,我国钢铁产能总量是11.38亿吨,而粗钢产量占到总体钢铁产能的71%,钢铁产能的总量和结构都不合理,产能低端化造成环境压力进一步增加。

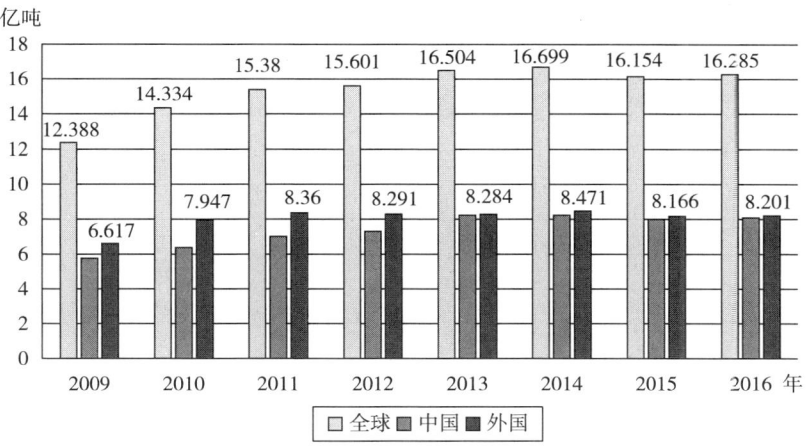

数据来源:世界钢铁协会。

图3-1 年度粗钢产量

总体来看,我国第二产业在GDP中的比重仍然偏高,其中高能耗、高污染的重工业的比重较大,产业结构仍需进一步向轻型化和绿色化转型升级。

3.1.2 农业面源污染问题累积

我国是农业大国,第一产业占比达到8.6%,农业污染正在成为影响我国环境的重要因素。一方面,农村成为工业和城市转移污染的排放目标;另一方面,农业自身的污染也让人瞠目结舌,主要表现为过量使用化肥、农药以及农业废弃物未妥善处置,内、外部的污染正在不断侵蚀曾经的"田园净土"。环保部和国土资源部联合发布的《全国土壤污染状况调查公报》显示,目前我国土壤环境问题突出,耕地土壤质量较差,部分地区的土壤污染问题已相当严重。农业面源污染源呈现出量大类多、分布广泛的特征,致使农业已经超越工业成为我国最大的面源污染产业,总体状况不容乐观。造成我国农业污染的主要因素是农用化学物质,主要包括:

(1) 农药污染。近年来,农药使用量不断提高,加之许多农药不易分解,对生态环境造成了不良影响,集中表现在两方面:一方面农药污染会导致生态失衡。杀伤害虫是使用农药的出发点,但是农药的过量投入在杀伤害虫的同时使其天敌也遭受毒杀,害虫对农药的抵抗能力不断增强,最终导致生态失衡,陷入农药大量使用和虫害不断增加的恶性循环。另一方面滥用农药会造成环境污染。农药附着于植物表面会使农作物和野生动植物受到污染,散落在土壤会对土壤产生不良影响,蒸发、散逸到空气中或随雨水流入江湖可引发大气、水体污染。

(2) 化肥污染。科学、合理地施用化肥有助于促进作物生长,而过量施肥不仅会降低化肥利用率和农产品的品质,还会污染环境。同时由于无机肥施用方法简单,见效较快,农民对无机肥的依赖性较大,而施用的有机肥偏少。长期施用无机肥会破坏土壤结构,致使土地沙化,土壤酸化、板结,土壤肥力下降。此外,肥料中的氮、磷等元素还会造成水体富营养化问题。

(3) 农膜污染。农膜的主要成分是聚乙烯,主要作用是覆盖农田,保持土壤的温度和湿度进而促进作物生长。但是聚乙烯在自然条件下难以降解，土壤中的残膜将破坏土壤的团料结构，造成土壤板结、蓄水能力下降，使其透水、透气性降低，妨碍土壤生物的生存，破坏其生态平衡，影响作物的正常生长，从而导致农作物减产。

表3-3 各国农药使用量对比 单位：万吨

年份	中国	美国	巴西	加拿大
2005	146.00	2.65	2.46	0.29
2006	153.70	2.90	2.36	0.29
2007	162.30	1.86	2.98	—
2008	167.23	—	2.84	0.22
2009	170.90	0.68	3.41	0.24
2010	175.80	—	3.10	0.31
2011	178.70		3.40	0.26
2012	180.60	0.68	3.32	0.40
2013	180.19		3.32	0.44
2014	180.70		2.32	0.51
2015	176.30		3.77	—

数据来源：联合国粮农组织。

表3-4 全球耕地面积、粮食产量和化肥用量分析表

国家	耕地面积（万公顷）	谷物产量（万吨）	化肥用量（万吨）	每公顷化肥用量（吨/公顷）
中国	10 572	55 740.7	5 974.7	0.57
美国	15 184	44 293.3	2 127.4	0.14
印度	15 700	29 399.3	2 581.9	0.16
全球	140 784	281 733	19 329	0.14

资料来源：国家统计局。

由上表可见，我国农业产值增加的背后是化肥、农药的过量使用。其一，我国农药使用量占全世界的一半以上，是耕地面积排名世界第一的美国的上百倍，也远远高于加拿大、巴西等耕地面积排名全球前十的国家。近年来我国农药用量增长虽然在减缓，但绝对量仍停留在庞大的水平。其二，我国利用全球7%的耕地生产了全球20%的粮食，但是化

肥用量却占全球的31%，相当于美国、印度总和的1.3倍（美国、印度耕地面积占全球的22%），每公顷的化肥用量是全球平均用量的4倍之多。肥越用越多，地却越种越贫瘠。我国化肥使用过量的问题，不但降低了化肥的使用效率，还会引起土壤营养失衡，导致我国农业污染情况日益严重，对生态环境和食品安全带来较大威胁[①]。

3.1.3 资源不足与分布不均加剧环境问题

我国自然资源具有人均匮乏、利用率低、分布不均的特征。中国人口占世界总人口的22%，而耕地、水资源、森林、石油、天然气却仅分别占世界总量的9%、6%、4%、1.8%、0.7%，铁矿石、铜矿、铝土矿所占比重分别不足9%、5%、2%。从人均来看，中国煤、油、天然气的人均占比仅相当于世界人均水平的55%、11%和4%，大多数矿产资源的人均占比还不到世界人均水平的一半，自然资源人均占有量不足的问题非常突出。

为了尽快实现经济的快速增长和赶超，我国在过去很长一段时期内采取了要素投入式的经济增长方式。粗放型的资源加工模式造成了资源利用率较低，浪费和污染严重。虽然经济得到了较快发展，但是自然资源的消耗也随之大幅上升，环境和资源压力日益增加。随着中国人口数量的快速增长，自然资源的短缺问题更加凸显，主要体现在土地资源、矿产资源和水资源三方面：

（1）中国的土地资源呈明显的"一多三少"特征，"一多"是指我国的土地总量相对较多，"三少"是指我国人均土地占有面积少、高质量的土地面积少、可供后备开发的土地资源面积少。从土地总量来看，我国土地面积居世界第3位，耕地面积居世界第2位，但从人均角度来看，我国人均耕地面积大约仅为世界人均耕地面积的一半，仅居世界第67位。我国目前的后备土地资源合计两亿亩，而可供开发的仅占

---

① 杜芳. 拯救"过劳"的田地[N]. 经济日报，2017-07-18（013）.

一半左右，加之我国考虑到环境因素严格限制开发耕地，因而用于补充耕地的后备土地资源十分有限。有限的耕地资源中，水资源匮乏、水土流失、污染严重的耕地又占据较大比例，加剧了土地资源短缺矛盾。

表3-5　　　　　　　　　　　土地资源情况表

年份	中国人口总量（万人）	耕地总面积（万平方公里）	人均耕地面积（平方米/人）	世界人口总量（万人）	耕地总面积（万平方公里）	全球人均耕地面积（平方米/人）
2012	135 404	135.16	998.20	697 374	1 407.518	2 018.31
2013	136 072	135.16	993.30	704 390	1 409.128	2 000.49
2014	136 782	135.06	987.41	720 774	1 417.152	1 966.15
2015	137 462	135	982.09	734 663	—	—
2016	138 271	134.96	976.05	—	—	—

资料来源：国家统计局。

从2012年到2016年，中国人均耕地面积从998平方米下降到976平方米，减少了22.2平方米。耕地数量不断减少，加之人口持续增长，人均耕地占有量将会进一步降低，人口和土地资源之间的矛盾日趋严重。土地资源的稀缺会导致人们枯竭式耕种土地，为了获得更高的产量而大量使用农药和农膜，出于成本考虑又较少进行污染治理，因此造成了土地资源稀缺和环境污染的恶性循环。过量使用农药和农膜造成了土壤枯竭、产量下降，为了弥补产量下降只能再加大农药和化肥的使用，循环往复后，土地使用效率越来越低，环境污染和食品安全问题则越来越严重。

（2）矿产资源方面，虽然我国矿产资源总量比较丰富，但是由于人口基数大导致人均矿产资源匮乏，尚不足世界平均水平的60%。较为突出的问题主要表现在以下三方面：一是支柱型的资源（石油、天然气等）储备量较少，而用量不大的钨、锡、钼等矿产资源储备相对丰富。二是矿产资源开采利用难度大，浪费情况严重。我国小型矿产较多、大型矿产少，不少矿产的品位较低，不能直接用于冶炼加工，而小矿的人员普遍素质不高，开采加工技术水平较低，规模化精细化水平低，因此在矿石的采选过程中浪费较为严重，降低了资源回收率。开采主矿种的过程中对伴生矿也造成了不同程度的浪费、破坏和毁损，我国伴生矿的综合利用率普遍偏低，不到20%，低于国外40%～50%的平均水平。三是资源分布与生产力布局不匹配。煤炭资源大部分分布于北方地区，山西省的储量约占全国储量的四分之一，内蒙古储量约占全国储量的五分之一；石油的储量也存在明显的地域差异，北方地区储备量丰富，大庆油田、胜利油田和华北油田等几大油田均在北方地区；钨、锰、镍、铅、锌等有色金属的储备则大部分在南方地区。由于资源的稀缺和分布不均，资源集中地只能大规模开采后再运输到使用地，形成了北煤南调、西煤东运的局面，其间会产生一定损耗，也大大提高了矿产资源的开发成本。目前由于我国的矿产开采、冶炼和运输的方法较为落后，在整个过程中也会产生大量的污染。

开采过程的污染主要表现为两方面：一是水污染。矿产开采过程中由于采掘作业不规范、开采方式不适当，造成水质恶化，出现严重的酸雨污染现象，甚至引发开采区地下水位大幅下降。二是废石污染。在采矿中形成的大量废石，二次回收率较低且不能得到妥善处理，形成废石垃圾堆，污染土地。

运输过程的污染主要体现在三方面：一是矿产运输过程中的漏损会污染路面。二是增加路面受损度。采用汽车运输露天矿是人们优先采用的运输方式，为了满足运力要求，运输吨位不断增加，甚至超出路面的承载力，增加了路面受损的程度。三是矿石运输过程中通常很少采取防护措施，造成尘土飞扬，污染了空气，同时产生的噪声也会影响运输途中周围居民的生活质量。

冶炼过程的污染主要体现在三方面：一是环境污染。为了降低冶炼成本，企业处理污染物的方式不合规，不及时更新设备，对当地环境造成严重污染。二是空气污染。冶炼过程中的废气未进行合理处理直接排放，会严重污染大气，也会对周围的居民造成人身伤害。三是水污染。

冶炼环节的污水排放导致土壤受到严重污损，直接威胁到农产品的质量安全，危及人类和动物的健康。

（3）淡水资源也存在人均不足和分布不均的问题。淡水资源储备来源于可更新水资源量，主要是指储存于地表和地下的可利用水量。2016年，全国水资源总量为32 466.4亿立方米，同比增加16.1%，其中，地表水资源量31 273.9亿立方米，地下水资源量8 854.8亿立方米，地下水与地表水资源不重复量为1 192.5亿立方米。全国水资源总量占降水总量的47.3%，平均单位面积产水量为34.3万立方米/平方千米。从数据来看，中国的水资源总量较为充足，但是受地广人多、人口分布不均的影响，我国的人均水资源占有量仅有2 061.9立方米，仅为世界人均水平的三分之一，水资源短缺严重（表3-6）。

表3-6　　　　　不同国家和地区人均可再生淡水资源　　　　单位：立方米

国家或地区	2011年	2012年	2013年	2014年
中国	2 092.8	2 082.6	2 072.2	2 061.9
美国	9 044	8 971.6	8 903.7	8 826.4
高收入国家	8 195.3	8 837.4	11 404.4	8 731.5
中等收入国家	5 819.3	5 599	4 769.7	5 471.4
低收入国家	5 125.4	4 888.9	4 972	4 529.2
世界平均	6 122	6 068.3	6 055.2	5 924.6

资料来源：国家统计局。

除了人均不足，我国水资源还存在分布不均的问题，一方面是水资源地理分布不均，以长江为界，南方水资源分布较多，占全国水资源总量的4/5，而北方仅占1/5；另一方面是水资源季节分布不均，受季风气候影响，中国降水冬少夏多，夏季降雨量占全年降水量的3/5~4/5。资源短缺的地区往往会枯竭式消耗资源，造成资源浪费和环境污染，成为加剧环境恶化的一个重要因素。随着经济发展和人民生活水平提高，淡水资源不足，特别是北方地区缺水问题将日趋严重，制约经济、资源的可持续发展。

3.2 北京资源承载超限，雾霾严重

随着经济快速发展，北京面临的人口、资源、环境之间的矛盾非常突出，污染状况严峻。一方面，自然资源承载能力超限，尤其是水资源的严重匮乏成为制约北京经济社会发展的重要瓶颈。由于北京地区人口密度大，水资源过度开采，地下水资源非常短缺，不足以支撑北京市日常的水资源需求。另一方面，环境污染情况日益严重，随着北京常住人口数量快速增长，北京的交通日益拥挤，空气污染也日益严重。

3.2.1 水资源短缺，人均水量少

北京市地处海河流域，人口密集、水资源匮乏。2016年底，北京市水资源总量为35.05亿立方米，按照上年末常住人口2 173万人计算，北京人均水资源仅为161立方米，仅为全国平均水平的1/15（表3-7），远低于国际公认标准人均1 000立方米的下限。在全球130多个首都城市和主要城市人均水资源量的排名中，北京位于百位之后。京津冀区域内92%的区县人均水资源量不足500立方米，已经低于国际公认极度缺水警戒线。

表3-7　　　　　　　　北京地区人均水资源对比分析表

项目	2003年	2006年	2010年	2013年	2016年
全国水资源总量（亿立方米）	27 460	25 330	30 906	27 958	32 466
全国人口（万人）	129 227	131 448	134 091	136 072	138 271
全国人均水资源（立方米/人）	2 124.94	1 927.00	2 304.85	2 054.65	2 348.00
北京水资源总量（亿立方米）	18.4	22.07	23.08	24.81	35.05
北京人口（万人）	1 456	1 601	1 962	2 115	2 173
北京人均水资源（立方米/人）	126.37	137.85	117.64	117.30	161.30

资料来源：国家统计局。

北京水资源主要由地表水和地下水组成，主要靠降雨补给。由于北京城市发展较快，常住人口数量迅速增加，用水需求逐年上升，地下水长期超量开采已导致地下水位下降、硬度提高及地面沉降等不良后果。

近年来污水、垃圾排放量的上升导致地下水污染程度加剧,使北京市可用的合格水资源量进一步减少。由表3-8可见,近五年北京地表水和地下水供给均呈下行趋势,南水北调供给量则从2012年的2.8亿立方米上升到2016年的8.4亿立方米,以满足不断增长的用水需求。随着经济的发展和生活水平提高,北京地区对水资源需求将进一步增加,加剧水资源供需矛盾。

表3-8　　　　　　　　北京水资源情况分析表　　　　　　单位:亿立方米

项目	2012年	2013年	2014年	2015年	2016年
水资源总量	39.5	24.81	20.25	26.76	35.05
地表水资源量	17.95	9.43	6.45	9.32	14.01
地下水资源量	21.55	15.38	13.8	17.44	21.05
地表水供水量	5.2	4.8	8.5	2.9	2.9
地下水供水量	20.4	20.1	19.6	18.2	17.5
再生水回用量	7.5	8	8.6	9.5	10
南水北调	2.8	3.5	0.8	7.6	8.4
总供水量	35.9	36.4	37.5	38.2	38.8
农业用水量	9.3	9.1	8.2	6.5	6.1
工业用水量	4.9	5.1	5.1	3.8	3.8
生活用水量	16	16.3	17.0	17.5	17.8
环境用水量	5.7	5.9	7.2	10.4	11.1
总用水量	35.9	36.4	37.5	38.2	38.8

资料来源:北京环境公报。

3.2.2　交通拥堵

北京的交通拥堵体现了大城市病的典型"症状",即人口膨胀、交通拥挤、住房困难、环境恶化、资源紧张等。人口数量、机动车数量、路网结构和公共交通基础设施等因素造成了北京交通负担与日俱增。

(1)常住人口数量持续上升。截至2016年末,北京市户籍人口为1 362.9万人,同比增长17.7万人;常住人口数量已经突破2 172万人,同比增长2.4万人(图3-2);每平方公里常住人口密度同比增长1人,达到1 324人/平方公里，已超过北京地区的合理负荷。在常住人口中，外来人口数量约为807.5万人，占比为37.2%；城镇人口1 879.6万人，占比高达86.5%。常住人口的出生率（9.32‰）高于死亡率（5.20‰），使得常住人口自然增长率保持在4.12‰。人口密度高且增长速度快，交通出行需求和机动车数量也随之增长，是造成北京交通日益拥堵的直接原因。

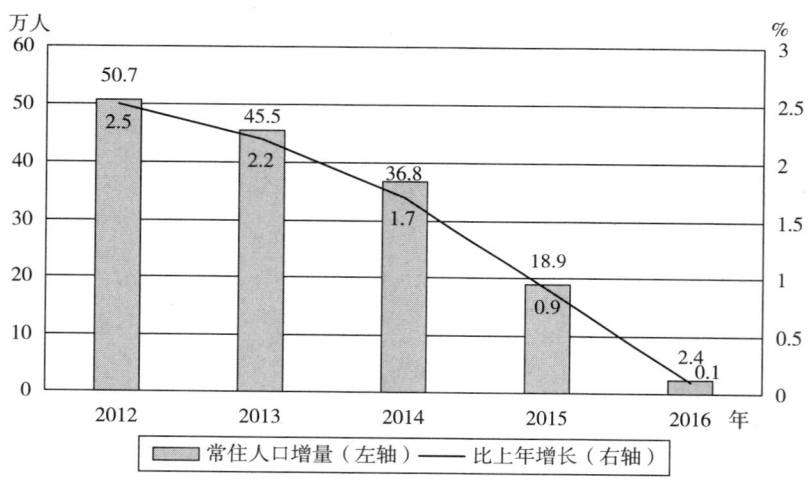

资料来源：北京市统计局。

图3-2　2012—2016年常住人口增量及增长速度

（2）机动车数量增长迅猛，交通流量持续攀升。2016年末北京市机动车保有量571.8万辆，同比增加9.9万辆（图3-3）。民用汽车同比增加13.4万辆，达到548.4万辆，其中私人汽车的数量为452.8万辆，同比增加12.5万辆；私人汽车中轿车的数量为316.2万辆，同比减少了0.3万辆。

北京市区面积1.64万平方公里，根据2016年北京机动车保有量可算出，单位平方公里的机动车密度为348辆，远高于全国平均机动车密度31辆（表3-9）。机动车数量急速增长，道路面积却拓展缓慢。在

3 京津冀协同发展中的绿色问题　　67

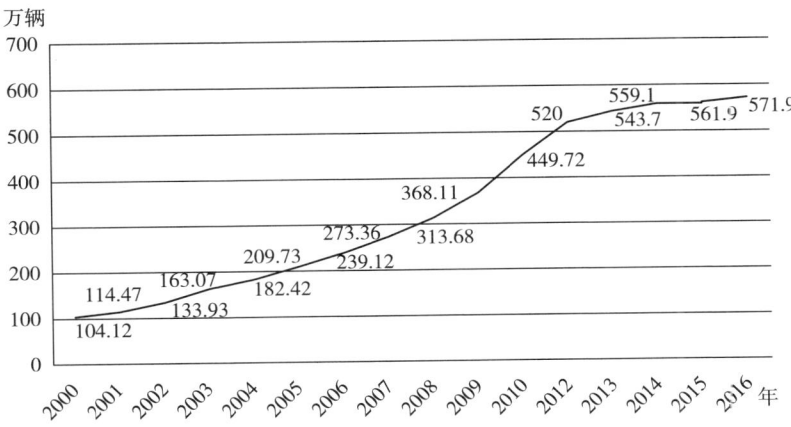

资料来源：北京交管局。

图 3-3　2000—2016 年机动车保有量

现有的路面情况和交通基础设施条件下，如此高的机动车密度势必加剧北京的交通拥堵。道路上车流量过大降低了车辆的正常行驶速度，一旦发生意外情况道路便会出现严重拥堵，甚至成为"停车场"。

表 3-9　　　　　　　　　北京机动车密度分析

年份	北京机动车总量（万辆）	北京面积（万平方公里）	密度（辆/平方公里）	全国机动车总量（亿辆）	全国面积（万平方公里）	密度（辆/平方公里）
2012	520	1.641	316.88	2.4	960	25.00
2013	543.7	1.641	331.32	2.5	960	26.04
2014	559.1	1.641	340.71	2.64	960	27.50
2015	561.9	1.641	342.41	2.79	947.8	29.44
2016	571.8	1.641	348.45	2.95	947.8	31.12

资料来源：北京交管局。

（3）路网结构不科学、不完善。北京交通对主干道的依赖严重，对次干道和支路的建设不足，环线之间的"微循环"系统不完善、不畅通，缺乏快速联络线，主、次干道和支路的比例失调导致交通流量过于集中，每到高峰期，环路及连接环路的主干道"水泄不通"。北京的城乡结合部大型商住区多，却缺少主干道，路网与周边人口密度、建设规划、区域功能特征不配套。此外，道路密度过低导致市区交通不能得到快速疏散，以北京金融街办公区与香港旺角比较为例，在相同比例尺内，北京的平均车道数为1.76，而香港为2.1，道路的密度低使道路要承受更多的车流，拥堵在所难免。

（4）交通基础设施建设不足。北京市轨道交通线网密度低于东京、洛杉矶等国际大都市，地面公交运行缓慢、换乘不便，并且公交、地铁等公共交通设备的运力不足，致使小汽车的购买量增加。交通基础设施建设不足还体现在北京市停车设施的严重短缺，每百辆汽车拥有停车位不足36个。据中国停车网市场研究中心（MRCPO）统计，截至2017年第一季度，北京全市备案停车场为6 764个，备案停车位196.14万个。与2016年底的193.15万个停车位相比，停车位数量增加2.99万个。与此同时，北京市汽车保有量为551万辆，按汽车与停车位1∶1保守估计，北京市备案停车位缺口达355万个。

3.2.3 空气污染严重

PM2.5是衡量空气质量的重要指标，由于其粒径小、活性强、易附带有毒有害物质，对人体健康和大气环境质量的影响较大。近年来，北京的空气污染情况日益严重，PM2.5指数一直高于国家的平均标准。根据环境保护部对北京地区2016年空气质量情况的通报，北京地区全年的PM2.5平均浓度为73微克/立方米，较去年有明显好转，但仍远高于国家标准35微克/立方米。2017年1~9月，北京PM2.5平均浓度为60微克/立方米，同比下降3.2%，是国家标准（35微克/立方米）的1.7倍。从2013年起，北京开始实施五年清洁空气行动计划，大气污染治理投入不断加码，近两年来，北京大气治理投入已经超过300亿元，2017年投入预计将达到200亿元。

北京面临的空气污染问题较为复杂和严峻，几乎聚集了所有对空气状况的不利条件：首先，北京地处华北平原西北部，北靠燕山，西邻太行山，两面邻山的地形不利于污染物的扩散；其次，北京东、南方向建有大量重工业企业，且华北地区的单位能源消耗量较高，仅次于长三角地区，污染物排放量大；此外，北京具有显著的供暖效应，多种不利条件共同推高了北京的 PM2.5 浓度。

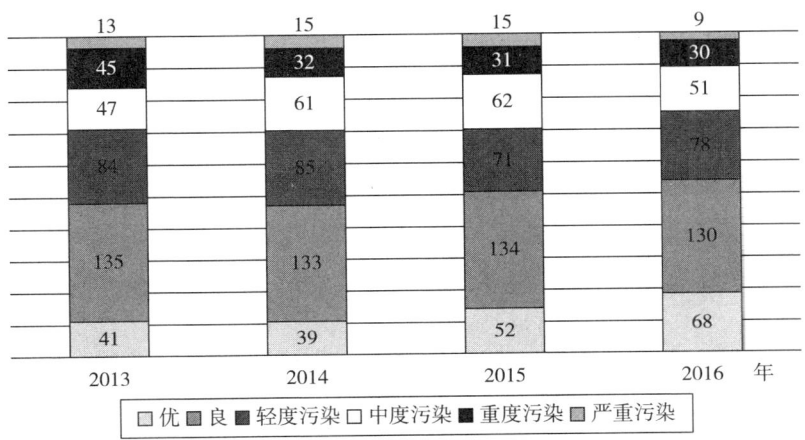

资料来源：北京市环境保护局。

图 3-4　北京 PM2.5 日均浓度达标情况

2016 年北京有 198 天空气质量达标，同比增加 12 天；共发生重污染 39 天，同比减少 7 天，其中 PM2.5 重污染达到了 38 天，是造成空气污染的主要原因。38 个重污染天对 PM2.5 日均浓度贡献 23 微克/立方米，所占比重超过三成。北京 PM2.5 浓度在空间分布上呈现由南向北逐渐降低的梯度特征，其中，浓度最高的是西南区域，达到 102 微克/立方米；浓度最低的是东北区域，为 49 微克/立方米，不足最高浓度的一半。可以看出，通过重拳治理，近几年北京空气质量有了明显改善，截至 2017 年 11 月，PM2.5 累计浓度 58 微克/立方米，较 2013 年同期下降了 35.6%，下一步要使污染物排放量继续明显减少，生态环境继续改善。

除 PM2.5 外，对北京地区影响较大的污染物还有臭氧浓度和

PM10，北京 2016 年平均臭氧浓度为 199 微克/立方米，超过国家二级标准限额 39 微克/立方米；平均 PM10 浓度为 92 微克/立方米，超过国家二级标准限额 22 微克/立方米（图 3-5）。

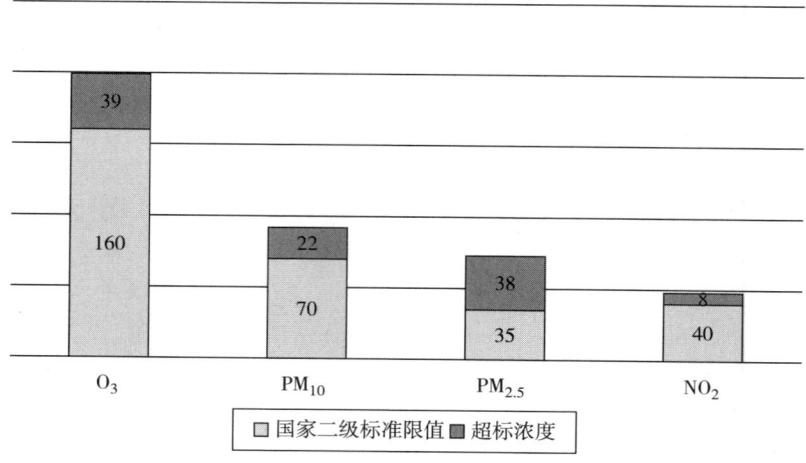

资料来源：北京市环境保护局。

图 3-5 北京 2016 年污染物年均浓度超标情况

3.3 天津工业发展粗放，环境约束压力大

天津和北京、上海、重庆并称中国的四大直辖市，是北方地区最大的沿海开放城市，为了带动环渤海区域经济的发展，政府把推动滨海新区的开放列入了国家的总体发展战略。然而，促进天津滨海新区经济的开放和发展，提升京津冀地区协同效率仍面临很多问题，例如产业结构不合理造成污染严重，自然地理位置导致资源匮乏等。

3.3.1 产业结构不合理

近年来，天津的产业结构逐渐优化，GDP 中第三产业的比重不断增加。2015 年，天津第三产业增加值为 8 604 亿元，占全市 GDP 的 52%，首次超过第二产业，形成了"三二一"的产业格局。2016 年，天津第一产业增加值为 220.22 亿元，同比增长 3%；第二产业的增加值为8 003.87亿元,同比增长8%;第三产业的增加值为9 661.30亿元,同比增长10%,三大产业的比例分别为1.2%、44.8%、54.0%(表3-10)。第三产业中,批发和零售业增加值为2 185.72亿元,增长5.1%;金融业增加值为1 735.33亿元,增长9.1%;交通运输、仓储和邮政业增加值为769.87亿元,增长5.1%;房地产业增加值为795.78亿元,增长17.5%;住宿和餐饮业增加值为262.58亿元,增长5.0%;其他服务业完成增加值为3 888.47亿元,增长13.0%。

表3-10　　　　　2006—2016年天津地区三大产业比重　　　单位:%

年份	第一产业	第二产业	第三产业
2006	2.3	55.1	42.6
2007	2.1	55.1	42.8
2008	1.8	55.2	43
2009	1.7	53	45.3
2010	1.6	52.4	46
2011	1.4	52.4	45.2
2012	1.3	51.7	47
2013	1.3	50.6	48.1
2014	1.3	49.4	49.3
2015	1.3	46.7	52
2016	1.2	44.8	54

资料来源:天津市统计局。

天津的产业结构调整取得了良好成就,但也应清醒地认识到,与其他发达国家和地区相比,天津的产业结构仍与之存在一些差距。一方面,天津服务业占地区生产总值的比重仍然较低。根据发达国家产业结构发展经验,当人均GDP在8 000~17 000美元时,生产总值中第三产业比重在55%~70%。2016年,天津人均GDP达到17 406美元,第三产业占比应该在70%左右,然而实际上却仅占比54%。尤其是生产性服务业发展缓慢,将对天津制造业和服务业融合发展造成制约。与第二产业相比，第三产业具有行业范围广、资金需求量少、就业容纳量大的特点，在解决劳动力就业难的问题方面具有明显优势，有助于提高社会化服务水平，改善居民生活质量。而第二产业耗能高、耗资大，如果天津第一、第二产业长期占据较大比重，将不利于天津的经济增长和居民生活水平的提高。

另一方面，天津第二产业中重工业和高耗能工业占比仍然较高。天津是老工业基地，制造业中重工业是推动经济增长的主动力。2015年，天津重工业占工业总值的比重为77.30%，轻工业仅占22.70%（表3-11）。考虑到当前面临的环境约束，如环境污染严重，资源过度消耗，以及新常态下的绿色发展要求，显然以重工业为主的发展态势并不符合产业结构优化升级的发展要求。此外，京津冀协同发展规划纲要指出，天津的战略定位为"一基地三区"，即全国先进的制造研发基地、北方国际航运核心区、金融创新运营示范区和改革开放先行区。据此战略定位，天津的制造业要以高科技含量、高经济增加值的行业为主，但是从目前的产业结构来看，天津仍与该定位有一定的差距。

表3-11　　　　　　　　天津轻重工业分布情况表

年份	工业合计	轻工业	占比	重工业	占比
2006	8 907.45	1 664.03	18.68%	7 243.42	81.32%
2007	10 502.91	1 967.37	18.73%	8 535.54	81.27%
2008	13 042.91	2 190.54	16.79%	10 852.37	83.21%
2009	13 384.25	2 290.38	17.11%	11 093.87	82.89%
2010	17 107.19	2 800.45	16.37%	14 306.74	83.63%
2011	21 528.34	3 746.71	17.40%	17 781.63	82.60%
2012	24 194.13	4 728.22	19.54%	19 465.91	80.46%
2013	27 283.28	5 861.38	21.48%	21 421.9	78.52%
2014	29 686.33	6 200.66	20.89%	23 485.67	79.11%
2015	30 014.89	6 814	22.70%	23 200.89	77.30%

资料来源：天津市统计局。

3.3.2 资源承载有限

天津是资源型缺水城市。2013 年,天津人均水资源占有量仅为 100 立方米,甚至低于北京的人均水资源量(161 立方米),仅为全国平均水平的 1/20(表 3-12),是全国人均水资源量最少的城市,远低于国际公认的 500 立方米极度缺水警戒线。多年来,天津地表水资源平均利用率高达 76%,远超 40% 的极限值;地下水资源也超采严重,2000 年和 2002 年高达 132.4%,造成多个区域地面沉降。特别是天津南部,由于地表水缺乏,当地生活和生产只能靠过度开采深层地下水来满足,超量开采导致的地下水位下降最深已达 90 厘米,地面沉降范围高达 7 300 平方千米,形成了市区、塘沽、大港和汉沽等几个地面沉降中心,其中,市区自 1959 年来累计沉降最高已达 2.83 米,塘沽最高地面沉降达 3.11 米。近年来,天津实施最严格的水资源管理制度,加强地下水的节约和保护,2015 年深层地下水开采量由 2005 年的 3.5 亿立方米下降到 2 亿立方米,但仍属于超采范围,地面沉降仍非常严重。

除总量不足、人均匮乏外,天津水资源还面临区域分布不均的问题。天津水资源分布呈北多南少的特征,而北部蓄水工程的蓄水能力却低于南部,导致北部地区丰水年份由于蓄水能力不足而有大量的弃水入海,南部地区的蓄水工程却面临无水可蓄的尴尬境况。从外流域调水可以缓解水资源的地域分布不均,而天津市除通过引滦工程提供城市用水之外,其他跨地区引水工程水质差且水源没有保证,只能用作农业水源。但随着天津经济的快速发展,城市用水量大幅增加,引滦工程目前已远不能满足天津的用水需求。

由于水资源的短缺,天津只能依靠多年超采地下水、挤占生态用水以及利用污水来支持经济发展,造成生态环境不断恶化。资料显示,由于生态水被挤占,天津北运河、永定河、大清河、蓟运河等经常处于断水状态。同时,由于河流入海的水量减少,导致了河口淤积严重,生态环境恶化严重。

表 3-12　　　　　　　　　　天津人均水资源对比分析表

项目	2003 年	2006 年	2010 年	2013 年	2016 年
全国水资源总量（亿立方米）	27 460	25 330	30 906	27 958	32 466
全国人口（万人）	129 227	131 448	134 091	136 072	138 271
全国人均水资源（立方米/人）	2 124.94	1 927.00	2 304.85	2 054.65	2 348.00
天津水资源总量（亿立方米）	10.6	10.11	9.2	14.64	—
天津人口（万人）	1 011.3	1 075	1 299.29	1 472.21	—
天津人均水资源（立方米/人）	104.82	94.05	70.81	99.44	—

资料来源：天津水资源公报。

3.3.3　环境急需治理

天津属于重工业污染区，受自身产业结构和河北的波及影响，生态环境急需治理。天津的污染问题主要表现在以下几个方面：

一是大气环境治理仍显薄弱。天津产业结构偏重，重工业占工业总值的七成左右，工业废气是造成大气污染的重要因素。从区域环境上看，天津被重工业大省河北环绕，且毗邻首都北京，北京生态环境脆弱，植被覆盖率低，人口密集，汽车保有量高，也是大气污染物的重要来源地。近年来，随京津冀协同发展战略的推进，天津成为海陆运输的重要物流中心，中重型车流量增加，运输时扬尘和尾气污染严重，且重要工业原料在运输途中可能由于密闭性不好而挥发、扬洒，会进一步加剧空气污染。此外还有天津基础设施和房地产建设不断发展、人口密集、车辆集中、冬季供暖等多种因素共同造成了天津大气质量的恶化。

2016 年天津地区二氧化氮（NO_2）全年平均浓度为 48 微克/立方米，是全国二氧化氮（NO_2）浓度标准的 1.2 倍左右；PM10 全年平均浓度约为 103 微克/立方米，是全国 PM10 浓度标准（70 微克/立方米）的 1.47 倍；PM2.5 的全年平均浓度为 69 微克/立方米，是国家 PM2.5 浓度标准（35 微克/立方米）的 1.97 倍（图 3-6）。PM2.5 是威胁天津空气质量的首要污染物，由于其粒径小、活性强、易吸附有害物质，能进入到人体细支气管和肺泡，因此对人体健康和大气质量影响更大。NO_2 主要来源于石化燃料燃烧、汽车尾气和硝酸化肥释放的废气，可造成支气管和肺部损伤。

3 京津冀协同发展中的绿色问题

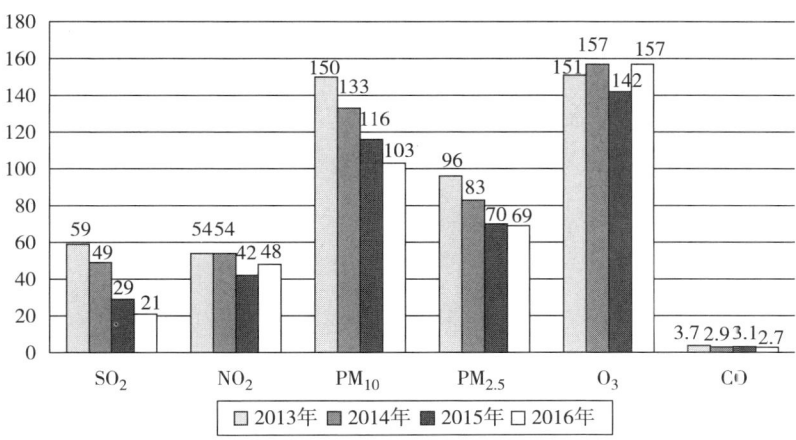

资料来源：天津市环境保护局。

图 3-6　天津污染物变化趋势分析图（单位：微克/立方米；CO 浓度毫克/立方米）

从天津的空气质量分析图（图 3-7）可以看出，2016 年天津地区的空气质量达标天数 226 天，同比增加 6 天，占全年天数的 61.7%；中度以上污染 53 天，同比减少 5 天；严重污染天数为 23 天，同比增加 2 天。

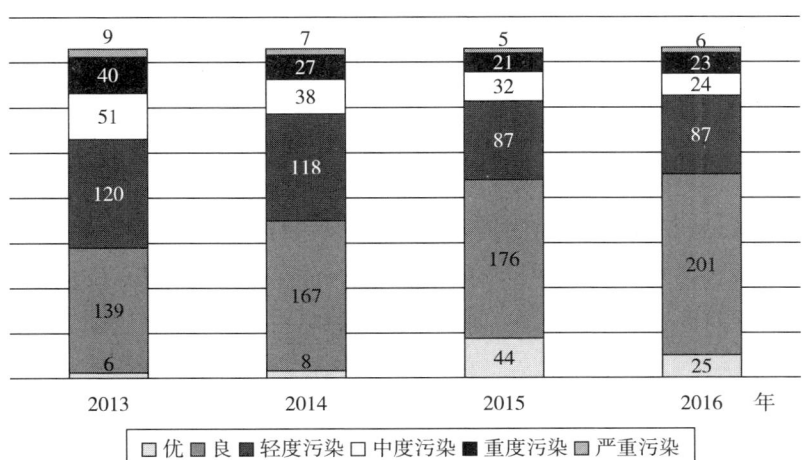

资料来源：天津市环境保护局。

图 3-7　天津环境空气质量分析图

面对严峻的大气环境形势,天津的大气污染治理仍显薄弱。第一,钢铁、工业园区围城等问题长期没有改观,位于滨海新区的大港石化、星源石化、天津石化、中沙石化等大型化工企业常年排放大量挥发性有机物,污染物排放严重超标。第二,减煤控煤工作落实不力,违反"大气十条"新增了大量每小时10吨及以下燃煤锅炉,煤质监管中"以罚代管",2015年、2016年有26.1万吨劣质煤在经过处罚后再次流入市场,未来减煤压煤工作也面临较大压力。第三,机动车、船舶污染防控仍需加强,2016年天津全市仅处罚了200余辆尾气超标的机动车,罚款总额不足5万元,对天津港靠岸船舶的燃油污染物排放也缺少监管和督查。

二是天津的水污染问题严重。随着天津经济的快速发展,污水排放量也在日益增长,而城市配套管网建设却相对滞后,每年天津市区及周边四区的污水直排量高达6 100万余吨,污水处理技术和设施尚不完善,给天津的水资源带来较大的环境压力。2016年,天津的地表水检测断面中,劣V类断面比2013年上升了23个百分点,优良水质的占比仅为15%。全市河道设有大量闸坝,人为的隔断严重减少了下游河流的生态流量,使污染无法得到有效的排解。于桥水库是天津市重要的饮用水源地,在其二级保护区内仍有大量村庄、人口和养殖场未实施搬迁,生活和生产污水未能得到妥善处理,对水库水质产生了不良影响。北辰区宜兴埠泵站是南水北调的重要中转站,承担着引滦入津的关键任务,但各类企业厂房和违章建筑遍布泵站及输水管道周边,存在较大的环境隐患。

三是一些突出环境问题长期未得到解决。天津市"散乱污"企业众多,大量集中在城乡结合区域。大量非法铸造企业、化工企业杂乱分布在北辰区宜兴埠镇;炒货加工企业集中在静海区王口镇,这些企业的污染处理设施通常较为简陋,污染治理效果甚微;阀门生产集中于津南区小站镇,其集聚区内冲天炉众多;自行车产业集中在武清区王庆坨镇，聚集了数十家小型氧化厂、电泳厂和烤漆厂，这些小型加工厂污水废气排放不达标，造成环境污染。此外，天津市垃圾处理设施的建设远远落后于规划，许多应建的垃圾处理场均未建设，2016年垃圾无害化处理率仅为52.3%，部分区县，如静海、宁河在垃圾无害化处理方面基本上为空白，有些地区垃圾非正规填埋防渗措施缺失，环境隐患突出。

3.4 河北"两高一剩"产业集中，污染严重

京津冀协同发展为河北提供了重要机遇，可最大限度地释放其优势和潜力，也能为其补齐短板、破解难题提供支持。相较于北京和天津地区，河北省存在的问题较多，产业结构、公共服务、基础设施、扶贫开发等方面存在较大改善空间，环境问题也较为严重。

3.4.1 高耗能产业集中且过剩严重

河北省的产业结构这些年依然是"二三一"模式，第一产业比重高于京津地区，第二产业发达，第三产业发展相对落后（图3-8）。带动河北经济发展的主要产业在于钢铁、水泥和平板玻璃的生产，三大产业均属于初级加工业，易造成资源消耗和重度污染，而且均存在严重的产能过剩。2016年，全国钢铁产量为8.08亿吨，仅河北产量就高达1.93亿吨，约占全国总产能的四分之一；全国水泥生产量为24.03亿吨，河北产量为9 861万吨，约占全国总产能的4.1%；全国的平板玻璃产量7.7亿箱，仅河北产量就达到1.04亿箱，约占全国总产能的13.41%（表3-13）。

表3-13　　　　　　河北钢铁、水泥、平板玻璃产量分析

年份	钢铁（万吨）		水泥（万吨）		平板玻璃（万箱）	
	河北产量	全国产量	河北产能	全国产能	河北产能	全国产能
2012	21 026	82 910	12 810	220 984	11 383	71 416
2013	22 862	82 840	12 676	241 924	11 836	77 898

续表

年份	钢铁（万吨）		水泥（万吨）		平板玻璃（万箱）	
	河北产量	全国产量	河北产能	全国产能	河北产能	全国产能
2014	18 530	84 710	10 625	249 207	12 292	79 262
2015	18 832	81 660	9 073	235 919	11 100	73 863
2016	19 260	82 010	9 861	240 295	10 383	77 403

资料来源：河北省统计局。

2001年以来河北钢铁产量连续15年居全国各省份首位，仅唐山的粗钢产量就占全国产量的14.29%。目前，河北省钢铁企业共计128家，其中，唐山高炉企业43家，占比33.59%。河北省冶金行业协会发布的统计数据显示，截至2016年上半年，河北省粗钢产量完成9 989.64万吨，同比增长2.05%，增幅高出全国3.15%；钢材产量完成13 051.08万吨，同比增长5.14%，增幅高出全国4.04%；生铁产量完成9 306.41万吨，同比增长2.24%，增幅高出全国4.34%；铁矿石同比增长5.86个百分点，增幅高出全国8.06%。

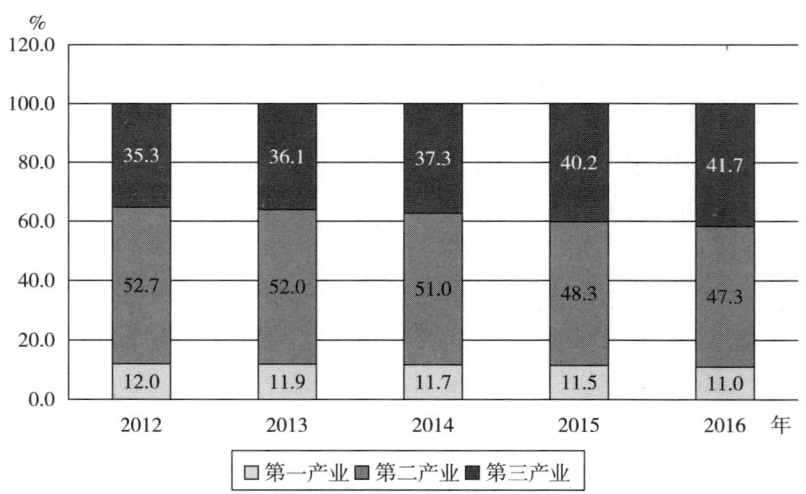

资料来源：河北省统计局。

图3-8 河北三次产业占比分析图

自 2005 年以来，钢铁成为我国宏观调控的重点对象，而作为钢铁大省的河北每次都是去产能调控的"主角"。为了治理大气污染，化解产能过剩，河北省从 2013 年开始大力实施"6643"工程，到 2017 年末，要相应削减 6 000 万吨钢铁、6 100 万吨水泥、4 000 万吨标煤和 3 600 万重量箱玻璃①，2017 年打响了"收官战"，坚持"去"字为先，钢铁为重，年内压减钢铁产能 3 186 万吨，至 2017 年 10 月，"6643"任务全部超额完成。2017 年 3 月 7 日，河北省印发《河北省生态环境保护"十三五"规划》，提出到 2020 年，全省煤炭产能力争控制在 7 000 万吨，钢铁、水泥、平板玻璃产能控制在 2 亿吨、2 亿重量箱。产业格局方面，河北省计划到"十三五"时期末，钢铁行业形成"2310"新格局，即两大龙头企业（河钢集团和首钢集团）、三家重点企业（地方集团）、十家特色企业，同时钢铁企业数量要从 109 家减少到 60 家左右。部分地市钢铁产能全部退出，例如张家口、保定、廊坊；部分地区原则上按照 50% 的比例退出，秦皇岛、承德属于该范围；除此之外，其他城市及周边的钢厂实行逐步过渡，逐步退出或者退城进园、向沿海搬迁。

然而，虽然河北省每年去产能调控力度很大，不断淘汰落后产能，但是钢铁实际产量却几乎在逐年增长，陷入了一种"去产能、增产量"的恶性循环中，调控效果不尽如人意。河北省陷入的恶性循环怪圈，也是中国整个钢铁行业去产能的一个现实写照。只要产量继续高居不下，再严厉的去产能政策也无法改善供需失衡的行业现状。目前，中国钢铁行业陷入亏损困境和债务泥潭，导致这种现状的主要原因是产能过剩、产量扩张、供需失衡、无序竞争等。

---

① 孙志军，沈国儒. "钢铁大省"银行业债委会去产能之思 [J]. 中国银行业，2017（02）：44-46.

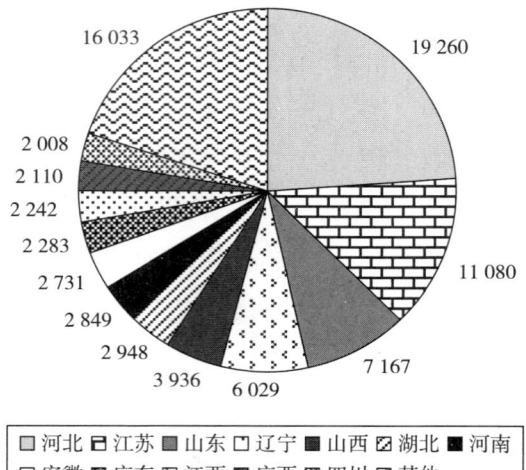

图 3-9 中国粗钢产量分省占比图（万吨）

3.4.2 污染问题严重

河北以重化工业为主，钢铁、水泥、平板玻璃等高污染、高耗能产业的产能过剩严重，同时污染处理起步较晚，基础薄弱，固体废物处置水平总体偏低，导致污染问题比较突出。2015 年，河北省二氧化硫排放量为 110.84 万吨，氮氧化物排放量为 135.08 万吨。2016 年上半年，空气质量相对较差的 10 个城市中河北省占据 6 席，分别是保定、邢台、邯郸、唐山、衡水、石家庄。环保部称，河北省会石家庄市已经成为京津冀地区污染最严重的城市。

河北省大气污染问题严峻。受能源结构影响，河北省大气污染物排放强度较高，PM10 和 PM2.5 成为各市超标天数中首要的污染物。河北省单位国土面积二氧化硫（SO_2）、氮氧化物（NO_x）排放量约是全国平均水平的 3～4 倍，在全国 31 个省（市、自治区）（港澳台除外）由高到低排序中，分别居第 8 位和第 7 位；万元 GDP 二氧化硫、氮氧化物排放量约是全国平均水平的 1.5 倍，在全国各省（市、自治区）排放强度由高到低排名中，分别排第 10 位和第 8 位①。河北省 11 个设区市的万元 GDP 污染物排放强度均远高于京津两市，大气污染已经成为一个区域性问题（图 3-10），河北省在清洁能源开发与利用、产业结构升级调整及污染防治方面仍有很大提升空间。

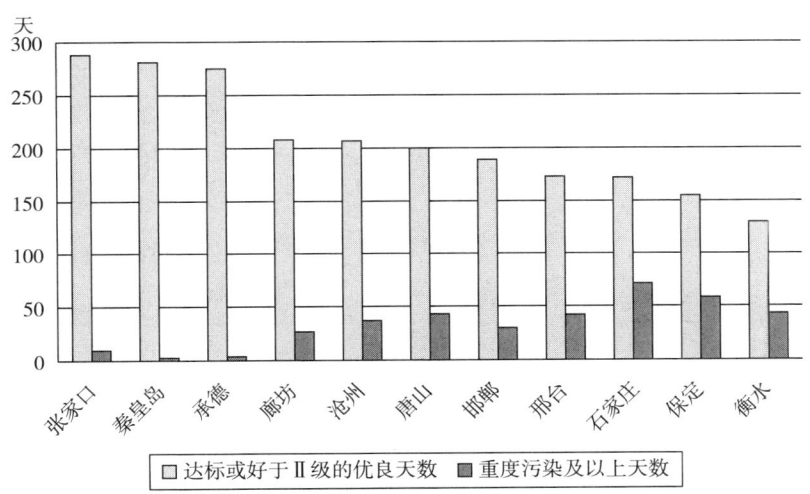

资料来源：河北省环境保护局。

图 3-10 河北各市空气质量状况

河北省水环境现况堪忧。河北省单位国土面积化学需氧量（COD）和氨氮排放量相当于全国平均水平的 2~3 倍，在全国 31 个省（市、自治区）（港澳台除外）由高到低排序中，分别居第 10 位和第 16 位；万元 GDP 化学需氧量排放强度高于全国平均水平 1.15 倍，氨氮略低于全国平均水平，在全国各省（市、自治区）排放强度由高到低排名中，分别居第 15 位和第 22 位。在单位国土面积水污染物排放强度方面，河北省 11 个设区市都低于北京和天津，其中排放强度最低的是张家口和承德两市；在万元 GDP 水污染物排放强度方面，全省 11 个设区市均远

---

① 冯海波，王伟，万宝春，赵娜，付素静，马幼松. 京津冀协同发展背景下河北省主要生态环境问题及对策 [J]. 经济与管理，2015，29（05）：19-24.

高于京津地区。①

产业结构不合理也加剧了环境污染，河北"两高一剩"行业占比较高，轻工业和重工业在第二产业中的比重约为2:8（表3-14），经济结构中占主导地位的仍然是钢铁、化工、建材等传统工业。产业结构偏重和治污工艺落后加大了节能减排和污染治理的难度，调整产业结构已迫在眉睫。产业布局方面，河北省的产业集群结构趋于一致导致城市间建设重复化，作为优势产业的钢铁企业几乎遍布所有城市，虽然河北省钢铁行业执行的污染物排放标准严于其他地区，但产业布局不合理限制了污染物排放量的削减，制约了生态环境的改善。

表3-14　　　　　　轻重工业总产值及占工业总产值比重

年份	轻工业	比重	重工业	比重
2011	2 037.6	19.39%	8 471.8	80.61%
2012	2 272.9	20.53%	8 796.7	79.47%
2013	2 498	21.33%	9 213.1	78.67%
2014	2 690.1	22.88%	9 068.3	77.12%
2015	2 791.2	24.82%	8 453.4	75.18%

资料来源：河北省统计局。

3.4.3　贫困人口集中

2005年，亚洲开发银行在《河北省经济发展战略研究》中首次提出环京津贫困带的概念，研究范围覆盖张家口、承德、保定、沧州区域内的32个贫困县、3 798个贫困村。河北省64.65%的贫困人口集中在贫困带内。2013年，环京津贫困带的国土面积共计8.45万平方公里，人口1 163.82万人，包括522个乡镇、9 920个行政村，在9 920个村庄中有3 798个贫困村，占比达38.29%。贫困带范围内人均GDP为24 314元，相当于全国平均水平的58.16%，为河北省平均水平的

---

① 冯海波，王伟，万宝春，赵娜，付素静，马幼松. 京津冀协同发展背景下河北省主要生态环境问题及对策［J］. 经济与管理，2015，29（05）：19-24.

62.99%。贫困带内贫困发生率为20.29%，高于全国平均水平9.09个百分点，超过河北省平均水平13.79个百分点。32个贫困县中，贫困发生率超过20%的县有17个（隆化县、丰宁县、围场县、康保县、沽源县、尚义县、蔚县、阳原县、万全县、崇礼县、阜平县、唐县、涞源县、易县、曲阳县、顺平县、海兴县），贫困发生率最高的县是阜平县，高达43.61%；最低的是肃宁县，贫困发生率为8.42%。河北省贫困人口集中，贫困带内贫困发生率高的原因有以下几点：

一是自然地理因素。贫困带内石化、干旱和高寒情况严重，自然灾害时有发生，气候的恶化导致整个地区的生态环境脆弱，农产品产量极低。此外，长年累月的贫困和恶劣的自然环境导致扶贫成本很高，需要大量人力和财力的支持，这也就加大了这些地带的脱贫难度。

二是产业结构原因。环北京贫困带还同时肩负着北京水源供应和生态屏障的任务，为了确保北京水资源供应和生态环境的稳定，以上地区实行较为严格的限制开发政策，例如部分山区全面禁牧，对于水资源消耗巨大的农业进行严格的限制，对于高污染的工业企业实施全面关停。农业和工业发展面临较大限制，再加上缺少政策的倾斜和资金的支持，导致以上地区的收入来源有限。

三是交通原因。环北京贫困带的贫困县多位于山区，通常交通不便利。据统计，山区的基础设施建设成本是平原地区的20倍以上，产业的投入成本是平原地区的5倍以上，因此将资金投入山区建设发展的收益较低，造成了以上地区经济发展缓慢。虽然近年来各级政府都推出了一些补贴政策，但是落地缓慢，所以这些地区仍存在交通不畅、与外界沟通困难、农产品交易成本高等问题。[①]

---

① 黄征学，史育龙．促进环京津贫困带脱贫发展的政策建议［J］．经济研究参考，2016（63）：54-67．

3.5 京津冀经济发展区域分割，协同效益低

河北省的发展水平与北京、天津之间存在较大差距，且三地之间的区域分割明显，协同效益差。这种发展不平衡不仅表现在经济发展水平、交通基础设施的差异上，更表现在劳动力素质、受教育水平、发展理念等多方面。软硬件方面的差距不仅对京津冀一体化协同发展构成制约，也加大了绿色、可持续发展的难度。

3.5.1 产业协同效益低

目前，京津唐高速公路沿线新经济产业带初现雏形，以北京中关村和天津滨海新区为两端，陆续形成了天津经济技术开发区、中关村科技园区、廊坊经济技术开发区等科技园区和产业集聚区，构成了一条长达142公里的高新技术产业带。但由于京津冀地区产业发展缺乏顶层设计，大多数产业发展规划被限制在各自行政区划范围内，区域之间缺乏统筹，三地经济自成体系，区域间未形成有效、健康的合理分工，资源竞争关系明显，区域核心城市与周边地区联系薄弱，产业协同效益低。

一是区域产业合作统筹协调机制不健全。由于京津冀区域经济总体规划缺失、高层次的合作协调机制尚未形成，导致京津冀在发展规划、基础设施、工业项目方面缺乏统筹协调，北京的金融、科技、人才优势与河北的资源、区位优势未能有效融合形成区域整体竞争能力，制约了京津冀三地的产业衔接。同时，在政绩指标考核的驱使下，三地争资源、争项目、争投资的情况时有发生；在产业链延伸过程中，各地均立足于首先消化本地区原有企业，为此甚至不惜组建新的企业。

二是功能定位不清，区域内产业协作水平不高。由于经济发展水平存在较大差异，京津冀产业对接难度较大，尚未形成配套产业链。功能定位不清导致产业重叠严重，产业结构各成体系，存在大量重复投资、重复建设。三地产业同构和产业链断链并存，尤其是完善的高新技术产业和技术梯度转移对接路径尚未形成，制约了区域产业协作水平的提

升。三地电子、轻工、生物制药等产业链的延伸仅仅是把企业的总部或者研发中心定在北京,在天津或河北的各地区设置生产基地,但配套产业发展并不完整,如北京的电子、汽车等配套产品主要来自长三角、珠三角,而不是天津、河北。同时,区域内产业层次和人才、政策、技术、信息、资本等各方面资源禀赋落差过大,产业配套和技术承接能力不强,导致北京的极化效应不断增强,创新合作存在一定难度。如北京的服务业比重高达76.4%,而周边廊坊和保定的服务业比重仅为35%和31.1%,难以与首都产业形成紧密的连接。

三是区域内部生产要素的流动与共享不足。受传统计划体制及行政区划影响,京津冀在产品市场、生产要素市场、服务市场等方面的无序竞争十分突出,尚未形成一体化的人才、资本、技术、产权等要素市场,制约了生产要素跨区域自由流动。同时,三地在交通规划体系、产业扶持政策、户籍制度和教育体制等方面也存在较大差异,不利于人才和其他要素资源在区域内的合理流动。加上京津冀区域内国有经济比重较高,特大型国有企业较多,中小微民营企业活力不足,地区政府对资源控制能力强,市场对资源配置的决定性作用难以发挥,也制约了生产要素跨区域自由流动。[①]

四是金融资源区域分布不均。科技创新的转化和产业项目的落地离不开金融的支持,而京津冀三地贷款的可获得性和资金成本并不均衡。北京作为全国的金融决策和监管中心,汇聚了各类金融机构和大量资金、资源,而河北、天津的金融资源较少,或无法为产业发展提供足够的资金支持。2016年末,北京市本外币各项存款规模138 408.85亿元,占京津冀地区总量的62%;天津市为30 067.03亿元,占比仅为13%;河北省为55 928.87亿元,占比25%。在人民币贷款方面,北京市金融机构本外币各项贷款余额为63 739.43亿元,占京津冀地区总量

---

① 王晋,张惠娜,娄博杰,朱英明. 京津冀一体化背景下京津冀劳动力流动特点分析[J]. 人力资源管理,2017(10):14-15.

的49%；天津市为28 754.04亿元，占比仅为22%；河北省为37 745.85亿元，占比29%（表3-15）。

表3-15　　　　京津冀三省市本外币存贷款余额　　　　单位：亿元

时间	北京		天津		河北	
	存款余额	贷款余额	存款余额	贷款余额	存款余额	贷款余额
2010-06	62 241.30	33 530.20	15 512.90	12 711.40	24 937.20	14 950.80
2010-12	66 584.60	36 479.60	16 499.30	13 774.10	26 270.60	15 948.90
2011-06	71 051.70	37 858.20	17 063.60	14 999.20	28 809.20	17 434.50
2011-12	75 001.90	39 660.50	17 586.90	15 924.70	29 749.50	18 460.60
2012-06	79 008.00	41 981.80	19 224.00	17 260.90	32 956.20	20 169.00
2012-12	84 837.30	43 189.50	20 293.80	18 396.80	34 257.20	21 318.00
2013-06	90 349.70	45 996.30	22 131.10	19 688.20	37 846.10	23 307.60
2013-12	91 660.50	47 880.90	23 316.60	20 857.80	39 444.50	24 423.20
2014-06	100 480.07	51 688.80	25 083.48	22 287.53	43 201.86	26 474.20
2014-12	100 095.54	53 650.56	24 777.75	23 223.69	43 764.02	28 052.29
2015-06	125 294.03	55 872.51	27 087.05	24 836.40	47 980.78	30 421.97
2015-12	128 572.96	58 559.40	28 149.37	25 994.68	48 927.59	32 608.47
2016-06	134 814.05	61 099.15	29 665.84	27 648.65	53 951.65	35 122.36
2016-12	138 408.85	63 739.43	30 067.03	28 754.04	55 928.87	37 745.85
2017-06	141 412.11	67 826.97	31 400.46	30 839.02	60 075.99	41 433.54

数据来源：Wind资讯。

3.5.2 环境协同效益低

河北重工业重复建设、无序扩张等多种因素导致京津冀及周边地区（北京、天津、河北、山西、内蒙古）成为我国环境污染较严重的区域之一，大气污染尤甚。由于环境没有区域边界，因此环境污染往往是牵一发而动全身，一个地区的污染很容易引起周围地区的整体恶化，这种现象在京津冀地区尤为明显。环境污染的连带性要求环境治理要有协同性，以整体环境的改善为目标，个体协同发力治理污染。而目前来说，环境优化的协同效应不甚明显，各自为政导致环境的治理效果不佳。

京津冀地区在环境协同治理方面存在的问题包括：一是缺乏健全的环境协同治理法律法规，尤其是天津和河北地区的资源利用和环境保护立法不够健全。京津冀地区缺乏有效的污染防联动机制，不能统一规划、统一标准、统一环评、统一监测、统一执法，因此三地环境治理的整体性和有效性较差。二是环境标准不统一，三地不一致的环境保护标准给统一监管执法带来不小的压力。以钢铁生产企业为例，河北省的钢铁生产企业环保标准严于国家标准，石家庄、保定、廊坊、唐山地区实行国家特别排放限值，但京津冀地区有些城市并没有执行统一的标准。三是未形成环境协同治理制度体系。京津冀协同治理环境涉及排放、获益和成本分摊等问题，是一种利益博弈，仅仅靠自发性是远远不够的，必须要建立健全制度体系来施加有效制约。

3.5.3 交通协同效益低

俗话讲要想富先修路，但由于北京、天津、河北经济发展水平不同，京津冀交通建设总体规划配合不力，以及长期以来的限制跨区域发展交通政策和行政制度，导致京津冀交通一体化仍存在许多亟待解决的问题。交通设施与交通环境上存在的问题导致的京津冀交通不畅已经成为京津冀协同发展的重要障碍，尤其偏远贫困地区交通基础设施落后，不利于产业转移和产业发展，更限制了三地的资源整合。交通协同效益低主要体现在以下方面：

其一，三地在交通一体化方面缺乏有效的区域统筹和协调规划。长期以来三地各自为政，交通网络对接不完善、基础设施规划建设不协调等问题突出，未形成制度化、常态化的议事和决策机制。在投融资方面，缺乏有效的、可持续的跨区域交通基础设施投融资模式，资金的落实相对滞后。

其二，京津冀经济圈部分运输通道仍然"不通不畅"。一方面，三地高速公路有很多不通，国道、省道"断头"现象较为严重，里程逾2 300公里，京昆、京台、首都地区环线、京秦等高速公路均未全部打通。目前从公路的技术等级和路网密度来看，河北和北京、天津地区仍然存在较大的差距。河北的公路密度比北京地区的公路密度约低44公里，高速公路密度仅为北京地区的一半。环京津贫困地区的普通公路等级和覆盖率整体较低。另一方面，城市拥堵成为常态，首都成为"首堵"，进出京大通道成为停车场，普通国道中"瓶颈"问题突出，影响了整体效能的发挥。

其三，道路交通资源过于集中，多中心网络化发展尚未形成。京津冀交通基础设施建设以北京为核心呈放射状，多中心网络化并未成型。城际轨道交通建设缓慢，目前仅建成京津城际铁路，缺乏其他中心城区与卫星城之间通勤交通所需要的市域（郊）轨道交通，北京至唐山、承德、张家口以及天津至保定、承德间的城际铁路建设较为滞后。北京市承担了大量的全国客流和货流中转任务，运输压力日益加重，而天津、石家庄等枢纽的客运、货运流量偏小。

3.6　京津冀协同绿色发展

过去30年，中国经济在高速增长的过程中造成了环境污染、资源过度消耗等负面问题，这些绿色问题在京津冀地区尤为明显。京津冀协同发展不能走过去的老路，需依靠绿色的发展方式推动经济增长，完成节能减排、治理污染、改善环境的任务。绿色金融可以助力京津冀绿色协同发展，引导资金流向节能技术开发和生态环境保护产业，约束企业在生产经营过程中重视绿色环保和社会责任，从而推动京津冀绿色、可持续发展。

3.6.1　北京非首都功能绿色疏解

根据北京的长远规划，未来北京将成为全国的"政治中心、文化中心、国际交往中心、科技创新中心"。这四个中心是首都的核心功能，与之不相符的非首都功能要进行逐步的疏解。疏解非首都功能以降低中心城区人口密度为目的，通过规划集中承载地（包括雄安、通州等地）和"微中心"建设，对于高耗能高耗水企业、教育医疗、行政服务机关和区域性物流管理基地等进行疏散。要保证高消耗产业疏散出去，进一步将更多高级生产要素（包括资本、技术等）带到天津、河北地区。非首都功能的主要对象，首先是一般性制造业，包括高耗能高耗水产业、一些缺乏优势的高端制造业和非科技的创新企业；其次是区域性物流基地和区域性批发市场；再次是部分教育、医疗等公共服务机构；最后为行政性、事业性服务机构。

北京非首都功能的疏解有利于加快北京可持续健康发展和京津冀协同发展，通过将北京的部分服务行业、教育和医疗等公共服务机构、行政事业型服务机构向河北、天津转移，带动劳动力、资本、技术的转移，从而使三地的产业结构得到优化升级。但与此同时，一些高耗能产业、低端制造业、非科技型创新企业也会向外疏解，产业疏解并不能单纯地对落后产业进行限制和物理上的转移，这样只能使疏散地的问题成倍的转移到承载地，这些产业须以绿色的方式进行转移和升级，避免在疏解过程中产生次生污染，加重资源消耗，疏解的过程中需要注意以下几点：一是对现有落后产业进行转移的同时确保产业的升级，减少落后产业造成的环境问题，例如对转移的制造产业进行设备的升级，提高资源的利用效率，降低环境的污染。二是加强北京与津冀的沟通对接，推动承接地政策协同，实现承接地园区合理布局、统一规划，形成相互配套的产业体系和互补的要素体系。目前急需解决的问题包括北京和承接地区的交通设施和医疗、教育等基础配套设施的建设，加快地区间缩小差距，增强对疏解企业和员工的吸引力。三是承接地要升级发展思路、发展条件和产业结构，在资金和税收方面给予政策的支持，吸引更多要素流入，加快产业结构升级转型，提高京津冀产业配套发展的实力。以上问题的解决都需要大量的资金支持，传统的融资方式有一定的限制性，这就需要发挥绿色金融的作用，由政府牵头，鼓励各家银行出台相应的政策，对符合可持续发展要求、有利于产业结构调整的项目给予资金的支持。①

3.6.2 京津冀产业绿色转移和升级

京津冀协同发展中产业模式存在的绿色问题一是粗放型的发展难以为继，经济增速放缓；二是环境代价巨大，制约了经济的可持续发展。因此产业结构调整成为京津冀协同发展的重要任务之一，而绿色发展可以为产业结构调整提供助力，给京津冀可持续发展提供新的经济增长点。实现京津冀地区的产业转移升级首先要对三地的发展特点进行梳理，根据不同的特点因地制宜发展适合本地区的产业。对于不合适当地发展的产业，采用升级和转移的方式来进行优化和疏解。

在产业转移方面，北京要加强与天津、河北地区的产业对接和项目合作，淘汰高污染、高耗能的产业，将涉及工业、物流、制造业的业务向周边转移，将自身的金融和技术优势及时辐射到天津和河北两地。另外在京津冀协同发展纲要中，天津地区被赋予"一基地三区"的功能定位，而目前在天津地区 GDP 占比较高的原材料生产企业、石油化工企业和一些制造业等非绿行业与天津定位不符，也可以逐步向河北地区进行转移。河北可以根据各市不同的比较优势，承接和升级相应产业。例如唐山和沧州地区可以对煤炭、钢铁、陶瓷的加工进行技术的绿色升级，由原来的粗放加工改为精加工，加强与天津制造业的对接；对于邻近京津的保定和廊坊地区，要积极承接一些医疗和科研企业；张家口可以加强与北京企业总部、科研机构、医疗、教育的全面对接，积极加强与央企、国企的战略合作。

在产业优化升级方面，京津冀三地应根据产业发展现状，形成具有较高互补性的、联系度的产业分工体系，具体而言：北京未来可重点发展科研教育、金融、IT、旅游艺术等高端服务行业；天津应重点发展高技术含量的高端制造业，并且着力培育与生产相关的研究开发等服务

---

① 孙玉娟，李倩楠．构建京津冀分工协作、优势互补的产业发展链条［J］．河北联合大学学报（社会科学版），2015，15（01）：35-39．

业；河北要加快产业转型升级，降低环境污染和资源消耗，在制造业上与京津的产业结构体系相匹配，促进三地协同绿色发展。

3.6.3　京津冀绿色交通一体化

交通一体化是实现京津冀协同发展的基础，只有实现交通的一体化，才能从根本上实现三地的资源共享和产业调整。由于京津冀地区的大气、水污染严重，资源环境承载能力有限，因此需要转变交通运输方式，发展安全、绿色、可持续的交通体系，为京津冀协同绿色发展提供基础支撑。首先，要优先发展轨道交通，提高运输组织效率，形成"轨道上的京津冀"，最大限度地减少汽车行驶里程，加快实现三地交通"一卡通"互联互通，大力发展节能减排技术，集约利用土地、海岸线、空域等空间资源。其次，大力推广节能、新能源汽车，推广使用节能环保的再生建材和可循环筑路材料。最后，未来应加快统一京津冀机动车辆注册登记、机动车排放标准、油品标准、老旧车辆提前报废等政策，推动交通运输的绿色、低碳发展。

目前，京津冀三地交通一体化推进缓慢，交通基础设施建设成果不显著，甚至出现"断头路"的现象，究其原因，一是项目融资困难，交通项目资金需求巨大，京津冀地区两年内已经计划开工四条城际铁路，总的投资金额在1 000亿元左右，而政府能够给予投资的金额仅有100亿元，剩余缺口高达900亿元，需要寻找合适的融资渠道，融资困难成为交通一体化推进道路上的一大阻碍。二是审批流程较长，交通一体化涉及京津冀三个行政区域，跨地区审批流程长且更加复杂。就目前在审批流程中的京唐城际铁路项目为例，据不完全统计，该项目需要办理涉及不同地区的30项审批手续，审批流程过长导致项目进展缓慢。三是涉及协调的工作量较大。三个地区以前是各成体系的交通机制，要形成统一的整体，无论是机构、系统还是政策方面都需要进行协调。

交通一体化出现的问题，也需要通过绿色的方式进行化解，例如融资难的问题，对于传统金融难以支持的铁路建设，可以通过绿色金融寻求资金支持。对于审批手续过多的问题,需要政府部门给予政策支持,精简部分审批流程,提高效率。对于京津冀交通一体化中的协调问题,也需要三地打破区域壁垒,以实现京津冀整体利益最大化为首要目标,最大限度实现区域内政策的一致。[①]

3.6.4 京津冀环境保护

由于京津冀地区的人口数量多,密度大,加之三地的资源有限,工业超量发展,造成了三地的水资源、耕地资源和环境的承载能力都已经到了瓶颈,生态环境问题突出,主要体现在:一是三地各自的环境治理治标不治本。由于能源结构和产业结构的根本问题没有解决,环境问题仍然很严峻。二是资源和环境的承载超限导致水污染严重。京津冀属于严重缺水地区,多年的平均水资源不及全国的1.2%,人均占有量更是远远低于国际严重缺水标准,缺口主要依赖南水北调和地下水超规模开采进行弥补。受水资源短缺和污水排放量超限的影响,三地的水污染情况也非常严重,国控断面中劣Ⅴ类断面占到44.3%,断面60%以上超标。

传统的发展方式不能有效解决京津冀发展中的环境问题。目前解决环境问题的着力点在污染的治理。过去先污染后治理的思想严重,治标不治本,需要通过绿色发展的方式从污染根源入手,对传统产业进行升级改造,降低污染程度,实现环境的可持续发展。以绿色方式解决环境问题,首先要建立统一的环保标准,对不达标的企业加强督导惩戒,力争防患于未然;其次是要打破三地的政治和地理壁垒,着眼全局,协同治理。可以建立适当的生态补偿机制,一是对于节能减排的企业进行适当的奖励;二是设立专门的环保基金,对权益受到损害的企业进行合理补偿;三是要推动资源环境价格改革,制定资源使用价格、环境损害价格、污染治理价格等,污染企业需要向政府支付污染治理费用后才能进行废气的排放;四是创新绿色金融产品,开发绿色保险、绿色基金、

---

① 孙明正,余柳,郭继孚,李先,周凌. 京津冀交通一体化发展问题与对策研究 [J]. 城市交通,2016,14 (03):61-66.

绿色债券等新产品，筹集绿色资金助力产业升级，促进绿色发展。①

3.6.5 京津冀绿色发展需绿色金融支持

推动京津冀绿色协同发展，关键是解决京津冀区域产业结构和能源结构调整问题，这需要大量的资金支持。传统的融资模式出于融资期限和风险的考虑，能给予的资金投入较为有限，因此需要通过绿色金融的支持来解决京津冀地区发展的绿色问题。要抓住国家推动绿色金融发展的重大机遇，最大限度发挥绿色金融的作用，推动三地产业结构转型升级，促进京津冀协同发展、绿色发展。

绿色金融能为节能环保产业和传统产业绿色改造提供有效的融资渠道。京津冀及周边地区（含山西、山东、内蒙古和河南）是环境污染较为严重的地区，环保和生态文明目标的实现，离不开金融的支持和保障。然而环境治理的公共性和长期性导致资金投入时间长、风险高、回报率不明显，社会资本缺乏投向绿色产业的内在动力。绿色金融具有有效纠正市场失灵，引导资源配置流量绿色领域的作用。绿色金融也可以通过市场化信息机制、声誉机制加强资本与其他要素的结合，确保资本市场发挥绿色金融作用。

就京津冀而言，绿色金融通过助力非首都功能疏解、交通一体化、产业转移和升级、环境保护，在绿色领域培育创新驱动发展新引擎，推动京津冀经济高质量增长。因此，京津冀绿色发展需进一步拓展绿色金融的规模和服务范围，发挥绿色金融在提供资金支持、引导资源配置方面的重要作用，支持京津冀地区绿色、可持续发展。

---

① 郭倩倩．以一体化破解京津冀环境问题［N］．中国环境报，2014-06-17（002）．

绿色金融发展的关键问题

1980年12月,美国颁布实施"超级基金法案"可以视作绿色金融的起源,自此,各国在发展绿色金融方面都积极做出了很多实践探索,制度框架逐步完善,相关产品和服务也在不断创新和丰富。我国绿色金融虽起步较晚,但发展迅速。近年来,绿色金融政策不断完善,市场参与者的绿色金融理念逐步树立,绿色金融工具逐渐多元化,机构的参与度也在不断提升。然而,目前我国绿色金融仍面临供需失衡的瓶颈,未来要从总量、结构上不断优化绿色金融供给,以此推动产业结构调整和经济资源环境的可持续发展。

4.1 绿色金融定义

绿色金融是随着各国工业化进程不断推进，开始考虑经济增长与资源环境协调发展，与金融本质及理论密切结合而出现的一个重要概念，是一个先有实践，再发展出理论体系的领域。

目前，绿色金融在国际范围内尚缺乏权威的定义和统一的认定标准。Salazar（1998）认为，绿色金融旨在实现经济和环境的协调持续发展，本质是要在推进资源、生态的保护中实现经济发展[1]。Cowan（1999）提出，绿色金融主要研究如何将金融作为杠杆来促进经济的绿色发展，关键问题是要为经济社会的可持续发展提供有效的金融支持。此外，一些研究机构和政府部门也对绿色金融做了相对明确的定义[2]。2012年国际发展融资俱乐部（IDFC）提出，绿色金融是指资金流入有利于实现可持续发展的项目倡议、环保产品以及政策。"绿色金融"包括气候金融，此外还泛指其他环境目标，例如减轻工业污染、保护水体卫生以及生物多样性。英国"绿色金融专题听证会"2014年的会议报告中对绿色金融的定义是"为促进低碳能源发展、提高资源利用效率、减缓气候变化，以及保护环境、自然资源而进行的投资"，突出了金融在应对气候变化方面的作用。德国发展研究所（DIE）2016年报告，认为绿色金融"包括所有考虑到对环境的影响以及有利于促进环境可持续发展的投资和信贷"。2016年9月发布的《G20绿色金融综合报告》中指出，绿色金融指可以产生环境效益以促进可持续发展的投融资活动。其中环境效益包括减轻对空气、水和土壤的污染，减少温室气体排放，提高资源利用效率，减缓、适应气候变化等[3]。从国际机构和政府

---

[1] Salazar, J. "Environmental Finance: Linking Two World", Financial Innovations for Biodiversity Bratislava, 1998.

[2] Cowan E. "Topical Issues in Environmental Finance," Asia Branch of the Canadian International Development Agency, 1999.

[3] 刘钰俊. 绿色金融发展现状、需关注问题及建议[J]. 金融与经济, 2017（01）：76-78.

部门的视角看，绿色金融是以产生环境效益为导向的投融资活动，核心要求是将环境外部性内部化。

在借鉴国外实践经验与理论研究的基础上，我国专家学者主要从绿色金融的目标和原则、手段和工具、必要性和意义三方面进行探讨。高建良（1998）在文章中首次论述了绿色金融的概念，认为其是通过金融业务的运作来促进环境资源保护与经济协调发展，并以此来实现可持续发展[1]。安伟（2008）将绿色金融归纳为：遵循市场经济规律，以建设生态文明为导向，以信贷、保险、证券、产业基金及其他金融衍生工具为手段，以促进节能减排和经济资源环境协调发展为目的的宏观调控政策[2]。邓翔（2012）认为绿色金融通过最优金融工具和金融产品的组合解决全球环境污染和气候变迁问题，是实现经济、社会、环境可持续发展的手段[3]。普华永道（PWC）2013年发布的《探索中国绿色金融机遇》报告中指出："绿色金融是指金融机构在普通的投融资决策、事后监督和风险管理流程之外，更进一步考虑环境因素而提供的金融产品和服务"[4]。2016年8月，中国人民银行等七部委联合发布《关于构建绿色金融体系的指导意见》，指出"绿色金融是指为支持环境改善、应对气候变化和资源节约高效利用的经济活动，即对环保、节能、清洁能源、绿色交通、绿色建筑等领域的项目投融资、项目运营、风险管理等所提供的金融服务"，这是首次给出的官方定义，也是国内迄今为止最为完备的绿色金融定义。

然而绿色金融的内涵与外延随经济和社会发展仍在演化。以实现经济、资源、环境可持续发展为目标，以节能减排、改善环境为导向，以信贷、证券、基金、保险等产品和服务为手段而开展的金融活动定义

---

[1] 高建良. 绿色金融与金融可持续发展 [J]. 哈尔滨金融高等专科学校学报, 1998 (4)：17-19.
[2] 安伟. 绿色金融的内涵、机理和实践初探 [J]. 经济经纬, 2008 (05)：156-158.
[3] 邓翔. 绿色金融研究述评 [J]. 中南财经政法大学学报, 2012 (06)：67-71.
[4] PWC. ExploringGreenFinanceIncentivesinChina [R]. 2013.

逐渐需融入实体经济更广泛的绿色元素。一方面，从金融和资源、环境的关系角度，绿色金融将生态观念引入金融体系；另一方面，金融的本质决定了它具有优化社会投资结构的重要导向作用，可以引导资源配置到绿色产业，淘汰落后产能，促进产业结构的优化升级[①]，并与实体经济深入融合。

4.2 绿色金融的国际国内发展

发达国家较早开始重视经济增长与环境可持续的问题，制定了完善的法律和制度，积极培育绿色金融机构和产品，以此推动经济绿色发展。在借鉴国际实践经验的基础上，我国绿色金融发展迅速，规模不断壮大，并开始逐步探索建立绿色金融体系。

4.2.1 发达国家绿色金融发展历程

相对于发展中国家，发达国家更早地开启了工业化进程，故而较早出现了由此导致的环境污染问题。所以，发达国家为解决环境污染问题而发展绿色金融的历史也较为悠久。1980 年 12 月，美国颁布实施"超级基金法案"，明确了污染者责任原则，并设立了危险物信托基金和责任信托基金，首次将政府、金融机构、环保机构、企业及个人都纳入到环境治理的框架之中，成为绿色金融的起源。此后，发达国家绿色金融制度框架不断完善，银行开始成为绿色金融发展的重要推动者，相关产品和服务也在不断创新和丰富。

（1）绿色金融制度不断完善

1992 年，联合国环境规划署发布《银行业关于环境和可持续发展的声明书》，这标志着联合国环境规划署银行计划（UNEP BI）的正式推出。1997 年，联合国环境规划署将此计划的覆盖范围扩大到保险业，成立了联合国环境规划署保险机构计划（UNEP III）。同年，由于金融

---

① 安同信，侯效敏，杨杨. 中国绿色金融发展的理论内涵与实现路径研究［J］. 东岳论丛，2017，38（06）：92 – 100.

行业业务范围的不断扩展，联合国环境规划署对银行计划进行了修改，适用范围从单一业务扩大到一般性金融服务。随后，银行计划更名为金融机构计划（UNEP FII）。1998年，世界银行发布了《污染预防与削减手册1998，走向清洁生产》，内容涉及污染防治政策的制定、实施及具体案例，帮助商业银行完善环境评估标准和程序。2003年6月，花旗银行、荷兰银行等10家银行正式达成一致推动赤道原则。为促进金融机构在对项目进行投资决策时充分考虑环境和社会影响，加强环境约束，2005年联合国环境规划署发布《负责任的投资原则》。2006年，赤道原则经修改形成第二版，由行业方法上升到了行业标准，提高了金融投资的社会和环境标准。2014年，赤道原则第三次改版，目前已成为全球金融行业广泛认可的环境与社会风险管理基准。

2008年的全球金融危机使人们开始反思金融行业信奉的投资信条，也促使联合国环境规划署关注金融体系顶层设计存在的问题：现有的国际金融体系并没有将私人资本有效引导向可持续发展的领域。2014年初，为推动国际金融体系政策变革，联合国环境规划署发起了UNEP Inquiry项目，遍访各国政策制定者和相关机构，推动高水平的开放式交流和辩论，旨在提出有价值、有成效的金融体系顶层设计改革建议。截至目前，该项目已与欧盟、美国等十余个经济体建立合作伙伴关系，共同探索绿色金融的未来发展之路。

（2）银行成为绿色金融的主要参与者

发达国家的一些大型银行很早就认识到，只有将银行自身经营发展和整个社会的利益相结合，才是长久的发展之道。1988年，世界首家以保护生态为目标的政策性环保银行在联邦德国成立，名为"生态银行"。2003年赤道原则提出以来，商业银行成为绿色金融的重要参与者，在推动全球绿色金融发展的过程中发挥了关键作用。2003年，花旗银行、荷兰银行等10家全球知名银行宣布成立赤道银行。目前，全球已有83家金融机构宣布正式采纳赤道原则，业务遍及100多个国家和地区，在赤道原则指导下达成的项目融资额占全球项目融资额的比例达80%以上。2008年花旗、摩根大通与环保机构共同提出了"碳原则"，在对项目进行贷款审批时将碳排放纳入评估标准，排放量低的项目能获得更低的融资利率，仅在2014年花旗银行就依据"碳原则"向新能源项目发放了89亿美元贷款。法国巴黎银行、巴克莱银行、渣打银行等国际银行也纷纷成立了专为绿色项目提供贷款的事业部或专家委员会。

政策性银行在推动绿色金融发展中也发挥了重要作用。由于绿色金融具有正的外部性，单纯的市场力量缺乏发展绿色金融的内在动力。政策性银行正是具有生产准公共金融产品的特殊功能，可以依靠自身的政策性导向功能关注资金使用过程中的社会效益和环境效益，在发展绿色金融方面具有商业金融机构所不具备的优势。例如，德国复兴信贷银行负责管理绿色贷款贴息资金，寻找绿色项目，独立开发绿色金融产品；波兰则通过环保银行为绿色项目提供贷款，虽然提供的贷款利率通常低于市场利率，但仍能凭借自身专业性实现盈利；英国政府为应对本国经济绿色转型出资设立绿色投资银行，解决绿色基础设施项目的市场失灵[①]。

(3) 绿色金融产品不断创新

随着越来越多的金融机构开始重视绿色金融业务，针对个人和企业推出的绿色金融产品创新也层出不穷，形成了种类丰富的全方位绿色金融产品体系。这些新型绿色金融产品可分为四大类：第一是零售银行类，包括绿色住房抵押贷款、绿色商业建筑贷款、绿色汽车及运输贷款、绿色信用卡和借记卡、与销售传统产品挂钩的环保公益捐款等；第二是企业和投资银行类，包括绿色项目融资、与环保项目相关的资产支持证券、针对绿色项目的风险投资或私募股权基金、各类绿色指数、碳

---

① 李致远，许正松. 发达国家绿色金融实践及其对我国的启示 [J]. 鄱阳湖学刊，2016 (01): 78-87+127.

金融产品和服务以及其他衍生品等；第三是资产管理类，包括财政绿色基金、投资基金、碳基金、巨灾债券基金等；第四是保险产品类，包括保险费与行驶里程挂钩的汽车保险、绿色建筑保险、为易受环境灾害影响中小企业提供的保险、碳保险等。其中，绿色信贷与绿色债券承担了基本的融资功能，其他产品如绿色指数、绿色衍生品、绿色保险则为投资者提供了更丰富的资产组合及风险管理工具，增强了绿色投资的便利性，从而提高了绿色金融市场的流动性。

4.2.2 发达国家主要绿色金融产品

国外政府和金融机构在发展绿色金融方面积极做了很多实践探索，推动了绿色金融的较快发展，建立起包含绿色信贷、绿色证券、绿色基金等多样化绿色产品和服务的绿色金融体系。

（1）绿色信贷

绿色信贷是最早出现也是现在应用最广泛的绿色项目融资方式。1988年联邦德国成立了首家"生态银行"，开创了为环保项目提供优惠贷款的先河。2003年"赤道原则"推出，成为商业银行在投放绿色信贷中最广泛认可和遵循的行业标准和约束框架。自此之后，绿色信贷步入标准化、规范化的发展路径。赤道原则对企业及项目融资进行约束，要求金融机构充分判断、评估项目融资中的环境风险和社会风险，并督促借款人针对潜在的环境污染提出应对方案。截至目前，全球已有包括汇丰银行、花旗银行、巴克莱银行在内共计36个国家的83家金融机构采用了赤道原则，覆盖了全球项目融资额的80%，对全球绿色信贷市场的发展起到了重要推动作用。

除了设定标准和准入条件，绿色信贷的另一特点体现在为符合环保标准、有利于可持续发展的项目提供期限长、利率低等优惠的贷款条件。例如，2014年国际金融公司向全球提供了103亿美元的优惠贷款；花旗集团向新能源项目发放优惠贷款89亿美元；法国巴黎银行向绿色基础设施项目提供了69亿欧元的优惠贷款，贷款资金的63%投向了风力发电项目。

美国绿色信贷的发展得益于完备的法律体系和政策支持。美国出台了严格的法律对环境污染问题进行监管和约束，大大提高了银行忽视环境风险的成本，商业银行发放信贷时会将环境责任和社会责任作为首要的考虑因素。此外，政府会从收入和支出两方面入手，通过减免税收、提供政府补贴和担保等措施加大对绿色金融的支持力度。绿色信贷的发展为美国新能源产业提供了重要的融资渠道。20 世纪 70 年代石油危机的"血泪史"促使日本反思本国的经济结构和增长方式，开始控制能源消耗，出台了一系列政策法规鼓励新能源和节能环保技术创新，大大促进了绿色信贷增长。德国是最早开展绿色信贷的国家之一，国内银行严格遵循"赤道原则"进行授信审查审批，对项目的环境影响和社会风险进行评估。

（2）绿色债券

绿色债券是全球绿色金融市场表现最为活跃的产品。绿色债券市场的发展始于 2007 年，以欧洲投资银行发行第一期气候债券为开端。此后，全球绿色债券市场规模不断增长。2012 年之前，发行主体主要由欧洲投资银行、国际金融公司、世界银行等开发银行构成。2013 年，实体企业发行了第一只绿色债券，增强了绿色债券市场的活跃度，吸引了更多的私营部门和商业银行参与其中，发行规模从 2007 年的不足 10 亿美元增长到 110 亿美元。值得注意的是，2014 年国际资本市场协会（ICMA）发布《绿色债券准则》（GBP）后，绿色债券市场步入了高速发展的"快车道"，当年全球绿色债券发行规模跃升至 366 亿美元，2015 年进一步增长到 418 亿美元。据气候债券倡议组织（CBI）统计，2016 年全球绿色债券发行量为 810 亿美元，预计 2017 年有望达到 1 500 亿美元（图 4-1）。

近年来，新兴市场国家对绿色债券的关注度和重视度与日俱增，并逐步参与到全球绿色债券市场中来，着力推进本国绿色债券市场建设

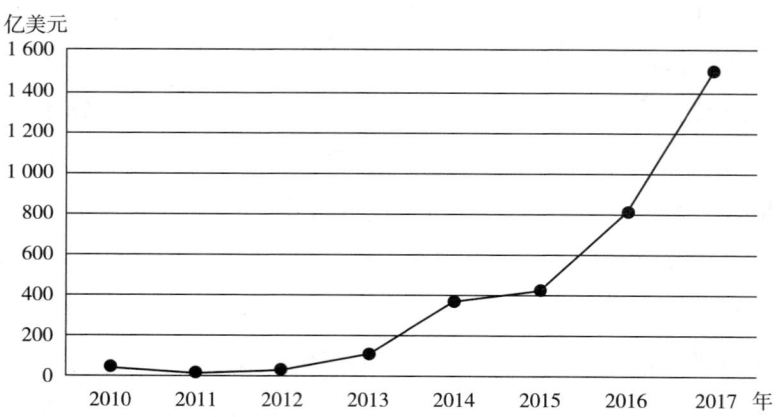

数据来源：气候债券倡议组织（CBI）、国际能源小数据。

图 4-1 全球绿色债券发行量

及发展。2016年，中国成为全球绿色债券市场的主导者，成为全球第一大绿色债券市场，发行量占全球一半。2017年5月，巴西国家经济和社会发展银行（BNDES）发行绿色债券融资10亿美元，成为首家进入世界绿色债券市场的巴西银行。此外，中东地区的传统的高碳经济体，如阿联酋也通过发行绿色债券的方式推动绿色和低碳发展。2017年3月，阿布扎比国家银行出售用于资助环境项目的5.78亿美元债务，这是政府为解决过分依赖石油能源而发行的首期绿色债券，向世界传递出石油生产国推动经济转型的意愿与决心。

除了市场规模快速扩大之外，国际绿色债券市场的发展还具有以下趋势和特征：一是在发行主体方面，早期以国际开发机构为主，2014年之后私营部门、政府、商业银行的地位迅速上升，其绿色债券发行总规模已超过前者。二是清洁能源主题债券占绿色债券存量的27.8%，是最主要的资金运用方向。三是绿色债券的发行期限方面，中长期债券占比远远超过短期。截至2016年5月，期限5年以上的绿色债券占总存量的比例超过70%，期限3~5年的绿色债券占比超过20%。四是债券信用等级普遍较高。信用评级为AAA级的绿色债券的比例为43%，评级为 AA 级的绿色债券比例为 15%，总的来看，投资级（BBB 级）及以上的绿色债券的总体比例达到了 82%。五是绿色债券的发行以美元和欧元为主要计价货币，以二者计价的债券发行量占比达 80% 以上。六是债券品种不断创新，种类日益多元化①。

（3）绿色基金

绿色基金是为实现低碳环保、节能减排战略，支持生态环境优化改造、经济低碳发展而设立的专项投资基金。发达国家绿色基金的发展是一个从无到有、从缓慢到快速发展的过程。全球范围内，美国的社会责任投资发展得最早，也最完善。1982 年美国推出了世界上第一只将环境因素纳入评价体系的绿色投资基金——Calvert Balanced Portfolio A。1988 年，英国的第一只绿色投资基金——Merlin Ecology Fund 问世，这也是欧洲最早的绿色基金。虽然概念自 1982 年已经出现，但直到 20 世纪末，绿色基金的发展仍处在起步阶段。日本绿色投资基金成立相对较晚，1999 年，Nikko 基金公司推出了首只绿色基金 Nikko Eco – Fund，现在该基金已经成为日本社会责任投资的主力。进入 21 世纪后，环境污染和可持续发展的问题受到各国的重视，绿色基金在欧美、日本等发达国家进入了快速发展阶段。截至 2010 年末，美国环保投资金额超过 2.51 万亿美元，绿色基金数量从 1995 年的 55 家快速增长至 2010 年的 493 家。对于日本来说，曾经粗放发展带来的环境危害促使其环境保护法律不断完善、监管趋严，民众的环保意识也不断增强，极大促进了绿色投资基金在日本的发展。

（4）碳金融

气候变化已成为国际社会面临的共同挑战。2015 年 12 月，巴黎成功召开了第 21 届联合国气候大会，本次会议达成了《巴黎协定》，全球应对气候变化进入了新的历史时期。碳金融是以减少温室气体排放

---

① 闪文晓，李莹辉，王云霄．国内外绿色债券市场发展现状分析［J］．现代经济信息，2017（09）：288 – 289 + 292.

为目标的金融活动以及相关金融制度安排,包括碳排放权和相关衍生品的交易等。欧美国家的实践经验表明,碳交易体系采用市场化减排方式,已经成为控制温室气体排放的有效工具。目前,国际上已经形成了较为完备的碳金融市场体系,多个国家、地区建成了成熟的碳交易市场,碳金融产品和服务正在迅猛发展,特别是欧洲和日本市场。创建排放交易平台、根据碳资产来提供先进的衍生产品、投资清洁发展机制和联合履约项目并从中购买信用、最大限度减少并减抵银行自身温室气体排放,在未来一两年内可能成为所有欧洲主要银行的主流做法。国际碳市场主要有两大分类方式:其一,根据交易对象,可分为以配额为基础的交易市场和以项目为基础的交易市场;其二,根据交易性质,可分为强制和自愿碳交易市场。强制性碳交易市场交易的是强制性减排指标,而自愿交易市场是参与者出于自愿作出减排承诺而形成的交易市场(表4-1)。从交易规模看,强制碳交易市场目前占主导地位,但自愿碳交易市场发展迅速[①]。

表4-1　　　　　　　　　有代表性的碳金融市场

自愿碳交易市场		强制碳交易市场	
以配额为基础的市场	以项目为基础的市场	以配额为基础的市场	以项目为基础的市场
芝加哥气候交易所(CCX);自愿碳减排体系(VER)	非京都自愿市场	国际排放贸易(IET);欧盟碳交易机制EU-ETS;区域温室气体减排行动RGGI	联合实施机制JI;清洁发展机制CDM

从区域来看,发达国家碳金融市场起步较早,积累了较多经验,相对更加成熟和完善,而发展中国家的碳交易市场起步较晚,处于积极摸索阶段。其中,覆盖欧盟27个国家的欧盟碳排放交易体系(EU-ETS)从2005年成立,至今已成为全球最大的碳交易市场,规模占全球90%左

---

① 李炫榆. 碳金融市场发展的国际经验与启示[J]. 福建金融, 2017(02): 8-12.

右，对其他国家建立碳排放权市场起到较强的示范作用。全球碳市场的快速发展其实也是从2005年EU-ETS成立开始的（图4-2）。

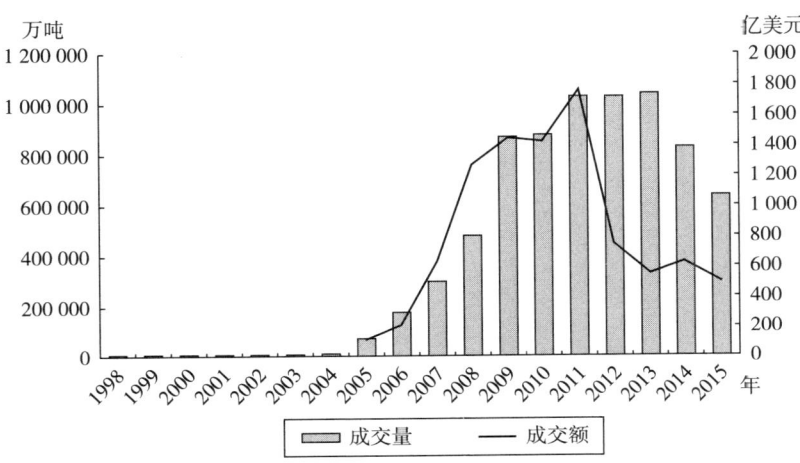

数据来源：北京环境交易所，世界银行《全球碳市场现状与趋势》。

图4-2 全球碳市场走势

①英国碳市场

英国是EU-ETS第二大排放国（德国第一），其在EU-ETS体系中地位也非常特殊。英国一直以来是碳排放权交易机制的极力支持者，2002年3月，英国建立了世界上第一个温室气体排放权交易体系（UK ETS），并于2007年1月与EU-ETS对接，成为EU-ETS的一部分。在国际气候变化谈判问题上，英国推动欧盟执行了最为积极的应对气候变化政策，已经成为全球主要经济体应对气候变化的重要参照。但"脱欧"之后，英国借助欧盟平台影响世界气候变化的能力将削弱。此外，伦敦不仅是欧盟的能源和金融中心，也是碳交易中心，伦敦洲际交易所目前是欧洲及全球最大的碳排放权交易平台。

英国2011年5月颁布的《气候变化法案》是全球第一个以国内立法的形式确定的长期减排目标，该法案规定在2030年英国应在1990年基础上减排60%，到2050年减排80%，这一目标大幅超越欧盟承诺的减排计划，是目前全球最"激进"的减排目标。预计达成这一目标需增加的投入约为英国 1% 的 GDP，而加入 EU – ETS 在一定程度上降低了这一目标的实现成本，因此英国脱离 EU – ETS 重回 UK – ETS 将妨碍英国长期减排目标的实现。考虑到英国在碳交易体系中与欧盟"划清界限"的动机不足，而 EU – ETS 也有与欧盟域外国家对接的先例（挪威不是欧盟成员国，但通过国内立法接受欧盟关于碳排放指标的约束、按照欧盟标准分配配额，挪威企业因而可以参与 EU – ETS 市场交易），因此短期内英国完全脱离 EU – ETS 的可能性较小。

②美国碳市场

由于美国自 2001 年退出《京都议定书》以来，其国内气候政策就相对独立于国际气候谈判的进程，因此，美国碳市场走势并未受到《巴黎协定》谈判进程的影响。

美国加州碳市场 2011 年以来交投活跃，成为美国最主要的自愿性碳交易市场，其交易的标的为加州碳配额（CCA），主要的交易平台为洲际交易所（ICE）下属的加州气候交易所（CCX）。随着加州碳排放总量约束逐年收紧，配额价格也呈现逐年上升的态势。2016 年上半年 CCX 成交的 CCA 均价为 12.75 美元/吨，高于 2015 年上半年成交均价 12.69 美元/吨。2016 年交易量 4 879.9 万吨，同比增加 122.47%。

③加拿大碳市场

2016 年 12 月，加拿大各省及地区行政首长联合发布了《泛加拿大清洁增长和气候变化框架》，宣布将于 2018 年在加拿大所有省与地区引入碳定价机制。各省与地区政府可以在一个自 2018 年起逐年递增的碳税，和一个总配额逐年递减的碳交易市场两者之间自行选择，总体目标是实现 2030 年加拿大全国温室气体排放量比 2005 年下降 30%，而碳价所产生的全部收入都将由该省或地区保留。此前魁北克省已经启动了碳交易，并通过联合拍卖的方式实现了与美国加州碳市场的对接。2017 年 1 月 1 日，加拿大安大略省启动了碳排放权交易体系，成为北美第四个次国家级体系。市场启动后，安大略省将探索与加州碳市场、魁北克省碳市场对接。3月8日，加拿大新斯科舍省也发布了总量控制与交易体系设计方案讨论稿，拟于2018年推出。

碳交易的基础标的主要包括两类：一是排放权交易体系下的排放权配额，例如欧盟碳排放额（EUA）和欧盟航空碳排放额（EUAA）；二是根据相应方法开发的减排项目减排量，例如联合国清洁发展机制下的核证减排量（CER）、我国发改委认可的核证自愿减排量（CCER）等。碳金融产品基于基础标的进行开发，涉及的领域包括：一是基础的碳排放权交易业务；二是基于碳排放额度的金融衍生产品，主要包括碳远期、碳期货、碳期权、碳掉期等；三是碳资产管理类产品，主要形式是碳基金，用于资助温室气体减排项目，从现有的减排项目中购买二氧化碳排放权/减排单位或直接为绿色减排项目提供融资；四是碳保险类产品，包括针对可再生能源或节能技术用户开发的保险产品，以及管理碳信用价格波动的的碳交易保险等。

4.2.3 绿色金融的国际经验

（1）德国绿色金融的发展

德国是最早发展绿色金融的国家之一，非常重视绿色金融业务。德国绿色金融相关法律完备，体系健全，产品创新周期短。1988年德国法兰克福成立了世界首家生态银行。德国银行牵头制定了著名的"赤道原则"，该原则已成为德国银行业的行业标准。金融机构严格遵照"赤道原则"的标准综合考察审批贷款，并进行风险管控及管理理念改进的理论研究。

作为德国最具影响力的政策性银行的德国复兴信贷银行，从2003年即参与碳排放交易，在推动德国绿色金融的发展的过程中起到了重要作用。2014年，该行全球贷款总量为740亿欧元，投向绿色领域的高达360亿欧元。德国财政部委托其管理绿色信贷贴息资金，通过公开、透明的方式寻找和筛选高质量的绿色项目，使绿色资金能够发挥最大效用。

德国在绿色金融方面处于国际领先地位,主要特点有三个:一是政府对绿色金融发展予以积极的支持和引导,一方面通过税收优惠、政府担保等手段激励绿色环保项目;另一方面通过政策性金融机构带动私有资本投入绿色经济。二是绿色金融产品创新自由化,政府很少干预。三是环保部门建立了完善的企业绿色环境认证制度,依据绿色认证确定企业是否有获取补贴的资格,从而提高了政府补贴落实到环保领域的精准度。

(2) 美国绿色金融的发展

美国绿色金融发展的主要特色表现为完善的法律体系和有效的金融政策。法律方面,美国制定了多部环境保护以及绿色信贷相关的法律,对政府、企业和银行在绿色金融活动中的责任和义务进行了界定,为绿色金融的发展提供了法律支持。1979年《能源税法》允许投资可再生能源的企业实行加速折旧,并对投资者实施税收减免政策。1980年《环境补偿法案》,即所谓的超级基金法案,制定了污染追责和费用承担的办法,产生了贷款人环境责任制度,商业银行要承担经营者环境侵权的责任。2005年《能源政策法案》鼓励制定税收优惠政策,同年《能源安全法案》提出利用金融工具支持可再生能源发展,首次引入债券机制和担保机制,为清洁能源提供资金支持。2009年《美国复苏和再投资法案》鼓励通过投资税抵免来促进清洁能源设备制造业的发展。严苛的法律提高了美国企业污染环境的违法成本,进而鼓励了绿色产业的发展。

此外,美国拥有世界上最大、最发达的证券市场,市场深度和广度高,为绿色金融产品的创新和绿色产业的融资打下了坚实基础。证券市场充沛的资金、良好的流动性、数量众多且活跃的参与主体、宽松的上市环境、灵活的交易方式和先进的交易系统极大地推动了金融产品的创新,促进了绿色金融供给、需求之间的良性循环。

(3) 英国绿色金融的发展

英国作为工业革命的发源地,率先认识到自己在全球气候变化中应担负的责任,因此首先提出发展低碳经济的倡议。英国在绿色金融的发展中已经实现了多项第一,形成了本国特有的可持续金融创新体系。早在2000年,英国就提出养老金应该考虑社会和环境问题。2015年,英国政府宣布向国际气候基金投资58亿英镑,促进绿色金融投资。同年,英格兰银行审慎监管局研究了气候变化对保险业的影响。伦敦汇聚了多项重要的全球倡议,包括责任投资、气候信息披露、绿色债券、绿色银行等,绿色金融或将成为伦敦弥补"脱欧"造成的欧盟市场缺口的重要组成部分。

英国建立了健全的环保法律和监管体系。1956年,英国出台了全球首部空气污染防治法案《清洁空气法》。1968年后,又先后出台了《控制公害法》《公共卫生法》等法令,并大力发展清洁能源,推动能源结构调整。在严格的法律监管下,污染企业将面临严重的处罚,经营者的贷款银行也将面临监管部门的罚款,因此银行在授信审查时也会注重评估项目的环境风险。

英国政府非常重视绿色金融发展,财政部、能源与产业战略部、企业共同成立了"绿色金融特别工作组",推动英国在该领域保持领先地位以及全球绿色金融的发展。英国政府还出台了融资担保、补贴等激励政策支持清洁项目和绿色企业。2012年,英国政府出资设立了首家绿色投资银行——英国绿色投资银行,重点支持绿色基础设施项目,为绿色项目提供全套融资产品和服务,并提供技术、经营上的指导和咨询建议,有效解决了绿色投资领域中的市场失灵问题,鼓励和引导更多的私人资本流入绿色经济领域。该行已累计引导超过150亿英镑资金投向英国绿色基础设施项目,投资了60%的英国海上风力发电产能,以及超过30个废物和生物质项目。

与此同时,英国的金融市场较为成熟和发达,参与主体普遍具有较强的绿色金融理念、责任投资意识和绿色投资专业能力。首先，金融机构受利益驱动，为了主动规避环境风险、挖掘绿色金融业务带来的商机，在绿色金融产品创新、可持续投融资等方面做出了积极探索。例如汇丰银行积极践行可持续发展理念，将绿色金融业务作为发展重点，于2005年成为世界第一家大型碳中和银行。其次，2006年《责任投资原则》发布以来，机构投资者（养老金、保险资金等）的责任投资意识不断提高，对绿色资产的投资需求迅速增加，也促进了绿色金融的快速发展。最后，英国的资本市场培育了一批具有先进绿色理念和较强绿色投资能力的、负责任的私人部门绿色投资者，这些投资者在绿色金融领域的专业能力促进了绿色金融标准的完善、信息披露水平的提高和风险管理能力的强化。

（4）日本绿色金融的发展

日本也从法律层面对绿色金融发展提供有力支持，国家制定出台政策法规，环境省负责进行具体实施。一方面，法律对金融机构环境不友好的投融资进行约束，《商业银行法》规定了商业银行在进行贷款审批时必须审查企业或项目的环境风险，对产生的不良环境后果要承担连带责任；另一方面，对绿色金融发展提供激励，《绿色金融条例》规定对践行绿色标准的金融机构实行税收减免政策。此外，日本对存在环境风险的项目推行强制性环境责任保险。

日本的银行体系在绿色项目的投融资中发挥了重要作用。日本三大商业银行（三菱东京日联银行、三井住友银行、瑞穗实业银行）都是赤道银行，设有专门的绿色项目融资部门，支持推动绿色产业发展。其中，日本瑞穗银行2003年10月宣布接受赤道原则，是最早采纳赤道原则的日本银行，也是亚洲首家，其积极为低碳环保项目提供融资，通过信贷机制遏制高污染行业扩张。与此同时，政策性银行也发挥了积极的引导和示范性作用。2004年，日本政策投资银行（DBJ）开发了"环境评级贷款计划"，开始大力支持环保企业投融资，将环境评级纳入贷款审核程序，为环保企业和项目提供更优惠的贷款利率。DBJ 还与越来越多的商业银行开展基于环保评级的环境友好融资合作项目，有效促进商业银行和企业提高环保意识，履行社会责任。日本国际协力银行（JBIC）2006 年成立了金融环境工程部，运用环保技术和金融创新，对企业提供专业指导和服务，在降低融资成本的同时增加项目的盈利能力，改善了绿色项目的投融资环境。

4.2.4 绿色金融的国内发展情况

（1）绿色金融政策不断完善

相对而言，我国绿色金融实践起步较国外晚，但在国家和各界的大力支持和推广下，绿色金融发展迅速，规模不断壮大。我国是第一个由政府支持的机构发布本国绿色债券界定标准的国家，也是全球三个建立了"绿色信贷指标体系"的国家之一。2015 年印发的《生态文明体制改革总体方案》中，首次提出了要建立绿色金融体系，规划了发展绿色金融的顶层设计。2016 年《"十三五"规划纲要》强调要"建立绿色金融体系"，全面部署绿色发展的操作路径，将绿色发展列入我国经济和社会发展"五位一体"的核心发展理念，进一步充实了"生态文明建设"的内涵。2016 年，中国首次将绿色金融引入 G20 峰会议程，并推动成立了 G20 绿色金融研究小组，研究如何加快全球绿色金融发展，推动经济绿色转型。与此同时，在"绿色发展"理念的指引下，各部委、主管部门，以及各级地方政府积极响应、细化部署，出台了一系列政策法规（表 4 – 2），为"十三五"及更长时期内我国绿色发展明确了道路。

尤其是 2016 年下半年以来，随着各领域专项规划逐步出台、管理体制和配套政策机制日益完善、相关产业的边界以及政策扶持不断明确，我国绿色发展以及生态文明建设进入快速发展阶段。2016 年 8 月，七部委发布《关于构建绿色金融体系的指导意见》，建设绿色金融体系上升为国家战略，政策体系完善进程明显提速。2017 年 6 月，国务院决定在浙江、江西、广东等 5 个省建设绿色金融改革创新试验区，以试验区落实顶层设计，推动绿色金融产品、业务模式的创新，在体制机制上探索经验。

表 4－2　　　　　　　　我国绿色金融法律法规及政策安排

政策名称	时间	出台部门	内容
《关于构建绿色金融体系的指导意见》	2016 年 8 月	人民银行、财政部等七部委	对我国建设绿色金融体系做了总体部署，明确了绿色金融体系的发展路径和监管模式
《土壤污染防治行动计划》	2016 年 5 月	国务院	鼓励社会资本合作（PPP）模式；加大政府购买服务力度；积极发展绿色金融；有序开展重点行业企业环境污染强制责任保险试点
《绿色债券发行指引》	2015 年 12 月	发改委	明确了绿色企业债的 12 大重点支持领域
《绿色债券支持项目目录》	2015 年 12 月	人民银行	对绿色债券支持项目进行界定和分类
《生态文明体制改革总体方案》（中发〔2015〕25 号）	2015 年 9 月	中共中央、国务院	建立绿色金融体系，推广绿色信贷，支持设立各类绿色发展基金，在环境高风险领域建立环境污染强制责任保险制度，积极推动绿色金融领域各类国际合作
《关于加快推进生态文明建设的意见》（中发〔2015〕12 号）	2015 年 4 月	中共中央、国务院	发展循环经济；完善经济政策，激励、引导各类主体投身生态文明建设；推广绿色信贷，鼓励市场融资；深化环境污染责任保险试点
《水污染防治行动计划》	2015 年 4 月	国务院	促进多元化融资，引导社会资本投入，增加政府资金投入，积极推动设立融资担保基金。建立激励机制，推行绿色信贷

续表

政策名称	时间	出台部门	内容
《国务院大气污染防治十条措施》	2013年6月	国务院	加大对大气污染防治的信贷支持
《绿色信贷指引》	2012年2月	银监会	要求银行业金融机构识别、计量、监测、控制信贷业务活动中的环境和社会风险，包括耗能、污染、土地、健康、安全、移民安置、生态保护、气候变化等

（2）绿色金融理念提升

中国银行业协会发布的《中国银行家调查报告（2016）》显示，银行家普遍看好绿色金融的发展前景。受访的银行家中，有88.90%认为绿色金融将对银行未来经营发展产生正面影响，体现在能够参与经济转型红利、有助于开拓市场等方面。对于绿色金融在未来5年的发展，97%的受访者乐观地认为其将成为银行业务不可忽视的组成部分，甚至是主营方向。2017年以来，越来越多的银行开始参与到绿色业务当中，江苏银行1月20日宣布在城商行中率先采用赤道原则，成为我国大陆地区第二家赤道银行。5月16日，大同绿色商业银行组建方案通过评审，是国内首个通过评审的绿色银行组建方案，标志着其正式进入组建阶段。此外，越来越多的银行开始开展绿色债券、债务融资工具的发行、承销业务。

证券资管业对于绿色投资的关注也在与日俱增。2017年3月，中国证券业协会发布了《绿色公益榜》，对绿色公益表现较好的基金券商进行表彰。证监会和上海、深圳两大交易所也正在探索通过上市公司和绿色债券发行主体强制环境信息披露的方式，引导市场和投资人树立绿色投资理念，同时也倒逼企业更加重视绿色环保。其他如保险、信托等行业也都有大量机构在绿色金融业务上做了一定的探索[①]。

---

① 汤维祺，鲁政委.中国绿色发展踏实推进[R].兴业证券，2017.

(3) 绿色金融工具多元化发展

得益于政策支持和机构的探索,绿色信贷、绿色债券、绿色发展基金等重点领域已经从框架设计逐步形成细化制度,并进行广泛实践探索。

①绿色信贷

我国绿色信贷的发展历程大致可分为三个阶段:

第一阶段是萌芽阶段(1995—2005年)。1995年,中国人民银行发布《关于贯彻信贷政策与加强环境保护工作有关问题的通知》(银发〔1995〕24号),对人民银行各级机构及商业银行、政策性银行在信贷工作中应如何切实落实国家环境保护政策提出了五点要求,这是绿色信贷在我国起步的标志。同年,为配合各级金融部门贯彻银发〔1995〕24号文件的规定,国家环境保护局颁布《关于运用信贷政策促进环境保护工作的通知》(环计〔1995〕105号),要求各级环保部门在监督管理项目建设时,需配合金融部门监督环保资金到位及使用情况。

2004年,国家发展和改革委员会、中国人民银行、银监会联合发布《关于进一步加强产业政策和信贷政策协调配合控制信贷风险有关问题的通知》(发改产业〔2004〕746号),旨在推进产业结构继续优化,提升经济发展质量,着力解决部分行业盲目扩张及信贷增速过快的问题。2005年,国务院颁布《关于落实科学发展观加强环境保护的决定》(国发〔2005〕39号),将环保工作提升到更加重要的战略位置,明确指出要建立健全有利于环境保护的信贷政策体系。

总体来看,这一阶段所出台的政策相对抽象,没有相应配套具体的激励及约束机制,各类金融机构对绿色信贷的理解尚未统一,执行力欠缺,导致现实中没有足够的实践推广。

第二阶段是成长阶段(2007—2009年)。这一阶段,经济增长与生态环境之间的矛盾日趋明显,各方都在寻求长效持久的调和方式,越来越多的人开始关注绿色信贷。政策层面,2007年发布的《关于落实环保政策法规防范信贷风险的意见》（环发〔2007〕108号），决定加强环境保护及信贷管理工作的协调配合，促进污染治理，严防信贷风险。金融机构应将企业环保守法情况作为授信审查要件，对未通过环评审批或环保设施验收的项目，不能新增授信支持。2009年，人民银行、银监会发布《关于进一步加强信贷结构调整促进国民经济平稳较快发展的指导意见》，再次强调对于不符合国家产业政策规定、市场准入标准，未达到国家环评及排放要求的项目，其新增授信支持应受到严格限制。

本阶段，商业银行已经做出了一定的实际行动。比如，工商银行于2007年实行全面的绿色信贷制度，按照环保部门要求建立企业名单，加大对环保企业的授信力度，限制对"高能耗、高污染"企业授信。兴业银行于2008年成为全球第63家赤道银行，这也是国内首家获此称号的商业银行。其承诺建立可持续金融部，在项目融资中纳入赤道原则，综合评估该项目对环境、社会的影响，利用金融杠杆促进环境保护及社会和谐发展。交通银行制定了《绿色信贷工程建设实施办法》及《环境标识分类标准操作手册》，对授信客户及融资项目分别进行分类，在此基础上提供差异化授信支持。

第三阶段是完善阶段（2010年至今）。本阶段，绿色信贷领域的操作指引接连出台，政策制度日趋健全，推动信贷工作落地做实。2010年《关于进一步加强淘汰落后产能工作的通知》（国发〔2010〕7号）重点强调了淘汰落后产能的重要意义，明确了工作总体要求和目标任务，强化政策约束机制，完善政策激励机制。2012年，中国银行业监督管理委员会下发《关于印发绿色信贷指引的通知》（银监发〔2012〕4号），旨在促进银行业借助绿色信贷积极调整信贷结构，着力防范环境恶化与社会风险，避免资金"脱实向虚"。2013年，国务院下发《关于加快发展节能环保产业的意见》，认识到资源环境制约是我国经济社会发展所面临的瓶颈，推动产业转型升级需要大力发展绿色信贷和金融创新。2013

年，29 家银行共同签署了《中国银行业绿色信贷共同承诺》，在积极践行绿色信贷等方面作出了明确表态。2014 年，中国银行业监督管理委员会办公厅发布《关于印发〈绿色信贷实施情况关键评价指标〉的通知》（银监办发〔2014〕186 号），要求各银行对照关键评价指标进行自评，推动绿色信贷考核机制的不断完善。2015 年，中国金融学会绿色金融专业委员会成立，深入开展绿色金融相关领域的学术研究①。

与此同时，我国银行业金融机构也在不断拓展业务实践。2007 年至 2015 年，我国绿色信贷项目数量从起初的 2 700 个迅速增长至 2.31 万个；绿色信贷余额从 3 400 亿元飙升至 8.08 万亿元。从信贷质量来看，绿色环保项目的不良率仅为 0.41%，较同期各项贷款不良率低 1.35 个百分点。但从整体来看，商业银行开展绿色信贷业务规模仍十分有限，股份制商业银行明显逊色于国有商业银行，我国的绿色信贷未来还有很长的路要走。

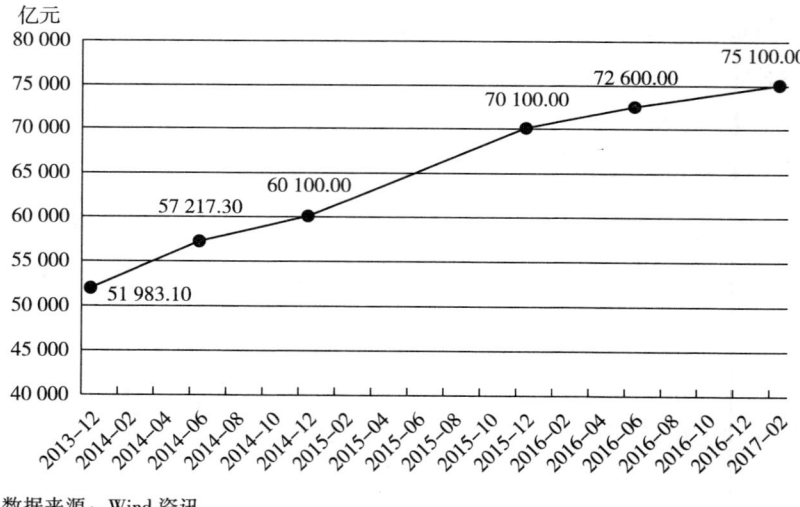

数据来源：Wind 资讯。

图 4-3　主要银行机构信贷余额

---

① 林进忠，林旻，汤银东，陈燕翔，吴静颖. 绿色信贷的国内探索与国际经验借鉴 [J]. 福建金融，2017（08）：38-43.

②绿色债券

2014年5月8日,中广核风电有限公司发行10亿元附加碳收益中票,这是我国第一单绿色债券,填补了国内的市场空白,为后续类似票据与债券的承销发行积累了宝贵经验,具有十分重要的意义。此后,在相关部门大力支持与市场主体积极参与之下,国内绿色债券市场蓬勃发展,创新产品层出不穷,全面覆盖金融债、企业债、公司债、中期票据以及ABS等各类产品。2016年,国内绿色债券发行规模达到2 018亿元,发行数量为66只,其中绿色金融债规模达1 550亿元,占总发行量的77%。截至2016年末,国内绿色债券发行规模2 369.7亿元,占全球发行量的39.9%,成为全球第一大绿色债券市场。2017年上半年,国内24家发行主体共发行36只绿色债券,债项数量达2016年全年水平的73.5%;绿色债券累计注册1 091.9亿元,发行规模共计696.90亿元,同比增加31.5%。我国绿色债券市场的发展呈现以下特点:

第一,绿色债券品种不断丰富,绿色债券市场规模快速扩大。当前,绿色债务融资工具不仅包括中期票据、定向工具等传统产品,还涉及永续票据和债贷基组合等创新品种。截至2016年末,我国境内绿色金融债发行规模合计达1 580亿元,绿色债务融资工具为82亿元、绿色企业债为140.9亿元、绿色公司债为182.4亿元,总计达1 985.2亿元。

第二,绿色债券相关政策和市场机制日趋完善。中国人民银行、国家发展和改革委员会、中国证券监督管理委员会等政府部门相继颁布了有关绿色债券(市场)的指导意见,形成了相对完善的政策框架。2015年,人民银行发布《中国人民银行公告〔2015〕第39号》,明确规范了各金融机构在中国境内发行绿色金融债券所应具备的必要条件,涉及债券定义、发行人条件、递交材料、资金用途、流向监管、项目评估及筛选、信息披露等内容;同时附有《绿色债券支持项目目录》,清晰界定了绿色金融债券的类别及范围。同年,发改委办公厅发布《关于印发〈绿色债券发行指引〉的通知》，明确绿色债券的适用范围和 12 项支持重点，积极探索利用专项建设基金等建立绿色担保基金，努力形成政策合力，破解资源环境瓶颈约束。2016 年，上交所和深交所相继发布《关于开展绿色公司债券试点的通知》（上证发〔2016〕13 号）/（深证上〔2016〕206 号），确立了发行人申请绿色公司债上市预审或挂牌条件确认、上市交易或挂牌转让的相关要求。截至 2016 年末，银行间交易商协会支持企业发行的绿色债务融资工具规模已达 1 500 亿元，有力地支持了可持续经济发展。2017 年 3 月，银行间交易商协会下发《关于发布〈非金融企业绿色债务融资工具业务指引〉及配套表格的公告》（〔2017〕10 号），明确规范了绿色债务融资工具的定义、参与机构、信息披露、资金用途、监管账户等。

第三，国内不断成熟完善的债券市场基础设施为绿色债券市场发展提供了良好基础。自 1981 年恢复国债发行以来，我国债市已走过 30 余年的发展历程。截至 2016 年末，国内债券市场余额总量达 63.7 万亿元，跃居全球第三大债券市场；2016 年全年共发行债券 36.1 万亿元，现券成交额 132.2 万亿元。监管部门逐步建立健全了债券登记、托管、交易、结算、清算等规章制度，为未来我国绿色债券市场的健康发展打下了坚实基础。

③绿色金融指数

发展绿色指数体系可以提高机构投资者的绿色投资比重，是扩大绿色金融产品影响力、提高市场流动性的重要手段。在绿色股票指数方面，我国绿色股票指数主要分为三个大类：一是可持续发展指数，评价企业在环境、社会、公司治理方面的表现；二是环保产业指数，覆盖清洁技术、污染治理、资源利用等范围；三是绿色环境指数，主要指碳指数①。目前，中国 A 股有 19 只绿色股票指数，占 A 股市场指数总数的

---

① 林进忠，林旻，汤银东，陈燕翔，吴静颖. 绿色信贷的国内探索与国际经验借鉴［J］. 福建金融，2017（08）：38-43.

4 绿色金融发展的关键问题

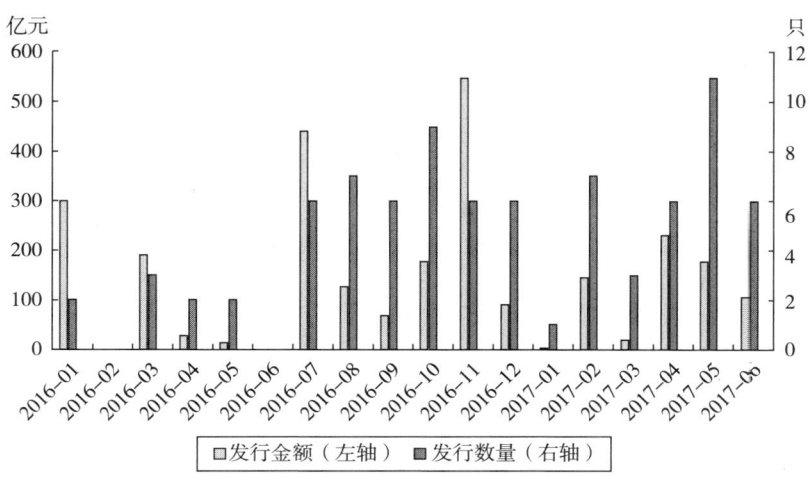

数据来源：中债资信。

图 4-4　2016 年至今中国绿色债券每月发行情况

2.5%，发展空间巨大。与国外相比，我国绿色股票指数起步较晚，类别单一，规模较小，目前仍以环保产业指数为主。由于环境信息披露不足且投资者关注度较低，可持续发展指数规模较小，平均规模仅为 1 亿~2 亿元。绿色环境指数还处于起步阶段，2015 年上证 180 碳效率指数发布，是我国首只碳效率指数。

在绿色债券指数方面，继 2016 年中债登、中央结算公司和兴业银行先后发布的中债—中国绿色债券指数系列、中债—兴业绿色债券指数等我国第一批绿色债券指数外，上海证券交易所和中证指数有限公司于 2017 年 6 月 19 日发布上证绿色公司债指数、上证绿色债券指数和中证交易所绿色债券指数。同年 4 月，中央财经大学与深圳证券交易所、卢森堡证券交易所合作推出"中财—国证绿色债券指数"，并在中国和欧洲两地同步发布行情，吸引境外投资者关注中国绿色债券市场。总体而言，我国绿色金融指数体系尚处形成过程中，如果能够依托机构自身长期业务积累的信息、客户基础等编制出多元化的、具有前瞻性的指数，就能够为投资类业务提供重要的指引，并能够在很大的程度上提升开发机构的市场影响力。

④绿色产业基金

绿色产业基金将资产总值的60%以上投资于绿色产业，引导资金流向清洁技术开发和生态保护领域。绿色基金的资金来源最广泛，投向领域广，在绿色金融体系中有重要作用。2016年底全国已设立备案绿色基金265只，其中2016年共成立121只，几乎相当于前四年总和。备案基金中，股权投资基金159只，占比为60%；创投基金33只，占比12.5%；证券投资基金33只；其他类型45只。

当前，各级政府纷纷发起设立绿色发展基金，已有广东、浙江、山东、江苏、安徽等十余个省市成立了绿色基金。地级市政府也积极发展绿色基金，例如2016年4月，全国首只绿色经济发展基金在普洱市设立；2016年6月，张家口市绿色发展产业基金设立。与此同时，更多的企业开始设立绿色私募股权基金和创投基金。2010年以来，一些大型企业积极发起、参投绿色基金，中国节能环保集团公司与金融机构、企业联合设立的绿色基金超过50亿元人民币，亿利资源集团、泛海集团等共同设立了绿丝路基金，致力于改善生态环境。

"十三五"期间，绿色基金将有很大的发展空间。2016—2020年，按照现有环保规划的"低方案"，中国在清洁能源、环保基础设施建设、污染治理等领域的绿色资金需求为14.6万亿元；如果按照"高方案"，那么绿色资金需求高达30万亿元。绿色基金在绿色金融体系中占据重要地位，资金来源广泛，可汇集政府、社会和机构的资金，必将在绿色市场中发挥重要作用[1]。

此外，PPP与绿色市场具有天然的关联，中央与地方政府都在积极设立PPP引导基金，财政部在2016年10月发布《关于在公共服务领域

---

[1] 安国俊. 我国绿色基金发展前景广阔[J]. 银行家, 2017 (08): 72-74.

深入推进PPP工作的通知》，规定在部分公共服务领域中强制使用PPP。此外，绿色矿山、生态保护修复、水污染治理等绿色发展领域中的相关规定，也都提出鼓励采用PPP模式。目前PPP相关制度正在不断完善，市场规模也快速增长。截至2017年3月底，全国PPP项目库入库项目已达12 287个，总投资额达到14.6万亿元。PPP资产证券化也驶入快车道，在2017年3月到4月间完成落地两批近二十个PPP资产证券化项目，涉及污水处理、垃圾焚烧和发电等多个绿色相关领域，进一步促进了PPP项目加速落地。

⑤绿色保险

企业造成的环境污染事故给社会带来了严重危害，从而产生了绿色保险。我国的绿色保险主要是指环境污染责任保险（以下简称环责险）。2007年，环保总局发布《关于环境污染责任保险工作的指导意见》，在江苏、湖北、湖南、重庆等地启动环境污染责任保险政策试点。2013年1月，环保部与保监会联合印发了《关于开展环境污染强制责任保险试点工作的指导意见》，明确了环责险的试点企业范围，合理设计保险条款和费率，进一步指导各地高环境风险行业推进环责险的试点，之后企业投保量上升。2014年4月，《中华人民共和国环境保护法》修订通过，提出国家鼓励投保环境污染责任保险。2015年9月，中共中央、国务院印发的《生态文明体制改革总体方案》对发展绿色保险做出了工作部署，明确提出要"在环境高风险领域建立环境污染强制责任保险制度"。2016年，人民银行等7部委联合印发的《关于构建绿色金融体系的指导意见》，进一步对发展绿色保险做出了部署，鼓励保险机构创新绿色保险产品和服务，推动制定环责险的法律法规和实施性规章。2017年6月，响应《指导意见》要求，保监会发布了《环境污染强制责任保险管理办法（征求意见稿）》。

2007—2015年，全国将近30个省市开展了环责险的试点，投保企业累计超过4.5万家次，风险保障金累计超过1 000亿元。2016年，全国投保环责险的企业为 1.44 万家次,缴纳保费 2.84 亿元,保险机构共提供风险保障金 263.73 亿元,可以认为投保企业的风险保障能力提高了近 93 倍。保险产品种类由开始的 4 个增加到目前的 20 余个,国内主要保险公司都参与了试点。

自 2007 年启动试点至今,环责险发展已近十年。但从市场上看,企业投保积极性不高,投保率也偏低。2016 年全国环责险保费收入一共为 2.8 亿元,较 2015 年增长 3.9%,远低于保险业整体增速。目前,我国环责险保费年收入刚突破 3 亿元,相对于我国 3 万亿元的保费规模微不足道,也远远低于美国环责险 40 亿美元的年收入。环责险市场发展缓慢,其原因一是国家没有提供强有力的法律保障;二是环境污染追责制度不完善,企业违规成本低;三是政府支持力度不够;四是保险公司评估机制专业性不足。

⑥碳金融

碳金融产品不断创新,形式日益多样化,归纳我国现有的碳金融产品和服务,可以大体上分为三类:第一类是碳交易工具,碳交易包括碳排放权配额和项目减排量两类碳现货市场,以此为基础衍生出碳期货、期权、远期等衍生品交易;第二类是涉碳投融资工具,包括碳信贷、碳基金、碳债券、碳指标质押融资、碳中和等;第三类是碳支持工具,包括碳指数、碳保险等。

碳金融市场方面,2011 年底国务院要求"探索建立碳排放交易市场",同年发改委批准广东、深圳、北京、天津等七省市开展碳排放权交易试点,并于 2013 年全面启动,7 个试点碳市场涵盖了 13.27 亿吨二氧化碳当量和 3 271 家排放单位。截至 2017 年 11 月,试点碳市场碳配额交易总量 2 亿吨,成交额 46 亿元,各试点碳市场累计成交情况见图 4-5。目前七个试点基本建成了权责明确、运行顺畅、交易活跃、履约积极的碳交易市场体系,开发了如碳指数、碳债券、碳基金、碳配额托管、绿色结构存款等创新产品,重点覆盖钢铁、电力、化工、建材、造纸和有色等六大行业。各试点碳市场的探索与创新积累了有益的市场经验,为全国统一碳市场的建设提供了可以借鉴的经验及教训。2015年12月巴黎气候大会上,中国明确表示将于2017年建成全国碳排放交易体系。2016年初,发改委印发《关于切实做好全国碳排放权交易市场启动重点工作的通知》,全国碳市场启动进程加快,相关政策规章、配额分配机制和基础设施不断完善,产品、机制加速创新,市场趋于成熟。

2017年12月9日,发改委宣布以发电行业为突破口,全国碳排放交易体系正式启动,交易规模将达到35亿吨二氧化碳当量,远超欧盟(19.39亿吨)成为全球最大的碳市场。发电行业二氧化碳排放量占全国排放总量的46%,首批电力行业74%(约35亿吨)的二氧化碳排放总量被纳入全国碳排放交易市场,碳市场将覆盖全国34%的二氧化碳排放量。全国碳市场的启动将对引领企业转型升级、推动绿色低碳循环发展起到重要的作用。

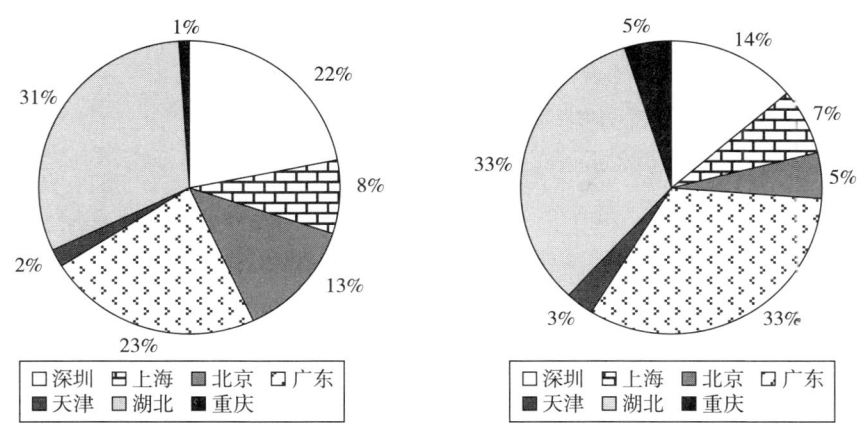

数据来源:Wind资讯。

图4-5 截至2017年10月试点碳市场累计成交额(左)与成交量(右)对比

(4)机构参与度不断提升

兴业银行2006年推出国内首个节能减排融资产品,2008年10月成为中国第一家赤道银行。得益于完善的体制机制、组织架构、业务流程和专业团队，兴业银行已建成覆盖绿色融资、绿色租赁、绿色信托、绿色基金、绿色投资、绿色消费等多个领域的全方位绿色产品服务体系。近十年来，兴业银行累计为超过1万家客户提供绿色信贷13 723.30亿元，融资余额6 451.48亿元。支持的项目带来了显著的环境效益，每年减少二氧化碳排放量达7 408万吨，每年节水3.04亿吨。

近年来，各商业银行积极践行社会责任，从理念和政策上大力支持绿色金融发展，不断创新绿色金融产品和服务，取得了不少突破（表4-3）。此外，国开行、进出口银行、农发行三大政策性银行也在不断开发绿色金融产品、完善绿色信贷制度、树立绿色金融文化，发挥了政策性金融的引导作用和对商业金融的补充作用，推动了生态环境保护和经济的可持续发展。

表4-3　　　　　　　我国主要商业银行绿色金融举措

工商银行	1. 2007年率先提出"绿色信贷"建设理念，将发展绿色信贷作为长期战略； 2. 2014年11月，成为联合国环境规划署金融行动机构（UNEP FI）正式会员； 3. 提供多元化绿色金融服务； 4. 2016年，成为国内最大绿色债券承销银行。
农业银行	1. 在制定2016—2020年改革发展规划中，将绿色金融业务作为全行业务经营转型的主要方向和重点任务之一。目前已围绕效率、效益、环保、资源消耗以及社会管理5大类指标，建立绿色信贷指标体系，并将绿色信贷指标嵌入所有"两高一剩"行业信贷政策。 2. 在浙江分行率先设立绿色金融部。
中国银行	1. 2016年，提出"绿+"计划施行方案，旨在"为绿色发展加一把力"； 2. 积极创新绿色金融产品，在国际市场发行绿色债券。
建设银行	1. 2006年，在环保信贷审批中开始实行一票否决制； 2. 制定了专门的绿色信贷发展战略； 3. 不断推进产品和服务模式创新，结合租赁、信托、基金、保险，满足客户绿色融资需求。

续表

交通银行	1. 2012年制定了《绿色信贷政策》和《绿色信贷实施办法》； 2. 压缩影响环境的"两高一剩"行业贷款，支持绿色项目。
邮储银行	1. 不断完善绿色金融业务发展机制，成立绿色银行建设领导小组； 2. 持续健全绿色金融政策制度，制定了绿色信贷发展规划、绿色信贷分类等制度，设置了绿色信贷专项额度，坚持实施环境与社会风险全流程管理，严格控制"两高一剩"行业信贷投放。
浦发银行	1. 2008年开始推行绿色金融战略，率先推出首个绿色服务方案《绿色信贷综合服务方案》； 2. 2009年完成同业首单财务顾问业务，实现减排6万吨二氧化碳；率先推出国际碳资产（CDM）抵押业务； 3. 2011年，发放国内首笔碳资产质押贷款； 4. 2012年，构建了业内最全的绿色金融产品服务体系，实现了企业五大板块十大创新金融产品和服务； 5. 2014年推出国内首只"碳债券"； 6. 2016年发行境内首只绿色金融债券。
招商银行	1. 2008年，成立行长挂帅的"绿色金融工作小组"，积极推动绿色金融业务标准的制定、系统建设和产品设计； 2. 作为联合国环境规划署金融行动机构（UNEP FI）的会员，积极借鉴国际经验； 3. 2010年，发行了国内首只涉及绿色文明理财产品——"金葵花"安心回报系列之生态文明特别理财计划； 4. 积极开展国际合作，与法国开发署合作绿色中间信贷项目。
民生银行	1. 设立我国首家绿色金融专营机构； 2. 发行全国首单央企绿色资产证券化公募项目。

2017年1月20日，江苏银行成为我国第二家赤道银行，是城商行中的首家。截至2016年末，全行绿色信贷余额467亿元，同比增长91.8%。近年来，江苏银行不断创新绿色经营模式。一是制定规划，构建体系。先后制定《江苏银行绿色信贷营销指引》《江苏银行环境与社

会风险管理办法（试行）》等多项制度，编制绿色金融三年战略规划；设置绿色金融与PPP事业部及绿色金融直营团队。二是完善激励机制。单列绿色信贷规模和费用配置，对进入绿色金融领域的客户由总行审批，实施优惠利率。三是创新产品。开发能效贷款、光伏贷、绿色投行等产品，与国际金融公司（IFC）合作开展"中国节能减排能效融资江苏项目"。截至2016年末，通过PPP融资支持基金、绿色产业基金等支持绿色项目21个，支持金额76.1亿元；作为独立承销商为辖内企业发行绿色债务融资中期票据2亿元。

2017年5月，大同绿色商业银行组建方案经专家论证通过，是国内首个通过评审的绿色银行组建方案，标志着其正式进入组建阶段。首家绿色银行的组建对于推动我国绿色金融创新、指导绿色金融实践有重要意义。大同绿色银行将在区域内发挥引领作用，调动资金流向绿色产业，优化投资结构，促进大同市经济转型发展。针对区域产业结构和环境状况，大同绿色商业银行未来重点的资金投向为煤电厂节能减排改造、清洁能源、生态农业、河道治理等项目。根据绿色经营目标，大同商业银行制定《绿色投资政策》与《责任投资政策》，规范内部的业务经营和管理。

4.3 当前绿色金融面临的主要挑战和关键问题

当前我国绿色金融发展中面临的关键问题是供需严重失衡。绿色金融市场的健康发展需要绿色金融产品的供给和绿色投资的需求有效衔接，而我国绿色金融供给较为短缺，市场失灵和金融失灵共同作用造成大量的绿色资金需求与金融机构投资愿望不匹配。2017年2月，我国21家主要银行绿色信贷余额7.51万亿元，占全部信贷比重仅为8.8%左右。2016年我国债券市场上的绿色债券规模达2 017.85亿元，包括29个发行主体发行的各类绿色债券66只，绿色债券规模仅占总体债券托管量的0.46%，发行数量也仅占2016年累计发行债券数量的

1.02%。由此可见，在我国金融产品供给总量中，绿色金融占比不足，供需严重不匹配。据国务院发展研究中心估计，"十三五"期间，我国绿色发展所需的绿色资金缺口每年在2万亿元左右。本节将通过分析制约绿色金融供给和需求的因素来探讨绿色金融发展面临的瓶颈和挑战。

4.3.1 理论角度：外部性及信息不对称导致市场失灵

一方面，绿色项目的正外部性会导致市场失灵，减少经济主体的绿色金融需求。绿色项目通常是"准公共产品"，注重节能减排或污染治理，从而促进了生态环境的可持续发展，使全社会普遍受益，因此会产生正的外部性，但大部分受益人无须向该项目支付对价，项目实施者的个人收益小于社会收益或低于其他非绿色项目收益，甚至不能弥补项目成本。而目前我国政府绿色金融政策支持体系尚不完善，促进外部性"内部化"的激励和补偿机制不足，绿色项目的成本较传统项目更高，正的外部性得不到社会的补偿可能会使项目回报率过低。同时，有些企业在生产过程中会污染环境，产生负外部性，但受害者的权益缺乏法律的保护或由于其他原因无法得到企业赔偿，环保部门执法监管不严也使污染企业不用受到惩罚，导致污染企业过度投资和生产。经济主体缺乏动力去做那些有利于可持续发展而自己却收益甚微的事情，就会减少对绿色项目的投资，导致绿色金融供给不足。

另一方面，资金供给和需求者间信息不对称也会引起市场失灵，减少绿色资金的供给。投资者在对绿色项目进行投资时，需要了解企业或项目的环境信息，如碳排放、资源的耗用等，还要了解项目的绿色评级、产业特点和风险特征等。只有获取了充分的信息，才能有效地将绿色资金精准配置到这些企业和项目。但企业和第三方机构较少公布这些信息，就会增加金融机构的信息搜寻成本，降低了绿色项目的吸引力。因此，资金需求者和供给者之间信息传导不畅会导致绿色资金供给减少。目前，我国绿色金融在信息传导方面存在以下问题：

（1）绿色金融标准不完善。绿色金融标准是绿色金融产品和业务落地、规模化发展的前提和基础,但目前我国绿色金融标准体系化尚未成型。境内市场上,针对基础项目的绿色标准体系主要包括国家发改委、人民银行针对绿色债券发行所制定的目录,以及银监会绿色信贷统计制度中划定的范围。各项标准体系之间也存在一定的差异,不利于市场整体性、协调性发展。绿色标准不清晰,会导致绿色和非绿色项目难以精确界定,投资者无法评估绿色投资的环境效益,很难配置资源。

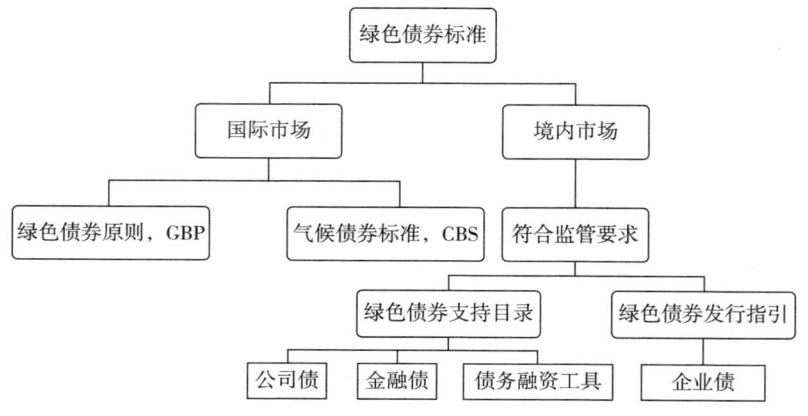

资料来源:中债资信。

图4-6 境内外绿色债券标准

(2)信息披露要求低。在我国,企业的环境信息披露非常有限。不同监管部门对绿色信息披露的方式和内容规定均有所不同,缺乏统一的监管要求。目前也尚未出台针对上市公司的强制性环境信息披露办法。因此,一方面我国法律和制度上缺乏对环境信息的强制披露要求;另一方面企业又缺乏披露自身环境信息的内在动力。企业缺乏环保信息的披露会使投资者无从分辨项目的绿色程度以及对其环境风险进行评估,使资金无法精准配置到绿色项目上来。

(3)绿色认证和评级制度存在短板。独立的绿色认证和评级可以提高绿色项目的市场公信力,使投资人快速甄别哪些项目是绿色的以及项目的绿色程度,也有助于优质绿色项目降低融资成本。反之,如果不能保证市场上的绿色项目是真正绿色的,市场信誉就会逐渐丧失,出现"劣币驱逐良币"的现象，加剧绿色金融供给失衡。2016年发行的49只绿色债券有42只出具了第三方评估认证意见（85.7%），高于国际市场的平均水平（63.5%）。

表4-4 2016年绿色债券第三方评估认证情况

评估认证单位	涉及发债主体数量	认证债券数量
安永	10	24
中债资信	4	4
中节能咨询	3	7
商道融绿	2	3
中财科创	1	2
DNV GL	1	2
德勤	1	2
毕马威	1	1
普华永道	1	1
合计	24	46

数据来源：中债资信。

2017年第一季度发行的11只绿色债券中，则有6只出具了第三方评估认证报告，评估认证比例略有下降。

表4-5 2017年第一季度绿色债券第三方评估认证情况

评估认证单位	涉及发债主体数量	认证债券数量
安永	2	3
中债资信	1	1
中节能咨询	1	1
普华永道	1	1
合计	5	6

数据来源：中债资信。

目前绿色认证和评级方面仍存在短板，体现在以下两方面：一是绿色认证和评级缺乏官方指引，对绿色项目的评估仍停留在民间机构和企业自发探索的阶段，各机构的评价标准各异；二是对绿色认证机构尚无具体监管规范，对于认证机构的资质、人员专业程度、认证质量管理等方面没有出台明确的监管要求。

4.3.2 金融机构盈利压力与社会责任之间的矛盾

绿色资金需求产生后，金融机构盈利压力与社会责任之间的矛盾又会导致其缺乏投资绿色项目的内在动力，致使绿色资金供给不足。具体而言，金融机构在支持绿色金融发展的过程中起着非常关键的作用，是开展绿色金融业务的主体。但是金融机构既然以"企业"的形式存在于社会经济体系当中，从公司治理角度就要对其股东或投资者负责，以"追求股东利益最大化"作为经营发展的目标，必然背负着盈利压力和绩效考核指标。与传统项目相比，绿色项目通常具有期限长、收益低的特点，在我国主要依赖银行贷款获取资金来源，而银行的负债端资金期限通常较短，为长期绿色项目提供资金会面临严重的期限错配风险，有悖于商业银行"安全性"和"收益性"的经营原则。此外，国家对绿色金融的政策支持体系尚不完善，社会认知度也比较低，政策激励和补贴措施不足，开展绿色金融业务意味着要损失部分短期利益，因此金融机构普遍缺乏提供绿色金融产品和服务的内在动力。当前我国提供绿色金融服务的金融机构相对较少，其中很大一部分是出于社会责任投资的意愿，具有"公益性"的意味。

4.3.3 体制机制不完善

一是绿色监管约束不严。环保法律和监管不严，将很难对污染环境的企业进行有力的外部约束，企业就会缺乏推行绿色项目的动力，导致绿色资金需求不足。目前，我国绿色金融相关法律法规和监管体系还不完善，有些政策性文件在形式和内容上存在交叉重叠，导致责任归属不明，追责力度不够，执行效果欠佳。有制造企业在生产过程中会污染环境，造成负经济外部性，但负外部性却没有充分内部化。环境污染受害者由于权益缺乏法律的保护或由于其他种种原因无法得到企业的赔偿，环保部门执法监管不严也使污染企业不用受到惩罚，导致污染企业过度投资和生产。相比起来，真正节能减排、改善环境的项目的成本较高，反而会受到抑制。总体来看，环保领域立法不严、执法不力的问题将导致绿色资源难以充分流向环保产业。

二是激励机制和政策支持不足。国家层面对绿色金融的支持政策不足，导致未能撬动更多资金流入绿色领域，激励机制的缺乏弱化了金融机构发展绿色金融的内在动力，造成了我国绿色金融供给不足。从我国已经出台的支持绿色金融发展的政策文件看，七部委《指导意见》提出对绿色项目进行贴息，并探索将绿色信贷纳入宏观审慎评估框架；发改委《绿色债券发行指引》提出政府投资补助、担保补贴、债券贴息、基金注资等正向激励措施；证监会《关于支持绿色债券发展的指导意见》指出要鼓励地方政府利用贴息、财政补贴、投资基金等多种措施支持绿色债券发展。但从落地情况看，目前仅在绿色债券审批标准层面提供了优惠政策，而"真金白银"的贴息、担保、再贷款等激励措施并未落到实处。

三是信贷及投资评价机制不健全。目前，商业银行信贷评价考核机制关注的是贷款对象的经营稳定性、信贷业务的收益、风险、抵押品等方面。出于以上几方面的考虑，银行更愿意贷款给实力雄厚大型企业或盈利能力非常强的企业，这些企业的经营状况稳定，所在行业相对成熟，自身信用记录良好又有充足优质的抵质押品，银行面临的信用风险较小。相反，开展绿色项目的很大一部分是污染严重的中小企业，相比起来存在自身规模小、产业前景不确定、抵（质）押担保不足、绿色项目盈利能力低等弱点，具有风险高、收益低、期限长的特性。根据银行的信贷业务管理办法，这些企业很难满足银行发放贷款要求的条件。事实上，除了银行存在制度管理要求之外，其他金融机构在进行投融资决策时也需要关注一系列的硬性标准，满足风险、收益、期限的要求，往往没有将金融机构履行社会责任的需求纳入决策评价机制中。

4.3.4 绿色金融产品和服务体系不健全

一方面是绿色金融产品种类不丰富，很多产品创新仍处于起步阶段。我国绿色项目的融资渠道较为单一，绿色金融产品创新滞后于金融市场的整体创新水平，某种程度上制约了绿色经济发展。目前我国绿色金融产品主要集中在绿色信贷方面，而银行的绿色信贷很难为中小企业、长期项目提供资金。单一的产品结构难以满足绿色企业多样化的融资需求，有限的产品种类也难以满足投资者对流动性、风险、收益的需求，导致一方融资难、融资贵，而另一方资金无处投放的问题严重。未来需要在绿色证券、绿色资产证券化、碳金融和绿色保险方面加大创新力度，优化绿色金融产品结构。

另一方面是绿色金融服务体系不完善。目前绿色金融的可获得性较差，服务范围和覆盖面窄，难以覆盖中小微企业和民营企业的绿色金融服务需求。绿色金融业务可能涉及复杂的专业技术，而金融机构不能充分判断该绿色技术在商业上是否具有可行性，识别绿色项目和评估环境风险的专业分析能力不足，倾向于低估非绿色项目的风险，高估绿色项目的风险，导致金融机构更愿意投资传统领域，对绿色产业却采取谨慎态度。因此，绿色金融的发展依赖于专业的服务机构提供绿色评级、认证、咨询、监督资金用途等一系列服务，市场上专业中介机构服务的欠缺也是制约绿色资金供给的影响因素之一。

4.4 绿色金融的发展动向

在绿色金融未来的发展中，一方面，要采取多种措施促进绿色金融总量发展和结构优化，以满足绿色融资缺口，增加绿色资本积累；另一方面，绿色金融作为绿色发展的推手，要与产业政策结合，改善全社会投资结构，促进产业结构优化调整、环境治理和生态恢复，推动经济社会可持续发展。

4.4.1 促进绿色金融总量增长

首先,要完善绿色金融相关政策支持体系。绿色项目存在正经济外部性,从短期看成本高、风险大、收益低,市场化的金融机构不愿意涉足。因此,政府需要伸出"有形之手",通过完善政策支持和体制机制纠正市场失灵,增加绿色金融的有效供给,促进其总量增长。

一是完善发展绿色金融的相关激励和约束。对于积极开展绿色金融业务的金融机构(如商业银行),中央银行可以实施定向降准,允许其适当减免存款准备金;银监会可以适当放松对其资本金充足率的监管;信用评级机构可给予其较高的信用评级。对于环保企业,证监会可适当放松绿色企业 IPO 的审核或备案要求,简化其募股程序;金融机构可给予其优惠利率贷款。对于"两高一剩"企业,环保部门应定期督查,加大惩罚力度;金融机构应严格限制其贷款额度并采用惩罚性高利率。

二是建立健全政策性绿色金融体系。鉴于环保类项目的投资期限普遍较长、风险较大,会长期占用流动性。即便设立激励约束机制,商业银行往往也不愿涉足该领域。因此,建立健全政策性绿色金融体系便显得尤为重要。第一,可探索建立"政策性绿色银行",其主要工作是通过发行绿色金融债券等渠道筹集中长期资金,以此为环保类项目提供稳定的资金支持,弥补商业银行及其他政策性银行的不足;第二,成立"政策性绿色金融专项基金",其资金来源为财政拨款、环境污染罚款、资源税等,资金投向为各类环保项目。政策性绿色金融体系,一方面可直接为环保项目"输血";另一方面也起到指引导向的作用,撬动其他社会资本为我国环境保护建设助力。

三是加强财政支持。财政政策方面,可以从财政收入和支出两方面加强对绿色金融的政策支持,将环境的正外部性内部化。一方面可以对绿色金融采取适当的税收减免优惠手段,例如对金融机构和投资者参与绿色金融投融资获得的收入给予一定的税收优惠;另一方面通过财政支出使用贴息或担保等手段促进绿色信贷、绿色债券的发展，发挥政府资金的引领示范作用，撬动更多的社会资金参与到绿色事业中来。发达国家的政府在这方面做得比较好，支持力度较大，例如英国财政对节能环保项目贷款给予利息补贴，美国 2008 年次贷危机后出台的经济刺激方案也对可再生能源贷款提供政府担保。下一步，我国也应加快财政激励措施的落地，通过贴息、担保等方式大力支持绿色金融发展，推进经济绿色转型。[①]

其次，要加强绿色金融产品和服务创新。绿色融资需求是多层次的，而当前我国绿色金融产品以浅层次的绿色信贷为主，未来应多维度拓展。对于纯公共产品和准公共产品，以财政资金为主，发挥政策性金融的导向作用，推广绿色投资基金、PPP 的应用。对于有一定的商业运作可行性和投资回报的，绿色金融要大力支持：短期项目可以信贷资金为支撑；期限较长且现金流相对稳定的，可通过发行绿色债券或项目收益资产证券化产品来融资；对于风险较高但成长性好的项目，可通过私募股权基金或创业投资基金的方式融资[②]。通过开发创新针对性强、品种丰富的绿色金融产品，鼓励推出绿色信托、绿色租赁、绿色资产证券化等产品，鼓励绿色期权、期货等金融衍生工具的创新，通过产品的不断创新，增加绿色金融总量供给，更好地满足多样性的绿色投融资需求。例如，面对银行贷款期限错配的制约，企业可以通过发行绿色债券、以绿色项目未来收益权为抵押的资产证券化产品，银行可以通过发行以绿色贷款为抵押的证券化产品等方式打破融资瓶颈。

绿色金融的服务创新，要根据绿色金融的特点，在有效区分具有准公共属性和商业化的绿色项目基础上，充分利用新技术、新业态、新模式，为绿色企业提供各类专项统计、信用咨询、财务顾问、评级授信、

[①] 蔡玉平，张元鹏. 绿色金融体系的构建：问题及解决途径［J］. 金融理论与实践，2014（09）：66-70.

[②] 陈雨露. 加大绿色金融产品和服务创新［N］. 中国基金报，2017-06-16.

风险定价、结构化融资、融资租赁、碳排放质押等更加准确、高效、全方位、个性化的创新服务，从而解决信息不对称、负外部性等问题，进而降低绿色金融的利息成本、经营成本和风险成本，有效引导金融资源进入到绿色行业中来。

4.4.2 促进绿色金融结构优化

目前，我国绿色金融产品种类较为有限，覆盖范围较窄，以绿色信贷和绿色债券为主要资金来源，环保资金渠道单一。以绿色信贷和债券为主的产品结构存在一些问题：一是绿色项目相较于传统项目的期限更长，而商业银行银行负债端资金期限偏短，提供绿色信贷会使商业银行陷入较高的期限错配风险；二是绿色债券发行机构的评级标准并不完善，难以保证债券发行的质量和效益，违约风险高，无法做到真正将节能减排、绿色发展作为债券发行的社会目的；三是由于绿色产业融资渠道单一，能为绿色项目募集资金的融资工具少，一些能为社会带来巨大环境收益、具有良好发展前景的可能暂时无法满足银行的贷款条件或监管部门规定的市场融资条件，造成了绿色项目融资难、融资贵的问题。

因此，需进一步促进绿色金融结构优化。开发创新针对性强、品种丰富的绿色金融产品，鼓励推出绿色信托、绿色租赁、绿色信贷资产证券化等产品，鼓励绿色期权、期货、股票指数等绿色金融衍生工具的创新，形成多元化的绿色金融产品体系。从而实现绿色金融的均衡发展，满足不同风险特征、期限结构、回报率的融资需求，更好地解决绿色项目融资难、融资贵的问题。

4.4.3 通过绿色金融促进产业结构调整和经济增长

通过第二部分的理论分析可知，绿色金融通过作用于经济增长的三大要素：劳动、资本和技术进步，在纠正金融失灵和市场失灵的同时促进经济增长。因此，未来要通过发展绿色金融产品和服务，促进劳动、资本和技术要素的进步，达到调结构、促增长的目的。

（1）通过绿色金融发展提升劳动力素质。商业银行要不断优化信贷结构，积极参与绿色经济、循环经济、低碳经济产业，压缩对不符合国家节能减排规定和落后产能的违规在建项目的信贷支持。通过引导资源进入新能源、新工艺等传统金融资源较少涉及的领域，减轻经济增长对物质要素的依赖和降低经济增长对生态环境破坏，提高空气、水、土壤等环境质量，增加劳动者健康和人口素质。作为人力资本的重要组成部分，劳动者健康和人口素质的提升是促进经济增长的重要动力。

（2）通过绿色金融发展促进技术进步。绿色金融引导资金流向节约资源技术开发和生态环境保护产业，将扩大用于支持清洁能源、节能环保、水资源、气候弹性农业、智能电网、低碳运输体系等绿色经济领域发展的资金总量，在总量资金增加和存在财政补贴的情况下，资金从落后的、淘汰的产业中转移出来流入到发展前景好、符合国家发展和国民需求的产业中去，促进高技术产业和节能环保等战略性新兴产业的方向调整，促进环保、新能源、节能等领域的技术进步。

（3）通过绿色金融优化投资结构。金融机构具有重大的资源配置权，作为杠杆可以撬动和引导社会资本从传统的高能耗、污染性行业流向绿色产业，优化投资结构，增加绿色产业领域的资本积累。绿色金融将一部分原本投入在产能过剩、高耗能高污染等方面的投资转移到投资清洁能源、绿色技术等，从而促进了投资结构的优化，进而优化资源配置。随着《关于构建绿色金融体系的指导意见》的颁布实施，越来越多的社会资本投向环保企业和绿色项目，对污染性投资形成有效抑制。

4.5　京津冀绿色金融发展情况

京津冀三地对绿色金融的重视程度不断提升，政府相继出台一系列鼓励绿色金融发展的政策制度，金融机构积极探索推出绿色金融产品和服务创新，绿色信贷、绿色债券、绿色基金、绿色租赁及碳交易市场等均得到快速发展。

4.5.1 北京市绿色金融发展情况

近年来,北京市积极发展"绿色金融",提出发展符合首都战略定位的金融业,而绿色金融则是重点领域之一。当前,北京市正在从聚集资源谋求经济快速增长向疏解非首都功能实现均衡发展的方向转型,金融将在这一过程中起到重要的资源配置和杠杆作用。在绿色信贷方面,截至 2017 年 6 月末,北京市绿色信贷余额突破 0.9 万亿元,同比增长 8.6%,资金投向涵盖了节能减排、污染治理、生态保护等多个行业。银行等金融机构对绿色金融业务越来越重视,积极探索推出绿色金融产品,制定专门面向环保企业的绿色信贷政策,部分银行成立绿色金融事业部,将绿色金融作为重要的业务发展方向。例如,兴业银行北京分行为支持绿色金融发展,开展了一系列绿色业务,涉及清洁能源、污染治理、节能减排等领域;华夏银行北京分行推出了近 60 项绿色信贷业务;北京银行 2016 年末绿色信贷余额达到 388.6 亿元。在绿色债券方面,截至 2017 年 7 月,北京地区共发行 45 期绿色债券,募集资金逾 800 亿元,规模占全国比例近 30%。2016 年全年,北京市绿色债券发行量 107.5 亿元,占北京普通债券发行量的 2.85%,占全国绿色债券发行量的 5.33%。从全市固定资产、基础设施投资计划来看,北京市在清洁技术和能源、水和土壤污染治理、垃圾处理、城市绿化等领域仍存在较高的投资需求。从碳市场来看,北京是全国首批七个碳交易试点城市之一,北京环境交易所碳交易市场 2013 年正式成立,市场规模稳步提升。截至 2017 年 10 月底,北京环境交易所公布的碳排放权累计成交额达 3.55 亿元,累计成交量为 703.4 万吨。

2017 年 8 月 11 日,北京市发改委、金融局举办了绿色发展融资对接会,北京银行、华夏银行等金融机构与北控水务、北京环卫工程等多家绿色企业进行了对接,为金融机构和企业提供了精准、有效的服务和更友好的政策环境。2017 年 10 月 10 日,北京市金融工作局等 8 部门联合发布《关于构建首都绿色金融体系的实施办法》，对构建绿色金融体系做出了整体部署和分工安排。该办法指出，加快构建包括绿色信贷、绿色债券、绿色基金等的绿色金融体系，是首都金融发展的战略方向，要以绿色金融引领首都金融创新，助力绿色发展，参与京津冀协同发展，促进服务业扩大开放，推动"一带一路"建设。令人关注的是，该办法特别提出"建设绿色金融功能区"，未来将在城市副中心积极探索建立绿色金融示范区。这些政策措施反映出北京市对积极推动绿色金融发展、促使绿色成为首都金融体系特色的重视程度和坚定决心。

4.5.2 天津市绿色金融发展情况

天津市紧紧抓住"一带一路"建设、京津冀协同发展等重大历史发展机遇，经济保持了较高增速，结构调整、转型升级和生态环境保护取得积极进展。天津市政府高度重视绿色金融发展，大力支持银行机构优化信贷结构，开展绿色信贷业务，引导资金投向节能减排等绿色领域，逐步退出"两高一剩"行业。"绿色金融"被写入《天津市金融创新改革三年行动方案（2016—2018年）》，将成为未来大力发展的领域。2008年，国内首家综合性排放权交易所——天津排放权交易所在滨海新区成立。近年来，天津积极部署推动天津排放权交易所规范发展。截至2017年10月，天津市排放权交易所碳排放权累计成交量353.4万吨，成交额4 890万元。此外，天津市政府积极支持绿色环保企业挂牌上市，为其开辟绿色通道，并加大对其挂牌上市的奖励力度。

天津自2011年启动绿色供应链试点，先后颁布了《天津市绿色供应链试点实施方案》《天津建材绿色供应链管理办法》等政策文件。2013年，于家堡金融区推出了全国第一个绿色供应链管理综合服务平台。住宅产业化、绿色采购、绿色供应链市场体系建设都取得了显著进展。此外，天津建委出台了建材、设备等20多项标准，引导公众更好地识别、进而主动采购绿色环保产品。2015年，国内首个APEC绿色供应链示范中心落户天津，为构建APEC绿色供应链网络提供了重要经验，更为天津自贸区发展绿色金融提供了难得机遇。

2015年4月，天津自贸区在滨海新区正式成立，是京津冀地区唯一的自由贸易区，在京津冀产业转型和协同发展中发挥着领头羊的作用。绿色产业和绿色供应链是自贸区的特色试点领域，天津历来金融创新活跃，绿色发展、低碳发展也当借自贸区的政策优势先行先试、积极探索。天津融资租赁行业也处于全国领先地位，政府积极推动、引导租赁公司围绕低碳环保开发绿色租赁产品，探索通过金融租赁为绿色企业提供新的融资渠道。目前，仅兴业金融租赁公司在绿色租赁方面就累计投放资金600亿元。截至2016年末，天津银行业金融机构绿色信贷余额为0.26万亿元，占天津普通信贷余额的9%，占全国绿色信贷余额的3.33%，居于全国前列。

2017年8月19日，天津举办了第二届"天津绿色金融论坛"，众多专家学者、政府官员、企业高管共同探讨如何全面构建绿色金融体系，会议发布了《雄安新区绿色金融规划报告》，并就绿色金融助力京津冀协同发展提出了建议。

4.5.3 河北省绿色金融发展情况

河北省积极响应国家政策要求，明确提出以生态约束倒逼发展转型，认真分析投融资决策对环境的潜在影响，加强对环境的保护和管理，高度重视发展绿色金融，并把财政措施数量作为绿色金融发展的基础，通过绿色金融助力建设"经济强省、美丽河北"。2016年11月，河北省金融租赁有限公司20亿元绿色金融债券获准发行，标志着河北省首单绿色金融债获准发行，也是全国首单非银行金融机构绿色金融债，是河北省推动绿色金融体系建设的阶段性成果。

河北省银监局制定了绿色信贷和节能减排数据报送制度，监测、分析全省产能过剩行业的授信情况和环境风险，提示银行业做好风险防范，促进结构调整。"十三五"期间，河北省银行业深入落实产业政策调整要求，不断完善绿色金融工作机制，制定差异化绿色信贷政策，加快信贷结构调整,通过金融产品和服务创新支持绿色产业发展。例如,建行河北省分行将信贷和非信贷两种融资模式相结合,为绿色企业或项目提供综合化金融产品与服务,一方面建立绿色信贷委员会,专设绿色信贷岗,大力推动绿色信贷发展;另一方面通过母子公司战略协同开展跨境贸易融资,积极开展债券承销、银行理财等业务。兴业银行石家庄分行累计为百余家绿色企业提供绿色资金300多亿元,综合利用融资租赁、绿色债券、结构化融资等渠道开展绿色金融业务。

各设区市绿色金融发展也方兴未艾。为助力张家口转型升级、跨越赶超、绿色崛起,打造生态低碳城市,进一步促进节能减排,降低用能成本,发展绿色经济,2017年6月,"张家口市绿色发展产业基金"设立,专注于绿色节能产业的投资,助力张家口打造低碳城市、发展绿色经济。沧州市大力发展绿色信贷业务,引导资金流向低碳环保项目。辖内银行机构不断探索和创新,优化产品和服务,为科技创新型企业发展提供资金支持。A银行沧州分行推出了科技贷产品,由政府承担部分担保责任和风险补偿,向满足条件的科技企业提供贷款,为其解决融资难题。

2017年4月1日,党中央、国务院决定设立雄安新区,与京津冀一体化的发展战略相衔接,绿色发展是规划建设雄安新区的基本要求。2017年6月,"京津冀金融协同发展论坛"在河北召开,主题为"绿色金融、绿色雄安",探讨了PPP、私募股权基金、产业投资基金在雄安新区绿色发展及京津冀转型发展中的重要作用,取得了丰硕成果。2017年8月19日,第二届"天津绿色金融论坛"发布了《雄安新区绿色金融规划报告》。该报告对雄安发展绿色金融,提出三个具体设想——"一中心、一示范、一体系",即建立绿色技术创新投资中心,建立绿色基础设施与绿色建筑投融资示范区,以及构建有地方特色的绿色金融体系。

5

京津冀协同发展中的绿色金融供求分析

经济向高质量发展提出了绿色发展的紧迫需求，然而我国支持绿色发展的绿色金融发展仍处于起步期，京津冀绿色金融发展也处在初级阶段。京津冀地区绿色金融供求面临总量缺口大、结构失衡的现状与挑战。

5.1 国内及京津冀地区经济与金融失衡

资源消耗型经济背后是传统金融资源分配失衡，过度配置到"两高一剩"行业，而绿色产业金融资源投入不足。目前国内经济结构失衡、金融结构失衡，京津冀作为我国重要的经济发展区域，也存在明显的经济与金融结构失衡问题。

5.1.1 国内经济结构失衡

尽管当前经济稳中向好，供给侧改革红利不断释放，经济结构持续优化，经济增长由量变到质变转化，但国内外经济金融形势依旧不容乐观，"三去一补"仍需深化。国外方面，各国经济复苏进程较为迟缓，全球范围内的逆全球化、保护主义、民粹主义现象凸显，"黑天鹅""灰犀牛"风险事件发生可能性上升，加大国内结构性改革的风险。

（1）需求结构失衡

从国民经济核算角度，GDP 增长由投资、消费和净出口三项最终需求拉动，即"三驾马车"。合理的需求结构才能有效促进经济的长期可持续增长，若三种需求结构失衡，必将动摇经济增长的长期基础。当前我国经济中存在需求结构失衡的问题：一是投资和消费比例失调。近年来，由于外需下降，我国经济增长模式逐渐由依靠出口拉动转向依靠投资和消费等内需拉动。投资的快速增长带来了资产泡沫和产能过剩等问题，依靠消费才能提高经济增长的内在动力。但从数据上看，2014年前最终消费的贡献程度低于投资的贡献程度，近年来投资和消费的矛盾得到初步缓解，但还有一定的优化空间。2016 年资本形成对 GDP 的贡献率 42.2%，同比上升 0.6%；最终消费对经济增长贡献率64.6%，同比增长 4.7%。二是内外需失衡。2008 年金融危机对全球经济造成了巨大打击，由于不少国家经济尚未完全复苏，导致外需减少，2016 年我国出口依存度下降至 18.6%，但仍比美国、日本高出十五六个百分点。①

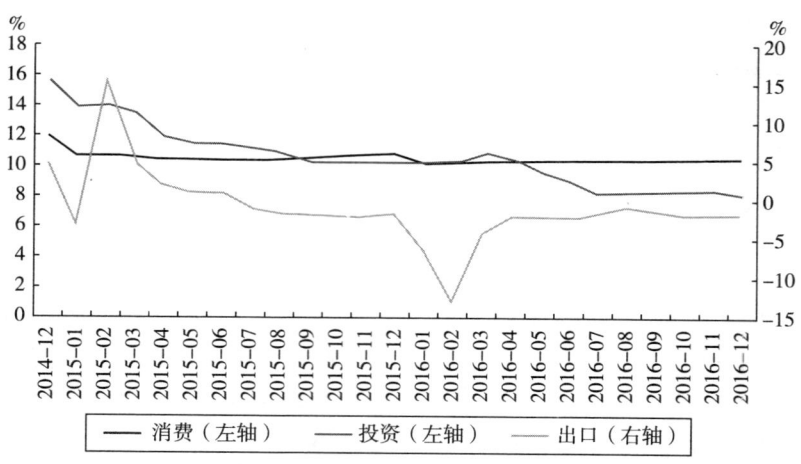

数据来源：国家统计局，海关总署。

图 5-1　国内三大需求累计增长情况

（2）产业结构失衡

从产业结构角度看，我国产业结构的演进与经济规律相一致，与当前所处的发展阶段也较为匹配。具体反映为第一产业比例逐年下降，第二产业先升后降，第三产业逐年上升并实现赶超。从数据来看，2016年，第一产业增加值占 GDP 比重的 8.6%，同比下降 0.3%；第二产业占比 39.8%，同比下降 1.1%；第三产业占比 51.6%，同比上升 1.4%。但我国产业结构失衡主要体现在产业"内部矛盾"。第二产业中，非绿色的重化工业占比仍然过高，导致了严重的产能过剩和环境污染问题；制造业仍处于中低端，附加值不高。第三产业竞争力不足，我国国际收支经常项下商品、货物贸易项长期存在巨额顺差，而服务业却呈逆差状态，反映出我国现代服务业仍有很大的发展空间，未能对第一、第二产业发展提供有力的支持。

---

① 李伟. 以改革开放创新促进经济结构调整 [N]. 经济日报, 2015-06-25 (011).

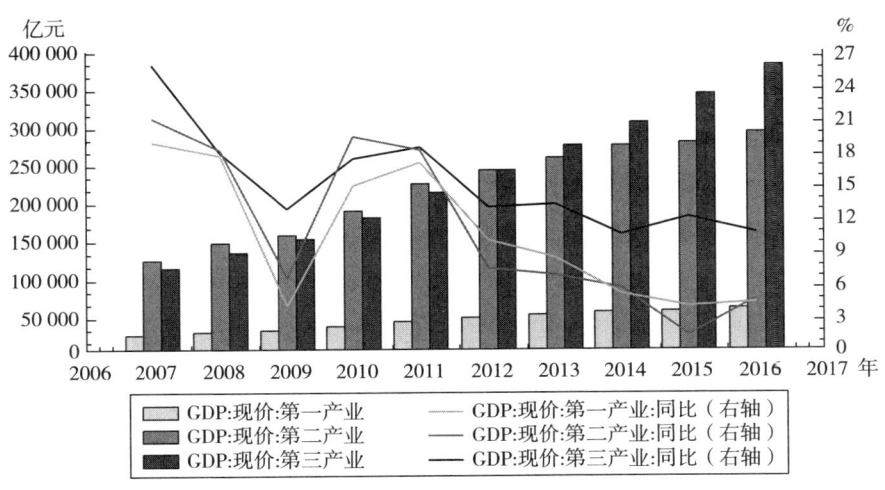

数据来源：Wind 资讯。

图 5-2　全国第一二三产业 GDP 及同比增速

（3）市场竞争结构失衡

我国在孵化和培育高质量的、具有市场竞争力的中小企业方面投入不足，缺乏相应的体制机制支持，因此大多数行业的市场份额由少部分大型企业垄断，中小企业的生存状态堪忧，在市场竞争中处于劣势。这种市场垄断会严重阻碍市场资源配置效率的提升，妨碍技术进步和市场的良性发展。此外，市场竞争结构失衡还体现在我国市场现阶段的竞争是低水平的、分散的，缺乏具有国际竞争力的著名跨国公司，只能被动地面对来自境外跨国公司的竞争。这些跨国公司经历了长期的市场化优胜劣汰并最终生存下来，具备远高于国内企业的管理水平、技术和人才资源，因此我国亟须从政策和市场"两只手"发力，增强企业的竞争力。

（4）经济增长动力结构失衡

经历了过去 30 余年的经济高速增长，我国的人口红利基本消失，资源在粗放型发展方式下也面临过度消耗，各类要素成本快速上升。许多新兴经济体具有比我国更低的人力成本和丰富的资源,我国传统的经济增长支柱——劳动密集型、资源密集型产业已经逐渐向这些国家转移,旧的以要素驱动的增长模式日渐乏力,迫切需要向依靠科技进步、劳动力素质提升、创新驱动的模式转型,由"中国制造"转向"中国创造"。然而目前我国的创新能力仍然不足,很多产业的竞争力不强,还得依靠低水平的价格竞争抢占市场,缺乏核心竞争力。科技创新能力存在短板,严重制约经济的转型升级,导致经济增长缺乏动力。

5.1.2 国内金融结构失衡

金融危机以来,我国金融行业规模持续快速扩展,逐渐出现了金融与实体经济的比率、结构等诸多问题。特别是从金融对绿色经济支持看,金融资金流向黑色经济过度,最具创新性和发展前景的行业与企业、绿色项目和企业资金支持不足。即使货币宽松但薄弱环节仍资金紧张,低效供给过多而有效供给不足。

(1) 融资体系结构失衡

融资结构失衡体现在直接融资和间接融资的比例失衡,间接融资"一枝独大"。2016年,新增社会融资规模中人民币贷款占69.86%,委托贷款占12.28%,信托贷款占4.83%,而直接融资占比仅为23.82%,其中企业债券占16.85%,非金融企业境内股票融资占6.97%。2016年末,银行贷款存量占比67.4%,委托贷款占8.5%,信托贷款占4%,而直接融资占比仅14.33%,其中企业债券占10.63%,非金融企业境内股票融资占3.7%。直接融资比例远低于发达国家,例如,美国和英国直接融资比例在60%~70%,占主导地位;即便是以间接融资为主的德国和日本,直接融资比例也达到35%~45%。

(2) 资本市场内部失衡

我国资本市场历史累计的问题仍有待进一步通过深化改革解决。一是债券市场需打破分割的局面。目前,人民银行监管的银行间市场,发改委监管的企业债,证监会、交易所监管的公司债,存在债券发行和

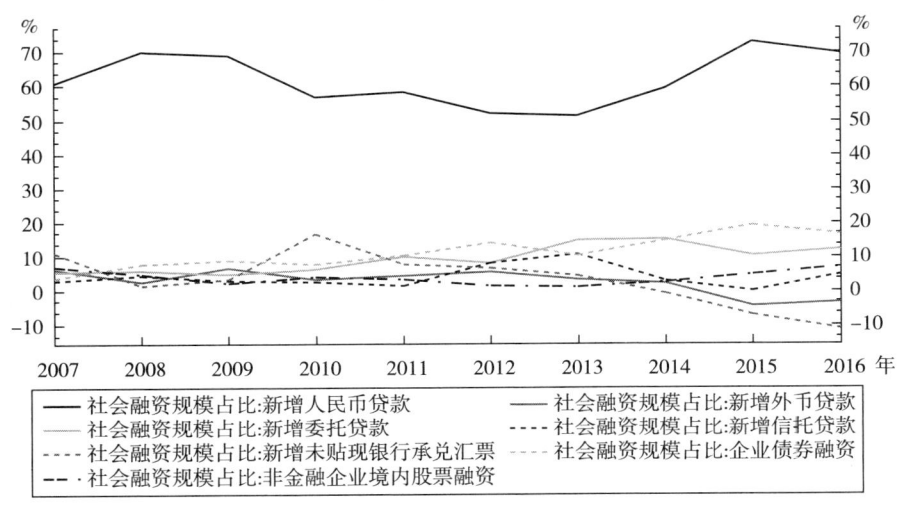

数据来源：Wind 资讯。

图 5-3　新增社会融资中各项规模占比变化情况

管理政策导向、定义及标准差异，不能有效衔接。二是股权融资市场体制机制不健全，采用核准制方式进行上市公司资格审核，虽然客观上保护了中小股东权益，但无论是股民还是上市公司都始终在温室中成长，缺乏野外生存能力。三是衍生品市场发展严重滞后，无论是交易品种还是交易数量都和发达国家有较大差距，难以形成与经济发展相互促进的纽带关系。四是投资者构成情况极为失衡，国内股票市场超过80%的交易量由仅占市值不足30%的个人投资者完成。

（3）融资对象结构性失衡

目前在国内以间接融资方式为主导的金融体系中，商业银行占据了非常重要的地位，而商业银行出于收益和风险的考虑，通常更愿意把资金贷给信用记录过硬、资本充沛、抵质押担保充足的大型企业和政府机构，中小企业面临融资难、融资贵的困境，在夹缝中生存。2016年，我国有1 000多万户中小企业，占企业总数的99%，为中国经济、社会发展作出了非常大的贡献。中小企业贡献了50%的税收、60%的GDP，为80%的城镇居民提供了就业岗位,科技创新成果占到全国总量的70%,但它们的融资渠道仍然非常狭窄,显然与它们所做的贡献不相匹配。①

(4) 金融产出效率急速下降

金融危机前,2002年到2008年,我国"单位存量社融的现价GDP产出比率"平均值为0.85,危机后这一比例持续下滑,2016年已下降至0.48,较2008年减少了0.37。1980年前后美国人均GDP在1万美元左右时,该比率为0.49,经过20世纪80年代金融业大力改革创新、直接融资市场高速发展后,美国该比例在2009年已经降至0.22,2008年金融危机后虽然美联储推出了规模空前的量化宽松政策,但该比率并未有太大波动。中美两国在人均GDP相近时该比率较为接近,然而金融危机后中国该比率的迅速下滑令人费解。实体经济与金融在总量和结构方面并不契合,国内金融业某种程度上也需要"去产能"。②

(5) 金融业增加值在GDP中占比过高

最近十年,中国金融业增加值占GDP比例赶超了不少发达国家。2007年中国金融业增加值占GDP比重为5.62%,超过了德国和日本;2008年为5.73%,超过了日本和意大利;2012—2016年,该比例平均增速超过15%,2015年达到8.38%,完成了对美国和英国的超越;2016年已达8.3%,仅低于加拿大。除此之外,我国金融业增加值比例高于处于相同历史发展阶段的发达经济体。2015年我国人均GDP为8 280美元,处于工业化中后期中等收入国家的发展阶段,相当于欧美日等国家20世纪七八十年代的水平。美国在这一阶段该比率平均值大致为5.7%,日本约5.7%,韩国约5.5%,较为发达的欧洲国家为4%~5%,而中国2005年到2015年年均值为6.2%,金融业与实体经

---

① 郭树清. 金融调结构经济有出路[N]. 人民日报,2012-07-02(017).
② 张岸元. 金融需与实体经济实现再平衡[N]. 中国证券报,2017-07-21(A04).

济结构失衡日益严重。①

5.1.3 京津冀经济与金融结构失衡

京津冀协同发展中对京津冀地区经济与金融结构失衡的具体情况进行分析，有助于各方采取针对性措施来促进三地产业结构优化和资源合理配置，缩小地区间经济发展水平差距。目前京津冀三地绿色金融在总量、结构、区域等各方面差异大，经济与金融结构存在失衡。

(1) 京津冀三地产业结构发展不均衡

在我国目前的产业结构现状下，经济增长主要由第二、第三产业拉动，第三产业已经超过第二产业成为经济增长的主要动力，而第一产业对经济增长的贡献率逐年下降。在京津冀三地中，北京市的产业结构相对合理，第三产业占比较高，符合一般经济规律；而河北省第三产业发展较为落后，占比相对较低；天津 2015 年第三产业占比首次超过第二产业，第二、第三产业发展较为均衡。②

第一产业仅对河北尚有一定的经济促进作用，近几年京津冀三地整体呈现出经济增长由第三产业取代第二产业起主导作用的趋势，而北京第三产业对 GDP 增长贡献率显著高于其他地区，以 2013 年为节点，在此之后京津冀三地的第二产业弱化迹象进一步明朗，第三产业增长趋势更为显著。

具体来看，近几年北京第一产业 GDP 同比增速已经为负，对 GDP 增长贡献率极小；第二产业同比增速整体呈下滑趋势，对 GDP 贡献率远低于天津、河北，基本不超过 20%；第三产业同比增速虽然不高，但其基数较大，对 GDP 增长贡献率显著高于天津、河北及全国水平，均高于 70%。

---

① 武宏波. 金融业增加值占 GDP 比重偏高的思考 [J]. 中国国情国力, 2017 (07): 20 - 23.
② 周学新, 周娟. 我国产业结构变动对经济增长影响的实证研究——基于中国东中西部地区的面板数据分析 [J]. 商业经济, 2008 (08): 22 - 24.

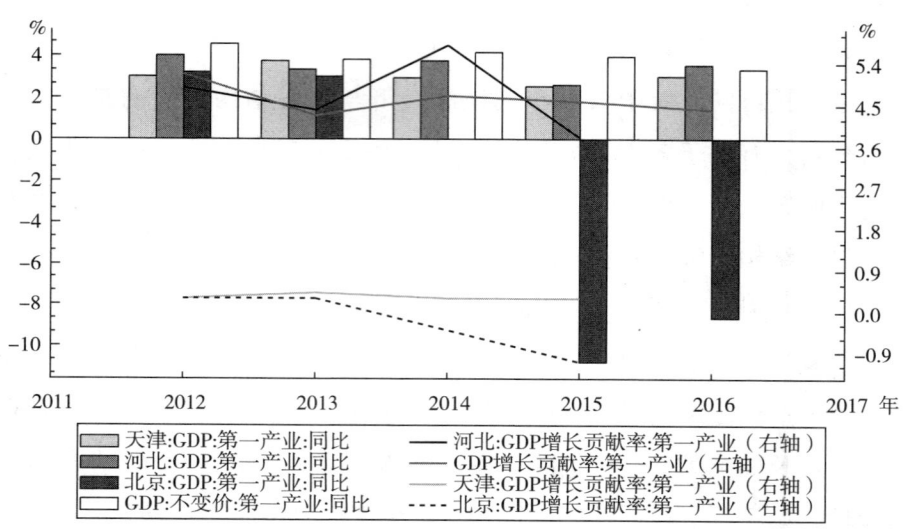

数据来源：Wind 资讯。

图 5-4　全国及京津冀第一产业 GDP 同比增速和增长贡献率

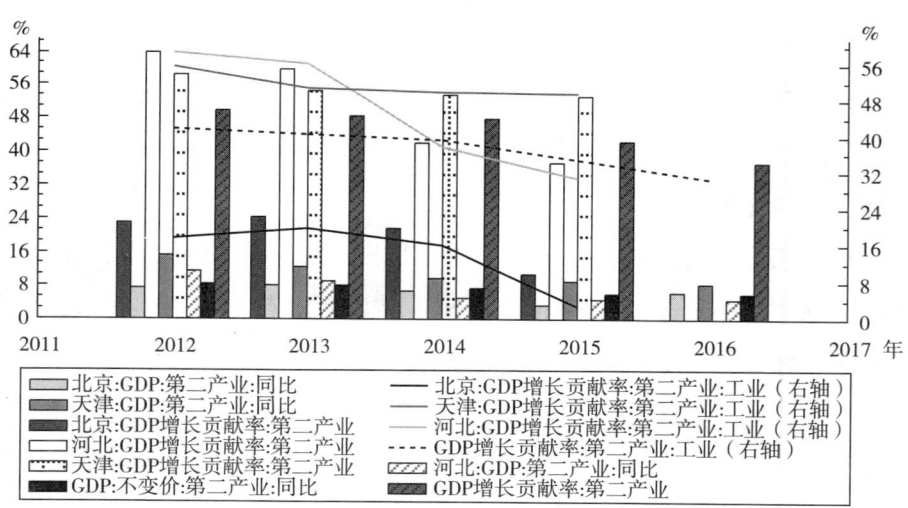

数据来源：Wind 资讯。

图 5-5　全国及京津冀第二产业 GDP 同比增速和（工业）增长贡献率

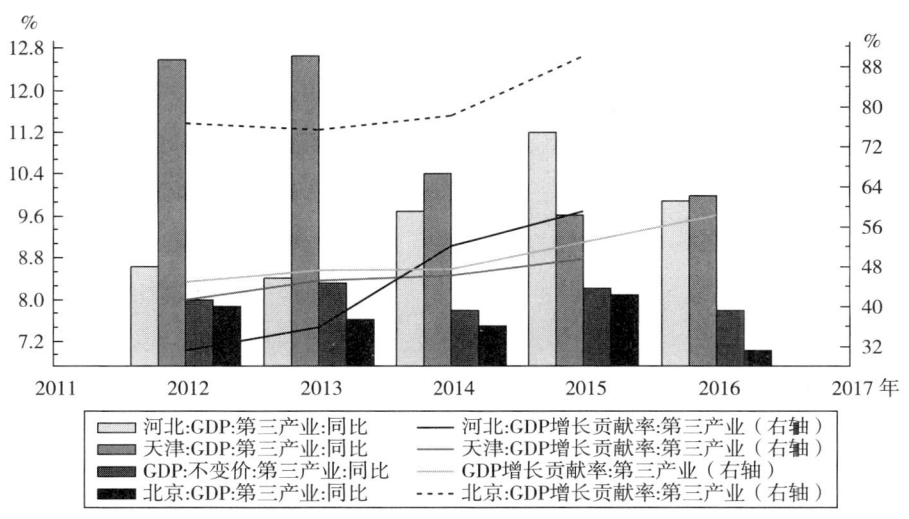

数据来源：Wind 资讯。

图 5-6　全国及京津冀第三产业 GDP 同比增速和增长贡献率

天津第一产业同比增速与全国水平相近，维持在 3%~4% 之间，对经济增长的贡献较小；第二产业增速维持在 9% 以上，高于北京、河北，且天津第二产业和第三产业对 GDP 增长贡献率基本持平，均接近 50%；而第三产业同比增速较高，与河北近些年形成交替领先的局面。

河北第一产业同比增速与全国水平相近，维持在 3%~4% 之间，但其对河北 GDP 增长贡献率显著高于北京和天津，依然有 3%~4%；第二产业同比增速随着"三去一降一补"的推进而维持在低位，略低于北京和天津，其对 GDP 增长贡献率在"三去一降一补"政策推出之前起到主导作用，在 60% 左右，而近几年也维持在 35% 以上；第三产业随着第二产业的减弱而崛起，近几年同比增速均高于北京、天津。

（2）京津冀地区公共财政收入低于支出，节能环保支出显著不足

从京津冀三地的地方公共财政收入总量看，北京 2 倍于河北、天

津,2016年北京财政收入共计5 081亿元,天津为2 723亿元,河北为2 850亿元。从财政收入增速看,同比增速由高到低依次为天津、河北、北京。自2011年以来三地财政收入同比增速不断放缓,河北增速在2014年触底后近两年有所反弹,北京增速则在2015年迎来小幅上升后又略有下降,天津增速呈持续下滑之势。

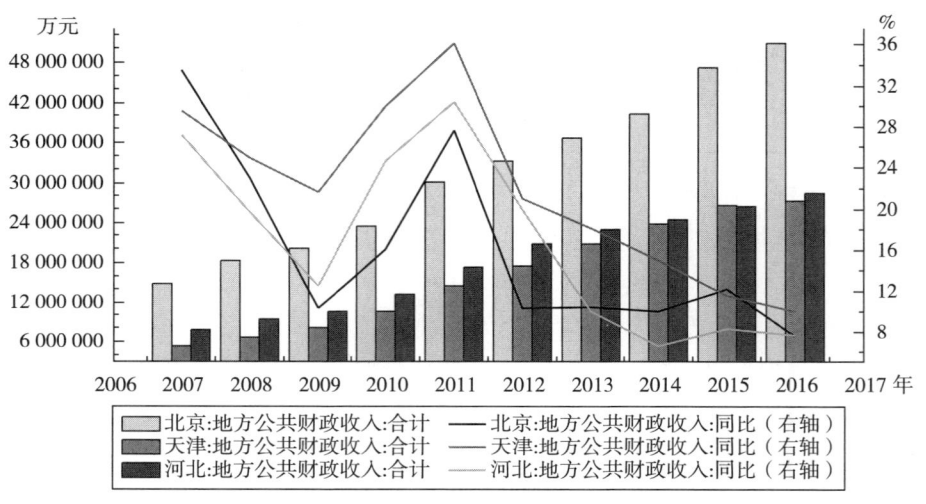

数据来源:Wind资讯。

图5-7 京津冀地方公共财政收入及同比增速

从京津冀三地的地方公共财政支出看,2016年北京财政支出共计6 408亿元,河北为6 050亿元,天津为3 699亿元,总体财政支出呈上升趋势,其中,天津财政支出远低于北京、河北,河北略低于北京。从节能环保支出看,北京在该领域支出快速增长,从2012年的65亿元左右迅速上涨到2016年的接近240亿元,短短5年翻了4倍,体现出北京在节能环保方面的坚定决心,同时也反映出相关需求之大。天津在节能环保支出方面则相对平稳,每年投入保持在30亿~40亿元之间,而河北则波动较大,最高的2013年节能环保支出接近12亿元,而最低的2016年则不足4亿元。

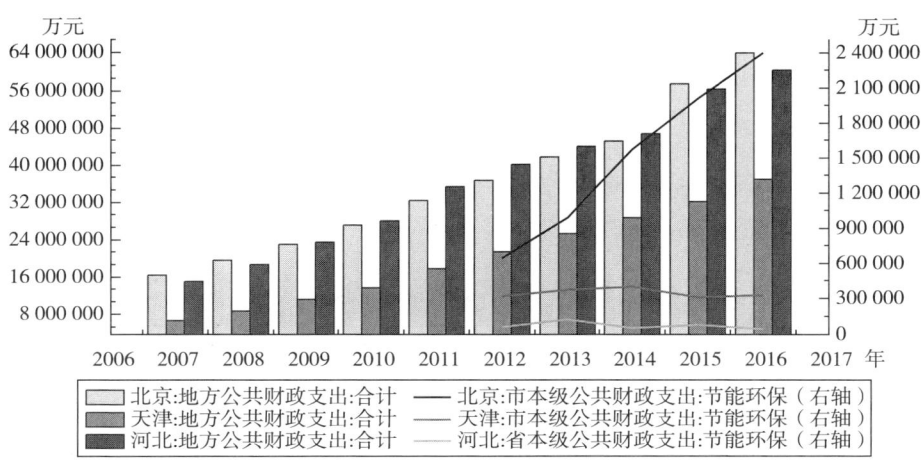

数据来源：Wind 资讯。

图 5-8　京津冀地方公共财政支出及节能环保支出

(3) 京津冀地区银行业发展不均衡与本外币存贷款余额差异大

从京津冀三地的本外币存贷款余额来看，北京远高于河北、天津，天津在三地中始终保持最低水平。2016 年北京本外币存款余额 13.84 万亿元，贷款余额 6.37 万亿元，河北本外币存款余额 5.59 万亿元，贷款余额 3.77 万亿元，天津本外币存款余额 3 万亿元，贷款余额 2.88 万亿元。而从第三产业的金融、保险业 GDP 情况来看，三地均呈增长趋势，河北与天津较为接近，但远低于北京水平。2016 年北京金融、保险业 GDP 为 4 271 亿元，天津为 1 794 亿元，河北为 1 731 亿元。

2016 年末，北京市银行业金融机构资产总额 21.60 万亿元，同比增长 9.8%，增速较 2015 年下降 3.7 个百分点；实现利润同比增长 15.6%，增速较 2015 年上升 6 个百分点，但剔除部分机构利润基数大幅波动等干扰因素后，银行业金融机构利润实际增速有所下降；从业人员为 11.8 万人，机构数量增速放缓，2016 年末网点总数较年初增长 1.9%；银行传统的支付结算业务增长速度较快，2016 年末银行卡发卡量累计达到 2.1 亿张，全年新增 2 595 万张（统计数据中不包括国家开

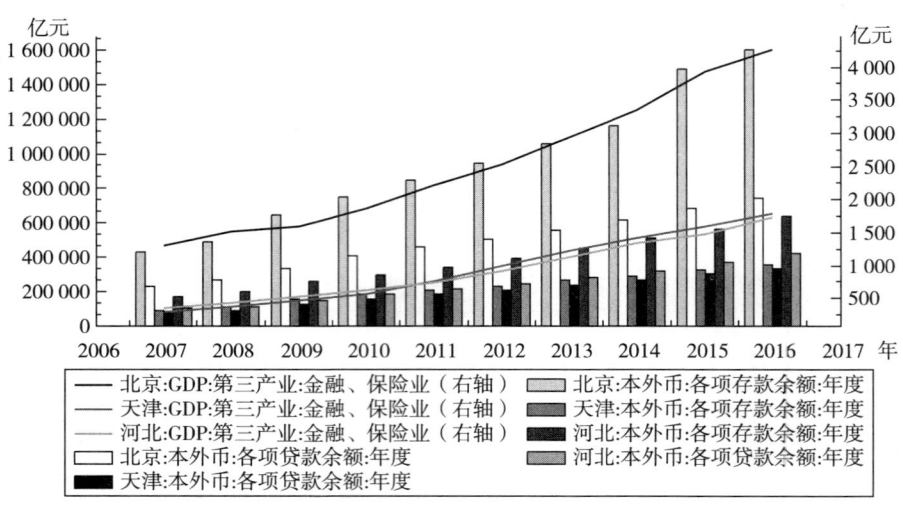

数据来源：Wind 资讯。

图 5 - 9　京津冀本外币存贷款余额与 GDP 中金融、保险业情况

发银行和政策性银行、大型商业银行、股份制银行金融机构总部）。

2016 年末，河北省银行业金融机构资产总额达到 6.8 万亿元，同比增长 16.4%；从业人员达到 17.3 万人，增加 1 500 余人；法人机构 245 个，营业网点 11 538 个。其中，城市商业银行资产总额接近 1.5 万亿元，占全省银行业资产总额的比重达到 21.8%；新型农村金融机构资产总额达到 359.1 亿元。

2016 年末，天津市银行业金融机构资产总额 4.8 万亿元，同比增长 5.8%，较 2015 年提高 4.1 个百分点；负债总额 4.5 万亿元，同比增长 5.5%，较 2015 年提高 3.6 个百分点。2016 年，天津市银行业金融机构累计实现营业收入 1 167 亿元，同比下降 0.7%；累计实现净利润 416.6 亿元，同比下降 8.6%。

（4）京津冀地区证券业发展不均衡

2016 年末，北京辖内法人证券公司 18 家，与上年相同；法人期货公司 19 家，较上年减少 1 家；期货分支机构 95 家，较上年增加 1 家；

法人基金公司19家，较上年增加2家。法人证券公司资产总额7 593.9亿元，同比下降9.5%；法人基金公司管理基金年末资产净值1.6万亿元，同比下降8%。2016年，法人证券公司营业收入同比下降38.4%。期货公司资产总额同比增长20.7%；期货代理交易额48.3万亿元，利润总额11.2亿元。辖区法人基金公司管理基金514只，同比增长33.9%。2016年，北京辖区法人基金公司新发基金171只，同比增长27.6%；新发基金首次募集金额同比增长4.6%。

2016年末，河北省共有证券公司1家，共有分公司20家，同比增加了3家，营业部224家，同比增加了5家。2016年，投资者账户数量增幅趋缓。证券账户数907万户，同比增长24.9%。证券市场活跃度下降，实现证券交易额4.3万亿元，同比下降43.2%。2016年，河北省证券经营机构营业收入33.5亿元，同比下降55.8%；净利润10.1亿元，同比下降73.2%。[①]

2016年天津证券公司业务发展平稳，风险控制能力保持稳定。法人证券公司资产总额比年初增长14.0%；负债总额比年初增长3.3%。风险覆盖率338.8%，净稳定资金率203.7%。基金管理公司规模进一步扩大，管理的基金数量有所增加。法人基金资产总额和净资产比年初分别增长36.6%和22.1%，管理基金总数同比增加6只。2016年末，天津市法人期货公司资产总额67.2亿元，比年初增长10.2%；净资产21.4亿元，比年初增长4.4%。全年代理交易量9 079.7万手，同比增长27.0%；实现利润总额同比增长221.9%。

（5）化解过剩产能成效有差异

2016年，北京市全市新经济实现增加值8 132.4亿元。疏解非首都功能全面发力。疏存量进展顺利，将共计335家污染严重的制造业相关企业关停退出，清理整顿117家不同种类的商品买卖市场。另外，生态

---

① 王曼曼. 金融产业集聚对区域经济增长影响分析［D］. 华东交通大学，2014.

环境建设大力推进,2016年,规模以上工业综合能源消费量和单位增加值能耗同比分别下降6.5%和11%。能源品种结构继续优化,规模以上工业能耗中煤炭占比下降6%,天然气占比提高7.9%。北京市PM2.5和PM10年均浓度值分别同比下降9.9%和9.8%,森林覆盖率增加了0.7%至42.3%。[①]

2016年,河北省共压减炼钢产能1 624万吨、水泥286万吨、退出煤矿54处、压减煤炭产能1 400万吨,都超过了国家的既定任务目标。2016年,全省规模以上工业能耗2.05亿吨标准煤,同比增长0.35%,在连续两年下降后,同比小幅增长。单位工业增加值能耗1.745吨标准煤/万元,同比下降4.25%。2016年,河北省金融租赁有限公司获批在全国银行间债券市场发行绿色金融债券,成为全国第一单非银行金融机构获准发行的绿色金融债券。

2016年天津完成减少粗钢产能370万吨的任务目标。"去杠杆"稳步推进,2016年末规模以上工业企业资产负债率为61.9%,比年初降低1.0个百分点。商务楼宇"去库存"效果显著,累计盘活空置楼宇440万平方米。"降成本"工作扎实开展,推出两批40项降成本措施。

5.2 京津冀绿色金融产品供给

京津冀地区存在经济与金融结构失衡问题。绿色经济占比过低、黑色经济占比过高,也反映了金融结构中绿色金融占比过低对经济升级支撑力度不够。在环保问题突出的今天,显然京津冀地区经济与金融结构失衡的主要原因不是绿色金融需求不足,而是绿色金融供给不足,以及绿色金融需求受到阻碍,我们首先从绿色金融供给方面寻找原因。

5.2.1 绿色金融供给

绿色金融融资供给的分类与传统金融没有太大差别,主要分为绿

---

① 蒋力歌. 首都经济"稳进新优"[N]. 中国信息报,2017-02-24(003).

色信贷、债券、PPP、基金、股票与股票指数等。但各细分产品目前的发展状况存在较大差异,具体的绿色金融产品的供给总量及结构为京津冀地区绿色金融供求分析提供客观数据基础。

(1) 绿色信贷

绿色信贷的总量和结构可以从市场规模、贷款投放领域及贴息制度等维度展现,21家主要银行机构和京津冀三地绿色信贷供给情况如下。

①总量规模及占比

截至2017年2月,21家主要银行业金融机构绿色信贷余额7.51万亿元,占所有信贷存量的8.8%。截至2016年6月末,上述口径下绿色信贷余额为7.26万亿元,占所有信贷存量的9.0%。2016年上半年绿色信贷增长速度显著下滑,截至2016年6月末,新增绿色信贷仅为2 500亿元,仅为2015年新增量的四分之一。截至2015年末,国内整体银行业绿色信贷余额为8.08万亿元,上述21家主要银行口径下绿色信贷余额为7.01万亿元,同比增长16.42%。而从2013年起,上述口径下绿色信贷余额占人民币贷款各项余额比例稳定在6.8%~7.5%之间,变化幅度不大,而每年或半年的新增绿色信贷余额占新增人民币贷款比例在不断缩窄。①

表5-1 主要银行业金融机构绿色信贷余额与人民币贷款余额

单位:亿元、%

时间	绿色信贷年末余额	新增绿色信贷年累计值	人民币各项贷款余额	新增人民币贷款年累计值	余额占比	新增占比
2013-12	51 983.10		718 961.46	88 900.00	7.23	
2014-06	57 217.30	5 234.20	776 336.66	57 400.00	7.37	9.12
2014-12	60 100.00	8 116.90	816 770.01	97 800.00	7.36	8.30
2015-12	70 100.00	10 000.00	939 540.16	117 200.00	7.46	8.53
2016-06	72 600.00	2 500.00	1 014 859.39	75 300.00	7.15	3.32
2017-02	75 100.00	2 500.00	1 098 023.51	83 182.00	6.84	3.01

数据来源:Wind资讯。

---

① 傅苏颖. 银监会:加快建立银行绿色评价机制[N]. 证券日报,2016-09-03(A01).

②投放领域和结构

绿色信贷的构成分为两大类,一是节能环保项目及服务,二是战略性新兴产业。截至2017年10月底,绿色信贷中只有节能环保项目及服务类别有2016年6月末的详细构成情况,具体可见表5-2。而战略新兴产业具体包含了节能环保、新能源和新能源汽车,该大类2016年6月末数据尚未更新,但可从图5-10中看到2016年战略性新兴产业在绿色信贷中整体占比高达37%。

表5-2 截至2016年6月末节能环保项目及服务项目余额及比例

单位:亿元、%

节能环保项目及服务详细类别	绿色信贷余额	占比
绿色农业开发项目	376.40	0.68
绿色林业开发项目	333.90	0.60
工业节能节水环保项目	4 040.10	7.28
自然保护、生态修复及灾害防控项目	2 150.40	3.87
资源循环利用项目	1 436.50	2.59
垃圾处理及污染防治项目	2 901.40	5.23
可再生能源及清洁能源项目	14 686.39	26.46
农村及城市水项目	1 353.50	2.44
建筑节能及绿色建筑	1 060.40	1.91
绿色交通运输项目	26 542.70	47.83
节能环保服务	613.10	1.10

数据来源:Wind资讯。

从资产质量看,绿色信贷下的节能环保项目及服务有较大优势,到2016年6月末,上述21家主要银行口径下不良贷款余额为226.25亿元,不良率仅为0.41%,而相同时点其他贷款的平均不良率高达1.76%。[①]

[①] 韩雪萌. 6月末绿色信贷余额7.26万亿元[N]. 金融时报,2016-09-03(001).

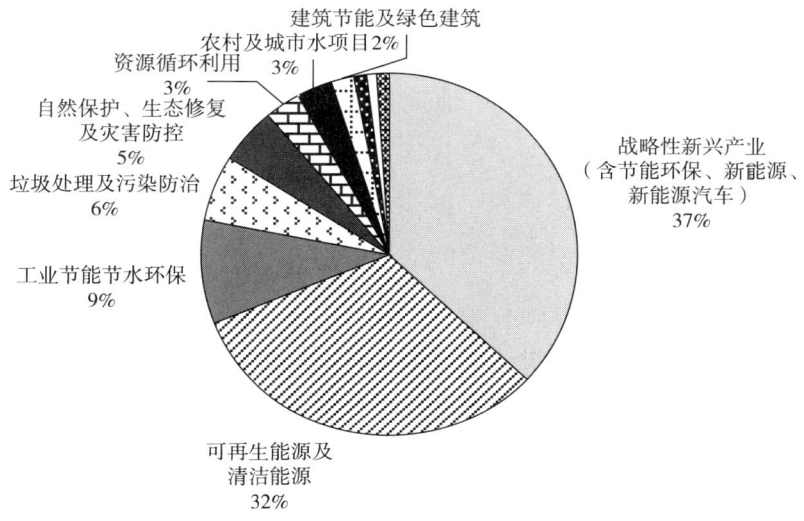

数据来源：银监会《主要银行业金融机构绿色信贷统计》。

图 5－10　绿色贷款投放领域分布（2016）

③贴息制度——有助于改善绿色信贷结构

传统意义上，对于绿色项目的支持往往采用直接补贴的方式。从环保专项资金的具体使用来看，大量采用了直接拨款补助的方式，只有部分地区规定了贷款贴息的支持方式。与直接补贴相比，贴息资金使用效率更高，可使财政以少量的贴息资金实现更大的社会效益。具体到时间要求上，现阶段中央财政贴息的最长时间跨度为 3 年。而绿色项目多涉及社会公共品供给，具有建设周期长，回报较低等特点，预计后续有望出台绿色领域专项贴息办法。①

2016 年《关于构建绿色金融体系的指导意见》提出，对于绿色信贷支持项目，可按规定申请财政贴息支持，作为绿色项目主要的资金来源，贴息制度的完善将撬动更多的社会资金进入绿色投资

---

① 国家级经济技术开发区、国家级边境经济合作区基础设施项目贷款中央财政贴息资金管理办法［N］．中国税务报，2012－04－09（010）．

领域。

④北京绿色信贷情况

截至 2017 年 6 月末，北京地区主要银行绿色信贷领域贷款余额 9 017 亿元，同比增长 8.6%。2016 年，北京市银监局辖内银行业积极响应北京市政府压减燃煤规模、减少污染排放的号召，大力支持水电、风电、生物质能等可再生能源及清洁能源项目。根据环评部门提供的项目环评报告数据，并结合项目信贷资金比例综合测算，上述可再生能源及清洁能源项目贷款预计可达到年节能量 5 600 万吨标准煤，并实现每年 9 000 万吨二氧化碳的减排效益。

截至 2015 年第二季度末，北京银行业绿色信贷余额为 9 191.97 亿元，占当地所有信贷存量的 13.48%。总体呈现出以下三个特点，一是节能环保项目及服务占比最高，体量最大，其余额为 6 936.46 亿元，占比高达 75.46%。二是 2015 年第一、第二季度新增的绿色信贷主要支持了交通运输类项目，增量占比高达 64.98%，其余额为 4 730.7 亿元。三是政策性银行和国有商业银行在贷款投放中发挥主力作用，截至 2015 年第二季度末，上述两类银行节能环保项目及服务贷款余额合计 5 359.71 亿元，年内增量占节能环保项目及服务贷款上半年增量的 65.06%。除节能环保项目及服务贷款外，辖内主要银行业金融机构投向战略性新兴产业的绿色信贷余额为 2 255.51 亿元。

⑤天津绿色信贷情况

天津在融资租赁领域始终是国内的排头兵，在不断发展壮大的过程中也积极探索了融资租赁业务在绿色产业中的运用，围绕低碳、生态、循环等绿色关键词主动开发了不少相关的租赁产品，对全国各地的绿色融资租赁产业发展有一定的示范作用。截至 2016 年 6 月末，兴业金融租赁有限责任公司绿色租赁业务累计投放 170 笔，总额 651.22 亿元，资产余额 386.75 亿元，占比达到 36%。

到 2015 年底，天津银行业绿色信贷余额为 2 540 亿元，占当地所有信贷存量的 10.36%。从结构上看,融资租赁占比最高,已达 950 亿元,政策性银行超过 700 亿元位居第二,四大国有银行位居第三。除此之外的其他机构绿色信贷发展较为迟缓。①

⑥河北绿色信贷情况

2017 年前三个月,河北银行业绿色信贷增量约为 2 214 亿元,数量总计 14.4 万笔,与此同时有 18.15 亿元未通过绿色信贷审批条件的贷款被拒绝。全省针对节能减排贷款共计 46.48 亿元,与其相关的技术创新贷款 1.5 亿元、技术升级改造贷款 25.16 亿元。绿色信贷的长效机制在河北省农信社也得到建立。2016 年底,河北绿色信贷共计 3 523.5 亿元,其中与节能减排相关贷款为 25.46 亿元。②

⑦全国及京津冀绿色信贷情况汇总

总体上,京津冀地区在全国范围内绿色信贷余额占比是高于全国平均水平的,而分三地看,不论是信贷还是绿色信贷余额,京津冀三地的排名均为北京、河北、天津,天津与另外两地差距较大,需要尽快迎头赶上。

表 5-3   2016 年全国及京津冀绿色信贷余额及相关占比

单位:万亿元、%

	2016 年底人民币贷款余额(万亿元)	绿色信贷余额(万亿元)	绿色信贷当地占比
全国	106.6	7.51(2017 年 2 月)	7.05
北京	5.66	0.9(2017 年 6 月)	15.90
北京对全国占比	5.31	11.98	
天津	2.88(本外币)	0.25(2015 年 12 月)	8.68
天津对全国占比	2.70	3.33	

---

① 岳付玉. 去年底绿色信贷余额占比超 10% [N]. 天津日报,2016-08-29(001).
② 张末冬. 河北银监局助推河北经济转型升级 [N]. 金融时报,2017-06-09(003).

续表

	2016年底人民币贷款余额（万亿元）	绿色信贷余额（万亿元）	绿色信贷当地占比
河北	3.74	0.57（2017年3月）	15.24
河北对全国占比	3.51	7.59	
京津冀	12.28	1.72	14.01
京津冀对全国占比	11.52	22.90	

数据来源：Wind资讯及中国人民银行等。

具体而言，由于数据缺失等原因，部分地区数据统计时间不一致，已在数据后加括号注明。截至2016年末，全国人民币贷款余额为106.6万亿元，绿色信贷余额为7.51万亿元，占全国普通贷款的7.05%；京津冀地区人民币贷款余额为12.28万亿元，占全国普通信贷的11.52%，绿色信贷余额为1.72万亿元，占京津冀普通信贷的14.01%，占全国绿色信贷的22.90%；北京人民币贷款余额为5.66万亿元，占全国普通信贷的5.31%，绿色信贷余额为0.9万亿元，占北京普通信贷的15.90%，占全国绿色信贷的11.98%；天津本外币贷款余额为2.88万亿元，占全国普通信贷的2.7%，绿色信贷余额为0.25万亿元，占天津普通信贷的8.68%，占全国绿色信贷的3.33%；河北人民币贷款余额为3.74万亿元，占全国普通信贷的3.51%，绿色信贷余额为0.57万亿元，占河北普通信贷的15.24%，占全国绿色信贷的7.59%。

（2）绿色债券

绿色债券总量与结构可以从市场规模、起步与发展、募集资金用途、评级、期限等维度进行分析，京津冀三地2016年到2017年9月的绿色债券总量与结构情况如下。

①总量规模及占比

截至2017年9月，本年度我国共发行贴标绿色债券1350亿元，占全球发行量的24%。2016年，国内绿色债券发行规模达到2018亿元，发行主体达到29个，发行数量为66只，其中绿色金融债券规模达

1 550亿元，占总发行量的77%。

而截至2016年底，国内总体债券市场中以人民币计价的债券托管量已经达到437 268.14亿元，2016年累计发行的债券数量为6 478只，而全年发行量达到185 865.20亿元，仅2016年12月当月就有323只债券发行，发行量达到8 183.14亿元。

2016年底绿色债券存量规模仅占总体债券托管量的0.46%，发行数量也只占2016年累计发行债券数量的1.02%。无论从哪个角度看，目前绿色债券发行规模在市场中的占比都是非常低的，未来的发展空间巨大，结合当下绿色发展的核心要求，绿色债券的供需存在巨大的缺口。

②起步与发展

绿色债券市场于2007年至2008年起步，以世界银行和欧洲投资银行的绿色债券发行作为开端。从2007年至2012年，绿色债券市场主要由欧洲投资银行、国际金融公司和世界银行等开发银行所主导。2013年，企业实体发行了第一只绿色债券，这激发了更多私营部门包括公司和商业银行等参与其中。

作为一套自愿性准则，绿色债券原则（GBP）在2014年初发布，推动了在透明度和报告方面的市场最佳实践。第一只企业绿色债券的发行和绿色债券原则的发布对于市场的进一步发展来说具有很强的催化作用。绿色债券的市场规模从2012年的30亿美元（约合人民币210亿元）增加到2016年的810亿美元（约合人民币5 590亿元），在20国集团（G20）的成员国中，已有14个国家的市场上出现绿色债券发行。随着市场规模的增长，绿色债券的发行人和投资者也呈现出多样化的趋势。

2015年国内在绿色债券监管政策方面形成初步框架体系，这也标志着国内绿色债券的起步。随后在2016年中国便成为全球绿色债券市场的主导者。

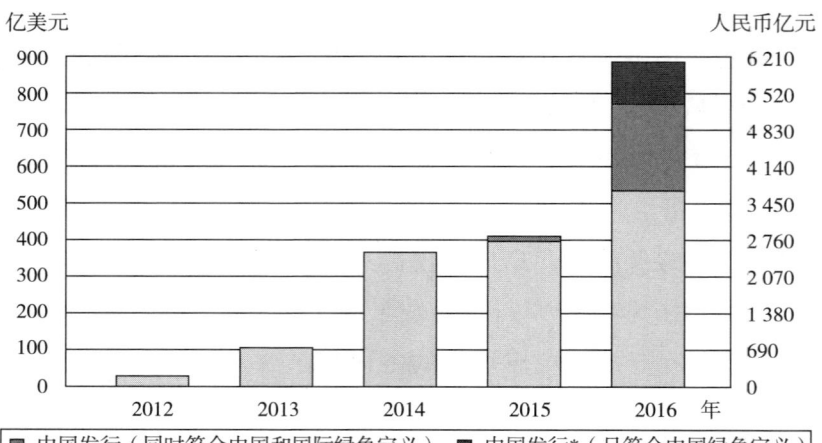

数据来源：中央国债登记结算有限责任公司。

图 5-11　2016 年中国带动全球绿色债券的发行

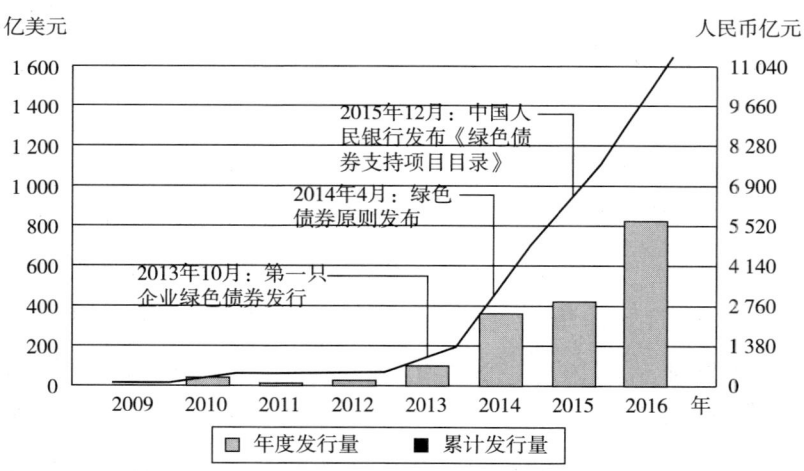

数据来源：中央国债登记结算有限责任公司。

图 5-12　绿色债券年度和累计发行量

③募集资金用途

从图 5-14 中可以看出,目前国内绿色债券募集资金用途中占比最高的是清洁能源,高达 21%,清洁交通和节能占比相同均为 18%,污染防治和资源节约与循环利用占比相同均为 17%,生态保护和气候变化适应占比最低仅为 8%。

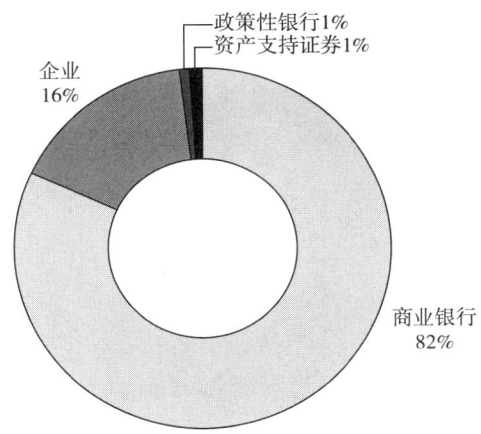

数据来源:中央国债登记结算有限责任公司。

图 5-13　发行人比例状况(2016)

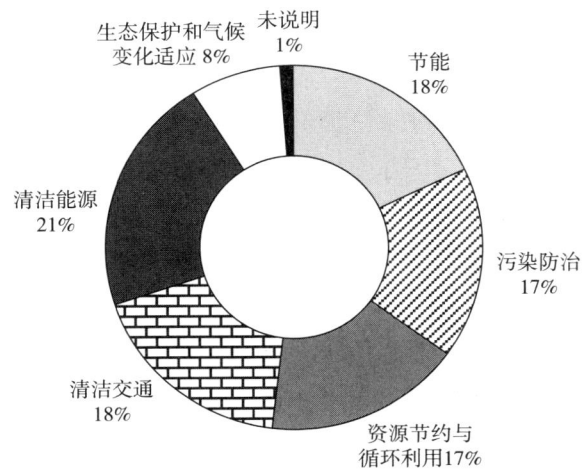

数据来源:中央国债登记结算有限责任公司。

图 5-14　募集资金用途(2016)

④绿色债券评级

目前国内绿色债券发行评级中投资级占到了绝大多数，2016年发行的全部绿色债券中97%都获得了至少A-级及以上评级，74%的绿色债券获得了最优的3A级评级。

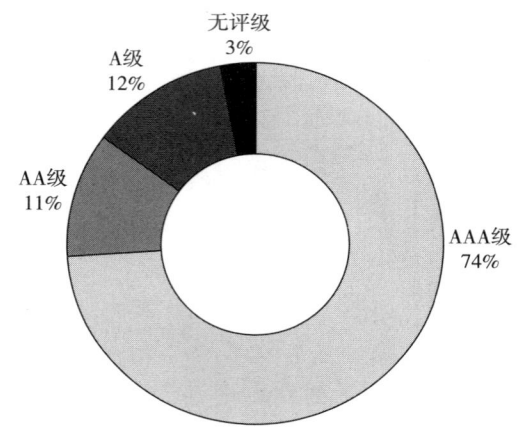

数据来源：中央国债登记结算有限责任公司。

图5-15 绿色债券评级情况（2016）

⑤绿色债券期限

2016年，国内发行的绿色债券5~10年期的最多，占总发行量的50%；其次为5年期以下的绿色债券，占47%。期限在10年或以上的绿色债券规模仅为1%。中国绿色债券的平均期限约为4年，较全球市场上绿色债券的平均期限6.8年低。

⑥绿色债券的优势

其一，对投资者的好处：平衡收益和环境效益；满足环境、社会和治理（ESG）行为准则或绿色投资委托；推动"绿化"棕色行业的直接投资；对冲气候政策风险。

其二，对发行人的好处：提供绿色融资的资金来源；项目和资金周期相匹配；促进投资者多样化，吸引购买并持有绿色债券的投资者；增

5 京津冀协同发展中的绿色金融供求分析　　169

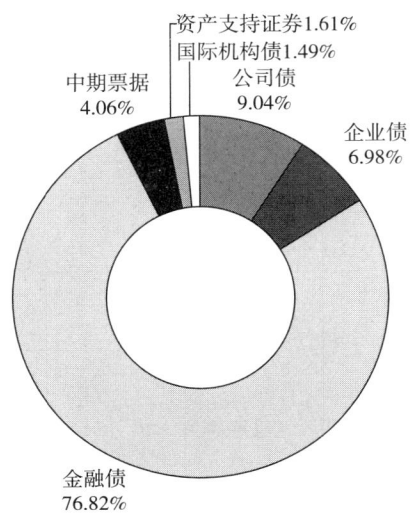

数据来源：中央国债登记结算有限责任公司。

图 5-16　发行品种以绿色金融债为主

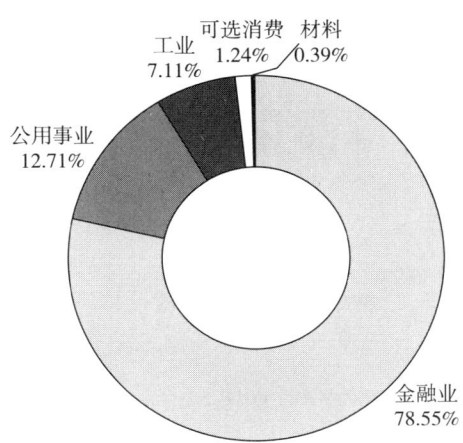

数据来源：中央国债登记结算有限责任公司。

图 5-17　发行主体行业以金融业为主

强发行人声誉；吸引具有强烈投资兴趣的投资者，获得超额认购。

⑦北京绿色债券情况

截至 2017 年 10 月 20 日，2017 年北京地区发行的绿色债券具体情况见表 5-4（其中未包含央企及国有大型银行总部）：

表 5-4　截至 2017 年 10 月 20 日北京相关绿色债券发行情况

2017 年北京相关绿色债券	发行时间	期限（年）	发行规模（亿元）	利率（%）	评级（债券/主体评级）
绿色资产支持证券/票据					
北控水务（中国）投资有限公司 2017 年第一期绿色资产支持票据	2017 年 4 月 24 日	—	21	—	AAA/AA+
北京京禹顺环保有限公司	2017 年 8 月 30 日	—	8.2	—	AA+/--
企业债券					
2017 年北京汽车股份有限公司绿色债券	2017 年 7 月 3 日	7	23	4.72	AAA/AAA
公司债券					
北京首创股份有限公司 2017 年非公开发行可续期绿色公司债券	2017 年 5 月 26 日	3+N	10	5.5	AAA/AAA
启迪控股股份有限公司 2017 年非公开发行绿色公司债券（第一期）	2017 年 8 月 18 日	5	3.5	6.1	AA+/AA+
金融债					
北京银行股份有限公司 2017 年绿色金融债券（第一期）01	2017 年 4 月 17 日	3	120	4.3	AAA/AAA
北京银行股份有限公司 2017 年绿色金融债券（第一期）02	2017 年 4 月 17 日	5	30	4.5	AAA/AAA

数据来源：中国金融信息网。

2016 年绿色债券发行情况经逐条统计，京津冀地区只有北京有发行成功的项目，具体情况见表 5-5（其中未包含央企及国有大型银行总部）：

表 5-5　　　　　　　　2016 年北京相关绿色债券发行情况

2016 年北京相关绿色债券	发行时间	期限（年）	发行规模（亿元）	利率（%）	评级（债券/主体评级）
熊猫债					
北控水务集团有限公司 2016 年公开发行绿色公司债券	2016 年 8 月 1 日	8	7	3.25	AAA/AAA
债务融资工具					
协合风电投资有限公司 2016 年度第一期中期票据	2016 年 4 月 6 日	3	2	6.2	AA/AA
启迪科技服务有限公司绿色非公开定向债务融资工具（PPN）	2016 年 6 月 22 日	—	1.5	—	—
北控水务（中国）投资有限公司 2016 年度第一期中期票据	2016 年 10 月 31 日	5+N	28	3.7	AA+/AA+
企业债					
2016 年第一期北京汽车股份有限公司绿色债券	2016 年 4 月 22 日	7	25	3.45	AAA/AAA
2016 年北京清新环境技术股份有限公司绿色债券	2016 年 10 月 28 日	7	10.9	3.7	AA/AA
公司债					
北控水务（中国）投资有限公司 2016 年可续期绿色公司债券（第一期）	2016 年 9 月 12 日	5+N	28	3.68	AAA/AA+
博天环境集团股份有限公司 2016 年公开发行绿色公司债券	2016 年 10 月 11 日	3	5	4.67	AAA/AA−

数据来源：中国金融信息网。

⑧天津绿色债券情况

天津在 2017 年迎来第一单绿色债券成功发行，具体情况见表 5-6：

表 5-6　　　　　2017 年天津相关绿色债券发行情况

2017年天津相关绿色债券	发行时间	期限（年）	发行规模（亿元）	利率（%）	评级
债务融资工具					（债券/主体评级）
天津国投津能发电有限公司2017年度第一期绿色短期融资券	2017年8月11日	1	2	4.74	A-1/AA+

数据来源：中国金融信息网。

⑨河北绿色债券情况

2017 年河北省金融租赁有限公司正式收到人民银行总行同意其 20 亿元绿色金融债券发行的行政许可决定书。截至 2017 年 10 月 20 日，河北省金融租赁有限公司共发行三期绿色金融债券，总规模 13 亿元。详细情况见表 5-7：

表 5-7　　　　　2017 年河北相关绿色债券发行情况

2017年河北相关绿色债券	发行时间	期限（年）	发行规模（亿元）	利率（%）	评级
金融债					（债券/主体评级）
河北省金融租赁有限公司2017年第一期绿色金融债券	2017年1月19日	3	1	5	AA+/AA+
河北省金融租赁有限公司2017年第二期绿色金融债券	2017年8月16日	3	5	5.79	AA+/AA+
河北省金融租赁有限公司2017年第三期绿色金融债券	2017年10月10日	3	7	5.97	AA+/AA+

数据来源：中国金融信息网。

⑩全国及京津冀绿色债券情况汇总

表 5-8 是 2016 年全国及京津冀地区绿色债券发行量及其占比的详细统计，总体而言京津冀地区在全国范围内绿色债券发行量占比较高，但无论是京津冀作为整体还是分开来看，其占普通债券发行量比例依

然过低,平均不足2%,未来成长空间巨大。分三地来看,2016年只有北京有绿色债券成功发行,而且统计数据中北京地区并没有包含大型国有银行及央企发行的绿色债券。河北、天津需要尽快使用绿色债券这一有力工具助力绿色金融发展。从2017年最新情况看,天津、河北在绿色债券方面都取得一定进展。

表5-8　2016年全国及京津冀绿色债券发行量及相关占比

单位:亿元、%

	2016年债券发行量 (亿元)	绿色债券发行量 (亿元)	绿色债券当地占比
全国	185 865	2018	1.09
北京	3 765	107.5	2.85
北京对全国占比	2.03	5.33	
天津	1 826	0	0.00
天津对全国占比	0.98	0.00	
河北	564	0	0.00
河北对全国占比	0.30	0.00	
京津冀	6 155	107.5	1.75
京津冀对全国占比	3.31	5.33	

数据来源:Wind资讯及中国人民银行等。

从具体数据来看,截至2016年末,全国债券发行量为185 865亿元,绿色债券发行量为2 018亿元,占全国债券发行量的1.09%;京津冀地区债券发行量为6 155亿元,占全国普通债券发行量的3.31%,绿色债券发行量为107.5亿元,占京津冀普通债券的1.75%,占全国绿色债券的5.33%;北京债券发行量为3 765亿元,占全国普通债券的2.03%,绿色债券发行量为107.5亿元,占北京普通债券的2.85%,占全国绿色债券的5.33%;2016年河北、天津绿色债券发行量为零。

表5-9　2016年1月到2017年9月我国绿色债券市场构成情况

单位：亿元、%

绿债类别	发行额度（亿元）	发行只数	发行规模占比
金融债	2 634	55	71.90
非金融债券	987	74	26.90
公司债	375	32	10.20
企业债	420	24	11.50
中期票据	192	18	5.20
国际机构债	30	1	0.80
短期融资券	12	2	0.40
合计	3 663	132	100

数据来源：Wind资讯。

（3）绿色基金与绿色PPP

2017年绿色基金与绿色PPP项目发展迅速，绿色PPP项目主要依据生态建设和环境保护、保障性安居工程、能源、交通运输、水利建设的划类标准确定，属于上述分类的投向基金和PPP项目即被归类为绿色基金和绿色PPP项目。

①绿色PPP项目发展势头良好

2017年第二、第三季度生态环保项目入库、落地速度仍居于行业前列，环境综合整治类项目投资属刚性需求。从2017年第二季度的情况来看，生态建设与环境保护（狭义环保）PPP入库总量仍居第4位，项目数和投资总额已达743个和8 350亿元，分列第4、第5位，与第一季度排名一致，入库数量和投资额环比增长率基本与上年保持一致。从落地情况来看，第二季度新落地的全国入库项目数行业排名前三仍是市政工程、交通运输和狭义环保，环保居第3位。从披露的市政工程二级行业状况来看，其落地项目数居前三位中的污水处理和垃圾处理均属于广义环保领域，预计第二季度广义环保PPP项目的落地速度仍将维持全行业第1位。2015年6月以来环保PPP项目发展势头良好，入库总投资额和项目数均增长近70%。

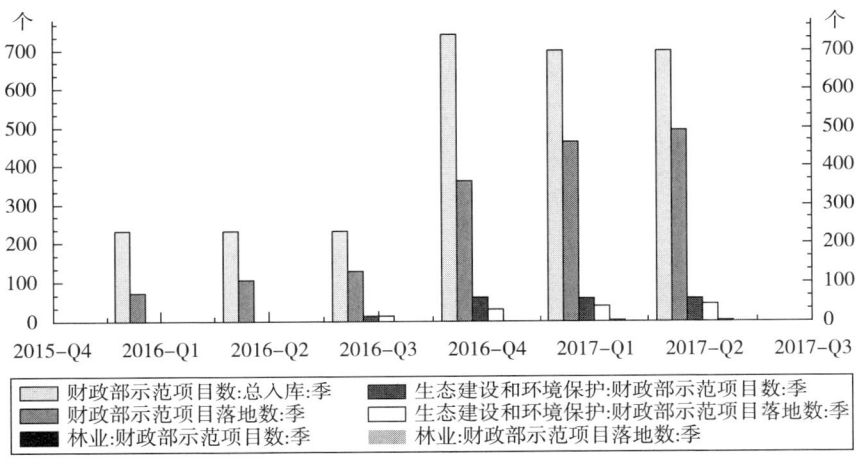

数据来源：Wind 资讯。

图5-18　PPP 财政部绿色相关示范项目入库数和落地数

截至2016年12月末，在财政部PPP中心公布的项目库第五期季报中，公共交通、供排水、生态建设和环境保护、水利建设、林业等多个领域PPP项目都具有推动经济结构绿色低碳化的作用。

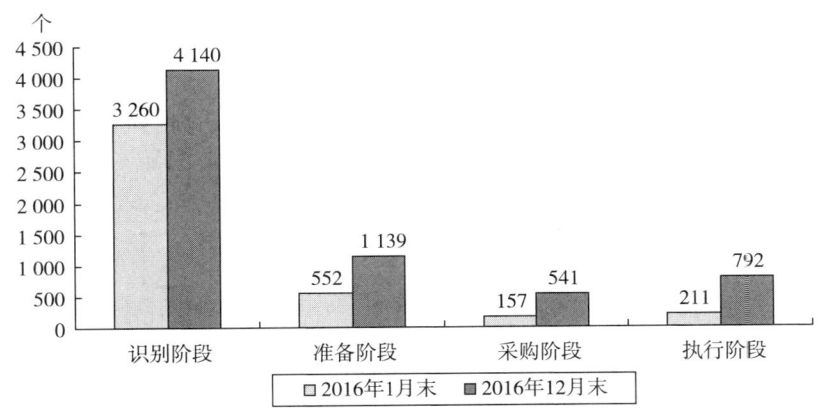

数据来源：财政部。

图5-19　2016年初与年末绿色低碳项目个数

按该口径，全国入库项目中绿色低碳项目 6 612 个、投资额 5.5 万亿元，分别占全国入库项目的 58.7%、40.5%。其中，已签约落地项目 792 个，投资额 8 296 亿元，与 2016 年 1 月末相比，新增落地项目 581 个，新增落地投资 5 570 亿元，落地率由 1 月末的 23% 提高至 32%。2016 年初与年末绿色低碳项目投资额情况统计详见图 5-20。

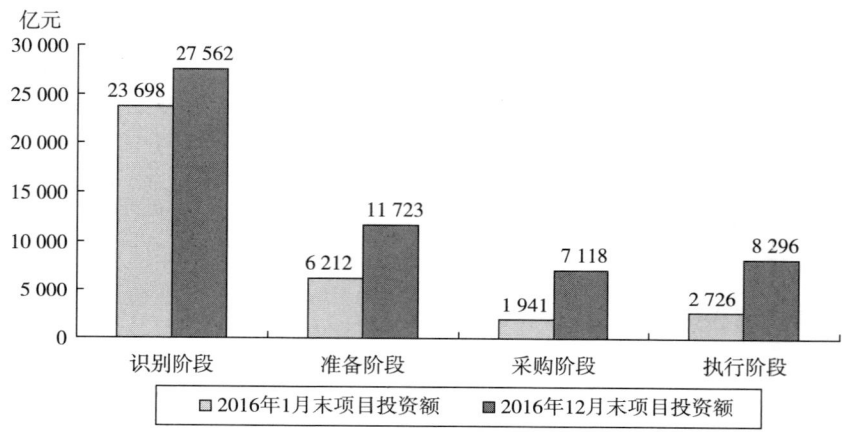

数据来源：财政部。

图 5-20　2016 年初与年末绿色低碳项目投资额对比

② 绿色基金发展现状及其 PPP 模式的优势

绿色产业基金将资产总值的 60% 以上投资于绿色产业，引导资金流向清洁技术开发和生态保护领域。绿色基金的资金来源最广泛，投向领域多，在绿色金融体系中有重要作用。2016 年底全国已设立备案绿色基金 265 只，其中 2016 年共成立 121 只，几乎相当于前四年总和。备案基金中，股权投资基金 159 只，占比为 60%；创投基金 33 只，占比 12.5%；证券投资基金 33 只；其他类型 45 只。对比国内外绿色基金发展历程和趋势，结合我国具体国情，中国绿色基金的发展可以积极利用 PPP 模式。

从国际经验来看，单靠政府资金已不能满足庞大的公共基础设施投资需求，在 PPP 模式下，政府通过特许经营权、合理定价、财政补贴等公开透明方式，完善收益成本风险共担机制，实现政府政策目标；投资者按照市场化原则出资，按约定规则与政府共同成立基金参与建设和运营合作项目。PPP 模式实现了公共财政和私人资本的合作，能够利用国际及国内民间资本进行公共基础设施建设，已逐步成为应用广泛的项目融资模式。欧盟委员会于 2008 年创办全球能效和可再生能源基金（GEEREF），该基金即采取 PPP 组织架构形式，由公共部门出资，向中小型项目（包括新兴市场中的可再生能源和能效项目、绿色基础设施项目）开发者和企业提供股权投资，再由后者完成相关绿色项目，四两拨千斤，有效发挥母基金的投资杠杆效应。我国应加大利用政府和社会资本合作（PPP）模式动员社会资本的力度，支持设立各类绿色发展基金，实行市场化运作，激励更多金融机构和社会资本开展绿色投融资，有效抑制污染性投资。①

根据《关于构建绿色金融体系的指导意见》，绿色发展基金的资金来源包括：中央财政的引导资金、开发性金融资金、其他金融机构和企业的资金等。根据绿金委的建议，国家级绿色发展基金规模或将为 3 000 亿元。

③绿色基金的特点

绿色基金区别于其他绿色金融工具的最大特点是以股权投资为主体的投资方式。相比而言，绿色基金更加注重市场化运作，将有效解决绿色项目资本金匮乏的现状。资本金的充裕将提高项目信用，增加其申贷和发债能力。股权投资的特性将丰富股权结构，满足不同投资者需求。绿色发展基金可以通过设立绿色行业子基金和绿色区域子基金，采取 PPP 模式和与 PPP 项目相结合方式，设计普通合伙人（GP）和有限合伙人（LP）等多种机制，并结合结构化的子基金模式，满足不同投

---

① 倪元锦.“十三五”中国绿色融资需求将超 14 万亿元[N].中国矿业报，2015 - 07 - 21 (001).

资者风险偏好需求,最大化吸纳社会资本。

④京津冀绿色 PPP 的情况

河北在生态建设和环境保护、保障性安居工程、能源、交通运输、水利建设这五个绿色相关分类下的 PPP 项目数均在京津冀三地中排名第 1 位。

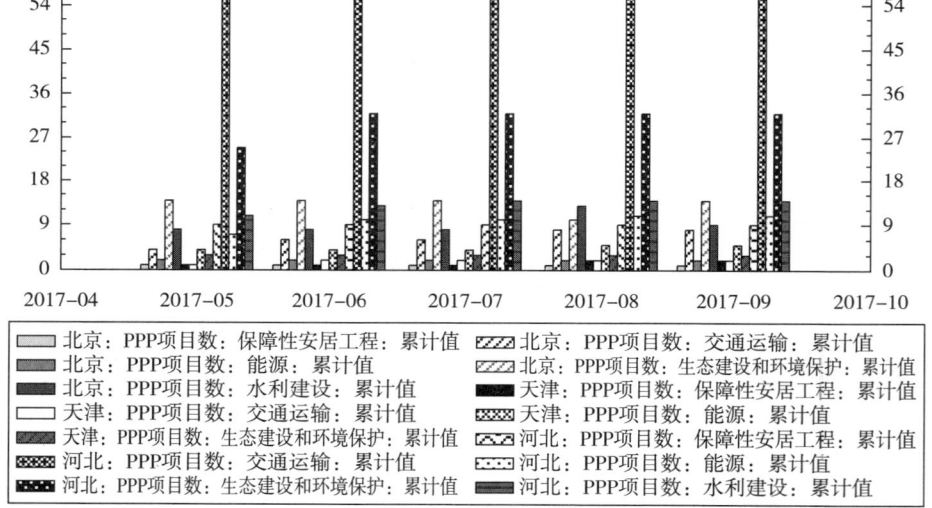

数据来源:Wind 资讯。

图 5 – 21 京津冀地区绿色相关 PPP 项目数

投资额方面由于河北交通运输项目累计投资达 2 270 亿元,占比极高,所以河北的投资额也远超北京、天津。北京在生态建设和环境保护方面的投入已达 300 多亿元,远高于除了交通运输以外的其他项目,该项投资额也在京津冀三地中排名第 1 位。天津在绿色相关 PPP 方面,无论是项目数还是投资额均没有突出表现,在京津冀地区内部处于相对弱势。

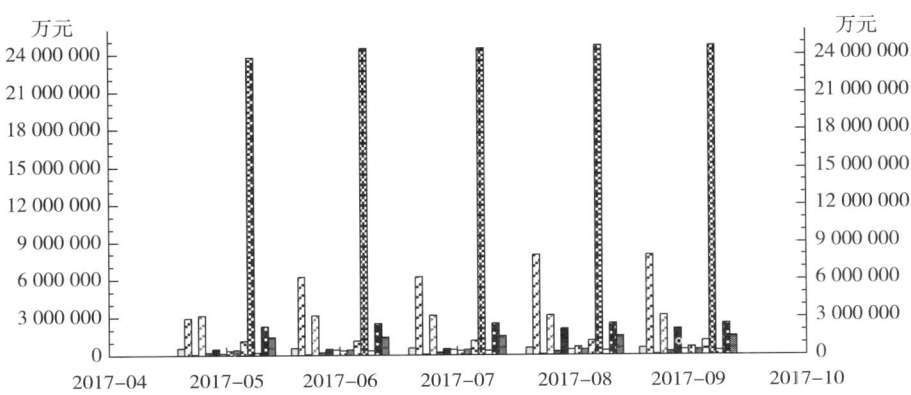

数据来源：Wind 资讯。

图 5-22　京津冀地区绿色相关 PPP 项目投资额

2016 年 8 月《关于构建绿色金融体系的指导意见》提出，要中央财政设立绿色发展基金，鼓励地方政府和社会资本共同发起区域性绿色发展基金，支持社会资本和国际资本设立民间绿色投资基金，推动绿色产业发展。同年 12 月，国务院印发《"十三五"生态环境保护规划》，提出"支持设立市场化运作的各类绿色发展基金"。[①]

---

① 刘晓峰：加快建立京津冀绿色发展基金［J］．前进论坛，2017（04）：24．

⑤全国及京津冀绿色 PPP 情况汇总

表 5-10　　截至 2017 年 9 月全国及京津冀绿色相关 PPP 投资额及相关占比　　单位：亿元、%

	2017 年 9 月（亿元）PPP 项目投资额	绿色相关 PPP 投资额（亿元）	绿色 PPP 当地占比
全国	175 973.72	78 134.61	44.40
北京	2 695.67	1 197.25	44.41
北京对全国占比	1.53	1.53	
天津	1 119.63	342.68	30.61
天津对全国占比	0.64	0.44	
河北	7 475.92	3 022.52	40.43
河北对全国占比	4.25	3.87	
京津冀	11 291.22	4 562.45	40.41
京津冀对全国占比	6.42	5.84	

数据来源：Wind 资讯。

总体而言，京津冀地区绿色相关 PPP 从投资额来看在三地不均衡，河北高达 3 023 亿元，其中交通运输就有 2 477 亿元，北京总量 1 197 亿元远高于天津的 343 亿元，三地绿色 PPP 在当地的占比均高于 30%，最主要原因是交通运输方面的投资全部纳入了绿色范畴，且各地 PPP 总投资额存在差异。绿色 PPP 投资额全国总量较大，已达 7.8 万亿元，而京津冀地区才 0.47 万亿元，尚有一定提升空间。

（4）绿色股票

国内现在绿色股票方面的发展更多体现在绿色股票指数上，已经形成三大类共计 19 只绿色股票指数，但与国外成熟市场相比还有一定差距，除此之外，绿色股票及指数在绿色金融体系内的发展进程也落后于绿色信贷、债券等，如何提高绿色金融体系中绿色股票及指数的参与程度并真正助力绿色产业发展是急需解决的现实问题。

①绿色股票指数

根据中证指数公司数据显示,截至 2017 年 3 月 1 日,我国股票市场上已成功推出了 19 只绿色股票指数,其中,可持续发展(ESG)有 5 个,环保产业类 12 个,碳效率有 2 个。占其编制的 A 股市场指数总数(759 只)的 2.5%,占我国交易型开放式指数基金(ETF)总数的 2%,与欧洲相比还有十倍的成长空间。

表 5-11　　　　　　　　我国绿色股票和债券指数

类别	股票指数	简称
ESG	中证财通中国可持续发展 100（ECPI ESG）指数	ESG 100
	中证 ECPI ESG 可持续发展 40 指数	ESG40
	上证 180 公司治理指数	责任指数
环保产业	中证内地低碳经济主题指数	内地低碳
	中国低碳指数	中国低碳
	中证环保产业 50 指数	环保 50
	上证环保产业指数	上证环保
	中证环保产业指数	中证环保
	中证水杉环保专利 50 指数	环保专利
环境治理	中证环境治理指数	环境治理
	中证阿拉善生态主题 100 指数	生态 100
	中证水环境治理主题指数	水环境
新能源	中证新能源汽车指数	新能源车
	中证新能源指数	中证新能
	中证核能核电指数	中证核电
绿色环境	上证 180 碳效率指数	
	中证海绵城市主题指数	
债券指数		
贴标绿债	中债—中国绿色债券指数	中债绿债
	中债—中国绿色债券精选指数	
气候债	中债—中国气候相关债券指数	中债气候

数据来源:《"绿色股票指数"与资本市场发展》,来自《当代金融家》。

国内绿色股票指数发展特点:首先,国内绿色股票指数中与环保产业相关的占比较高，可持续发展、绿色环境等指数尚处于初步发展阶段。其次，绿色股票指数逐步引起金融机构的投资兴趣，中证指数与上交所、财通基金等机构通力合作已经推出了总共 16 只绿色股票指数，截至 2016 年 7 月，共有 96 只合计 978.2 亿元规模的绿色相关基金成立。再次，市场中十分缺乏以公司为单位发布的真实可信的环境信息，绿色股票指数计算只能更多依靠模型模拟。最后，绿色股票及指数投资者参与热情不足，主要原因还是个人投资者过度追求短期收益，对于环保相关周期长、回报慢的产品缺乏耐心。

②国际经验

中国在环境信息披露方面应与国际市场接轨，将上市公司定期披露环境信息作为强制要求。2002 年，南非证券交易所——约翰内斯堡证券交易所已开始要求上市公司发布可持续报告。《南非公司治理规则》（King III Code）详细规定了公司信息披露要求，例如，公司的年度财务报告应包括与环境、社会和治理有关的内容，并且应被独立审计。国外具有代表性的可持续指数包括道琼斯可持续发展指数（Dow Jones Sustainability Index，DJSI）、伦敦金融时报社会指数（FTSEGood World social Index）等。其中，道琼斯可持续发展指数时间最早且具有较为广泛的影响力。此外，还有一些专注于清洁能源和清洁技术的指数，如 WilderHill 清洁能源指数（ECO），纳斯达克清洁绿色能源指数、标准普尔全球清洁能源指数以及美国清洁科技指数（CTIUS）等。①

③促进我国绿色股票市场发展的建议

首先，加强对于有特色的股票指数建设，丰富绿色股票指数体系，可以重点针对国内较为严重的大气污染等问题推出相关指数。其次，加强对于绿色投资者的培育，构建更为和谐的绿色投资环境，注意引入与绿色产业发展周期更为匹配的长期机构投资者，比如社保基金和养老

---

① 陈政. 寻找"绿金"标的 [J]. 金融博览（财富），2015（03）：57–59.

基金等。最后，将上市公司定期披露环境信息作为强制要求进行推广，强化环境信息的可获得性和真实性。

5.2.2 绿色保险

就国内现状而言，环境污染责任保险是绿色保险最为主要的部分，国际上通行的气候变化等长期环境保险还未纳入我国绿色保险范畴内，有待创新发展。

（1）主要险种及发展现状

环境污染责任保险大致分为两类，一类是自愿型环境污染责任险，此类保险法律没有强制性要求，企业根据自身情况自愿购买，在我国，政府通常采用税收、补贴等方式引导企业投保环境污染责任险。另一类是强制型污染环境责任险，其通过行政手段强制涉污企业购买环境污染责任保险，扩大其覆盖面，其将降低信息不对称，减少逆向选择，客观上增强了该险种运行的稳定性，也使其作为多元化污染治理新格局的重要制度安排成为现实。

数据显示，2007—2015 年，全国将近 30 个省市开展了环责险的试点，投保企业累计超过 4.5 万家，风险保障金累计超过 1 000 亿元。2016 年，全国投保环责险的企业为 1.44 万家，缴纳保费 2.84 亿元，保险机构共提供风险保障金 263.73 亿元，可以认为投保企业的风险保障能力提高了近 93 倍。保险产品种类由开始的 4 个增加到目前的 20 余个，国内主要保险公司都参与了试点。[①]

环保部数据显示，2015 年全国环责险企业涉及有 17 个省（自治区、直辖市）的近 4 000 家企业投保环责险。环境污染责任险在各地落地情况冷热不均。

2015 年江苏省是投保环责险企业最多的省份，投保企业达 2 213 家，广东、四川、甘肃、湖北等省份也较为活跃。其余如河南、吉林、海南

---

① 王向楠. 美国环境污染责任保险的特点及借鉴意义［J］. 金融与经济，2015（09）：55 - 57.

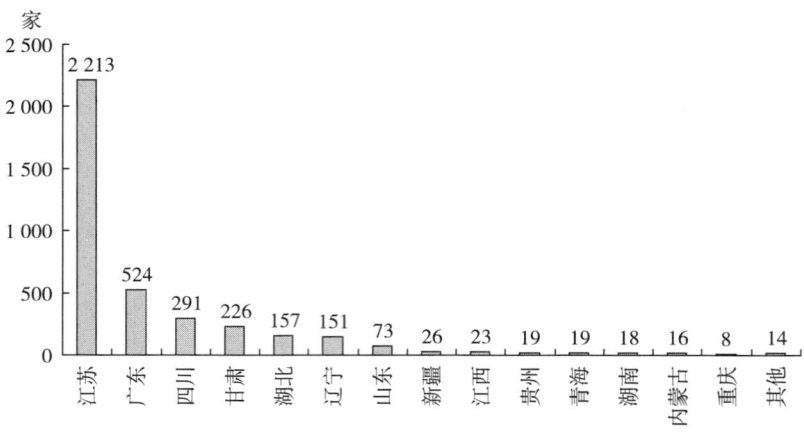

数据来源：环境保护部发布。

图 5-23　2015 年环责险参保企业省份分布

等省份没有企业投保环责险。相较于 2014 年 22 个省（市、自治区）的将近 5 000 家企业投保环责险，2015 年数字有所减退，一方面因为部分企业险期到期没有续保；另一方面，在环境污染责任险的非强制原则下，企业对环责险的主动需求不足，投保热情有所消退。[①]

（2）政策演进

1991—2005 年，起步阶段。20 世纪 90 年代初，我国保险业先后在东北多地开展环境污染责任保险试点，不过由于业务覆盖面小，保险费率偏高，企业投保率不足，保险责任范围狭小，赔付率偏低等种种原因最终导致试点期间投保企业逐渐减少。环境污染责任保险试点没有发挥预期作用。1996—2005 年，由于保险产品设计缺陷，企业投保动力不足，绿色保险发展陷入停滞。[②]

2006—2015 年，恢复发展阶段。2007 年环保总局发布《关于环境污染责任保险工作的指导意见》，在江苏、湖北、湖南、重庆等地启动

[①] 曹梦真．环责险利企利民［N］．中国保险报，2015-03-26（004）．
[②] 孙庆．我国环境污染责任保险法律制度研究［D］．西南政法大学，2014．

环境污染责任保险政策试点。2013年1月，环保部与保监会联合印发了《关于开展环境污染强制责任保险试点工作的指导意见》，明确了环责险的试点企业范围，合理设计保险条款和费率，进一步指导各地高环境风险行业推进环责险的试点，之后企业投保量上升。

2015年至今，战略机遇阶段。2015年9月，中共中央、国务院印发的《生态文明体制改革总体方案》对发展绿色保险作出了工作部署，明确提出要"在环境高风险领域建立环境污染强制责任保险制度"。2015年12月印发了《生态环境损害赔偿制度改革试点方案》，指出2015—2017年开展生态环境损害赔偿制度改革试点，2018年在全国试行，到2020年全面建成。2016年人民银行等7部委联合印发的《关于构建绿色金融体系的指导意见》，强调了发展绿色保险的重要性，鼓励保险机构创新绿色保险产品和服务，推动制定环责险的法律法规和实施性规章。2017年6月，响应上述指导意见要求，保监会发布了《环境污染强制责任保险管理办法（征求意见稿）》。[①]

5.2.3 碳金融

碳交易起源于科斯定理，在此基础之上，发展出了"总量与交易"理论。政府根据环境容量及稀缺性理论设定污染物排放上限，并以配额的形式分配或出售给排放者，作为排放物的排放权，碳排放权交易促进存量经济节能降耗。

（1）成交价、成交量、成交额

各地碳市场价格从2013年起整体呈下降趋势，价格波动较大的分别是广东、上海和重庆，其余试点城市价格相对平稳。具体看2017年，大部分试点地区碳交易价格相对平稳，重庆地区价格则从2015年底最高的47.52元震荡下行至2017年10月中下旬的2.82元，上海地区价格则从2016年底的9.8元不断上升至2017年10月中下旬的29元。

---

① 陈冬梅，段白鸽. 环境责任保险风险评估与定价方法研究评述［J］. 保险研究，2014（01）：54-67.

从碳交易成交量来看，2013 年至 2017 年 10 月 20 日成交量排名是湖北（4 766 万吨）、广东（3 131.5 万吨）、深圳（2 289 万吨）、上海（990.1 万吨）、北京（708.1 万吨）、重庆（574.2 万吨）、天津（300.5 万吨）、福建（205.2 万吨）。

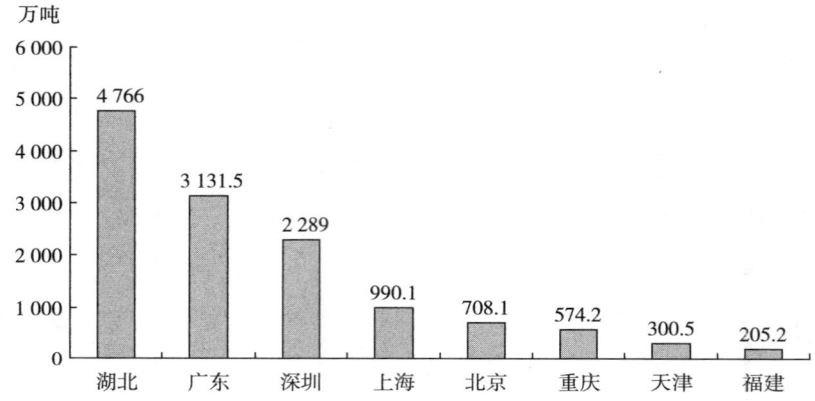

数据来源：碳 K 线碳行情分析平台。

图 5 – 24　截至 2017 年 10 月 20 日碳交易成交量

从碳交易成交额来看，2013 年至 2017 年 10 月 20 日成交额排名是湖北（89 210.6 万元）、深圳（64 384.2 万元）、广东（45 884.6 万元）、北京（35 696.7 万元）、上海（22 046.1 万元）、福建（5 800.4 万元）、天津（4 116.4 万元）、重庆（2 489 万元）。

无论是从成交量还是成交额来看，碳交易八大试点地区大体呈三梯队分布，第一梯队是湖北、广东、深圳，第二梯队是上海和北京，第三梯队是福建、天津和重庆。

（2）碳金融产品

碳交易基础标的主要包括两类：第一类是排放权交易体系（ETS）下的排放权配额。例如：欧盟碳排放额（EUA）和欧盟航空碳排放额（EUAA）、我国七个省市碳交易试点框架下的北京市排放权配额（BEA）等；第二类是根据相应方法开发的项目减排量。例如，联合国清洁发展机制下的核证减排量（CER）、我国发改委认可的核证自愿减

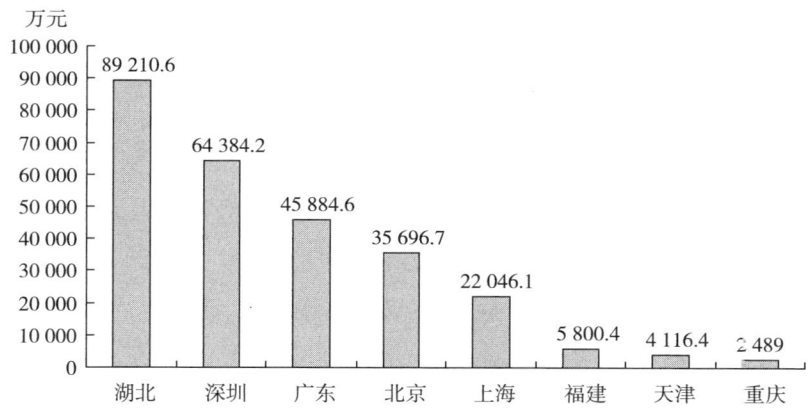

数据来源：碳K线碳行情分析平台。

图 5-25 截至 2017 年 10 月 20 日碳交易成交额

排量（CCER）等。

碳金融产品依托于基础标的结合各类金融工具进行开发，主要包含三类：第一类是碳交易工具，碳交易包括碳排放权配额和项目减排量两类碳现货市场，以此为基础衍生出碳期货、期权、远期等衍生品交易。第二类是涉碳投融资工具，包括碳信贷、碳基金、碳债券、碳指标质押融资、碳中和等。第三类是碳支持工具，包括碳指数、碳保险等。

（3）市场建设现状

2017 年，我国碳市场面临着从地方试点向全国统一的巨大变革。一方面，对于本身就是政策创设的环境产权市场而言，市场发展初期政策的不完善和多变性势必会给市场带来巨大的不确定性，给参与主体造成风险；但另一方面，在环境、资源问题日益紧迫的背景下，环境产权交易作为推进环境与资源控制目标最有效的手段之一，必须坚决落实。因此，在缺乏先例参考、基础数据等条件薄弱的情况下，全国碳市场的建设只能发扬"摸着石头过河"的精神，循序渐进逐步推进。

按照计划，2017 年将启动全国统一碳市场，但全国市场的一些关键性政策要素至今尚未明确，包括交易市场的设置、配额总量及分配方式、碳排放盘查报告和核查（MRV）方法，以及地方试点存量配额向全国市场的结转方式等。

相比于市场运行情况，全国碳市场机制设计的争论在2017年上半年引起了更高的关注。2017年5月10日，国家发改委气候司组织了对未来统一碳市场交易系统和登记簿系统的竞标会议，由北京、上海、广东、深圳、湖北、天津、重庆、福建和江苏九个省市提交了方案并参与了对未来统一碳市场的碳排放权交易系统和登记簿系统的竞标。根据会议传达的信息，全国碳市场将保留现有试点交易所，在各自区域内开展碳交易工作，同时另外成立一家国家级交易所承揽国家统一配额交易的工作并牵头制定全国碳市场的交易规则。而具体交易和登记系统的设计，就将在上述九个省市提交的方案中产生。

（4）全国及京津冀碳交易情况汇总

表5-12　2013年到2017年10月20日碳交易成交量与成交额

单位：万吨、万元

	2013年到2017年10月20日碳交易成交量（万吨）	2013年到2017年10月20日碳交易成交额（万元）
全国	12 964.60	269 628.00
北京	708.10	35 696.70
北京对全国占比	5.46%	13.24%
天津	300.50	4 116.40
天津对全国占比	2.32%	1.53%
河北	0	0
河北对全国占比	0	0
京津冀	1 008.60	39 813.10
京津冀对全国占比	7.78%	14.77%

数据来源：碳K线。

碳交易情况，由于北京、天津均有交易所，所以京津冀地区的碳交易无论是成交量还是成交额在全国范围内都有一定优势，成交量占7.78%，成交额占14.77%。但在已有交易各地区中，北京尚处在第二梯队，天津处在第三梯队，与第一梯队在总量上存在较大差距，还有较大的提升空间，特别是针对河北相对严重的污染状况，如果河北的碳交易市场能够建立并纳入京津冀地区，相信京津冀碳交易将迎来一次大的跨越式发展。

本书针对绿色金融总供给中的主要产品进行了较为详细的分类阐述，表5-13是全国及京津冀整体绿色金融供给情况的汇总表，从中可以清晰地看到目前国内及京津冀地区传统和绿色金融的供给情况。

表5-13　　　　全国及京津冀整体绿色金融供给汇总　　单位：万亿元、%

项目	普通	绿色	绿色占比
信贷余额	106.6	7.51	7.05
京津冀信贷余额	12.28	1.72	14.01
债券发行量	18.59	0.20	1.09
京津冀债券发行量	0.62	0.01	1.75
PPP投资额	17.60	7.81	44.40
京津冀PPP投资额	1.13	0.46	40.41
碳成交额	—	0.0027	—
京津冀碳成交额	—	0.0004	—
全国总量	142.78	15.53	10.88
京津冀总量	14.02	2.19	15.60
京津冀全国占比	9.82	14.09	—

数据来源：Wind资讯、中国人民银行、碳K线等。

总体而言，京津冀地区在绿色金融供给总量方面高于全国平均水平，但绿色金融供给在相对应的整体金融总量供给中占比依然偏低，绿色PPP相对占比较高主要是由于交通运输投资额总量较大，纳入绿色PPP后占比显著提高。从目前已经查询到的数据看，截至2016年末（少部分为2017年数据）全国绿色信贷存量、绿色债券发行量、绿色PPP投资额及碳交易成交额总量为15.53万亿元，而京津冀地区总量为2.19万亿元，占全国的14.09%。截至2016年末，全国信贷余额、债券发行量、PPP投资额总量为142.78万亿元，京津冀地区总量为14.02

万亿元,占全国的 9.82%。全国来看,绿色金融供给占全国对应普通金融供给总量的 10.88%,而京津冀地区绿色金融供给占对应普通金融供给总量的 15.60%。①

5.3 京津冀绿色金融需求

基于京津冀协同发展和"十三五"规划,实现京津冀生态文明目标需要大量资源投入,显然,相比京津冀绿色供给现状,京津冀绿色金融需求巨大。京津冀一体化五大任务计划和京津冀"十三五"规划,为整理和归纳、分析和估算京津冀绿色金融需求提供基础依据。

5.3.1 疏解非首都功能

疏解非首都功能以降低中心城区人口密度为目的,通过规划集中承载地(包括雄安、通州等地)和"微中心"建设,对于高耗能高耗水企业、教育医疗、行政服务机关和区域性物流管理基地等进行疏散。② 疏解非首都功能应先从北京市自身内部开始,由内到外,逐渐扩散,带动周边地区的发展,保证高消耗产业要疏散出去,进一步将更多高级生产要素(包括资本、技术等)带到天津、河北地区。应向天津疏散一些优质产业,其中包括装备制造、电子信息、国防科技、航空航天等。③

非首都功能的主要对象,第一,一般性制造业,包括高耗能高耗水产业、一些缺乏优势的高端制造业和非科技的创新企业。第二,区域性物流基地和区域性批发市场,包括物流市场、批发市场、外包服务等。第三,部分教育医疗等公共服务机构,包括高校、医院等。第四,为行政性、事业性服务机构,包括辅助性机构、服务信息中心等。

---

① 金辉. 陈雨露. 2015 年至 2030 年绿色融资需求最高可达 123.4 万亿元 [N]. 经济参考报,2015 – 09 – 17 (008).
② 赵弘,刘宪杰. 疏解北京非首都功能的战略思考 [J]. 前线,2015 (06):74 – 76.
③ 京津冀协同发展领导小组办公室负责人就京津冀协同发展有关问题答记者问 [N]. 人民日报,2015 – 08 – 24 (001).

数据来源:北京市人民政府。

图 5-26 非首都功能的对象

疏解非首都功能的原则:第一利用政府职能,提出规划、政策等引导性建议,结合市场机制需求,发挥最大效益;第二需考虑市场的特点和性质,进行集中疏解与分散疏解双管齐下的方式,灵活运用。① 第三要严格把控增量,同时积极进行存量疏解工作,明确总任务目标,将非首都功能的存量及时向天津、河北疏解。第四要进行统筹谋划与分类施策相结合,通过分析北京市内六区的市场规划、发展特点及环境承载力,推动建立更全面的机制及相对应的改革措施,根据不同企业和机构的实际情况进行政策实施。②

控增量。2014 年,北京市已经出台了《新增产业的禁止和限制目录》,是全国首个以治理"城市病"为目标的产业指导目录,对明显不符合首都城市战略定位的行业关上了大门。依据目录不予办理新设立或变更等登记的业务达到 6 900 余项;③ 东城、西城的"批发和零售业"降幅达到 45%;朝阳、海淀、丰台、石景山四个地区的相关行业降幅

---

① 陈弘仁. 四大非首都功能将疏解出北京城——北京市发展改革委主任卢彦详解疏解思路和举措 [J]. 中国经贸导刊, 2015 (22):10-11.
② 京津冀区域一体化格局 2030 年基本形成——访京津冀协同发展领导小组办公室负责人 [J]. 中国经贸导刊, 2015 (25):14-19.
③ 陈弘仁. 四大非首都功能将疏解出北京城——北京市发展改革委主任卢彦详解疏解思路和举措 [J]. 中国经贸导刊, 2015 (22):10-11.

数据来源：北京市人民政府。

图 5-27 非首都功能的原则

在 20% 以上。2015 年 8 月，修订发布了《北京市新增产业的禁止和限制目录（2015 年版）》，实施更加严格的产业准入标准。

疏存量。坚决退出一般性产业，特别是高消耗产业。截至 2015 年 7 月，北京向河北地区，进行非首都功能转移疏解的工业项目已经超过 80 个，投资总额高于 1 200 亿元，将形成 2 500 亿元的产能规模。计划到 2017 年，北京市要求退出 1 200 家污染企业，对重点工业污染的企业进行退出规划目标的调整，其中要疏散的批发市场商户包括动批、大红门、西直河等地区，分别向廊坊永清、沧州黄骅、保定白沟等地区迁移。正在制定高校疏解名单；聚集的医疗资源，也将通过疏解、对接，"将部分公共服务功能辐射到更广泛地区"。

疏解非首都功能主要任务：疏解非首都功能的主要目标任务包括拆除违法建筑、整治占道经营和无证照经营、积极改造城乡结合部、城区中心的旧小区改造、重点区域整治、"散乱污"企业治理工作、区域性专业市场的疏解、公共服务行业的疏解、治理地下空间出租及群租房问题、棚户区改造治理工作等。

相关政府部门积极采取措施，对于无证照经营的企业坚决取缔，规范管理中心城区的设施建设及经营。城乡结合以绿化为主，优化地区管理资源，构建绿色一体化工程。改造升级小区建设，包括地上、地下车库规范管理、养老社区健身器械的安装等，不断提升居住品质。加强中心城区街道"脏乱差"现象的治理工作，针对历史建筑和文物进行保护工作。针对"散乱污"企业进行有效治理，包括环保不达标、安全隐患、经营不合法等问题。区域性物流存储基地的升级改造，进行有序疏解，合理外迁。向薄弱地区推进教育医疗等疏解工作，加强培训管理。城内六区棚户区进行改造和环境治理工作，对于公房进行全面排查（包括转租、转借、改变用途等行为）。

（1）北京"十三五"规划建设

2014—2016年，北京对天津、河北实施疏解非首都功能，投资总金额超过4 150亿元。2014年、2015年、2016年投资金额分别为469亿元、1 642亿元、2 039亿元。2016年1月至11月，北京企业对津冀投资的认缴出资额达1 829亿元，其中投向天津826亿元，投向河北1 003亿元，同比分别增长37%和90%。坚持对高耗能、高耗水的一般性制造业企业有序退出，污染企业就地清理淘汰，退出关停相关企业335家，2016年累计达到1 341家，提前一年完成2013年至2017年关停1 200家的任务。北京调整疏解了350家商品交易市场，其中2016年1月至11月拆除和清退商品交易市场65家，涉及建筑面积66.7万平方米，调整疏解商户1.2万户，从业人员1.8万人。根据上述预估2017—2020年投资总额高于5 500亿元。

缓解城市交通拥堵：根据《北京市"十三五"时期交通发展建设规划》的要求，北京市政府预计将投入资金约7 505亿元，针对交通规划及基础设施建设，包括航空、铁路、城市轨道、城市公路及道路、机场枢纽站等49个领域。详见表5－14。

表5－14　　　　　　　北京"十三五"交通规划项目

项目种类	到2020年	到2035年
轨道交通	由631公里提高到1 000公里左右	不低于2 500公里
公路网总里程	22 500公里	23 150公里

续表

项目种类	到 2020 年	到 2035 年
铁路营业里程	1 500 公里	1 900 公里
交通基础设施用地规模	700 平方公里	850 平方公里
道路网密度和实施率	8 公里/平方公里，实施率达到 100%	8 公里/平方公里，实施率达到 92%
中心城区公交专用道里程	由 741 车道公里提高到 1 000 车道公里左右	1 500 车道公里
构建功能清晰的对外客运枢纽格局	构建"2+10+X"的客运枢纽格局：包括 2 个国际航空枢纽、10 个全国客运枢纽、若干个区域客运枢纽	
建设步行和自行车友好城市	城市绿色出行比例由 70.7% 提高到 75% 以上，自行车出行比例不低于 10.6%	城市绿色出行比例不低于 80%，自行车出行比例不低于 12.6%

数据来源：北京市"十三五"时期交通发展建设规划。

加强环境治理：针对北京四六环路之间的范围，进行绿化建设。其中绿化隔离地区分成两道，总面积占 1 220 平方公里。在 2020 年和 2035 年，绿色规划分别提升到 41% 和 50% 左右。积极建设郊野公园，将生态农业与公园结合形成环绕绿化带区域，在 2020 年和 2035 年，分别提升到 63% 和 70% 左右。建设水城共生系统，主要中心城区的景观水系岸线到 2020 年，长度达到 300 公里，增加 66%，到 2035 年增加 2.7 倍。

推进中心城区功能疏解：有序疏解中心城区，降低人口密度。到 2020 年，人口密度降低 16.7% 左右，到 2035 年，控制在 1.2 万人/平方公里以内。北京副中心及外围区域（通州）规划约为 155 平方公里和 906 平方公里，带动周边城区协同发展。北京副中心常住人口规模要求在 2020 年达到 100 万人左右，2035 年增加 30% 左右，就业人口 50%~60%。中心城区建设用地面积到 2020 年降低至 860 平方公里左右，2035 年降低到 800 平方公里左右。严格控制建设用地，围绕绿化带进行设计规划。

(2) 通州"十三五"规划建设

通州为非首都功能疏解的主要承载地之一。到 2020 年，根据地区特点及功能进行空间格局设计和城市构架搭建，生态环境建设基本形成，公共服务区域全面覆盖，经济结构基本建立，形成有高效资源配置的特色示范区。具体"十三五"发展指标和目标值见附表 1。

2016 年 7 月，北京通州区发布 2020 年前要建立的 187 个重大项目，包括基础设施建设、轨道交通建设、市区设施建设及电力网络布局等项目。通州于 2016 年 3 月，得到启动资金约 1 000 多亿元，预计实现中心城区 40 万人口向外疏解。2016—2018 年，主要项目包括通州行政办公区一期的改造、棚户区二期改造、水务和园林绿化发展规划及行动，预计 5 年内投入资金总量约 4 000 亿元。

(3) 雄安新区是疏解北京非首都功能的集中承载地

雄安新区为疏解非首都功能的集中承载地之一，根据《京津冀协同发展规划纲要》，主要地区包括河北省雄县、容城、安新 3 个县及周边部分区域，涉及京津周边地区。其开发的主要区域面积分为三个，100 平方公里、200 平方公里及 2 000 平方公里。区域规划图如图 5 - 28 所示。①

北京市部分行政单位、金融机构、教育医疗研究院

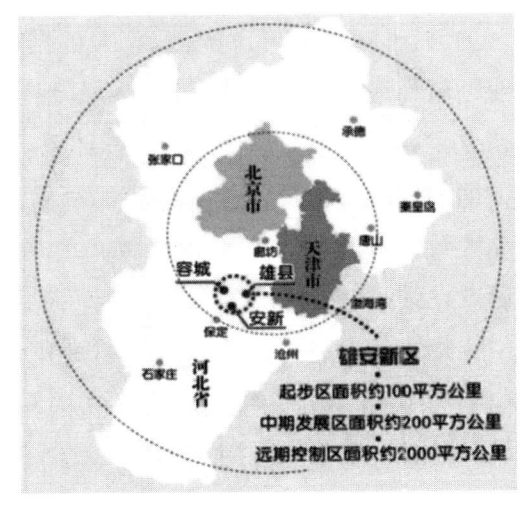

数据来源：雄安新区绿色金融发展研究报告，北京新金融研究院。

图 5 - 28　雄安新区起步区及中期发展区规划图

---

① 徐豪. 千年大计国家大事雄安新区我们这代人留给子孙后代的历史遗产 [J]. 中国经济周刊, 2017 (14): 18 - 23 + 88.

等均向河北雄安新区有序转移，相关机构给予有效的支持，为搬迁提供便利。积极建设雄安新区中关村科技园区，有效衔接政策规划，推动其新动能、创新产业、人才资源及先进科技等集聚河北。

（4）京津冀大数据综合试验区建设

京津冀三地在启动大会上共同发布《京津冀大数据综合试验区建设方案》，预计时间约3～5年。① 数据开放共享、产业对接构建等要求在2017年基本形成，启动数据共享机制的重点区域试点，包括环保、旅游及交通等领域。在2018—2020年，进行资源优化配置，体现地区特色、协同发展效应。政府治理能力和经济社会发展的主要支撑在于大数据服务体系的建立和释放。

大数据产业一体化主要是以北京为创新核心、天津为综合支撑、河北做承接转化。北京利用自身科技创新的资源优势和中关村国家示范区的创新体系优势，打造国家大数据产业创新核心区和全球大数据产业创新高地。天津电子信息产业基地以滨海新区、西青和武清等为主，建立大数据共享体系和产业支撑体系。航运、金融和跨境电子商务等大数据创新建设主要依托天津市国际航运核心区及金融创新示范区。河北大数据示范区分为新能源、物流、金融、遥感、旅游、健康等，分别设点在张家口、廊坊、承德、秦皇岛和石家庄。

廊坊·中关村软件园人才与产业创新基地：廊坊大数据创新基地位于润泽国际信息港，总投资金额15亿元。其中包括五大核心功能区域（体验、研发、应用、感知、双创），促进以大数据为核心基础的特色产业体系模式。2017年5月16日，廊坊·中关村软件园人才与产业创新基地正式启动，总面积5万平方米，依托人才资源优势及地区位置优势，构建大数据服务平台，有效引进互联网科技、军民融合、文化创意、机器人、智能制造和无人机研发等新兴产业。

---

① 京津冀初步建立大数据服务新体系［J］. 计算机与网络，2017，43（01）：4.

2016 年 12 月，京津冀大数据综合试验区正式启动建设，预计投入资金约 800 亿元，以提升京津冀全局规划高度为目的，对标国际大数据产业水准，打造集"北京—核心示范区""天津—综合示范区""张家口—大数据新能源示范区"等于一身的协同发展功能格局。2017 年研制的天河三号新一代 E 级（百亿亿次）超级计算机，集中优化京津冀大数据处理中心的基础建设，包括超级计算与云计算融合。

表 5-15　　"十三五"期间疏解非首都功能需求汇总表　　　　单位：亿元

项目	地区	具体描述	资金需求量
疏解非首都功能	北京	1. 交通发展模式建设 2. 环境治理 3. 推动中心城区疏解	15 105
	通州	通州"十三五"城市规划集中力量在通州建设市行政副中心	4 000
	河北（雄安）	雄安新区的绿色生态文明建设	10 000
	京津冀	京津冀大数据综合试验区建设	800
合计			29 905

5.3.2　产业转型升级

根据《京津冀产业转移指南》《北京市拟疏解产业一览表》《北京市 2017 年重大项目计划》《天津市人民政府关于实施项目带动战略促进投资增长的意见》《河北省国民经济和社会发展第十三个五年规划纲要》《河北省 2017 年重点合作项目》等文件，综合测算，京津冀产业转型升级共需资金投入约 2 万亿元人民币。

（1）京津冀产业总体发展目标[①]

根据《京津冀产业转移指南》，京津冀将坚持产业转移与产业转型升级、创新能力提升相结合，重点引导汽车、智能终端、新能源装备、大数据和现代农业五大产业链，构建"一个中心、五区五带五链、若

---

① 工业和信息化部等：京津冀产业转移指南［EB/OL］．www.chinacace.org/news/uploads/2016/06/467185027780361.pdf．

干特色基地"的产业发展格局。① 其中，北京市立足于重点发展战略性新兴产业，致力于具有全球影响力的科技创新中心建设。五区包括：北京中关村、天津滨海新区、唐山曹妃甸区、沧州沿海地区、张承（张家口、承德）地区。"五带"分别是：京津走廊高新技术及生产性服务业产业带，以生产性服务业、高新技术产业和高端装备制造业为发展重点；沿京广线先进制造业产业带，以电子信息、新能源、生物医药、装备制造、新材料等产业为发展重点；沿海临港产业带，重点发展滨海产业、先进制造业和生产性服务业；沿京九线特色轻纺产业带，重点发展农副产品深加工、现代轻工业等；沿张承线绿色生态产业带，重点发展绿色低碳产业、绿色生态农业、农副产品加工业、生物医药产业等产业。

（2）北京拟疏解产业和重点项目情况②

根据北京市规划，"十三五"期间，北京将紧紧围绕首都核心功能、致力于建设具有全球影响力的科技中心，主要发展文化创意、科技创新等高端资源，重点发展生产性服务业、战略性新兴产业和高端制造业。北京市重点项目总需资金2 001亿元（详见附表2，附表3）。

（3）天津市产业转型发展重点项目③

天津市将突出创新发展，打造科技创新驱动力，以五大发展理念为指导推进重大项目建设，深入落实京津冀协同发展战略，着力振兴实体经济。2017年，天津市重点项目总需资金11 534亿元。

2017年，天津市拟实施重大项目和高端项目205个，预计总投资5 234亿元。2018—2020年，再筹划实施重大项目和高端项目350个，预计总投资6 500亿元。重大项目包括4个方面科技创新项目和4个方

---

① 金融界：四部门联合发布《京津冀产业转移指南》［EB/OL］，http：//finance.jrj.com.cn/2016/06/29103121128564.shtml.
② 北京市发改委：北京市2017年重点建设项目计划［EB/OL］，http：//www.bjjs.gov.cn/bjjs/gcjs/zdgcjs2017/2017xmjh/418169/index.shtml.
③ 天津市人民政府：《天津市人民政府关于实施项目带动战略促进投资增长的意见》［EB/OL］，《天津市人民政府公报》，http：//www.gk.tj.gov.cn/gkml/000125014/201702/t20170213_69973.shtml.

面高端项目。重大项目包括：①科技研发平台建设项目，国防科大军民融合创新研究院、清华大学天津高端装备研究院等平台。②智能机器人研发制造与三维（3D）打印项目，包括深海作业特种机器人、自平衡代步等家庭服务机器人、智能无人搬运和码垛等工业机器人、高精度齿轮机床等研发生产项目等。③国产中央处理器和操作系统研发及重要元器件项目。④金融大数据服务平台建设项目。高端项目主要包括：空客A330及零部件配套建设、节能整车研发制造项目、海工装备研发制造、现代物流设施建设项目、新能源汽车研发制造、南港石化产业基地项目等。①

（4）河北产业转型与升级重点任务②

河北省将以京津冀产业布局调整和产业链重构为契机，以实施"中国制造2025"和"互联网+"行动计划为引领，加快淘汰一批落后产能、技术工艺和生产设备，积极化解过剩产能，启动新一轮技术改造，建设全国产业转型升级试验区和现代商贸物流重要基地，以智能制造为主攻方向，推动产业向中高端迈进，加快形成先进制造业和现代服务业共同主导、传统产业与新兴产业双轮驱动的发展格局。河北省2017年重点合作项目共需6 248亿元（详见附表4）。

表5-16　　　　　产业转型升级需求汇总表　　　　　单位：亿元

项目	地区	具体描述	资金需求量
产业转型升级	战略性新兴产业	产业转型升级重大专项	13 886
	传统优势产业改造和新建项目	淘汰落后和过剩产能	1 768
	现代服务业	商贸物流、健康养老、旅游、现代农业	4 129
合计			19 783

---

① 投资：天津2017—2020年固定资产投资计划［EB/OL］，https://www.taoguba.com.cn/Article/1633991/1.

② 河北省发展和改革委员会：《河北省国民经济和社会发展第十三个五年规划纲要》［EB/OL］，http：www.ghs.ndrc.gov.cn/ghwb/dfztgh/…/P020160616604847101947.pdf.

5.3.3 环境保护

由于过去天津、河北第二产业在经济结构中处于主导地位，累积了严重的环境问题，而北京人均水资源过低和雾霾严重，京津冀三地污染治理和环境保护压力大，资金需求多。按照水污染、大气污染、土壤污染治理及生态保护分类，三地绿色金融需求如下。

（1）水污染防治

北京：到2020年，全市用水总量控制在43亿立方米以内，地区生产总值水耗比2015年下降15%。严格保护饮用水源，建设200条生态清洁小流域。在潮河、白河等河道两侧建设植被缓冲带、隔离带，减少人为干扰和影响。2017年、2019年底前分别完成乡镇级集中式、分散式饮用水水源地环境状况评估工作。

提高污水处理能力。提高城镇污水处理率。全面完成污水处理和再生水利用设施建设两个三年行动计划。全市新改扩建污水处理厂或再生水厂44座，新增污水处理能力54万立方米/日；到2020年，全市城镇污水处理能力达到726万立方米/日，全市再生水利用量达到12亿立方米。到2020年，全市新建和改造污染管网1 347公里，基本实现建成区和城乡结合部污水全收集。

天津：静海区累计投入6亿元，佟家庄渗坑治理工作已投入超过5 000万元。以水环境质量改善为核心，重点实施城镇污水处理设施建设和改造、规模化畜禽养殖场（小区）粪污治理、工业污染治理等减排工程。到2020年，化学需氧量、氨氮排放量较2015年分别下降14.4%、16.1%，重点工程减排量分别达到2.47万吨、0.38万吨。

深化清洁村庄行动，每年建成美丽村庄150个，实行全市农村污水处理统一规划、统一建设、统一管理，从2017年开始，启动实施农村生活污水处理工程，完成1 295个村生活污水处理设施建设任务，实现达标排放。重点推动静海区、宁河区、武清区污泥处置设施建设，增加污泥处置能力 380 吨/日。①

河北:大城县政府于 2013 年投资 118 万元,又于 2016 年底,将两个渗坑治理工程列入 2017 年重点工程,预算 3 848 万元。执行流域排放限值,现有污水处理厂完善污泥稳定化、无害化和资源化处理设施,到 2017 年底前,全部完成达标改造。鼓励利用水泥厂或热电厂等工业窑炉开展污泥协同焚烧处置,到 2020 年,全省污泥无害化处置率达到 90% 以上,加强废水资源化利用;全省城市再生水利用率达到 30% 以上。

到 2018 年底前,完成县级以上集中式饮用水水源保护区勘界,规范保护区标志和标识。到 2019 年底前,在全省 15 个重点地表水、饮用水、水源地建设水质生物毒性预警监测系统和环境风险防控工程。到 2020 年,单一水源供水城市必须建设备用水源或应急水源。

表 5-17　雄安新区海绵城市建设市场规模估算表

新区建设阶段	规划面积 (平方公里)	单位面积投入 (亿元/平方公里)	市场空间 (亿元)
近期	100	1.5	150
中期	200	1.5	300
远期	2 000	1.5	3 000

数据来源:Wind 资讯。

中央和地方政府大力给予海绵城市建设项目经济优惠与财政支持,PPP 项目加速入库。全国有 30 个城市被中央财政列入试点海绵城市,并给予三年专项补助:直辖市每年 6 亿元,省会城市每年 5 亿元,其他城市每年 4 亿元。对于那些私人资产超过一定比例的 PPP 项目,会给予额外 10% 的奖励。近年来,京津冀地区也在加大部署海绵城市的建设。"海绵城市"建设投资量巨大,据住建部部长陈致高表示,其每平方公

---

① 王成栋. 乡村污水处理,谁来埋单?[N]. 四川日报,2015-04-17(009).

里投资为 1 亿元至 1.5 亿元。

表 5-18 "十三五"京津冀地区水资源相关投资额初步估计情况

项目	北京 规模	北京 投资（亿元）	天津 规模	天津 投资（亿元）	河北 规模	河北 投资（亿元）	京津冀合计 规模	京津冀合计 投资（亿元）
新增污水管网（公里）	794	20	1 022	15	2 283	44	4 099	79
老旧污水管网改造（公里）	31	1	105	2	1 238	12	1 374	15
河流制管网改造（公里）	256	4	170	3	1 150	26	1 576	33
新增污水处理设施（万立方米/日）	67	20	50	13	140	35	257	68
提标改造污水处理设施（万立方米/日）	16	1	172	14	173	9	361	24
新增或改造污泥无害化处置能力（吨/日）	395	2	722	4	2 482	9	3 599	15
新增再生水利用设施（万立方米/日）	43	4	31	3	61	7	135	14
黑臭水体整治（公里）	665	140	118	25	207	44	990	209
合计	—	192	—	79	—	186	—	457

数据来源：Wind 资讯，国海证券研究所。

表 5-18 初步估计了"十三五"期间京津冀地区水污染治理及水资源优化相关投资额情况，而在估算时必然存在项目种类和项目规模估计得不完整、不全面，所以本书对"十三五"期间北京、天津、河北三地水资源相关投资额估计为 200 亿元、100 亿元、200 亿元。

（2）大气污染防治

北京：到 2020 年，在周边区域大气环境质量整体改善的情况下，全市 PM2.5 年均浓度比 2015 年下降 30% 左右，控制在 56 微克/立方米左右，空气质量优良天数比例达到 56% 以上。其中，南部地区（丰台区、房山区、通州区、大兴区）空气质量得到明显改善，PM2.5 年均浓度比 2015 年下降 35% 以上。

2017年1月起实施第六阶段车用燃油地方标准。在公共领域和社会用车等领域，加大新能源车、节能型乘用车等推广使用，并基本建成与新能源车使用规模相适应的充电网络。严格执行新增出租车"8改6"强制淘汰制度，并定期更换三元催化器，到2017年完成一轮更换；到2020年，全市在用燃油出租车力争达到国Ⅴ及以上标准。[①]

天津：到2020年，二氧化硫、氮氧化物、挥发性有机物排放量较2015年分别下降25%、25%、20%，重点工程减排量分别达到2.8万吨、3.5万吨、4.6万吨。到2017年底，建成830.54平方公里高污染燃料禁燃区，严格落实监管，根据环境空气质量状况，逐步扩大禁燃区范围。到2020年底，煤炭占一次能源消费比重维持在50%以下，力争煤炭消费总量控制在4 130万吨以内。到2017年，外购电比例达到1/3。到2020年，天然气比例达到11%～15%，非化石能源比重超过4%，外购电比例达到1/3以上。到2020年，公共交通占机动化出行比例提高到60%。

河北：2015—2020年，地级城市空气质量优良天数比例从52%提升到63%。2020年张家口市PM2.5年均浓度达到3微克/立方米，承德、秦皇岛市PM2.5年均浓度下降29%。地级城市重度及以上污染天数下降30%。化学需氧排放量下降19%，氨氮排放量下降20%，二氧化硫排放量下降28%，氮氧化物排放量下降28%，挥发性有机物排放总量减少20%。合理布局燃气调峰电站，适度发展天然气汽车，重点推进天然气重卡、天然气船舶及配套加气站等政策落地。在气源有保障、经济可承受的前提下，稳步推进工业领域"煤改气"，加快天然气分布式能源应用。

河北电代煤和气代煤三年户均补贴分别达1.5万元和1万元。以河北省为例，电代煤需要省、市各级政府支付一次性补贴共计7 400元/

[①] 张纯辉. JY公司发展战略研究［D］. 吉林大学，2014.

户,气代煤则需要各级政府支付一次性补贴共计6 700元/户,同时还为每户在每年补贴用电与用气费用各2 400元和1 200元,持续3年,综合计算,3年间户均电代煤与气代煤的补贴额达到14 600元与10 300元。按电代煤与气代煤分别占20%与80%计算,仅廊坊、保定的105.4万户居民3年间即需要地方政府财政补贴近118亿元。

清洁取暖工程中,在每户改造单价上,由于北京、天津属于直辖市,经济实力与发展水平较高,对这两地的改造单价采取了天津市清洁取暖任务计划中的平均2.387万元/户;而保定、廊坊等26个城市采取了对河北永清县、固安县、香河县等地的"村村通"气代煤工程的平均测算,约为1万元/户。北京农村户数大概为68万户,投资额约160亿元;天津农村户数大概为100万户,投资额约240亿元;河北农村户数大概为1 426万户,投资额约1 420亿元。

综上所述,结合上文中京津冀三地在"十三五"期间将要达到的大气污染治理目标,预估京津冀三地在大气污染防治方面的需求分别为600亿元、400亿元和1 100亿元。

(3) 土壤污染防治

北京:以农用地和重点行业企业用地为重点,开展全市土壤环境质量调查与评价。2018年底前,查明农用地土壤环境状况。2020年底前,完成重点行业企业用地土壤环境调查与评价,掌握污染地块分布及环境风险情况。

加强土壤污染预防方面,2017年底前,公布土壤环境重点监管企业名单并动态更新,重点监管企业制订自行监测方案,开展土壤环境监测,并向社会公开监测结果等环境信息。

天津:以农用地和重点行业企业用地为重点,开展土壤污染状况详查,2018年底前查明农用地土壤污染的面积、分布及其对农产品质量的影响;2020年底前掌握重点行业企业用地中的污染地块分布及其环境风险情况。建立土壤环境质量状况定期调查制度。完善土壤环境质量监测网络，2020年底前，实现土壤环境质量监测点位全覆盖。

河北：2020年受污染耕地安全利用率达到91%，污染地块安全利用率达到90%以上。农村面源污染综合防治方面，完成全省畜禽养殖禁限、适养区划定，以地定畜，优化调整养殖场布局。以废弃物资源化利用为途径，整县推进畜禽养殖污染防治，持续提升规模化畜禽养殖场清洁生产水平。实行"种养结合"，提高畜禽养殖废弃物资源化利用比例。

综合考虑京津冀三地在"十三五"期间计划完成的上述土壤污染治理目标，预估三地的需求分别为100亿元、80亿元、150亿元。

（4）生态保护

北京：到2020年，全市生态保护红线面积占市域国土面积的比例保持稳定，基本建立生态保护红线管控配套政策体系；生态用地数量和质量进一步提高，生态功能有所增强；生态保护监测预警能力明显提高；生态文明建设水平全面提升，生态安全得到基本保障。2017年底前，依据环境保护部制定的生态保护红线划定技术规范，将生态功能重要区域划入生态保护红线。2019年底前，完成生态保护红线勘界定标。

天津：积极融入京津冀空间布局，落实京津冀区域生态格局保护与修复要求，结合《天津市主体功能区规划》《天津市生态用地保护红线划定方案》，构建市域"三区、两带、三环、多廊"的生态安全格局。实施大绿工程。加快推进京津风沙源治理、"三北"及沿海防护林等重点工程。

河北：划定湿地、森林、草原、海洋、河湖等生态产品红线。全省划定湿地生态保护面积94.2万公顷，在此基础上不断加强湿地生态改善，增加湿地面积。到2020年，全省森林面积达到652.1万公顷，森林覆盖率从31%提升到35%，森林蓄积量从1.44亿立方米提升到1.71亿立方米。优先将张承坝上坝下地区150万公顷草原划定为基本草原，全省其他区域的基本草原划定工作于2017年底前全部完成。到2020

年,草原植被综合覆盖率达到73%。划定自然岸线17段,总长97.20公里,自然岸线保有率不低于35%。划定河湖临水控制线、外缘控制线和岸线功能区,2020年完成主要行洪排沥河道岸线利用规划。

综合考虑京津冀三地在"十三五"期间计划完成的上述生态保护目标,预估三地的需求分别为800亿元、400亿元、600亿元。

表5-19 "十三五"期间京津冀地区环境协同发展需求汇总表　　单位:亿元

项目		污染分类				
		水污染	大气污染	土壤污染	生态保护	总需求
地区	北京	200	600	100	800	1 700
	天津	100	400	80	400	980
	河北	200	1 100	150	600	2 050
合计		500	2 100	330	1 800	4 730

数据来源:根据各地相关规划初步估计。

从表5-19中可以看出,京津冀三地需求最高的是河北,北京稍低,天津远低于河北、北京。而污染治理中需求较高的主要是大气污染和生态保护两项。

5.3.4 交通一体化

京津冀三地联合强化城际铁路与市区(郊)轨道交通建设,逐步形成高效密集轨道交通网络,运用现有的城际线路和客运列车专线等覆盖京津冀城市区域。其中,"一环"和"二航"指北京经济圈环京高速和北京(包含新建)国际机场。其次是"五港"和"六放射",包括京唐港、曹妃甸港、秦皇岛港、黄骅港和天津港,放射是指以首都为中心展开的区域性放射运输网络规划。①

(1) 京津冀地区城际铁路网规划

以天津、北京、保定、石家庄、唐山及秦皇岛为主轴,到2020年,实现天津、北京及石家庄三地间半个小时到1个小时的通勤圈;保定、

---

① 三大战略全面加速 交通运输先行突破[J]. 交通与港航,2016,3(02):68.

天津、北京形成半个小时到1个小时的交通圈，为调整区域性空间规划和产业转型升级提供有力的支撑和引导。到2030年，形成以"四纵四横一环"为骨架的城际铁路网络。到2020年前实施9个城际铁路项目，详见表5-20，总里程约1 100公里，预测总投资金额约2 470亿元。

表5-20　　　京津冀地区城际铁路网规划近期建设项目表

（2016—2020年）

序号	项目名称	里程（公里）	备注
1	北京至霸州铁路	78	
2	北京至唐山铁路	149	
3	北京至天津滨海新区铁路	98	北京至宝坻段与北京至唐山铁路线
4	崇礼铁路	67	
5	廊坊至涿州城际铁路	65	涿州经固安至京冀界
6	首都机场至北京新机场城际铁路联络线	160	首都机场经通州、亦庄、廊坊、新机场至京冀界，另一支线为亦庄经黄村至良乡
7	环北京城际铁路廊坊至平谷段	88	
8	固安至保定城际铁路	106	
9	北京至石家庄城际铁路	293	
	合计	1 104	

数据来源：中华人民共和国国家发展和改革委员会。

（2）北京市城市轨道交通建设规划

根据《北京市城市轨道交通第二期建设规划》（2015—2021年）相关规定，2015—2021年建设12个项目，总长度262.9公里。建设项目总投资为2 122.8亿元，其中资本金占40%，共计849.12亿元。具体项目详见表5-21。

表 5-21　　　　北京市城市轨道交通第二期建设规划

（2015—2021 年）项目情况表

项目名称	起讫点	线路长度（公里）	投资总额（亿元）
3 号线工程	田村—曹各庄北站	37.4	415
7 号线二期（东延）工程	焦化厂—环球影城站	17.2	153.3
8 号线四期工程	五福堂—瀛海站	3.3	34.2
12 号线工程	四季青—东坝站	29.2	324
17 号线工程	未来科技城—亦庄站前区南站	49.7	492
19 号线一期工程	牡丹园—新宫站	22.4	221.8
22 号线（平谷线）工程	东风北桥—泃河湾站	71	212.3
25 号线二期（房山线北延）工程	郭公庄—丰益桥南站	5	48.6
27 号线二期（昌平线南延）工程	西二旗—国家图书馆站	16.6	142.3
八通线二期（南延）工程	土桥—环球影城站	4.2	27.2
首都机场线二期（西延）工程	东直门至北新桥站	2	18
中央商务区（CBD）线工程	东大桥—九龙山站	4.9	34.1
合计		262.9	2 122.8

数据来源：《北京市城市轨道交通第二期建设规划》（2015—2021 年）。

（3）天津市城市轨道交通建设规划

根据《天津市城市轨道交通第二期建设规划》（2015—2020 年）相关规定，2015—2020 年，建设共 8 个项目，总里程约 228.1 公里。总投资金额约 1 794.33 亿元。具体项目见表 5-22。

表 5-22　　　　天津市城市轨道交通第二期建设规划

（2015—2020 年）项目情况表

序号	线别		起讫点	线路长度（公里）	投资总额（亿元）
1	中心城区	M3 线二期	高新区—天津站	3.9	17.04
2		M7 线一期	芦北路—普济河道	26.9	257.04
3		M8 线一期	资阳路—淇水道	20	200.53
4		M10 线一期	梨园头—南淀站	24	232.03
5		M11 线一期	晋宁道—七经路	25.4	236.07

续表

序号	线别		起讫点	线路长度（公里）	投资总额（亿元）
6	滨海新区	Z2 线一期	金钟河大街—北塘站	52.8	299.75
7		B1 线一期	欣嘉园车辆段站—新城四站	31.4	264.88
8		Z4 线一期	汉沽北站—中部新城站	43.7	286.99
			合计	228.1	1 794.33

数据来源：中华人民共和国国家发展和改革委员会。

航空航运：天津滨海国际机场加强与北京机场、首都新机场的协同效应，实现优势互补、错位发展，提升区域性国际航空枢纽的竞争力。2020 年和 2030 年争取实现旅客吞吐量 2 500 万人次和 3 200 万人次，货邮吞吐量 60 万吨和 250 万吨。逐步完善集疏运系统，包括铁路集疏运和高速公路。铁路包括津承铁路、保忻铁路、津石太铁路、环渤海铁路等，其中环渤海铁路主要搭建天津港与沿海各个地区的运输通道。[①]

公路：利用"九横六纵"高速公路网络格局连通京津冀三地，加快建设天津与华北西部、北部联系的直通通道。"九横"由北向南依次为：京秦高速、南港高速、京哈高速、唐廊高速、京津高速、滨保高速、津晋高速、津石高速、京津塘高速；"六纵"由西向东依次为：海滨大道、京沪高速、津蓟—蓟汕—津汕高速、唐承高速、唐津高速、津沧高速。优化普通干线公路建设，包括 G103、G230、G336 等穿城国道路段，不断加强地区之间的联系，根据不同地势、环保、交通等情况统筹考虑，提出道路规划建设的可行性方案。包括北大港水库分库路、团泊洼北堤路等。

电动汽车充电站：主要分成三类：公交充电站、公共充电站和建筑配建充电站。规划以建筑配建充电站为主，公共充电站为辅，同时与停

---

① 翟婧彤，王振坡，朱丹．天津城市交通与京津冀区域交通衔接匹配研究［J］．城市，2016（08）：3-8．

车设施、变电站布局相协调。公交充电站规划以公交车站设施为主，根据电动公交充电所需功能和用地面积进行全市改造或新建。

公共充电站：双城区按不大于 5 公里/站的服务范围，实现公共充电服务网点全覆盖。其他地区结合交通枢纽、大型停车场、商业繁华区、旅游景区、高速公路服务区等车流密集场所，合理预留公共充电站用地，基本建成平均服务半径 5 公里的公园充电基础设施网络体系。确保每一座公共充电站可以满足 2 000 辆电动汽车的充电需求，建设具有充电设施和预留安装条件的停车位比例达到 10% 以上。

建设建筑配建充电站设施或预留安装接口位置，新建房屋住宅停车位匹配建设达到 100%，大型公共建筑物配建停车场的车位比例达到 10%。

（4）河北省城市轨道交通建设规划

根据河北省"十三五"规划方案，到 2020 年，建设项目的投资总额大约在 2 000 亿元，轨道交通营业里程规模突破 8 500 公里，其中包括高速铁路和城市轨道交通分别为 2 000 公里和 80 公里。不断完善张家口、秦皇岛、唐山、邯郸、保定等市区的城市轨道交通建设规划和执行，在现有的铁路资源上，充分研究轨道交通规划的编制工作，有效推进河北与天津、北京交通枢纽的衔接项目工程，加强城郊周边紧密联系。[①]

河北省充分考虑经济发展方向及市场的实际需求现状，围绕京津冀交通一体化的原则，建立京津冀轨道交通网络，有序开展项目实施，建成投产一批重大轨道交通项目。高速铁路力争投产 600 公里以上，其主通道路及区域连接线路包括建设石济、京沈客专和张呼铁路，研究天津、保定、邯郸等地区的铁路干线，规划交通网。同时，新建京张、张大、京霸、霸商等铁路。确保国家高速铁路主干道基本贯通，全面覆盖

---

① 《中华人民共和国国民经济和社会发展第十三个五年规划纲要》辅导读本 [J]. 全国新书目，2016（04）：11.

各个省、市、区。城际铁路主要目标是为北京新机场旅客集中疏散及 2020 年北京冬奥会交通运输提供有力支撑。力争投产 400 公里以上，研究津承、石邯、唐遵、香平等城际铁路线，新建崇礼铁路、京唐铁路和廊涿、固保、石衡、沧港、机场联络线一期。普速铁路的投产目标是 500 公里以上，其研究项目包括承秦、蓟兴、张保港、保霸、范柏、邯黄铁路复线、石家庄东南环线、京包铁路张家口货运外绕线、高易铁路西延、海兴支线南延等项目。对京通、京原等干线铁路及沙午、新井等支线铁路进行改造升级，同时继续修建邢和、唐曹、蓝丰等铁路，新建水曹、黄大、蓝张、汉曹等铁路。

城市轨道交通：河北省研究有关张家口中心城区到崇礼、唐山中心城区到丰润、秦皇岛中心城区到北戴河、邯郸中心城区到冀南新区等轨道交通建设规划。新建石家庄 1 号、2 号、3 号铁路线（二期工程）和北京平谷线，同时继续建设 1 号和 3 号（一期工程）。环京城市轨道交通连接项目包括房山至涿州、大兴至固安、亦庄至廊坊等。[①]

根据石家庄铁路建设规划（2012—2020 年），总共由 6 条线路组成的城市轨道交通网，总里程 242 公里，核心区和中心城区线网密度分别为 1.09 公里/平方公里和 0.42 公里/平方公里，设立车站 242 座（包括换乘车站 29 座）。到 2020 年，基本实现公共交通出行量占全方式出行量的 30%，城市轨道交通出行量占公共交通出行量的 30%。建设投资总金额约 421.94 亿元，资本金占总投资的 40%，计 168.78 亿元。[②]《关于调整〈石家庄市城市轨道交通近期建设规划（2012—2020 年）〉的请示》中显示，新增 1 号线二期工程和 3 号线二期工程，线路长度 20.8 公里，项目总投资为 131.96 亿元。详见表 5-23。

---

① 周智敏. 石家庄利用轨道交通进行城市配送的探索［J］. 中国市场，2015（28）：176-177.

② 《石家庄市城市轨道交通近期建设规划》（2012—2020 年）.

表 5-23　　石家庄市城市轨道交通建设规划调整方案
（2012—2021 年）项目情况表

项目名称	起讫车站	线路长度（公里）	投资总额（亿元）	建设期
1 号线二期工程	洨河大道—东洋	12.7	77.31	2017—2020
3 号线二期工程	三教堂—北乐乡	8.1	54.65	2018—2021
合计		20.8	131.96	

数据来源：中华人民共和国国家发展和改革委员会。

将石家庄机场培育为区域枢纽机场、京津冀区域重要目的地门户机场，积极发展航快件集散、航空旅游集散及低成本航空；邯郸、唐山、张家口、秦皇岛、承德、邢台、沧州、衡水、保定机场定位为支线机场。围绕京津冀协同发展需要，以满足市场需求为基础，大力发展通用航空，加快栾城通用机场升级改造，推进张北等一批通用机场建设。在港口建设上，加强港口资源整合，共同建设北方国际航运核心区，形成秦皇岛港、唐山港、黄骅港与天津港协同发展的环渤海世界级港口群。秦皇岛港保持北方国际能源大港地位，向多功能现代化大港转变。唐山港建成国家主要港口、东北亚地区经济合作的前沿枢纽、国际综合大港。黄骅港建成国家主要港口、北方国际散货石化大港。

表 5-24　　　　京津冀交通一体化需求汇总表　　　　单位：亿元

项目	地区	具体描述	资金需求量
交通一体化	京津冀	京津冀地区城际铁路网规划	2 470
	北京	北京城市轨道交通建设规划	2 122.8
	天津	天津城市轨道交通建设规划	1 794.33
	河北	河北城市轨道交通建设规划	2 553.9
合计			8 941.03

5.3.5　精准扶贫

2017 年 3 月，京津冀三地农业扶贫会议召开，农业部与北京市、天津市、河北省研究有关环京津贫困地区农业扶贫的发展计划。京津冀根据地方特色和市场发展状况，利用农业产业推动京津冀精准扶贫计划，其中包括种植体验园、水源功能涵养区、绿色屏障、特色小镇等。通过易地扶贫搬迁工程和产业扶贫工程，安置贫困人口、规划小区建设、学习现代农业技术、最大限度带动贫困地区特色农业的发展。

(1) 易地扶贫搬迁工程

在"十三五"期间，中央安排预算资金（包含地方政府债券、专项建设基金、长期贴息贷款和农户自筹等易地扶贫搬迁资金），共计金额约 6 000 亿元。全国 22 个省市区（包括 1 400 个县市区）有 981 万建档立卡贫困人口实施易地扶贫搬迁工程，工程项目包括建设标准住房，不超过 25 平方米/人；在安置区（点）建立配套基础设施和基本公共服务设施；迁出区宅基地复垦和生态修复等。①

①河北省"十二五"实施情况：河北省自 2012 年起被列入全国易地扶贫搬迁试点工程实施范围后，在 2012—2015 年，组织实施易地扶贫搬迁项目 113 项。分别在张家口、承德、保定、秦皇岛、石家庄、邢台、邯郸（涉及燕山—太行山片区县和国家扶贫开发工作重点县）。2015 年底，已完成安置贫困人口 5.56 万人，累计投入各类资金 20.13 亿元，其中，中央补助资金 2.04 亿元，省级安排 1.57 亿元，市县投入 1.66 亿元，整合部门资金 0.05 亿元，群众自筹 14.39 亿元，其他资金 0.42 亿元，建成安置小区 113 个。

河北省搬迁对象及规模："十三五"期间，建档立卡搬迁人口约 19 万人（包含国家确认的 9 万人），以及与建档立卡搬迁人口同步搬迁的其他人口 23 万人。预计规划搬迁人口约 42 万人，其中涉及 7 个市 38 个县（区）。2016—2017 年，预计完成安置人口 12.6 万人，包括建档立卡搬迁人口 9 万人和同步搬迁人口 3.6 万人。投入资金约 45.62 亿元。2017—2020 年，预计完成安置人口 29.4 万人，投入资金约 106.44 亿元。

---

① 国家发展和改革委员会出台全国"十三五"易地扶贫搬迁规划［J］. 中国产经，2016 (10)：52 – 57.

表 5-25　河北省"十三五"易地扶贫搬迁规划资金预算表

项目期	资金投入（亿元）	安置人口（万人）
2012—2015	20.13	5.56
2016—2017	45.62	12.6
2017—2020	106.44	29.4

数据来源：《河北省"十三五"易地扶贫搬迁规划》。

②北京市"十三五"扶贫规划

根据《北京市"十三五"时期支援帮扶协作和区域合作规划》，"十三五"期间计划安排资金213.5亿元，用于扶贫协作和对口支援。从投入资金规模看，相较"十二五"期间，大幅增加56.5%。这些计划安排资金中，八成以上将用于扶贫，力促受援地人口全面脱贫。2017年10月11日，在北京市深化助力脱贫攻坚研讨会上发布了《北京市"十三五"时期支援帮扶协作和区域合作规划》，① 在计划资金外，北京还将额外追加10亿元用于受援地脱贫攻坚。

表 5-26　北京市支援帮扶协作和区域合作规划资金预算表

项目期	资金投入（亿元）	脱贫人口（万人）	对口支援资金（亿元）	帮扶协作资金（亿元）
"十二五"（2011—2015）	136.42	165.7	108.43	27.99
"十三五"（2016—2020）	223.50	271.47	146.15	67.37

数据来源：北京市人民政府、北京青年报。

③天津对口帮扶承德市

天津市与河北省签署了《对口帮扶承德市贫困县框架协议》，两省市结合本地的特色发展情况和问题进行深入研究，实施精准帮扶行动。在"十三五"期间，国家发改委下发的《京津两市对口帮扶河北省张

---

① 国务院《"十三五"脱贫攻坚规划》发布　打响脱贫攻坚战 [J]．中国农村教育，2016 (12)：5．

承环京津相关地区工作方案》。天津市每年对口帮扶投入资金量约2亿元（"十三五"期间共计10亿元），对口帮扶区县共五个，其中包括承德市隆化县、兴隆县、平泉县、围场满族蒙古族自治县、承德县。到2020年实现国家确定的全面脱贫目标，加强与受帮扶县区的产业合作发展、教育医疗合作。落实人才培训、生态环境治理、社会公共服务等重点工作。

（2）产业扶贫工程

到2020年，建设一批贫困人口参与度高的特色产业基地（包括特色产品加工、服务等），贫困地区特色产业突出，品牌产品占比显著提升，产业扶贫体系基本形成。① 对有劳动能力的贫困人口，全面覆盖特色产业项目和就业创业服务，每个贫困户掌握1~2项实用技术，实现户户有脱贫门路，增强自我发展能力，确保全省产业扶贫对象如期实现脱贫。②

环京津扶贫产业带。到2020年逐步发展甜糯玉米，普通玉米将退出种植基地，增加有特色蔬菜种植基地10个，面积约30万亩，增加食用菌规模种植基地20个，面积约1万亩。新增中药材和优质果品面积分别约20万亩和10万亩。建设20条休闲观光农业线路，打造60家休闲观光农业采摘园。

大力发展特色林业产业。重点发展苹果、梨、核桃、大枣、板栗、山杏、葡萄等优质特色果品和木本油料，③ 培育发展中药材、食用菌、特色养殖、林苗一体等林下经济，带动60万贫困人口稳步脱贫。到2020年，贫困地区林果总面积和林下经济经营面积分别达到1900万亩和300万亩，年产值分别达到500亿元和45亿元。"十三五"期间让贫

---

① 范荣. 以产业协同助力精准扶贫 [N]. 北京日报, 2017-03-31 (005).
② 国务院印发《"十三五"促进民族地区和人口较少民族发展规划》[J]. 城市规划通讯, 2017 (03): 13.
③ 刘京晶, 赵志华, 高彩霞, 袁合静, 毕会娜. 河北省产业推动脱贫攻坚研究 [J]. 科技展望, 2017, 27 (28): 318.

困地区62个县大力发展林果贮藏加工，贮藏率达到42%以上，加工率达到32%以上。

积极发展休闲农业与乡村旅游。到2020年，扶持58个贫困县、793个贫困村、10.6万贫困户、28.8万贫困人口，脱贫致富的途径主要是通过直接参与旅游经营、提供接待服务、出售土特产品、入股分红等。培育10个省级旅游扶贫示范区，建设200个休闲农业园区，培育30条休闲旅游观光线路、550个旅游专业村。

河北省保定市产业扶贫情况：到2016年底，全市建档立卡贫困人口减少到31万人，降低77%，贫困发生率由15.9%下降到3.8%。2015—2017年共投入扶贫专项资金3亿元左右。其中，本级地方公共预算收入1%以上的资金，要用于阜平、涞源两个县深度扶贫，优先保证重点扶贫领域资金需求。积极开展财政涉农资金统筹整合工作，在整合中央、省、市、县四级涉农资金的情况下，保定市的9个贫困县在2016—2017年投入分别为13.3亿元和16亿元。

河北省"十三五"产业扶贫目标：2015年底，全省11个区市中9个扶贫任务较重，有62个贫困县、7 366个贫困村、310万贫困人口没有脱贫。特别是环京周边有28个贫困县、144万贫困人口。根据河北省2015—2017年的数据预测，2018—2020年全省扶贫专项资金3亿~4亿元，其中62个贫困县资金110亿元左右。

表5-27　　　　　　京津冀精准扶贫需求汇总表　　　　单位：亿元

项目	地区	具体描述	资金需求量
精准扶贫	易地扶贫搬迁工程	北京、天津、河北扶贫工程	385.56
	产业扶贫工程	河北省产业扶贫规划	110
	合计		495.56

5.4　京津冀绿色金融供求缺口

京津冀绿色金融历史供给情况为未来绿色金融供给测算提供数据

基础，可以在历史条件不变的假设下测算绿色金融未来三年的供给。未来三年京津冀绿色金融需求则在上节中详细估算。京津冀未来三年绿色金融总量、结构、区域、政策四个维度供求不平衡情况如下。

5.4.1 京津冀绿色金融供求总量缺口巨大

绿色金融供给方面，本部分数据较为丰富的几大类是绿色信贷、绿色债券、绿色PPP和碳交易，而绿色信贷、绿色PPP、碳交易是存量统计，绿色债券是增量统计，且由于绿色金融数据获取较为困难，个别数据存在统计时间和口径的不一致，总体而言集中在2016年和2017年的已有供给量，而绿色金融需求统计时间段基本为"十三五"规划区间，所以需要进一步依据已有的2016年、2017年数据来估算2018—2020年的增量。一方面要考虑绿色金融供给本身的高速发展态势，另一方面也要考虑绿色金融在国内整体金融结构中占比的连续性和可持续性。

从绿色金融供给方面来逐项估计其"十三五"期间的情况。

表5-28　全国2014—2020年绿色信贷年增量及同比增速　　单位：亿元、%

			2014年同比增速	2015年同比增速	2016年同比增速（近似）	2014—2016年平均
全国绿色信贷	同比增速		15.61	16.64	7.13	13.13
			2017E同比增速	2018E同比增速	2019E同比增速	2020E同比增速
		高速	15.50	15.75	16	16.25
		正常	13	13.25	13.50	13.75
		低速	10	10.25	10.50	10.75
	年增量		2014年增量	2015年增量	2016年增量	2014—2016年平均
			8 117	10 000	5 000	7 706
			2017E增量	2018E增量	2019E增量	2020E增量
		高速	11 641	13 662	16 064	18 926
		正常	9 763	11 244	12 974	14 999
		低速	7 510	8 468	9 563	10 819

数据来源：Wind资讯。

首先是绿色信贷，鉴于2014—2016年全国绿色信贷平均同比增速为13.13%，所以2017年的预测同比增速正常状态下为13%，而高速和低速状态下预计分别为 15.5% 和 10%。考虑过去几年绿色信贷同比增速有一定加速倾向，且监管机构对于绿色信贷的重视日益加强，预计 2018—2020 年三年的绿色信贷同比增速均有一定提高。从本章可知在 2016 年绿色信贷存量占比中，京津冀三地绿色信贷分别占全国的 11.98%、3.33%、7.59%，京津冀绿色信贷总体占全国的 22.9%，而京津冀地区 2016 年末绿色信贷存量 1.72 万亿元。由于缺乏京津冀地区过去几年绿色信贷增量数据，预计 2018—2020 年三年京津冀绿色信贷在全国的占比维持 22.9% 不变，并采用全国绿色信贷增速及京津冀地区的存量占比来推测未来几年其增量情况，其中以 2014—2016 年三年的同比增速平均值作为未来正常增速的推测值。

表 5-29　　京津冀地区 2017—2020 年绿色信贷增量估计　　单位：亿元

京津冀绿色信贷年增量		2017E 增量	2018E 增量	2019E 增量	2020E 增量
	高速	2 666	3 129	3 679	4 334
	正常	2 236	2 575	2 971	3 435
	低速	1 720	1 939	2 190	2 478

数据来源：Wind 资讯。

其次是绿色债券，从本部分可知 2016 年全国绿色债券发行量为 2 018 亿元，而截至 2017 年 9 月末全国绿色债券发行量为 1 600 亿元，如果 2017 年保持平稳增长态势，则预计 2017 年全国绿色债券发行量为 2 133 亿元，比 2016 年多发行 115 亿元，同比增速为 5.70%，并且，京津冀地区只有北京在 2016 年发行了绿色债券，总量为 107.5 亿元，天津、河北的首次绿色债券发行都在 2017 年，预计未来几年京津冀地区绿色债券发行量会呈现较快增长。一方面在绿色债券发行统计中北京地区未包含央企及国有大型银行总部；另一方面经计算 2016 年京津冀地区绿色债券全国占比为 5.33%，而天津、河北 2016 年绿色发行量为零，所以 5.33% 占比存在一定程度的低估。截至 2017 年 10 月统计的北京绿色债券发行量为 215.7 亿元，天津为 2 亿元，河北为 13 亿元。结合以上分析，对 2018—2020 年京津冀地区绿色债券发行量的估计见表 5-30。

表 5-30　2016—2020 年全国绿色债券发行量及同比增速　　单位：亿元、%

全国绿色债券	同比增速		2016 年同比增速	2017 年同比增速	2017 年京津冀同比增速
				5.70%	100.65%
			2018E 同比增速	2019E 同比增速	2020E 同比增速
		高速	10%	11%	12%
		正常	6%	7%	8%
		低速	3%	4%	5%
	年发行量		2016 年发行量	2017E 年发行量	2016—2017 年平均
			2 018	2 133	2 076
			2018E 发行量	2019E 发行量	2020E 发行量
		高速	2 346	2 604	2 917
		正常	2 261	2 419	2 613
		低速	2 197	2 285	2 399

数据来源：Wind 资讯。

由于 2016 年京津冀地区绿色债券发行量占全国的 5.33%，而 2017 年占比已高达 14.42%，其同比增速高达 100.65%，考虑到天津、河北 2017 年绿色债券刚起步，而 2017 年作为北京绿色债券发展的第二年，依然保持着爆发式增长态势，所以估计后三年京津冀地区在全国的占比不会下降，预计 2018—2020 年占比分别为 15%、17%、19%。

表 5-31　2016—2020 年京津冀地区绿色债券发行量估计　　单位：亿元、%

京津冀绿色债券发行量	占全国比重		2016 年	2017 年 10 月	2018E	2019E	2020E
			5.33%	14.42%	15%	17%	19%
			2016 年发行量	2017E 发行量	2018E 发行量	2019E 发行量	2020E 发行量
		高速	108	288	352	443	554
		正常			339	411	496
		低速			330	388	456

数据来源：Wind 资讯。

再次是绿色 PPP，按照本书对于绿色 PPP 项目的口径划分，将生态建设和环境保护、能源、交通运输、水利建设、保障性安居工程这五类项目纳入其中。截至 2016 年 12 月末,该口径下绿色 PPP 累计投资额为 58 761 亿元,截至 2017 年 9 月末,累计投资额为 78 456 亿元,2016 年的增量为 22 315 亿元,2017 年前 9 个月增量为 19 695 亿元,若 2017 年保持平稳增长,则预计 2017 年全年增量为 26 260 亿元,同比增速为 17.68%,由于缺乏历史增速数据,对于 2018—2020 年三年的增速仅以高速 20%、正常 18% 和低速 16% 进行测算。具体从京津冀地区来看,目前可获得的数据时间段为 2017 年 5 月到 2017 年 9 月,该期间共四个月增量为 862 亿元,若 2017 年保持该增速,则预计 2017 年全年京津冀地区绿色 PPP 增量为 2 586 亿元,占全国比例为 9.85%,由于缺乏历史数据,预计 2018—2020 年三年京津冀地区绿色 PPP 占全国的比例维持 9.85% 不变。

表 5 – 32　2016—2020 年全国及京津冀地区绿色 PPP 投资额测算

单位:亿元、%

	年份	2016	2017E	2018E	2019E	2020E
全国绿色 PPP 投资额	增速	—	17.68%	—	—	—
	高速（20%）			31 512	37 814	45 377
	正常（18%）	22 315	26 260	30 987	36 564	43 146
	低速（16%）			30 462	35 335	40 989
京津冀绿色 PPP 投资额	占全国 9.85%	2016	2017E 投资额	2018E 投资额	2019E 投资额	2020E 投资额
	高速			3 104	3 725	4 470
	正常	—	2 586	3 052	3 602	4 250
	低速			3 000	3 481	4 037

数据来源:Wind 资讯。

最后是碳交易,从 2013—2017 年的实际成交额增长情况看,同比增速波动较大,2014 年超高的增速是由于 2013 年才开始运行碳交易市场,2015 年还发生了成交额同比下降的特殊情况,2016 年又恢复高速增长,但 2017 年截至 10 月下旬,其增速又严重下滑,出于对京津冀地区碳交易成交额年度间存在高波动性的考虑,采用相对保守的同比增速来预测未来三年成交额情况,高速为 10%,正常增速为 5%,低速状态下仅为 2%。

5 京津冀协同发展中的绿色金融供求分析

表5-33　2013—2020年京津冀地区碳交易成交额及同比增速情况

单位：万元、%

	年份	2013	2014	2015	2016	截至2017.10.20	2018E	2019E	2020E
京津冀碳交易成交额	同比增速	—	13 203.7	-20.41	83.62	4.66	—	—	—
	高速（10%）						13 972	15 369	16 906
	正常（5%）	62	8 304	6 609	12 136	12 702	13 337	14 003	14 704
	低速（2%）						12 956	13 215	13 479

数据来源：碳K线。

表5-34是对"十三五"期间上述绿色金融各项细分产品预估供给的汇总，均按照高速、正常、低速进行了划分，2017年较为确定的数据就没有使用估算值，均假设第四季度将保持前三季度的增速从而计算全年供给情况。

表5-34　"十三五"期间京津冀绿色金融总供给测算　　单位：亿元

		年份	2016	2017E	2018E	2019E	2020E	加总
京津冀绿色金融总供给测算	绿色信贷	高速	1145	2 666	3 129	3 679	4 334	14 952
		正常		2 236	2 575	2 971	3 435	12 362
		低速	108	1 720	1 939	2 190	2 478	9 471
	绿色债券	高速			352	443	554	1 744
		正常		288	339	411	496	1 642
		低速	—		330	388	456	1 569
	绿色PPP	高速			3 104	3 725	4 470	13 884
		正常		2 586	3 052	3 602	4 250	13 490
		低速	1.21		3 000	3 481	4 037	13 104
	碳交易	高速			1.40	1.54	1.69	7.11
		正常		1.27	1.33	1.40	1.47	6.69
		低速			1.30	1.32	1.35	6.45

数据来源：Wind资讯。

绿色金融需求方面来看，本部分从疏解非首都功能、产业转型升级、环境协同发展、交通一体化和精准扶贫五大任务来分析。

其统计时间段为"十三五",也需要按年进行分配,最简单的方式就是五年平均分配。而考虑到最近一段时间持续不断的环保督察、京津冀地区污染治理的繁重压力以及党中央、国务院各类文件中高频率提到"绿色""低碳"等词汇,在"十三五"规划的后三年中,绿色金融需求有可能呈现出加速的增长趋势,所以在分配时也考虑采用逐年递增的方式,两种分配方式也有助于从更多的角度、方向来研究目前京津冀地区绿色金融的供求缺口。

本章前述估计,为完成京津冀地区五大任务共需要绿色投资63 885亿元,在这五年中的分配有两种方式,一是平均分配,二是按照逐年增加的情况来分配,假设增长速度与GDP增长相适应,京津冀地区平均GDP同比增长率在2015年6月为7.67%,2015年12月为7.67%,2016年6月为7.5%,2016年12月为7.56%,2017年6月为6.83%,总体而言过去三年呈现缓中趋降的态势,预计未来三年京津冀地区GDP同比增速平均为7%左右,故本书也以此增长率来分配"十三五"期间的资金需求量。

总量缺口分析以总需求的两种分配方式为大类进行比较,总供给方面仍区分了高速、正常、低速三种增长情况,详细情况见表5-35。

表5-35 "十三五"期间京津冀绿色金融总供给和总需求情况 单位:亿元

年份		2016	2017E	2018E	2019E	2020E	加总
京津冀绿色金融总供给测算	高速		5 541	6 586	7 848	9 360	30 587
	正常	1 254	5 111	5 968	6 985	8 182	27 500
	低速		4 595	5 270	6 060	6 972	24 151
京津冀绿色金融总需求分配	平均分配	12 777	12 777	12 777	12 777	12 777	63 885
	递增分配	11 109	11 887	12 719	13 609	14 562	63 885

数据来源:本书综合估算。

从表5-36可见,在总需求平均分配的情况下,2016年缺口为11 523亿元,之后四年缺口逐步缩小,到2020年高速增长情况下缺口仅为 3 417 亿元，低速增长情况下为 5 805 亿元，按照最近几年绿色金融供给的快速发展态势，供需缺口在未来几年有缩小的可能性，但从总体来看，缺口依然十分巨大，预计 2016—2020 年总缺口在 33 297 亿元到 39 733 亿元之间。

表 5 - 36　　　　"十三五"期间京津冀绿色金融供求缺口　　　　单位：亿元

	年份		2016	2017E	2018E	2019E	2020E	加总
京津冀绿色金融供需缺口	需求平均分配	高速	11 523	7 236	6 191	4 929	3 417	33 297
		正常		7 666	6 809	5 791	4 594	36 385
		低速		8 182	7 507	6 717	5 805	39 733
	需求递增分配	高速	9 855	6 346	6 133	5 761	5 202	33 297
		正常		6 776	6 751	6 623	6 379	36 384
		低速		7 292	7 448	7 549	7 589	39 733

数据来源：本书综合估算。

在总需求递增分配的情况下，2016 年缺口为 9 855 亿元，同样地，之后四年缺口逐步缩小，到 2020 年高速增长情况下缺口为 5 202 亿元，低速增长情况下为 7 589 亿元。"十三五"期间总缺口与平均分配状态下一致，但从现实角度分析，总需求递增分配可能更符合实际情况，在较短的五年时间里供需缺口的缩小程度不会过于迅速，如果没有相应的措施和手段进行调控，这一总量缺口矛盾将会长期持续存在。

5.4.2　京津冀绿色金融供求结构失衡

在本部分对总量缺口的分析中，按照正常速度增长，2016—2020 年间绿色金融总供给内部的结构情况是绿色信贷提供总量的 44.95%，绿色债券提供 5.97%，绿色 PPP 提供 49.05%，碳交易仅提供 0.02%，从绿色金融总供给内部看也存在较为明显的不均衡，主要依靠信贷和 PPP 项目，绿色信贷依然属于传统间接融资为主导的体系，而 PPP 项目需要政府较为直接的政策引导，未来需要提高绿色债券、绿色基金等直接融资方式在绿色金融供给中的占比，使整体供给结构更为多元化和均衡化。

从本部分第三节可知，"十三五"期间京津冀地区绿色金融总需求估算为 63 885 亿元，而从五大任务在总需求的占比来看，疏解非首都功能占 46.81%，产业转型升级占 30.97%，环境协同发展占 7.45%，交通一体化占 14%，精准扶贫占 0.78%，各项任务占比差异较大，而各项任务中难免会有重叠的部分，比如环境协同发展中对于汽车尾气排放的改造投入与产业转型升级中对于新能源汽车及相关技术的投资就存在交叉。疏解非首都功能中包含了雄安和通州两大中心的建设，需求相对较大。精准扶贫部分项目可能和疏解非首都功能和产业升级相重叠，导致其占比过低。总体而言，目前总需求五大任务内部也存在一定的结构性失衡，各项任务之间真正合理的、可持续的投资比例也需要进一步研究。

从绿色金融总供给的各项产品实际投向看，也与目前总需求各项任务的比例存在一定偏差，需要后续进行针对性的调整。

具体而言，首先是绿色信贷。截至 2016 年 6 月末，从全国绿色信贷的项目构成看，如果假设按照疏解非首都功能、产业转型升级、环境协同发展、交通一体化和精准扶贫五个任务来梳理，总体而言存在部分项目横跨两个任务的情况，比如可再生能源及清洁能源、工业节能节水环保等既属于环境协同发展又属于产业转型升级，本书将这类项目划归为产业转型升级，主要考虑其余还有大部分属于环境协同发展的项目。属于交通一体化的是交通运输项目，占比高达 47.6%，属于产业转型升级的包括可再生能源及清洁能源、工业节能节水环保，占比 33.7%，属于环境协同发展的包括垃圾处理及污染防治、自然保护、生态修复及灾害防控、资源循环利用、农村及城市水、节能环保服务和绿色林业，占比达到 16.1%，属于疏解非首都功能的建筑节能及绿色建筑占比 1.9%，属于精准扶贫的绿色农业占比 0.7%。京津冀三地的绿色信贷投向数据不太充分，从全国范围绿色信贷的投向来看，大部分还是投入到了交通一体化和产业升级两项，与京津冀地区的重点任务也有一定的匹配性，但涉及疏解非首都功能的占比用全国数据来分析就不太合理，所以从全国绿色信贷的投向分布看既有和京津冀地区需求相一致的部分，也有一定的差异性，需要针对京津冀地区的特点来进一步合理化绿色信贷投向。

其次是绿色债券，2016年天津、河北都没有发行绿色债券，北京地区除了一单北汽发行的企业债以外，其余绿色债券项目均与环保相关，涉及水污染治理、能源结构调整、环境治理技术提升等，北汽发行的绿色债券募集资金主要用途是用于建设符合国家环保标准、使用较多环保新技术的能源汽车生产工厂，可以算作是产业升级的一部分。天津首单绿色债券为天津国投津能发电有限公司2017年度第一期绿色短期融资券，也是与环境协同发展相关的。截至2017年10月20日，河北省金融租赁有限公司共发行三期绿色金融债券，总规模13亿元，主要面向清洁能源、节能环保和工业节能等公司重点支持的战略行业，总体同样属于环境协同发展任务。北京地区2017年发行的绿色债券募集资金用途与2016年大致相同，主要也是涉及环保相关的各项需求。总体来看，京津冀地区绿色债券募集资金目前投向过于单一，大部分属于环境协同发展任务，相对投向多元化一些的只能是地方银行发行的绿色金融债，如何让京津冀地区非环保相关企业能够及时使用绿色债券这一直接融资方式来满足自身的发展需要是目前亟待解决的问题。

最后是绿色PPP，从图5-29中也可以看出交通运输方面的累计投资额远高于其他项目，具体从京津冀地区的各项绿色PPP项目所占比例看，交通运输排名第一为72.63%，第二位是生态建设和环境保护为13.26%，第三位是保障性安居工程为8.16%，该项应属于疏解非首都功能，第四位是水利建设为3.75%，第五位是能源为2.20%。目前绿色PPP项目统计中对于产业升级和精准扶贫两项任务的相关项目支撑不足，一方面是绿色PPP项目对于交通运输投资的偏好过强，另一方面也凸显了绿色PPP项目投向内部结构的不合理、不均衡。

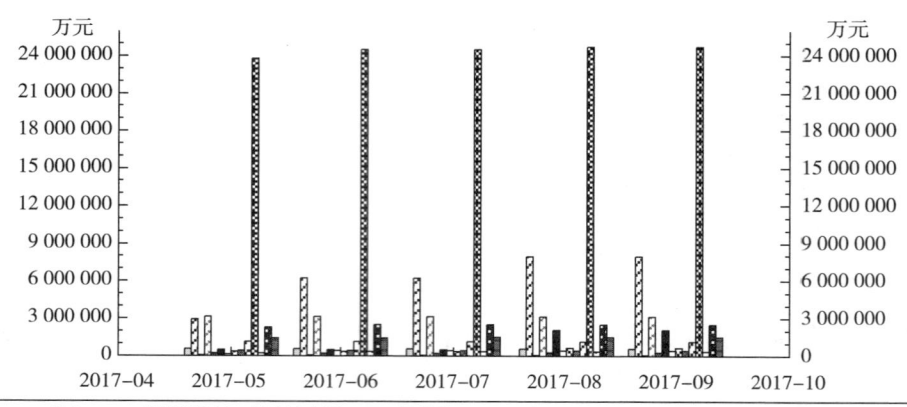

数据来源：Wind 资讯。

图 5-29　京津冀地区绿色相关 PPP 项目投资额

5.4.3　京津冀绿色金融供求地区差异较大

从本部分可以看出目前京津冀地区绿色金融供求缺口除了在总量和结构上存在不均衡外，在京津冀三地之间也存在较为严重的不均衡。

京津冀地区从绿色金融总供给的内部占比来看，北京占 47.13%，天津占 13.00%，河北占 39.88%。从绿色金融供给的细分产品来看，绿色信贷方面北京占 52.33%，天津占 14.53%，河北占 33.14%；绿色债券方面 2016 年只有北京发行，占比为 100%；绿色 PPP 方面北京占 26.24%，天津占 7.51%，河北占 66.25%；碳交易方面河北无碳交易所，北京占 89.66%，天津占 10.44%。从上述数据中可以清晰地看出，目前京津冀地区绿色金融供给不平衡情况较为突出，北京强于河北又强于天津的情况基本成立，天津只有在碳交易方面领先于河北，而碳交易本身的成交额在绿色金融供给中几乎可以忽略不计，各方面的弱势导致天津远远落后于北京、河北。河北在绿色 PPP 项目占比上甚至超过北京，主要是其交通运输 PPP 项目的累计投资就达到 2 270 亿元，远超其他各项比例，并且在信贷以及 2017 年发行的绿色债券方面河北也呈现出较强的发展趋势，也体现出河北在绿色金融发展上取得一定成效。北京则继续发挥其在各方面的示范和引领作用，不断巩固和加强其绿色金融的供给能力。

京津冀地区从绿色金融总需求来看，北京占 40.89%，天津占 24.76%，河北占 34.35%。而从具体的几大任务内部来看，疏解非首都功能中北京占 63.89%，天津占 2.68%，河北占 33.44%；产业转型升级中北京占 10.11%，天津占 58.30%，河北占 31.58%；环境协同发展中北京占 36.34%，天津占 20.59%，河北占 43.07%；交通一体化中北京占 32.8%，天津占 27.73%，河北占 39.47%；精准扶贫分地区数据不太清晰。总体上看京津冀内部绿色金融总需求也是北京强于河北又强于天津，与总供给的排序一致。然而从内部的几大任务三地需求占比看则差异较大，北京在疏解非首都功能上占比较高而在产业转型升级中占比较低，环境协同发展和交通一体化占比均保持在三分之一左右。天津只在产业转型中占比三地最高，其余各项占比均为三地最低。河北各项占比均保持在三四成左右。北京需要疏解非首都功能到通州及雄安，河北需要大力建设雄安新区，这两大重点项目使两地总需求相对较高。天津则需要在绿色金融供需两端进一步加强。

表 5-37　"十三五"期间京津冀三地绿色金融供需及其缺口

单位：亿元、%

	绿色金融供给	占比	绿色金融需求	占比	缺口	占比
北京	10 308	47.13	24 959	40.90	14 651	37.42
天津	2 843	13.00	15 108	24.76	12 265	31.32
河北	8 723	39.88	20 962	34.35	12 239	31.26

数据来源：本书综合估算。

京津冀三地在绿色金融供给和需求内部差异较大，这也是三地缺口均较为巨大的重要原因，从缺口数据看，三地较为平均，北京稍高为 14 651 亿元，天津和河北缺口则相差无几。京津冀三地虽然目前绿色金融发展已经存在一定的差异，但绿色金融的供需缺口都十分巨大，本质上还是反映了绿色金融在现阶段需求远远大于供给的现状，未来几年仍然有较大的发展空间。

5.4.4 京津冀绿色金融发展基础政策差异显著

除总量、结构、区域三个方面分析了京津冀地区绿色金融供求缺口问题，政策也是导致目前绿色金融供求缺口巨大的重要原因。目前绿色金融处在初步发展阶段，在运行机制、盈利模式、标准界定等多方面尚未形成完整体系，而其自身又带有一定的公共品属性，需要相关政策的大力扶持，所以在供给和需求方面政府给予政策的多少、执行力度的强弱、更新频率的快慢等都会影响绿色金融的发展。

绿色金融需求侧，以环境协同发展任务为例，2017 年 8 月 21 日环境保护部与另外 9 个国家部委及北京、天津、河北、山西、山东、河南 6 个省人民政府一起发布了共 137 页的《京津冀及周边地区 2017—2018 年秋冬季大气污染综合治理攻坚行动方案》，其中涉及 28 个城市，事无巨细地描述了每一个城市每一个区的细分任务、工程措施及完成期限。而且环保部目前已经形成京津冀及周边地区大气污染防治强化督察情况每日通报制度，目前最新的 11 月 3 日通报中指出，28 个督察组对照任务清单的 746 个具体任务点位进行了现场核实，发现其中 112 个点位存在环境问题。这仅仅只是京津冀地区绿色金融总需求中环境协同发展任务下大气污染治理的个别政策情况。以小见大，可以看出京津冀地区在疏解非首都功能、交通一体化、产业转型升级和精准扶贫等方面存在的相关政策与执行的差别。

京津冀各地在环境协同发展方面的政策情况，以各地区"十三五"时期环境保护和生态建设规划的相关政策为例，北京市人民政府在印发《北京市"十三五"时期环境保护和生态建设规划》后，北京市环保局就迅速发布了相关的解读文件，随后又分别针对环境信息化建设、大气污染、噪声污染、生态保护、移动源污染、地方环保标准等方面发布了相关的具体通知。天津市则在2016年10月7日发布环境保护"十三五"规划进展后，于2017年5月5日下发市发展改革委《关于印发天津市"十三五"生态环境保护规划的通知》，后续再无相关文件。河北省人民政府在2017年3月7日下发了《关于印发河北省生态环境保护"十三五"规划的通知》，之后3月29日发布了相关的规划解读文件，后续再无相关文件。由此可见京津冀三地对于环境协同发展的重视程度及落实情况也存在一定差距，内部的政策失衡也是客观存在的。[①]

绿色金融供给侧，在中共中央、国务院2015年9月印发的《生态文明体制改革总体方案》中，首次提出了建立绿色金融体系，规划了发展绿色金融的顶层设计。2016年3月，《"十三五"规划纲要》强调要"建立绿色金融体系"。2016年8月，七部委发布《关于构建绿色金融体系的指导意见》。2017年6月，国务院决定在浙江、江西、广东等5个省建设绿色金融改革创新试验区，以试验区落实顶层设计，推动绿色金融产品、业务模式的创新，在体制机制上探索经验。北京市金融工作局在2017年9月29日印发《关于构建首都绿色金融体系的实施办法》的通知。从上述文件可以看出国家对于绿色金融体系的建设尚处在初步摸索阶段，也是采取试点的方式进行体制机制探索。与绿色金融的需求相关政策对比，缺乏较为细致并具有地区针对性的方案与措施。京津冀三地仅有北京在2017年9月底发布了绿色金融体系的实施办法，同样尚处于逐步落实阶段。天津、河北则尚无相关具体的规划及政策出台。

京津冀地区绿色金融供给与需求相关政策之间的显著差异是目前存在巨大供需缺口的原因之一，如何真正做好绿色金融体系的政策框

---

① 张颖. 环保产业绿色融资问题研究［D］. 陕西师范大学，2016.

架、前期规划及运行机制建设从而提高绿色金融供给，是逐步缩小供求缺口的关键。三地绿色金融产品发展现状、市场交易规模及相关政策执行与落地情况差异较大，需协同补齐短板，共谋绿色金融长远发展。

5.5 京津冀绿色金融供给不足的困难与原因

京津冀绿色金融需求巨大、绿色金融供给过少，存在巨量供需缺口。而京津冀金融总量却很庞大，尤其北京作为全国的金融中心之一，各类资金和金融机构富集。显然京津冀绿色金融供给存在较大摩擦和障碍，如何消除绿色金融供给摩擦和障碍，疏导非绿色金融资金流入绿色金融，提高绿色金融占比，成为增加绿色金融供给的关键，首先需深入挖掘导致京津冀绿色金融供给不足的原因和困难。

5.5.1 绿色金融供给缺乏动力

私人投资追求利润最大化，市场化经营的金融机构也是如此。当绿色金融的投资收益相对传统金融收益较低，在无外部补偿或激励的情况下，资金不会流向绿色金融。对于收益不能覆盖成本的绿色项目，则市场化条件下更无可能有资金提供。绿色金融供给过少、在金融总量中占比过低，说明绿色金融缺乏内生激励和外部强制推动。

疏解非首都功能、通州新区建设、城市绿带和绿核建设、雄安新区建设等有利于解决交通拥堵和雾霾，需要巨量资金支持，虽然北京金融机构众多，具有集中全国资金的优势，但北京地区的绿色投向资金存量占比仍很低，增量绿色资金供给仍然不足。根本原因在于：一是绿色项目并不比传统项目收益高、风险低，一方面缺乏环境效益激励，另一方面环保约束下投资金额变大，总成本增加，投资回收期过长。二是对经济的绿色发展和绿色建设的强制性仍不具有普遍性，覆盖的领域较窄，并未足以促使传统资金不得不流入绿色领域，资金选择传统非绿经济仍有利可图。

天津经济结构与北京显著不同，制造业在经济中占比较高，在经济新常态下面临较重的去过剩产能和经济转型升级的压力。现实表明天津存量经济的非绿特征显著，传统经济的增量发展难以持续。未来一段时期，天津传统金融应以存量退出为主，增量金融应以绿色金融为主，要以绿色金融促进传统经济向绿色经济转变。然而天津累积的经济结构问题背后是过高的债务杠杆和严峻的就业问题，传统非绿经济的猛烈出清将伴随传统非绿色金融的呆坏账，反过来也将影响增量绿色金融的供给。累积的经济非绿色结构性问题一方面拖累和阻碍了经济的绿色化结构调整，另一方面也限制了绿色金融的本地供给。

河北"两高一剩"企业聚集，空气、水和土壤污染严重，植被和山体大面积破坏。其污染已然蔓延到北京和天津，乃至周边省份，污染治理和环境生态恢复刻不容缓。然而河北金融业并不发达，经济实力和金融总量有限，污染型经济实体的背后又沉淀了大量的非绿色金融资金，去产能和退出非绿色金融的代价很大，也难以一时完全退出。绿色金融的供给源头——本地金融实力不仅仅有限，当前也遇到不良高企的发展问题。对于极具环境效益的污染治理、环境修复等绿色金融资金需求，当地面临"巧妇难为无米之炊"的局面。

可见，京津冀三地都面临绿色金融发展内生激励和外部强制不足的问题，天津和河北又额外面临金融存量问题拖累、总金融供给不足以支持绿色金融发展需求，河北单独面临自身无法承担的污染治理和生态恢复的绿色金融供给问题。寻找资金、解决资金的盈利模式是京津冀绿色金融供给端的关键难题。

5.5.2　金融机构未健全绿色金融运营体制

我国绿色金融发展起步较晚，绿色金融本身界定也存在困难，至今国内未有单独运营绿色金融的机构出现，绿色金融的运营体制仍处于摸索阶段。功能主体的缺失，导致绿色金融供给端发力不足，易于被传统金融挤压，而不是基于传统金融绿色升级。

政策性金融方面，我国最初设立了国家开发银行、农业发展银行和进出口银行，执行政策性金融的功能，是准财政性功能，可以为具有一定外部性的基础设施、公用设施和一些涉及重要战略领域的项目融资，然而开发性金融需财政给予补贴或支持，早期由于财政税收的困难，三家政策性银行，尤其其中体量最大的国开行，逐步转型服务国家战略、依托信用支持、不靠补贴、市场运作、自主经营、注重长期、保本微利、财务可持续的开发性金融，主要为市场提供中长期资金。现今，国开行基本以开发性金融为主，农发行和中国进出口银行也在积极探索开发性金融的路子。对于京津冀区域性的绿色金融需求，传统的三家政策性金融机构投入远远不足。

商业性金融机构方面，我国仍然是以商业银行为主体，当前尽管绿色信贷规模居于世界前列，但商业银行仍未真正建立独立的绿色金融运营机制，绿色金融并未嵌入其商业化运营体系，绿色金融多是事后"打标签"，为满足监管要求或是出于增加社会声誉的考量。证券基金、保险、租赁等其他金融机构，早已打破刚兑、建立风险文化和市场化运营机制，对于收益低、期限长、风险相对并不低的绿色金融无内在动力去推动，仅有的少量绿色金融业务多是卖弄噱头，增加市场未来影响力和做宣传。总之，包括京津冀商业化金融机构在内的国内商业化金融机构主动运营绿色金融内生动力不足，因此又缺乏相关实践和创新积累，反之也不利于自身绿色金融运营体系的建立。

碳排放交易方面，我国已经把建立全国统一的碳排放权交易市场作为生态文明体制改革的重点任务，自 2011 年在北京等七个城市试点以来，已经纳入多个行业、近 3 000 家重点排放企业进入市场交易。但截至 2017 年 9 月，累计配额成交量也仅仅是 1.97 亿吨，约 45 亿元。旨在以市场交易的方式，实现买污、治理污染分离，加快推进企业节能减排，目前的交易规模仍然很低、纳入主体数量和范围仍然很少、发展速度仍然很慢。碳交易市场规模发展有限的情况下，金融机构介入的力度不够深入，碳金融相关创新产品和交易方式缺乏，反过来也影响了碳金融市场的建立、完善和发展。京津冀急需建立区域性的碳交易市场，并大力发展碳金融市场，以碳金融这一工具更快地促进京津冀企业节能减排。

第三方绿色金融服务机构方面，目前官办和民办的绿色评级和绿色信息服务机构数量少，民间绿色公益服务机构几乎空白，京津冀范围内则更少之又少。然而绿色金融的发展离不开绿色信息的支撑，项目是否是绿色的、深绿还是浅绿，需要专业的认定和绿色信息的分享。专业的绿色信息认定和分享，基于绿色基础信息的采集、整理、分析和报告，耗时耗力，需要专门的资源投入和机构运维，是支撑绿色金融发展的必要基础设施。只有基于及时、准确、权威的绿色信息，才能有效对项目或企业进行精准绿色评级，界定项目或企业的环保负面清单和白名单，支撑绿色产业发展、绿色行业标准制定和绿色融资。

综上所述，缺乏商业利益、外部补偿和激励的情况下，包括京津冀的全国范围内的各类金融机构无动力先行建立绿色金融运营体制专营或子公司，从而开展独立的绿色金融活动，也进一步造成碳排放和碳金融交易市场、第三方绿色金融机构发展缓慢。

5.5.3 绿色金融产品和服务创新不足

绿色金融产品是资金载体，绿色金融服务是资金流动润滑剂，资金载体少，流动润滑不足，则传统金融资金难以充分流向绿色金融。绿色产品与服务需匹配绿色资金需求的多样化和差异化需求特征，既确保资金供给总量，又确保资金供给能细孔入微地有效匹配资金需求。

现实当中可获得资金和实际需求资金的属性差异大，因此需要银行和证券市场等资金媒介间接或直接对接资金，匹配资金供给和需求的风险收益特征。从资金供给端看，银行资金主要来自一般性存款，安全性要求高，期限集中在中短期，资金配置顺周期特征显著；权益性证券融资资金收益性要求高，需匹配项目未来有较高的现金流入，预期估值要合适；债权性证券资金要求期限灵活，安全性较好，但发债门槛较高，总量受财务指标限制；商业保险资金供给期限较长，但要求收益稳定和本金安全，通常是跨周期投资；社保基金则比商业保险资金的要求更保守；其他机构和民间资金可以承受较高的风险，但对收益性的要求更高。从绿色金融的需求端看，普遍绿色金融资金需求期限长，但能提供收益却较低，甚至一些公共品项目自身不产生现金流。

绿色金融产品基于市场化规则设计存在显著的收益和风险不对等。首先，绿色金融之所以称为绿色金融，是因为资金投向环境效益显著的方向，而环境效益通常无法定价。绿色金融并非以追求现金流回报为唯一目的，这从根本上决定了绿色金融的回报率通常低于其他项目。其次，绿色金融之所以称为绿色金融，是因为实现绿色经济需要额外的绿色技术和相应的固定资产投资，这又抬高了投资的门槛，资金需求量也相应的变大。最后，绿色金融是为了经济的可持续发展，不以环境为代价，或者同样发展条件下尽可能减少对环境的负面影响，从这一意义上说，绿色经济本身长期持续才有意义，因此，绿色金融的期限通常是长的。上述三个绿色金融资金需求的特征最终推论出：绿色金融的资金需求量大、期限长、收益率较低，商业化风险是较高的。绿色金融发展缓慢和相对传统金融比重过低也间接证实了这一点。

在无环境效益补偿或激励的条件下，绿色金融自身存在收益和风险不对等特点，同时也是绿色金融产品和服务创新的关键难点。当前京津冀乃至全国，缺乏制度设计和政策支持引导市场创新，克服绿色金融本身的痛点。绿色金融产品和服务创新显著不足，也进一步阻碍了绿色金融的供给。

5.5.4 京津冀需建立统一的绿色金融协同发展机制

京津冀协同发展内含三地金融协同发展理念，三地经济实体协同必然需要三地的金融协同支持，然而我国金融体制设计中，金融机构主要受"一行三会"监管，地方政府对金融机构的监管权力较弱，但又都按照区域实行层级式管理。金融机构的按区域监管和经营，造成了一定程度的市场和客户、经营和监管的区域分割,增加了京津冀绿色金融创新和协同发展的沟通协调难度。

首先,金融机构区域分割经营,即市场分割、客户分割,形成金融资源丰厚地区的资金向金融资源薄弱地区流动的阻碍。北京资金富集,资金的买方市场议价能力强,资金价格也低;河北资金卖方市场占主导地位,资金价格相对较高。河北资金价格高也表明金融资源相对稀缺。从绿色经济发展和绿色金融需求看,河北绿色经济发展需求和环境效益相对大于北京,但北京富余的资金难以也不愿意流向急需资金的河北。一方面,因为河北经济实体的风险高于北京经济实体的风险,金融机构规避风险的结果。另一方面,传统金融,乃至绿色金融受限于区域分割经营和监管,即使河北绿色金融产出的环境效益最大受益者是北京,在当前环境下北京过剩的金融资金也难以流进河北。

其次,京津冀三地暂未实现绿色信息的完全共治共享。三地经济结构和发展水平不同,积累的绿色信息和治理经验也不同。绿色信息共治共享,乃至形成三地统一的绿色信息标准、绿色界定和评级标准,并区域互认,会产生重大的协同效益。当前国内绿色信息管理还远未规范和统一,区域行政管理和监管分割也加剧了信息分割,缺少完善的统一的信息协调管理机制,京津冀虽然经济发展已经密不可分,但信息分割的情况依然存在。绿色信息的共治共享水平较低,限制了三地绿色金融的发展,影响了三地绿色金融决策的效率,阻滞了三地绿色金融发展的协同互补效应发挥,不利于三地统筹协调资源分配,共治环境污染,最大化分享环境效益。

最后,绿色经济和绿色金融财税等支持政策难以协同。河北和天津去过剩产能和环境治理,对北京的雾霾治理和环境改善至关重要,然而河北和天津的财政收入和金融总量有限,绿色金融发展的配套激励和支持受到财政和金融的约束。北京财政收入和金融总量优势明显,虽有余力,但由于行政分割,难以向河北和天津提供财政资金支持。当前绿色金融发展急需外部性的激励和补偿，市场化的方式不能解决外部性的问题，财政税收和金融优惠支持几乎是见效快的唯一手段。目前京津冀三地就统筹协调治理雾霾和恢复生态已经达成战略共识，需进一步突破制度和机构设计，建立三地协调机制，着眼长远可持续发展和环境效益，统筹财税和金融资源，优势互补，加快推进三地绿色经济转型和必需的绿色金融发展。

总之，京津冀三地通过创新性制度安排，要建立统一的绿色金融协同发展机制，共同引导和激励更多社会资金投资于三地环保、节能、清洁能源、清洁交通等绿色产业，共同治理污染和恢复生态，对京津冀三地加快经济绿色转型和升级意义重大。

6

创新绿色金融扩大京津冀金融供给

为弥补京津冀绿色金融供给与需求缺口,需克服京津冀地区绿色金融供给困难。短期应从引导传统金融转杠杆入手,以政策激励传统金融转绿。中长期应依靠创新驱动绿色金融供给,建立绿色金融发展长效机制。更深入的政策激励、机制与产品等创新将扩大京津冀绿色金融供给,从而支持京津冀绿色发展。

6.1 绿色金融创新发展总体思路

绿色金融创新应给予绿色金融发展加速度和流量扩充，增加绿色金融供给主体，丰富绿色金融产品载体，改善绿色金融服务体系，建立绿色金融内生动力。京津冀地区具有独特的绿色金融创新发展政策优势，建立新型绿色金融服务体系指日可期。

6.1.1 全面推动，促进绿色金融加快发展

本书京津冀协同发展中的绿色金融设计以构建京津冀绿色金融服务体系为目标，推进绿色供给侧改革为主线，着力完善绿色金融市场体系、创新绿色金融产品和服务、构建绿色金融内生机制。通过政府和市场的协同并进，用有形的政策之手培育绿色金融，用无形的市场之手壮大绿色金融，实现绿色金融需求和供给稳健平衡发展。

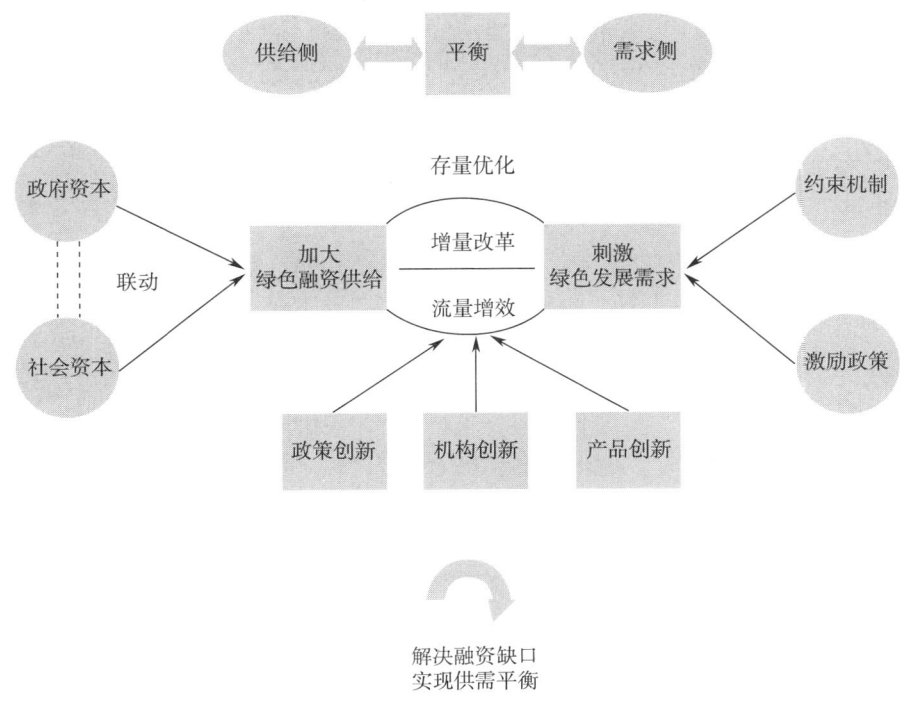

图 6-1 京津冀绿色金融服务体系

针对当前绿色金融面临的投资期限长、风险和收益不确定、融资渠道难、资金投向难等问题，着眼于需求侧和供给侧的平衡进行绿色金融服务体系设计。通过政策创新、机构创新、产品创新，刺激绿色发展需求，加大绿色资金供给，解决绿色融资缺口，达到供需平衡。借助当前丰富的金融产品体系，针对绿色环保领域，开发绿色资产证券化、排放权交易等创新产品和服务，解决绿色项目投资期限长、风险收益不确定等问题，让绿色金融流动起来。

首先，要进行存量优化，为传统过剩行业去杠杆。目前京津冀发展的产业模式存在较多绿色问题。一是粗放型的发展难以为继，经济增速放缓；二是环境代价巨大，为经济发展带来了一定的阻力。这类问题在河北地区尤其明显，河北省当前正处于工业化进程的中期阶段，其以重工业为主导的产业结构特征在短期内不易改变，大部分产业的环境污染和能源消耗问题较为突出。这一部分存量的过剩行业，需要从供需两侧的配合联动出发，逐步实现落后和过剩产能及环保不达标企业的退出。以直接减少产出的强制方式遏制生产的负外部性，减少资源浪费，保留先进产能、高效产能绿色升级，以技术和创新驱动，切换到低碳生产模式，提高产出的正外部性。

其次，要重视增量改革，为绿色金融加杠杆。通过需求侧激励和约束，供给侧投融资引导，为节能环保产业和传统产业绿色改造提供有效融资渠道，使资金流向绿色行业和绿色企业，让新增产能具有较高的节能环保绩效。通过绿色金融，引导低碳环保技术的研究、清洁能源的开发、高效节能设备的采购与维护，构建科技含量高、资源消耗少、环境污染低的产业结构和生产方式，以科技创新和转化应用为引领，认真落实产业政策，严格节能评估审查、环境影响评价、用地预审和水资源论证，严控高耗能高排放项目建设，加快淘汰落后产能，推动产业结构优化升级，从源头上实现绿色生产和解决环境污染问题，采取创新和绿色双向驱动的发展模式向绿色发展转变。

最后，要关注流量增效，实现传统金融向绿色金融"转杠杆"。京津冀地区应借势供给侧改革，以改革创新为动力，把资源消耗、环境保护和环境效益纳入经济社会发展评价体系，建立健全资源有偿使用制度和生态补偿制度，深化资源性产品价格改革和环境税费改革，积极推进碳排放权交易、排污权交易和绿色供应链管理试点。同时，借助当前丰富的金融产品体系，针对绿色环保领域，开发绿色衍生品、绿色资产证券化、排放权交易等创新产品和服务，解决绿色项目投资期限长、风险收益不确定等问题，使得绿色金融产品流动起来。

通过以上三种手段，提高绿色金融的供给，刺激绿色融资的需求，以达到绿色金融供需平衡，最终提高绿色金融服务总量。

6.1.2 双管齐下，刺激绿色发展需求

京津冀协同发展中面临的绿色问题十分突出，应从健全宏观制度环境出发，通过实施需求侧政策，通过强化环境硬约束、减少污染行业资金投放，提高绿色融资需求，形成价格信号。

一是完善宏观制度环境，建立负外部性约束机制。以两个"硬化"为抓手，促进政府和企业加大绿色发展和绿色生产力度。其一是政府绿色发展任务硬化。制订绿色金融战略规划和配套方案，将绿色指标作为硬约束，实施绿色政绩考核。其二是企业绿色标准约束硬化。探索和建立碳排放和污染物排放配额机制，建立绿色评级和认证体系，强化企业环境信息披露。以法律的形式确立绿色金融制度，在投融资领域加强企业的社会责任。可以考虑在《商业银行法》《证券法》和《保险法》等相关法律的修订过程中加入绿色元素。强化监管约束，培育环境风险意识。例如要求上市公司定期披露有关生产经营过程中绿色环保执行情况，并做出相应的激励和约束安排。

二是实施需求激励政策，建立正外部性激励机制。激励绿色生产和绿色消费，使二者同时发力，形成合力，高效循环。其一是建立"绿色补偿"机制，降低绿色成本。灵活使用财政政策，对绿色企业进行

税收减免,对绿色信贷进行财政贴息,解决绿色项目外部性补偿缺失问题,实现绿色项目正外部效应的内生化;其二是鼓励企业和个人绿色消费,拉动绿色需求。传播绿色理念,激发绿色需求,为绿色项目创造良好的消费文化和社会氛围,通过绿色消费激励绿色生产和绿色增长。

6.1.3 多措并举,加大绿色资金供给

从制度、机构、产品等多维度完善绿色融资体系,填补绿色融资供求缺口。绿色融资的资金来源渠道主要包括政府公共资金和社会资本。社会资本包括国有和民营企业、外资企业、社会公众等。只有借助绿色金融手段,充分利用市场机制,解决绿色发展中面临的市场失灵和投资壁垒,发挥政府公共资金的引导作用,撬动更多的社会资本进入绿色融资领域,才能让绿色产业成为经济增长的新动力,实现绿色经济健康可持续发展。

(1)完善税制,拓宽资金来源。征收环境税,通过价格杠杆降低能耗和污染,配合采用税收的返还和减免措施,实现经济绿色发展。

(2)加大创新,丰富投资主体。一是财政出资,成立绿色投资银行、专项绿色基金等开发性绿色金融机构,撬动社会资本。按照市场机制运作的各类开发性绿色金融机构能够有针对性地解决市场失灵,和社会资本共担风险,有效撬动私人资本。二是引导证券投资基金、私募股权投资基金、保险基金、社保基金、信托计划等各类金融主体投资绿色环保项目。

(3)强化支撑,畅通投融资渠道。一是提升绿色投资动力。建立绿色投资风险补偿机制,通过贴息、担保增信等模式分担绿色项目的部分风险损失,降低其融资成本或提高其收益,解决绿色项目风险收益不确定问题,吸引社会资本介入。二是拓展企业融资渠道。一方面,加强金融机构联动,便利间接融资。另一方面,发展绿色资本市场,鼓励直接融资。

(4)盘活存量,增加绿色资产流动性。发行绿色资产支持证券,

缩短投资周期，解决期限错配。建立绿色发展产权交易所，推进碳排放权、排污权等环境权益交易。

（5）加强监管，建立绿色投资激励约束。加强对绿色金融业务和产品的监管协调，将绿色信贷纳入宏观审慎评估框架，开展绿色信贷评价，将评价结果纳入监管指标体系。对绿色信贷完成突出的银行实施定向降准等优惠政策。

6.2 引导传统金融支持绿色发展

绿色金融的供给远不能匹配京津冀绿色发展中的各方面需求，绿色信贷、绿色债券、绿色基金和绿色股权融资等传统金融产品方面仍存在提升空间，关键要做出适合的传统金融激励政策设计和制度安排，克服当前绿色金融供给的困难，促进京津冀地区绿色金融供给，使京津冀绿色金融在历史趋势上发生跳跃增长，从而扩大京津冀绿色金融供给。

6.2.1 引导传统信贷加速"转绿"，促进绿色信贷迅速增长

我国存量信贷规模巨大，而其中绿色信贷占比较低，造成这一现象的主要原因就是在当前的市场机制下，商业银行大规模开展绿色信贷业务不具备商业可持续性。由于绿色环保项目普遍具有期限长、预期收益较低的特点，在商业银行负债端资金成本不变的情况下，绿色项目的利差收益相比传统的一般项目较低，风险水平上也不具有优势，因此对商业化经营的银行而言并无吸引力。商业银行现阶段开展绿色金融业务更多的是从履行社会责任、提升品牌形象的层面出发，促进绿色信贷发展的内生动力尚未形成。

仅在未来三年内，京津冀绿色协同发展就面临着万亿元级的资金缺口问题，当前我国依然是一个以间接融资为主要融资渠道的市场，短期内发挥绿色金融的有效支撑作用，必须依靠绿色信贷的实质性增长。截至 2017 年 9 月末，我国人民币贷款余额 123.18 万亿元，总量十分巨大，而全国的绿色贷款仅占 10% 左右的比例，贷款投放并不存在总量

不足的问题，突出的问题是绿色贷款与传统贷款之间的结构性矛盾。未来绿色信贷的增长，必然是存量转化和增量提升两个方面的共同结果，概括起来就是传统信贷向绿色信贷"转杠杆"、新增绿色项目"加杠杆"这两个过程。"转杠杆"意味着存量的盘活与转化，应当给予商业银行相应的激励与约束政策，引导其将信贷资金逐步从传统领域退出，转而投向绿色环保领域；"加杠杆"是增量的提升，应当在壮大绿色需求的基础上完善激励机制使得绿色环保项目对银行而言更具有吸引力，同时考虑对符合绿色环保条件的企业适当放宽信贷准入门槛，从信贷的规模、期限和利率方面给予相应优惠。

在"转杠杆"方面，首先，当前商业银行的发展模式正在由规模扩张型向资本约束型过渡，资本耗用与资本回报在银行经营中的重要性越来越突出，轻资本经营逐渐成为趋势。基于这一背景，监管部门可以发挥资本管理政策的杠杆作用，考虑引入差异化的信贷资产风险权重指导，规定在商业银行计算风险加权资产的过程中，降低京津冀地区绿色环保企业贷款的风险权重，同时提高京津冀地区传统高耗能、高污染企业贷款的风险权重。在一升一降中使得商业银行在两个领域中业务的成本与收入关系的对比发生变化，同时节约绿色信贷资本占用、提高传统行业信贷的资本占用，让商业银行自发调整自身业务结构，引导信贷资金从传统金融转向绿色金融；其次，可以考虑开展对绿色金融定向降准。2017年9月30日，人民银行发布公告，决定对普惠金融业务定向降准。在绿色金融领域，同样可以借鉴这一思路。在准确界定绿色贷款范围的基础上，可以对符合绿色标准的贷款余额或增量占比达到一定比例的京津冀地区的商业银行，存款准备金率可在基准档基础上下调。商业银行可以将因降准而释放的存款准备金用于投资其他更高收益的资产，从而提高净利润水平。而商业银行想要获得这一优惠政策，前期必须保证在京津冀地区的绿色信贷投放达到贷款规模的一定比例，通过降准政策的激励与引导作用切实提高京津冀地区绿色信贷的占比。最后，考虑在宏观审慎评估体系（MPA）考核中将商业银行绿色信贷政策执行情况纳入 MPA 体系，将存款准备金率、利率、SLO、SLF 等常规货币政策工具的运用与 MPA 考核结果挂钩，制定专门的支持绿色项目的再贷款政策，通过货币政策的激励和信号作用引导商业银行提高绿色信贷在总体贷款业务中的比重。

在"加杠杆"方面，应考虑对京津冀地区绿色环保企业从信贷规模、贷款准入门槛、期限和利率等方面给予适当放宽与优惠政策。如由地方财政对贷款做出担保，在此基础上适当降低信贷还款对未来现金流覆盖程度的要求；对绿色环保企业适度降低绿色贷款准入门槛，降低对部分财务指标的要求；在风险可控的前提下适度延长贷款期限，一方面减轻绿色企业还款压力，另一方面为绿色企业充分利用信贷资金创造条件。对于贷款期限延长带来的商业银行的资产负债期限错配的问题，央行可以通过优惠的绿色再贷款方式弥补商业银行短期的流动性缺口，解决期限错配的问题。此外，为增加绿色环保项目对商业银行信贷资金的吸引力，可以考虑运用财政贴息的方式，弥补绿色项目较传统项目间的利差缺口，并与上述其他政策一同发挥作用，使绿色项目在对银行的综合收益上更具有竞争力。截至 2016 年底，京津冀三地地方公共财政在节能环保领域的支出分别达到 363.38 亿元、65.63 亿元和 262.80 亿元，总量达到 691.81 亿元。假定当前绿色项目信贷利率与传统部门信贷利率存在 50 个基点的利差，则若每年三地拿出 20 亿元的财政支出作为对区域内绿色信贷的专项财政补贴，理论上可以激励银行增加约 4 000 亿元的绿色信贷投放，支持京津冀绿色发展。

为了使"转杠杆"和"加杠杆"中释放的绿色资金有效落地，切实投入到绿色发展中来，笔者认为应当在相应政策激励的同时采取以下措施保证绿色资金落地：一是京津冀地区商业银行应对信贷客户实行清单制管理，建立企业环保信息的负面清单，加强"两高一剩"行业企业名录和环保处罚名单信息收集，实行环保"一票否决制"，对不符合绿色环保标准的企业不予以授信,防止信贷资金重回高污染、高耗能产业领域;二是京津冀地区商业银行应根据企业或个人客户的环保等级实行信贷分类管理,并规定商业银行对绿色环保类客户的信贷余额占总信贷规模的占比不得低于一定比例。通过这些方式,切实提高绿色信贷在京津冀地区总体贷款中的比重,推动因政策激励而产生的绿色资金落地,从而支持绿色发展。

截至2016年底,京津冀地区人民币贷款余额为12.28万亿元,其中绿色信贷1.72万亿元,占到总贷款规模的14%。如京津冀地区能落实上述政策设计,预计未来三年中京津冀区域内绿色信贷占比可再提高6%,若信贷余额保持年均10%的增长速度,则京津冀绿色信贷可在存量的基础上额外新增7 000亿元的规模,为京津冀绿色发展提供有力的资金支持。

6.2.2 激发潜能,以绿色PPP项目融资增加京津冀绿色资金供给

政府与社会资本合作模式(PPP)显著的特点就在于以小部分财政资金为杠杆,撬动更大比例的社会资本组成基金,投入到预期收益稳定的中长期项目建设中去。在这一过程中既发挥了财政资金的托底与信号作用,又能最大限度地吸引社会资本参与,减轻政府财政负担,扩大了融资渠道。京津冀绿色发展中的相关建设项目具有期限长、预期收益稳定的特征,因而非常适合PPP的运作模式。在PPP模式下,政府、银行和社会资本共同以股权的方式出资,设立专门的项目公司实行市场化运作和投资建设,坚持谁建设、谁经营、谁受益的原则,激发项目公司的积极性,鼓励项目公司创新融资方式,撬动更大的社会资金,实现政府财政资金和银行资金"四两拨千斤"的作用。

截至2017年9月,京津冀三地PPP项目数为702个,总投资额达到1.14万亿元。其中,生态建设和环境保护类PPP项目总数为49个,总投资额为604.77亿元,占京津冀地区PPP项目总数和总投资额的比例分别为6.98%和5.31%,整体占比还处于较低水平。从全国范围来

看，截至 2017 年 6 月 PPP 总入库项目数达到 13 554 个，总投资额达到 16.36 万亿元，PPP 项目落地率为 34.20%。绿色低碳 PPP 项目数为 7 826 个，项目落地率为 34.97%。因此，从整体来看，绿色环保 PPP 项目在京津冀地区占比较低，且在全国范围内存在着绿色 PPP 项目落地率偏低的问题。绿色 PPP 项目落地难的问题的存在，不利于发挥 PPP 模式为京津冀绿色发展提供有效的资金支持作用，也不利于解决京津冀绿色协同发展过程中资金供求间的矛盾。通过对绿色 PPP 基金的相关制度和运营特点进行梳理，可总结出影响当前京津冀地区绿色 PPP 项目占比和落地率的典型制约因素：一是绿色 PPP 项目公共品特征明显，建设运营期限长、资本回收周期长，对社会资本吸引力较低；二是在绿色 PPP 基金组建过程中，一定程度上存在着政府与社会资本收益与风险分担不均衡的矛盾；三是在开展绿色 PPP 项目合作过程中，地方政府存在着政策频繁变化的风险，不利于为社会资本提供稳定的预期，增加了社会资本对 PPP 项目的风险厌恶；四是地方政府 PPP 项目财政支出 10% 的红线限制；五是当前 PPP 项目过分依赖银行资金，融资渠道较窄。

因此，要想让绿色 PPP 基金充分发挥提供中长期投资资金的功能，弥补京津冀绿色协同发展面临的资金缺口，必须从政策机制上加以设计，增强社会资本参与绿色 PPP 项目的积极性、着力解决影响绿色 PPP 项目落地的种种问题，提高绿色 PPP 项目在京津冀地区总 PPP 项目的占比，加快实现绿色 PPP 项目的落地。

首先，针对部分绿色项目收益率低的问题，可以考虑将绿色项目与其他高收益项目进行捆绑，以达到增加绿色项目投资回报的目标。同时，政府应充分发挥财税政策的作用，在绿色 PPP 基金运营过程中减免部分税费，同时对项目质量好、建成后正外部性强的绿色项目给予财政补贴，将补贴用于提高投资者的回报，通过"一减一补"提高绿色 PPP 基金的投资回报率，吸引更多的社会资本参与进来。此外，PPP 项目整体周期较长，一般都在 10 年甚至更长的周期。过长的建设周期会使得未来资本回报的不确定性增大,同时市场上也很难寻找到可以持续投资十几年甚至更长时间的社会资金。针对这一问题,可以探索在绿色PPP项目运营周期内建立多轮化的资金投入机制,通过完善的资金到期退出方案,将较长的建设周期划分为数个区间,实现中短期资金的"接力"进入,既能解决资金与项目周期间期限错配的问题,又能提高绿色PPP基金的流动性,提高绿色PPP项目的吸引力。

其次,通过完善立法、行政法规和PPP项目运营中的具体条款,明确政府的权责义务。应当建立相应法规,要求政府必须对已论证通过并入库的绿色PPP项目保证政策的连续性;同时,增强政府信用,在绿色PPP项目中明确政府到期回购的相应条款,同时在项目运营到期当年,通过行政法规约束政府将到期的回购资金在年初时即单列为财政预算,并监督财政支出,在政府与社会资本合作的过程中给社会资本吃下"定心丸"。避免因政府信用因素导致社会资本不愿参与到PPP项目中来的现象发生。

再次,目前财政部规定地方政府在PPP项目领域的财政支出不得超过总收入的10%,在这一红线下,财政实力相对较弱的地方政府在发挥财政资金的杠杆作用时就会受到限制,不利于PPP基金规模的壮大。因此,为加速绿色PPP基金的发展,应考虑对京津冀地区地方政府真正投资于绿色PPP项目的,将10%的财政红线适度放宽,增加财政资金对绿色PPP项目的支持,扩大绿色PPP基金的数量与规模。同时,为解决绿色PPP项目发展过程中财政资金支持不足的问题,还可以积极探索财政跨区域合作的新模式。从环境治理需求的资金规模来看,河北省在环境治理中面临的资金压力相对较大,而在京津冀三地中,河北省的财政收入又是三地中最低。从环境治理的外部性特征来看,北京和天津相对更加受益,而区域内环境治理压力相对河北较轻。根据罗纳德·科斯的产权与交易费用理论,即"科斯定理",若从制度上赋予河北省一定的污染权,北京和天津两地通过购买河北省的污染权来减少河北的污染排放对京、津两地环境的负面影响将是成本最低的行为，因此从三地互惠互利的层面考虑，北京、天津两地的财政跨区域支持河北地方财政共同开展绿色 PPP 基金的设立，将有利于解决在污染治理中投入和收益不相匹配的问题。

最后，绿色 PPP 基金应逐步转变当前主要依赖财政资金和商业银行资金的模式，探索多种融资渠道，考虑引入社保基金、养老金和保险资金等成本较低的中长期资金，一方面可以扩大 PPP 基金的资金规模，另一方面可以发挥中长期资金的稳定托底作用，吸引更多的社会资本参与绿色 PPP 项目。

上述政策设计旨在切实提高京津冀地区绿色 PPP 项目在全部 PPP 项目中的比重，加快绿色 PPP 项目落地。若未来三年京津冀地区绿色 PPP 项目真正得到发展，并在新增的 PPP 项目中成为主流，预计其占比能达到全部 PPP 项目的 25%，则在 PPP 基金正常发展速度下，绿色 PPP 项目可以为京津冀绿色发展额外创造约 3 000 亿元的资金支持，在一定程度上弥补了当前京津冀绿色发展中巨量的资金缺口。

6.2.3　完善制度安排，促进绿色债券融资增长

绿色债券支持绿色发展主要有两个方面，一是金融机构发行绿色金融债券募集资金，而后将资金投放到绿色环保领域以支持绿色项目建设；二是绿色环保企业在资本市场上发行绿色债券实现直接融资，进而将所募集资金运用于公司项目运营。这两种方式均可以以绿色债券为载体，利用全社会的资金为绿色发展提供支持。2016 年和 2017 年，京津冀地区的绿色债券发行量分别为 108 亿元和 288 亿元，而截至本书成稿日，2017 年京津冀地区新发行各项债券总量为 5.65 万亿元，绿色债券占比不足 1%，京津冀绿色债券总量较小，债券发行结构有很大的优化空间。要解决京津冀地区绿色债券发行规模小的问题，必须从绿色债券的特征和发行机制角度出发，针对限制绿色债券规模的主要问题进行相应政策设计，消除不利因素，推动绿色债券在京津冀地区实现

"爆发式"增长。

当前京津冀地区绿色债券总量扩张的限制因素主要有以下几方面：首先，当前绿色债券处于发展初期，债券品种较为单一，期限也以中短期为主，绿色债券在利率和期限等方面较绿色信贷而言还不够灵活，不能有效满足绿色项目的实际需求，因此绿色项目更偏好通过绿色信贷的方式筹集资金；其次，绿色债券在成本上较其他普通债券并无优势，同时投资者对绿色债券并无特殊偏好；再次，许多企业对绿色债券发行的政策和监管规定不熟悉，使得企业不敢尝试发行绿色债券；最后，对于金融机构尤其是商业银行而言，在发行绿色金融债券筹集资金进而投资于绿色环保项目的过程中，绿色金融债券在成本上较存款、理财等负债来源不占优势。使得商业银行发行绿色金融债券的积极性不高。

因此，在绿色环保企业发行绿色债券方面，应给予相应制度、政策方面的激励，扩大绿色债券发行主体的许可范围，鼓励中小微绿色环保企业进入资本市场发债融资；同时，在符合市场规律和企业经营规律的基础上，适当调低企业发行绿色债券的门槛，如当前公司债券发行有净资产规模的要求，有限责任公司净资产不低于人民币6 000万元、股份有限公司净资产不低于人民币3 000万元，还要求累计公司债券余额不超过最近一期期末净资产的40%等，若能够对绿色环保企业发行绿色债券适当降低上述财务比例要求，可以进一步扩大绿色债券的增长空间。同时，加强对京津冀地区内企业进行绿色公司债、绿色企业债、绿色票据等绿色债券的发行的宣传培训，使企业熟悉绿色债券发行流程，了解绿色债券的优势与风险状况，激发企业通过发行绿色债券募集资金的积极性。在绿色债券的品种和期限方面，应探索丰富绿色债券的品种，延长绿色债券的期限，给予绿色企业更多的发行选择，使绿色债券与企业的绿色发展需要更具备匹配性。综合运用财政贴息、税收减免等方式，增强绿色债券对投资者的吸引力。此外，在鼓励绿色债券融资的过程中，应当坚持有所为有所不为，一方面要降低绿色债券门槛，给予相应优惠政策,另一方面应当对银行机构和绿色环保企业发行绿色债券的募集资金使用用途从严监管,确保所募集资金真正投入到绿色项目中去,满足京津冀绿色发展过程中的融资需求。

按照这一政策设计,并考虑到京津冀地区绿色债券发行刚刚处于起步阶段,若绿色债券在各种政策激励下得到迅速增长,且在新发行债券中绿色债券逐渐成为主流,则预计未来三年绿色债券在京津冀地区债券发行中的占比可达到20%,按京津冀地区债券发行正常发展速度计算,未来绿色债券可增加约2 000亿元的规模,为京津冀地区绿色发展提供有力的资金支持。

6.2.4 完善多层次资本市场,大力发展区域性绿色股权融资市场

股权融资方式是企业获得长期稳定资金的上佳选择,当前在京津冀地区乃至全国层面,绿色股权融资尚处于起步阶段,在直接融资中占比很低。我国的股权交易市场可以分为主板市场、创业板市场、三板市场和区域性场外股权交易市场,可以满足不同类型的企业在各层次市场上的融资需求。目前主板市场和创业板市场发展已相对成熟,企业可以在市场中实现IPO、再融资、并购重组等资本运作;三板市场特别是区域性场外股权交易市场尚处于不断发展完善阶段,未来发展空间较大。

在鼓励绿色股权融资发展方面,首先,应考虑适度放宽上市公司以绿色项目为募投对象的再融资和并购重组融资的条件,为绿色股权融资开辟审核、发行的绿色通道。其次,考虑完善区域性股权市场的企业股权交易机制。当前区域性股权市场上企业的股权交易以协议转让为主,这种交易方式存在着信息不对称、交易双方信息收集成本高和交易效率低的问题,不利于提高中小企业股权的流动性。因此,区域性股权市场应探索标准化的线上连续竞价的交易方式,用价格去反映市场信息,提高区域性股权市场的效率,为中小企业股权融资创造便利条件。最后,应当积极探索京津冀地区区域性股权交易市场的设立与完善。当

前,北京已成立区域性的股权交易市场——北京股权交易中心,一般称为北京四板市场。北京四板市场可以为北京地区的中小微企业挂牌、股权管理、品牌提升、股权债权融资和绿色转板等服务,自其设立以来,已经帮助中小微企业转到新三板等更高层次资本市场82家,实现各类融资超过100亿元。如在天津、河北地区也相应成立区域内四板市场,或探索在京津冀区域内成立更高层面的区域性股权市场,预期未来三年可以为京津冀地区内新兴产业带来500亿元左右的融资机会。

为了未来京津冀区域性股权交易市场能够切实发挥作用,推动绿色股权融资规模不断壮大,应当在以下三个方面做出制度安排,保障区域性股权市场对绿色企业融资的助力作用真正落地:首先,京津冀区域性股权交易市场应明确功能定位,厘清服务主体的范围,在服务对象方面不能"来者不拒",更不能"喜大厌小",要更加有针对性地对区域内绿色环保的中小微企业提供融资交易服务;其次,要注意人才队伍的建设,京津冀区域性股权交易市场应建立科学的人才引进和培养机制,打造一支专业化的队伍;能够对交易平台上的各种产品进行科学合理的定价,为企业提供高效、准确的融资咨询服务,以此来提高市场投资者对区域性股权市场的信心,吸引更多的投资者和融资企业参与到平台中来,增强市场活跃度,扩大绿色股权融资的规模;最后,京津冀区域性股权交易市场应重视完善和创新可发行转让的证券品种,根据京津冀绿色发展的需要,为企业设计特色化的融资产品,切实做到为京津冀绿色发展服务。

在上述政策的激励与约束下,京津冀地区绿色信贷、绿色PPP基金、绿色债券和绿色股权融资未来三年内可分别新增约7 000亿元、3 000亿元、2 000亿元和500亿元的规模,有效弥补了京津冀地区绿色金融部分缺口。表6-1中列示了在表5-35的基础上估算的未来三年京津冀地区新的绿色总供给情况,在传统金融的各项政策激励下,未来三年绿色金融总供给可达到10 135亿元、11 152亿元和12 349亿元,总计在总需求目标不变的情况下，可弥补 1.25 万亿元的绿色金融缺口。京津冀地区未来三年尚有约 7 254 亿元的绿色金融缺口有待于通过创新绿色金融，扩大绿色金融供给渠道进行弥补。

表 6-1　传统金融激励政策下未来三年京津冀地区绿色金融缺口

单位：亿元

年份	2018	2019	2020	合计
绿色金融总供给	10 135	11 152	12 349	33 636
绿色金融总需求	12 719	13 609	14 562	40 890
绿色金融缺口	2 584	2 457	2 213	7 254

6.3　创新驱动增加京津冀绿色金融供给

绿色金融支持京津冀协同发展，不仅需要引导传统金融对接资金需求和供给，更需要从体制机制、机构结构、产品服务、第三方中介机构、监管监督上进行探索，建立一个较为系统的绿色金融体系。有效的绿色金融体系可以形成多方合力，加速绿色金融发展、经济结构转型。

6.3.1　创新体制、建立机制增加京津冀绿色金融发展动力

从解决负外部性着手，完善公共项目的定价和收费机制，强化金融机构的环境法律责任，加强对守法守规者的正向激励，提高公共资金的引导作用，完善对金融机构的考核导向，实现从本源上解决绿色金融供给不足的问题。

完善公共项目的定价和收费机制。绿色金融所支持的绿色项目，都在一定程度上具有公共物品特性，而公共物品要实现由私人提供，最重要的环节就是解决定价和收费机制，必须要使绿色项目满足金融运作所必需的收益率。财政的支持如贴息、税收减免、支持担保等政策虽然可以间接提高绿色项目的收益率，但财政资金毕竟是有限的，要真正使绿色项目收益率可以满足投资者的需求，更重要的是理顺绿色产业的定价和收费机制。京津冀协同发展中，交通一体化和环境污染治理中，

很多原来属于政府投资的范畴，例如流域治理、生态城的治理，这些超大型的公共项目，以绿色项目方式推向了市场。如此巨大的绿色项目，投资额度往往超过几百亿元，包含着工业排污、生态农业、新型城镇化、棚户区改造建设等各类子项目，如何理顺定价和收费机制，保证社会资金合理的收益率就成为获得持久金融支持的关键。

进一步拓宽财政资金支持渠道和规模，适度放宽各类基金支持项目的审核条件，简化审批程序，加大节能环保类政府性基金的使用，引导社会资金的投入，弥补资金缺口。加强公共财政的激励力度，对绿色金融实施税收优惠。对认购绿色金融债的机构投资者，取得的利息收入部分免征企业所得税；对从事绿色债券业务的金融机构缴纳证券业务监管费给予适当优惠或减免；完善财政对绿色信贷的贴息机制，提高财政贴息率，延长或取消现有三年期财政贴息期限。目前多要求贴息率不能高于同期中国人民银行贷款基准利率或银行贷款利率，也有部分政策是以当年实际利率为限，有3%的上限限制，针对绿色融资的贴息可以实际利率为限全额贴息，根据绿色贷款的实际情况，取消三年期限制。同时，加强社会监督和公众参与，确保财政资金的使用效率。

同时要强化金融机构的环境责任和消费者的环保意识。我国目前环境立法与金融立法中金融机构特别是商业银行的环境法律责任缺失，导致一些商业银行为了追求回报或迫于地方政府压力，投资于重污染的钢铁、水泥、化工等行业、项目并由此导致了环境污染，对环境的恶化有着不可推卸的责任。因此，在法律上明确规范商业银行对所投资项目环境影响应承担的法律责任，是我国绿色金融快速发展的基本条件。应明确商业银行进行投资时承担责任的情形、归责原则、责任方式、责任限度等，赋予环境保护执法部门、非政府机构和个人起诉商业银行的权利。实现绿色发展、经济转型，不仅需要政策制定者积极推广，更需要广大人民的参与，具有社会责任的消费者将加大对清洁产品的需求，导致该类商品的价格上升，其效果相当于政府对清洁产品提供价格补贴。

6.3.2 先行先试，创建绿色金融机构增加绿色金融供给

在现有政策性银行、京津冀金融机构发展绿色金融的基础上，扩大京津冀碳金融交易市场，根据需要设立单独的服务京津冀绿色协同发展的绿色银行、离岸绿色金融中心等。

一是交易市场的创新。建立京津冀跨区域的节能量交易、排放权、用能权交易市场，碳排放权交易、用能权交易及节能量交易均是环境治理和保护的重要工作，从不同方面降低对环境危害。根据国家发改委的规划，全国碳市场的发展目标是从分散式探索性的区域市场，在统一的"注册登记平台、监测报告与核查规则、配额分配方法、履约规则、相关资质要求和监管"下逐步发展建立一个强制性的全国统一市场。在全国性统一市场建立之前，三地应在现有北京、天津交易所的基础上，建立京津冀跨区域的碳交易市场，加强各城市之间的减排合作，扩大碳排放交易范围，发展碳排放权场外掉期交易、碳配额质押融资、碳配额场外期权交易、碳配额回购融资，扩大碳交易产品种类和数量。根据公开数据，截至 2017 年 6 月底，北京环境交易所公布的碳排放权累计成交额达 3.55 亿元，累计成交量为 703.4 万吨；天津排放权交易所碳排放权累计成交量 300 万吨，成交额 4 116 万元。根据测算，京津冀地区中，河北省的碳排放量占三地的 70%，因此，如果在现有北京、天津交易碳排放交易所的基础上建立区域性的京津冀碳排放交易所，将提升成交量至 3 330 万吨，成交额至 13.2 亿元。国家在推动碳交易的同时，还有用能权交易、节能量交易等类似制度，并出台了《用能权有偿使用和交易制度试点方案》等。因此，京津冀三地需在区域性碳排放交易权市场建立的基础上，有序开展区域范围内的用能权交易、水权交易等试点。加快建立健全用能权、水权、排污权、碳排放权初始分配等基础性制度，根据行业特点，探索开展排污权、水权、用能总量指标等交易，逐步规范化、标准化区域性交易市场环境权益交易产品，研究

设立交易调节基金，引导市场预期，平抑市场价格异常波动。建立用能单位能源消费数据平台，将拒不履约的单位纳入失信企业黑名单，纳入信用信息共享平台，并与其他信息共享平台对接。大力推动合同能源管理，简化申请和审批手续，提高金融机构为节能服务公司提供项目融资、保理等金融服务的便利性。

二是设立京津冀离岸绿色金融中心，探索建立绿色金融试验区。离岸金融市场是指在非居民与非居民之间，从事离岸货币（也称境外货币）借贷的市场。按照职能不同，可以分为内外融合型、内外分离型、内外渗透型和避税型4种。内外融合型特点是在岸和离岸业务高度融为一体，一般由市场自发形成，典型代表是伦敦和香港。内外分离型是指专门为非居民交易而设立的金融市场模式，其特点是在岸和离岸业务严格隔离，典型代表是纽约和东京。渗透型离岸市场是介于上述两种类型之间的一种模式，典型代表是新加坡。避税型离岸市场实质上是起一个记账中心的作用，主要目的是为了避税、规避管制和降低经营成本，开曼群岛、百慕大等属于这种类型。[①]

离岸金融市场业务类型主要有：负债类、中间类、资产类、创新类、在岸与离岸业务联动类。负债类业务主要是各项存款，中间类业务主要是国际结算，包括汇款、信用证、保函、托收、外汇买卖等。资产类业务主要是贸易融资，包括进口开证、进口押汇、打包放款、出口押汇/贴现、福费廷、保理、信保融资、汇款融资、船舶融资等。创新业务类主要包括离岸网银、全球授信、外保内贷、转让证等。在岸与离岸业务联动类主要是联动押汇、离在岸背对背信用证、委托境外融资联动保理、委托境外开证、转开保函业务、离岸公司上市服务、离在岸联动账户监管业务等。

设立绿色金融离岸中心对企业进行国际融资有着重要意义。京津

---

① 田毅. 离岸国际金融市场模式的选择与借鉴［J］. 学术交流，1997（03）：32-34.

冀地区地理位置良好，周边地区经济繁荣，高校众多，人才储备丰富，制度优势明显，金融发展基础好，北京集聚了"一行三会"的总部，也是我国四大商业银行总部所在地。早在2006年6月，国家就批准天津滨海新区作为离岸金融的改革试点，这为离岸金融市场建设提供了先决条件。结合国内经济、金融环境和京津冀实际情况来看，建立内外分离、适度渗透的离岸金融市场应是天津的努力方向。首先，内外分离型不会对国内金融市场造成很大的冲击；其次，非居民的外汇交易全部开放将为人民币自由兑换提供基础。在业务范围上，可以首先从传统的离岸银行业务起步，进行一些存、贷、汇、结算等基础业务，吸引资金在传统行业流转的同时，逐步引导资金流向绿色产业和绿色发展，同时，根据京津冀对外贸易规模大等特点，为自贸区的贸易活动提供相应的金融支持，待自身离岸业务发展成熟后，逐步向证券业务、保险业务渗透。[1] 在经营主体上，在当前渤海银行、天津银行、平安银行的内资机构基础上，积极吸引外资银行。天津离岸金融市场已具备了建立离岸金融市场的条件，在市场力量的自发推动下，建立人民币离岸金融市场已是大势所趋。因此，京津冀需抓住资金流动、顺乘"一带一路"快车，把握京津冀协同发展、雄安新区发展的良机，运用政策创造和完善条件，吸引国际金融机构和国际资本，大力发展离岸金融中心。

2014年前六个月，天津市离岸金融业务结算总量达到128亿美元，依据目前的发展速度，到2020年，实现国际一流金融机构离岸金融业务部8~10家，国内一流金融机构离岸金融业务部8~10家，离岸金融业务量5 000亿美元，离岸金融资产存量1 000亿美元。到2030年，实现国际一流金融机构离岸金融业务部15家以上，国内一流金融机构离岸金融业务部20家以上，离岸金融业务量1 000亿美元，离岸金融资产存量2 500亿美元。这意味着，到2020年和2030年，京津冀离岸金

---

[1] 高宇，董静，高进辉. 构建天津滨海新区离岸金融市场的模式选择［J］. 哈尔滨金融高等专科学校学报，2009（02）：12－14.

融中心在 2020 年和 2030 年将为京津冀绿色发展提供将近 7 000 亿元和 15 000 亿元人民币资金。

根据离岸金融市场的主要业务种类和京津冀地区的经济发展状况，初步预计，天津离岸金融中心资产存量主要来自两个方面：第一是贸易融资下资产种类，包括进口开证、福费廷、保理、汇款融资等，根据地域特点和资产特点，此类资产主要由日本、韩国、东亚诸国和俄罗斯等国家的金融机构尤其是商业银行提供。天津拥有广阔经济腹地，同时处于中日韩贸易区的核心，也是目前全国唯一有三条与欧亚路桥相连的港口城市。与中、日、韩、俄、南亚的贸易往来必然带来相应的资金流动，例如南亚某进口商进口我国某类机械类产品，其所在国银行必然需要为该进口商开立信用证。根据贸易融资量测算，2020 年离岸金融市场资产总量中将有 65% 的比例是此类资产，也就是 600 亿元。第二是债券资产池，主要包括政府债券和企业债两个部分。在国际范围内发行债券是发达国家的普遍做法，离岸金融市场将是区域政府和企业发行国际债券的一个窗口，可以借鉴香港点心债券的经验，允许符合条件的企业通过发行债券来吸引离岸金融市场的资金。此类资产项目资产总量预计占离岸金融市场资产总量的 35%，根据该项资产的特点和泛亚圈各国的经济金融状况，可以预计，此类资产主要由日本等国内的各类基金、投资银行等提供。日本是一个国内储蓄率远高于投资率的国家，但日本经济泡沫破裂后，日本陷入长期衰退，近年来，日本央行的低利率政策更使得国内资产收益率直线下跌，这导致了日本国内资金大幅流出，日本、韩国与山东半岛贸易往来频繁，因此，流出的日本资金必将投入到收益率相对较高的离岸金融债券中。

非居民、低监管和少税收是离岸金融的三个主要特征。因此，要建设天津离岸金融中心，首先要大力推动人民币国际化，消除跨境资金流动存在的障碍，扩大人民币的可自由使用程度、逐步树立并巩固人民币国际地位，完善人民币支付清算系统等基础设施建设。根据 2017 年 1

月 SWIFT 的全球货币国际支付份额排行，人民币等货币总份额不到 6%。其次是支持金融机构双向开放，鼓励境内代理银行为境外参与银行开立人民币同业往来账户，畅通人民币跨境循环使用渠道。再次是推进国内债券市场的对外开放，推动区域债券市场建设，促进债券品种和投资主体多元化。最后是要加强金融基础设施建设，构建良好的金融法制体系，完善社会征信制度，营造健康的社会信用环境，搭建稳健的支付清算体系。同时要进一步提升系统性金融风险的管控和辨识能力，在机构、业务、市场、产品创新和金融开放等方面建立和完善风险防控体系、机制、手段、工具。同时，要培养金融专业人才，培育金融机构国际化人才队伍，培养一批具有国际金融机构工作经验、国际视角、国际金融外交经验的高端金融人才梯队。

三是设立京津冀绿色银行。资金的逐利本性导致商业性金融机构对绿色项目授信偏低，这种困境需要专业性金融机构的干预才能打破。可考虑京津冀三地共同出资设立"京津冀绿色发展银行"，发挥专业优势，弥补传统投资者对绿色项目了解不足的缺点，在充分了解辖区内绿色项目的技术、经济和金融特点的基础上进行投资，发挥规模经济效应，以低成本开展投资，为京津冀绿色项目提供规模大、期限长的资金支持，有效解决京津冀绿色发展投融资远期收益高、建设周期长、前期收益低的难题。具体操作上，注册资本应不低于 1 000 亿元人民币，其中政府方可用财政部发行特别国债或考虑用外汇储备注资 500 亿元，其他来源 500 亿元由包括社保基金、保险公司和具有长期投资意愿的其他机构，以及国际组织、外资机构、大型民企等公司认购，根据《巴塞尔协议Ⅲ》的要求，假定该绿色银行的资本充足率保持在 10%，则京津冀绿色银行可为京津冀提供 1 万亿元的加权风险资金。

6.3.3 共享共治，创建京津冀协同绿色信息与评级体系

通过法律法规，强制企业披露生态环境信息，建立三地绿色信息平台，改进现有评级机构、交易所等中介机构对绿色金融产品和服务的评

级标准、信息披露内容，降低绿色金融产品和服务的成本，跟踪和评价绿色金融相关政策的总体效果，为绿色金融后续发展提供建议。

首先是建立企业环境信息强制披露制度。完善的法律基础设施是绿色金融发展的重要制度保障。应充分利用法律的强制性约束来监督管理金融机构和企业的市场行为，通过强制性要求企业披露其生态环保信息，促使企业改善生产，同时加大对伪造环境信息的上市公司和发债企业的惩罚力度，增强企业的生态环保社会使命感和责任感，引导资金更多投向环境友好型绿色企业。

其次是建立绿色信息平台，将企业环境违法违规信息等企业环境信息纳入金融信用信息基础数据库，接入互联网系统，免费向社会公众开放，并定期研究和发布公司和企业的环境信息与分析报告。在京津冀生态环境监测体系初步建成的基础上，建立健全初步京津冀区域内企业，包括环保行政许可、融资授信、污染物达标排放情况、环保违法违规记录等在内的绿色信息平台，提高环境评估方法和数据的可获得性，降低信息搜索成本和不对称性。鼓励金融机构与数据平台双向互动，将环境成本核算引入环境影响评价、企业投资管理，并作为办理信贷业务和其他金融服务的依据。

再次是充分利用绿色信息平台，建立绿色评级体系，为绿色企业（项目）提供更有利的评级。具体实施上，引导评级公司通过引入双评级，兼顾科学性、公平性与实用性等原则，根据不同行业的特点，特别是污染类和生态影响类企业的特点，从污染防治、生态保护、环境管理、社会影响、信息公开和环境表彰六个方面定量评价企业环境表现和履行环保社会责任，结合环境表现考评总分和主营业务所处行业的环境改善贡献度，对企业进行绿色评价。根据 Wind 债券发行一级市场统计，债券发行的利率弹性为 1 436 亿元，这意味着如果在评级方面降低绿色债券评级收益率 20 个基点，则可以给京津冀提供 4 476 亿元的绿色金融资金。①

最后是建立绿色担保与增信机制。发挥政府引领作用，建立绿色担保机制，运用包括担保、次级债券或股权、保险和政策风险保险的手段和工具，为绿色债券进行增信，降低债券的发行利率。拓宽绿色担保资金的来源渠道，鼓励银行与担保公司合作，促进对绿色中小企业实行贷款担保。同样以债券发行的利率弹性为例，如果在增信方面降低绿色债券评级收益率20个基点，则可以给京津冀增加4 476亿元的绿色金融资金。②

同时，构建绿色金融跟踪评价体系。培育有专业能力的第三方评估机构，及时跟进绿色金融相关法律法规及政策体系的进展情况，对绿色贷款、绿色债券的资金使用及效益进行评估，跟踪和评价绿色金融相关政策的总体效果，为绿色金融后续发展提供建议。提高机构投资者和券商分析员对绿色债券的分析与评估能力，强化绿色债券的吸引力。

6.3.4　创新绿色金融产品与服务，增大绿色金融供给流量

针对京津冀协同发展需求，加快研发京津冀协同概念产品及特色服务，探索开展排污权、水权、用能总量指标等交易，多方举措增加绿色金融产品和服务数量。

首先要推动商业银行加快研发京津冀协同概念产品及特色服务。一方面通过同城化产品创新，推出"京津冀协同卡"，为京、津、冀三地客户打造"大同城"金融服务圈，使三地的异地客户可以享受与同城客户相同的金融服务，包括网点服务、费用优惠、财富管理、贷款融资、集团用卡、支付便利等。尽快实现京津冀三地异地个人贷款，解决异地抵（质）押及放款问题。通过债务融资、权益融资、信托融资、融资租赁、财务顾问、交行特色非信贷业务等举措，为京津冀相关企

---

①　该数据由债券发行利率弹性、2016年1月至2017年11月京津冀发行债券占全国比例综合计算得出。

②　同上。

业、项目提供全方位的绿色金融支持。另一方面，通过金融产品的绿色创新，服务京津冀绿色发展。发行低碳信用卡，倡导碳中和，开启低碳生活。开展绿色零售信贷，对符合节能标准的绿色装修和购买符合国家建筑节能认证标识的绿色建筑住房、新能源汽车和节能汽车的个人客户，实行低利率授信。开展绿色建筑贷款产品，助推绿色建筑设计和建造，对利用太阳能、浅层地热能、空气能的建设单位提供低利率贷款，要求建筑物的节能效率必须高于常规设计的25%以上，对居民购买绿色建筑贷款时，提高贷款额度上限，并适当提供低利率。将抵押贷款产品与碳减抵挂钩，越低碳的抵押品，抵押率越高。开展环保租赁服务，以优惠价格向商业客户提供环保技术，特别是向那些热衷于投资环保设备的国内企业提供，同时配套为企业环境投资提供加速折旧方案、节能投资补助计划以及环境投资补助计划。

开展绿色理财，探索理财对接优先股、私募型企业资产证券化、PPP公私合营融资等新型投行类非信贷业务，对接交通、城镇化建设、低碳环保等行业重点项目。挖掘排放权、能源效率提升等非物质对象的内在价值，替代传统抵押担保品化解信贷市场信息不对称的功能。开展新能源汽车绿色贷款，在政府提供补贴的基础上，为新能源汽车或混合动力汽车提供低利率或者零利率贷款，对产品进行重新设计，以覆盖所有低排放的汽车类型。提供碳托管服务，为客户提供托管、保管碳信用、管理其注册账户以及与其他各方的结算交易等服务。

在投行业务方面，开展生态证券化计划，生态证券化计划是通过将可持续资源管理与融资能力及资产支持证券化进行挂钩，来对"自然基础设施"的融资可行性进行验证，主要比如高速公路收费权，污水处理收费权，包括市政的收费权产品。发行绿色抵押贷款支持证券，为符合节能和环保的建筑物提供全套抵押贷款。发展私募股权，通过另类投资的可持续发展投资计划，在风能、太阳能和生物燃料等方面开展私募股权投资，尤其是着重开展对森林保护和生态多样性保护的私募股权。向专业治理机构提供贷款利率优惠融资，用于购买生物敏感性土地以及实施可持续森林保护实践与管理。为环保公司及碳信用开发商提供 IPO 支持，以低价格帮助清洁技术供应商、碳信用开发商及其他推广环保产品及服务的公司进行 IPO。

最后是推动保险公司、保险资产管理公司与区域内企业加强合作，通过保险债权投资计划、股权投资等方式参与京津冀投资重点项目建设，充分发挥好保险资金周期长的特点。积极探索绿色资产证券化融资，优选具有稳定现金流且收益能够产生生态效益的基础资产，例如污水处理费、垃圾处理费、生物质能及风力发电电费收益权等。[①]

6.3.5 健全京津冀绿色金融发展协同机制

京津冀协同发展为三地绿色金融统筹发展创造基础，三地应统筹绿色金融发展目标、途径和措施，建立完善的绿色金融发展法律法规和制度，协同创新机制、协同机构创新、协同信息共享、协同创新产品与服务，立足京津冀，面向全国，创新驱动、协同倍增扩大绿色金融供给。

在绿色金融协同发展方面，一是制定和执行更为严格的统一环境法律法规和标准，促进绿色融资由潜在需求转化为现实需求，具体应明确投资人对投资项目产生的环境法律责任，并严格执法。二是三地统筹绿色金融发展战略与目标、绿色金融供给体系、绿色金融需求体系以及绿色金融发展的支撑保障体系，统一协调好区域内发改、财政、金融监管部门、资金供需主体之间的关系，从三地整体出发，规划实施京津冀绿色金融发展目标、途径、举措、阶段性任务、重点项目。三是强化区域内相关企业的信息披露，强制区域内上市公司及有条件的非上市公司披露环境信息，建立公司环境绩效的全面评估和持续改进机制，有序开展公司环境绩效评估。四是建立三地多部门监管合作与执法协调机

---

① 陈婉：一中心、一示范、一体系发展绿色金融 [J]. 环境经济，2017（17）：46-49.

制,共享环境信息披露,统一对违反环境法律法规制度行为进行处罚和整治。

在绿色金融资金供给方面,基于上述创新驱动和协同倍增,预计京津冀绿色金融供给在未来会实现进一步增长,但创新发展和协同发展不能一蹴而就,仍需假以时日培育。对于未来三年京津冀绿色金融供需缺口(见表6-1),预计未来5年内实现平衡,未来3年内仍较大概率存在4 200亿元左右资金缺口,参见表6-2。

表6-2　　　　创新绿色金融供给资金详细情况　　　　单位:亿元

	项目	2018—2020年	2020年以后	备注
1	绿色评级	1 000亿元	500亿元/年	债券发行利率弹性×京津冀债券占比
2	绿色增信	1 000亿元	500亿元/年	债券发行利率弹性×京津冀债券占比
3	绿色银行	500亿元	1 000亿元/年	资本金1 000亿元,资本充足率10%
4	离岸金融	500亿元	500亿元/年	随离岸金融创新和发展,海外绿色金融资金涌入
合计		3 000亿元		
缺口		-4 200亿元		

最后,考虑我国金融仍然是以银行机构为主体的间接金融体系现状,京津冀绿色金融创新和协同发展依赖银行业的绿色金融深化改革。京津冀绿色金融发展应当坚持先易后难、双管齐下的策略,短期抓住传统金融转绿机会,努力促进绿色金融供给;长期扎实开展创新性绿色金融体系设计和基础工作,尤其积极进行绿色银行机构创新,早日推动成立京津冀绿色发展银行,实质长效为京津冀绿色发展提供增量资金。

设立京津冀绿色发展银行,
助力京津冀绿色协同发展

在我国当前以信贷为主的间接融资现实条件下,传统信贷转型绿色信贷,实现黑色经济转型绿色经济,为当前绿色金融转杠杆和加杠杆的必要方式。传统银行转型绿色银行存在体制弊端,设立独立运营的、专业的绿色银行是增加绿色信贷供给的直接有效手段。在供给侧结构性改革背景下,京津冀显现设立独立的、专业绿色发展银行契机。

7.1 京津冀绿色发展银行战略定位

京津冀绿色发展银行，应以支持京津冀绿色协同发展为重点，专注服务绿色经济领域。京津冀协同发展中的非首都功能疏解、交通一体化建设、生态环境保护、产业升级转移和精准扶贫，京津冀地区低碳环保、节能减排等新技术、新产业发展，生产和消费的绿色化，绿色产业提供专业化、个性化、系统化的绿色金融产品和服务，为京津冀绿色发展银行提供发展基础。

7.1.1 传统银行转型绿色银行困难

过去我国绿色金融产品主要集中在绿色信贷，而银行绿色信贷基本与中小企业绝缘，主要投向政府直接或间接参与的大项目、期限较长。当前绿色信贷期限结构和客户结构难以满足绿色企业多样化的融资需求，有限的产品种类也难以满足投资者对流动性、风险、收益的需求，导致许多绿色金融需求方融资难、融资贵。具体而言，传统银行在转型绿色银行业务时存在如下困难：

（1）绿色识别和评级能力不足

绿色金融标准是绿色金融产品和业务落地、规模化发展的前提和基础，但目前我国绿色金融标准化体系尚未成形。国内市场上，针对基础项目的绿色标准体系主要包括国家发改委、人民银行针对绿色债券发行所制定的目录，以及银监会绿色信贷统计制度中划定的绿色信贷范围。各项标准体系之间也存在一定的差异，不利于市场整体性、协调性发展。绿色标准不清晰，会导致绿色和非绿色项目难以精确界定，投资者无法评估绿色投资的环境效益，很难向绿色方向配置资源。因此，绿色金融相关的法律法规和监管框架制定刻不容缓。在具体的业务实施细则方面，可以借鉴"赤道原则"以及国际上专业的绿色银行通行做法，对于企业定期披露环保信息在法律法规层面进行强制约束，使绿色金融业务发展与环境保护有机结合并相互促进和完善。通过制度建设充分提高绿色金融市场运行透明度,搭建公共环境信息数据平台,进一步推动绿色认证与评级业务发展,初步消除由于绿色信息不对称导致的投融资障碍。①

(2) 难以避免内部绿色融资和非绿色融资之间政策套利

目前我国的金融体系在提供绿色资金方面仍存在许多不足之处。中国环境经济政策正处在一个积极的发展时期,但受政策本身效力级别不足、绿色信贷概念和统计口径有差异、与绿色信贷配套绩效评价标准和行业环保绩效评价指南等技术性政策的缺失、鼓励性和补贴性的优惠绿色信贷政策不足及法律责任和监督制约机制缺位等诸多因素的制约,中国绿色信贷政策体系的完善和实施效果的显现还有待时日。正是由于绿色信贷标准存在的模糊性和不确定性,使部分商业银行针对绿色信贷政策有套利的冲动,将一些并不严格满足绿色信贷标准的贷款也纳入统计口径,从而获得相应的政策支持。从绿色信贷专责机构的设置情况来看,国内商业银行步伐较慢,仅有数家银行在决策层次设立了相应的绿色信贷专责机构。同时,从绿色信贷专营机制建设来看,缺乏专业化的绿色信贷导向、组织管理架构、客户分类标准、绩效考核体系和绿色品牌建设。导致目前商业银行开展绿色信贷的积极性不够,截至 2017 年 2 月,我国 21 家主要银行绿色信贷余额 7.51 万亿元,占全部信贷比重仅为 8.8%。由此可见,在我国当前金融产品供给总量中,绿色金融占比不足,依靠传统方式提供绿色资金存在诸多不便,迫切需要成立专门提供绿色资金的机构。绿色发展银行不同于发放拨款的政府机构,也不同于在各类约束下依然需承担一定社会责任的传统金融机构,通过多样化的金融工具,为绿色项目"量身定做"融资方案,进一步提高行业透明度和投资者信心,降低绿色项目的融资成本,减少绿色融资和非绿色融资之间政策套利。

---

① 陈雨露. 完善绿色金融体系防范"洗绿"风险 [J]. 农村金融研究,2017 (05):79.

(3) 未建立完整的绿色信贷服务体系

商业银行内部绿色信贷服务体系远未成熟。第一是缺乏必要的绿色项目识别能力。绿色信贷业务专业化程度高，相关人员不仅要懂金融更要有较强的绿色项目辨别能力，当前我国处于绿色信贷发展初期，无论是在人员配备还是项目识别方面都有所欠缺，一定程度上限制了绿色信贷供给。第二是部分商业银行开展绿色信贷业务意愿较弱。绿色项目大多存在投资周期长，盈利能力弱的特点，部分项目初期可能收益不足以覆盖成本，且项目还款来源保障较少，相关担保匮乏，与传统项目相比需要投入更多的时间和精力却无法保证获得更高的收益，上述种种导致传统商业银行提供绿色信贷服务的主动性不足。第三是绿色信贷专业服务机构缺失。实际操作绿色信贷业务时可能涉及环境保护风险评估、环境损害鉴定等较为复杂的专业技术，并需要结合传统的融资项目风险评估与贷后管理，目前我国涉足绿色金融业务的专业化服务机构十分匮乏，应加强对此类中介机构的扶持力度，进一步培育并且完善绿色信贷服务体系。[①]

7.1.2 设立独立绿色发展银行必要性

(1) 京津冀经济向高质量发展的需要

京津冀绿色发展银行通过支持绿色经济发展，可以成为推动"转型"和"转变"的重要动力。首先专业的绿色银行在信贷投放上将严格执行绿色、环保标准，充分支持绿色产业发展，进一步推进"三去一补一降"，压降第二产业中的"两高一剩"行业比例，加快黑色经济向绿色经济的转型，可以优化产业结构。与此同时，绿色产业的高速发展也将带动企业采用更多的节能减排新设备与新技术，加速传统产业的转型升级，壮大绿色新兴产业集群，从而形成产业集聚效应，反过来进一步促进绿色产业发展。其次从需求结构角度看，低碳经济发展会改

---

① 黄剑辉，王一峰，张丽云. 构建绿色金融服务体系的困难与对策 [J]. 中国国情国力，2016 (12)：25-29.

变以大量消耗能源和排放温室气体为特征的传统消费方式，加速消费结构升级，促进城乡居民个人扩大绿色消费，而绿色银行通过向个人消费领域发放绿色贷款，可提升绿色消费比重，扩大消费市场总量，提高消费在 GDP 中的比重，从而推动经济增长方式转变。①

（2）有效增加绿色金融供给

针对京津冀地区，为完成京津冀地区五大任务共需要投资 63 885 亿元，预计 2016—2020 年总缺口在 33 297 亿元到 39 733 亿元之间。从现实角度分析，在较短的五年时间里供需缺口的缩小程度不会过于迅速，如果没有相应的措施和手段进行调控，这一总量缺口矛盾将会长期持续存在。绿色发展银行可以撬动民间资本，通过雇佣绿色行业的投资专家的帮助快速做大绿色资金规模，在充分了解绿色项目的技术、经济和金融特点的基础上进行投资，弥补传统投资者对绿色项目了解不足的缺点，发挥规模经济效应，以低成本的模式开展投资；缓释并降低项目投资风险，最终降低绿色项目融资成本。②

（3）有效传导绿色政策的需要

金融应当服务于实体经济，传统的财政政策支持对推动绿色低碳产业体系发展、改善生态环境质量起到了重要作用，但不足以弥补绿色转型的巨大资金需求。另外，绿色项目通常涉及新型科技，政府既缺少足够的历史数据和人才储备去理解绿色项目的技术、经济和金融特点，也难以有精力专注开发出相应的项目评审和风险评估的流程与工具。尤其有些绿色项目结构复杂、规模偏小、资金回收周期较长，传统投资者无法（或需付出较大成本）衡量这些项目的收益和风险，政府能发挥的作用也有限。此外，实体经济领域与政府绿色政策之间仍存在有摩擦的中间环节。独立的绿色银行可以克服以上融资壁垒，发挥专门的绿色政策传导渠道作用，避免绿色政策套利，提供绿色金融资金以弥补资

---

① 曹荣，苑德军. 加快发展绿色信贷的思考 [J]. 银行家，2013（08）：61-63.
② 朱寿庆，周李焕，孙轶侬. 绿色银行的国际借鉴 [J]. 中国金融，2015（20）：41-42.

7 设立京津冀绿色发展银行,助力京津冀绿色协同发展　271

金缺口。独立的绿色银行有利于充分提高绿色政策传导的有效性,为绿色政策的及时准确落地创造必要条件。

(4) 优化京津冀地区银行业结构

2016 年底京津冀三地的银行业金融机构情况如下:

表 7-1　　　　　　　北京银行业金融机构情况

机构类别	营业网点			法人机构 (个)
	机构个数 (个)	从业人数 (人)	资产总额 (亿元)	
一、大型商业银行	1 827	53 326	78 829	0
二、国家开发银行和政策性银行	18	914	16 738	0
三、股份制商业银行	951	24 232	49 450	0
四、城市商业银行	378	11 440	23 326	1
五、城市信用社	—	—	—	—
六、小型农村金融机构	694	8 862	7 236	1
七、财务公司	72	4 662	25 972	71
八、信托公司	11	2 662	1 006	11
九、邮政储蓄银行	568	3 230	4 428	0
十、外资银行	122	4 406	3 757	9
十一、新型农村金融机构	38	761	249	11
十二、其他	12	4 088	4 961	12
合计	4 691	118 583	215 952	116

数据来源:Wind 资讯和金融运行报告。

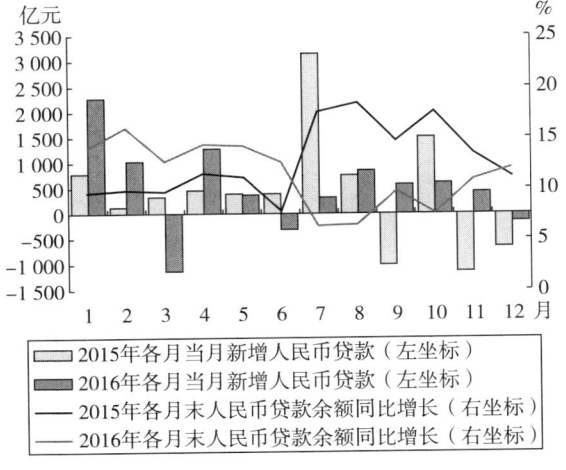

图 7-1　北京金融机构人民币贷款增长

从京津冀三地银行业金融机构情况看,在机构个数方面,河北是北京的 2.5 倍,是天津的 3.6 倍;在从业人员方面,河北是北京的 1.5 倍,是天津的 2.6 倍;在法人机构数量方面,河北是北京的 2.1 倍,是天津的 5.7 倍;但是在资产总额方面,北京是河北的 3.2 倍,河北仅是天津的 1.5 倍,北京是天津的 4.6 倍。京津冀地区的银行业金融机构资产总额与人员机构配备出现倒挂现象,人均资产与机构平均资产北京远高于天津,天津又超出河北。

表 7-2　　　　　　　　天津银行业金融机构情况

机构类别	营业网点			法人机构（个）
	机构个数（个）	从业人数（人）	资产总额（亿元）	
一、大型商业银行	1 253	28 867	12 295.8	0
二、国家开发银行和政策性银行	13	530	2 810.2	0
三、股份制商业银行	418	11 167	9 663.0	1
四、城市商业银行	336	7 837	9 251.9	1
五、小型农村金融机构	571	8 707	4 473.5	2
六、财务公司	7	216	439.2	6
七、信托公司	2	296	88.1	2
八、邮政储蓄银行	416	2 733	941.6	0
九、外资银行	52	1 155	847.6	1
十、新型农村金融机构	93	1 458	341.5	18
十一、其他	13	1 893	5 885.7	12
合计	3 174	64 859	47 038.1	43

数据来源：Wind 资讯和金融运行报告。

7 设立京津冀绿色发展银行,助力京津冀绿色协同发展　　273

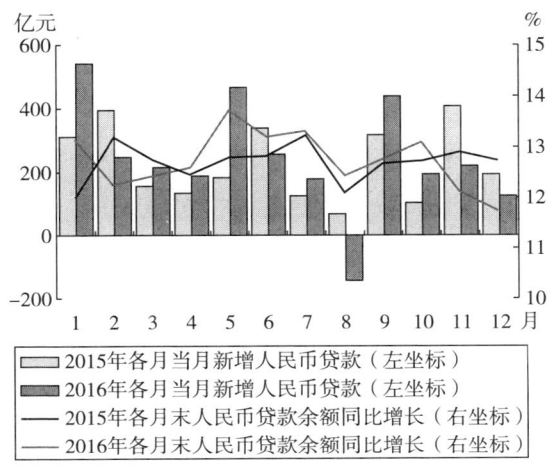

图 7-2　天津金融机构人民币贷款

而从京津冀贷款增速和增量看,2015 年和 2016 年人民币贷款余额同比增速河北区间段为 15%~17%、天津为 12%~14%、北京为 8%~12%,从 2015 年初到 2016 年末的 24 个月里新增人民币贷款河北全为正增长,增量较为平稳,稍高于天津;天津新增人民币贷款有一个月为负,增量也相对平稳;北京新增人民币贷款有六个月为负,增量幅度较高,但波动也较为剧烈。

表 7-3　　　　　　　　河北银行业金融机构情况

机构类别	营业网点			法人机构（个）
	机构个数（个）	从业人数（人）	资产总额（亿元）	
一、大型商业银行	3 276	76 997	26 634.1	0
二、国家开发银行和政策性银行	165	3 623	4 456.4	0
三、股份制商业银行	499	10 166	4 812.2	0
四、城市商业银行	1 036	21 038	14 925.3	11
五、小型农村金融机构	4 881	47 601	13 218.4	152
六、财务公司	6	198	490.8	6
七、信托公司	1	240	85.6	1
八、邮政储蓄银行	1 461	9 583	2 893.4	0

续表

机构类别	营业网点			法人机构（个）
	机构个数（个）	从业人数（人）	资产总额（亿元）	
九、外资银行	2	67	65.6	0
十、新型农村金融机构	209	3 076	359.1	73
十一、其他	2	151	405.1	2
合计	11 538	172 740	68 345.7	245

注：以上营业网点机构数据不包括国家开发银行和政策性银行、大型商业银行、股份制银行金融机构总部；大型商业银行包括中国工商银行、中国农业银行、中国银行、中国建设银行和交通银行；小型农村金融机构指农村商业银行；新型农村金融机构包括村镇银行、贷款公司和农村资金互助社；"其他"包含金融租赁公司、汽车金融公司、货币经纪公司、消费金融公司等。①

数据来源：Wind 资讯和金融运行报告。

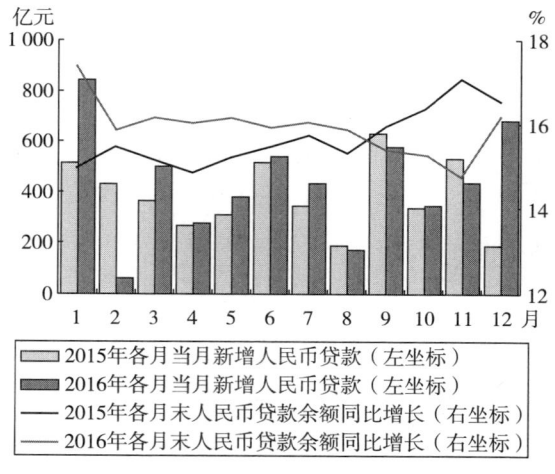

图7-3 河北金融机构人民币贷款增长

结合上述对京津冀三地银行业的分析，京津冀绿色发展银行的建立有以下五大优势：一是弱化京津冀银行业资产总额与人员机构配备出现倒挂现象，将北京的金融资源优势与人才资源优势向天津、河北倾

---

① 刘运. FDI、金融发展与产业结构优化研究［D］. 南昌大学，2016.

斜，提高两地的银行业运营效率。二是将河北、天津相对稳定的贷款需求与北京波动较大的贷款需求进行中和，提高未来贷款需求的可预测性，使得贷款业务发展更为平稳高效。三是充分满足河北、天津较高的贷款需求增速，特别是在两地的本土银行业机构资产可能难以提供足够支撑的情况下，让北京较大规模的银行业总资产支撑三地经济的协同发展。四是充分发挥河北、天津在推动"三去一降一补"中的项目优势，结合京津冀三地环保的高压态势，真正推动三地的绿色转型、绿色发展。五是积极发挥北京的首都指导与带动作用，毕竟京津冀绿色发展银行是先行先试的试验田，在监管方式、业务模式、资本金补充方式等多方面都可以进行充分的探索，为后续专业绿色银行的建立积累经验。

（5）为京津冀协同发展和雄安新区建设提供金融支撑

京津冀协同发展和"一带一路"建设同样作为国家重要战略部署，在金融支撑方面有不小的差距，与"一带一路"息息相关的丝路基金和亚洲基础设施投资银行已经成立并投入运行多年，为"一带一路"建设持续提供了大量的金融资源支持，使得该项倡议在部分国家和地区已经取得了一定的突破。具体来看，2017年12月7日，丝路基金董事总经理罗扬在"一带一路"国际创新论坛上透露，截至目前，丝路基金已经签约17个项目，承诺投资约70亿美元，支持的项目所涉及的总投资额达800多亿美元。2016年1月，亚投行正式开业运营。2017年底，亚投行已经批准超过20个投资项目，总投资额超过34亿美元。[①]

反观京津冀协同发展，结合本书的详细分析可以看出最近几年的成效并不明显，北京相对丰富的金融资源优势并没有向天津、河北地区倾斜，地区分化现象依然严重，伴随着近些年对于环保、生态、绿色发

---

① 唐子湉. 亚投行开业近两年投资超34亿美元[N]. 南方日报，2017-12-12（A15）.

展的要求逐步提高，大气、水污染治理的压力激增，天津、河北早些年重工业发展的优势将变成巨大的负担，进一步拖累地区经济发展。在这一大背景下，京津冀协同发展急需能够整合三地资源优势，促进京津冀三地经济绿色转型升级的政策及机制创新，京津冀绿色发展银行正是题中应有之义。

雄安新区，被视为继深圳经济特区和上海浦东新区之后又一具有全国意义的新区，堪称千年大计、国家大事。而在中央指明的七大建设任务中包含以下两项：一是建设绿色智慧新城，建成国际一流、绿色、现代、智慧城市。二是打造优美生态环境，构建蓝绿交织、清新明亮、水城共融的生态城市。雄安新区不会走"先污染后治理"的老路，绿色贯穿新区建设的始终，对雄安新区白洋淀生态污染的大力治理也是希望其能成为河北地区生态环境治理的标杆，能够带动全省加速绿色经济转型，无论是针对绿色雄安建设还是河北生态环境治理，京津冀绿色发展银行都可以在其中发挥不可替代的作用，同时它也是京津冀协同发展和雄安新区两大国家重要战略的有效实施载体。[①]

7.1.3 京津冀绿色发展银行战略定位

（1）绿色专业银行

专业化的绿色银行具有以下六方面的优点：第一，通过成立一家大型绿色银行，可以达到对全社会乃至国际社会的宣誓效应，充分表明我国政府对治理环境污染、发展绿色经济的决心，提升民间资金对未来政策的信心，有助于引导更多的资源投入到绿色产业。第二，绿色银行可以从启动之时就遵循赤道原则，建立专业化的项目环境评估体制，并享受专业能力、系统、数据库等方面的规模效益。第三，对专业化的绿色银行，比较容易设计和运用有针对性的创新融资方法（如发行绿色金融债，由央行提供绿色再贷款）。第四，与银行的生态金融事业部相

---

① 平言. 厚植雄安新区发展优势 [N]. 经济日报, 2017-04-10 (005).

比,独立的绿色银行可以在股权结构上有更充分的灵活性,可以吸引有兴趣参与长期绿色投资的社会资金入股。第五,绿色项目往往比一般贷款项目更多地面临回报率低、风险高等问题,但国际经验表明专业化的绿色银行在风险控制、降低不良率方面可以比一般银行表现得更好。第六,绿色银行可以成立专业的委员会负责制定绿色金融发展战略,监督绿色金融实施情况和绩效考核等;在总行设立分工细致的绿色金融部门,用于制定绿色金融的总体框架、分步目标和实施方针,并建立起总—分—支的绿色管理层级,实现绿色金融业务的专职管理和全面覆盖。[1]

(2) 绿色信贷银行

当前我国金融体系中银行占据绝对垄断地位,银行业务仍然以信贷为主。因此,在未来一段时间内,绿色银行应以绿色信贷业务为重点,承接和引导传统非绿色信贷向绿色信贷转型。绿色银行应将社会公众对于环保、气候的高度关注转化为对于绿色信贷业务的高标准和严要求,不同于传统商业银行,专业的绿色银行开展绿色业务的质量和效率关乎这家银行的基本声誉。虽然监管部门已经出台了相关的绿色信贷政策,但绿色银行在开展绿色业务时更需要竭力避免"劣币驱逐良币"的现象。具体而言,绿色银行信贷业务应利用牌照专有的政策支持,精准对接绿色政策支持,对于公共品产出投向,发挥绿色政策性银行作用;对于准公共品产出投向,发挥绿色政策支持的杠杆作用;对于市场化服务产品投向,发挥绿色商业银行作用。[2]

(3) 绿色投资银行

京津冀绿色发展银行的目标是使用公共资金调动本来不会投资于绿色项目的社会资金,即"挤入"社会投资。这一方面是因为绿色投资的缺口巨大,依靠政府资金非长久之计;另一方面是由于绿色行业社

---

[1] 陈雨露. 完善绿色金融体系防范"洗绿"风险[J]. 农村金融研究, 2017 (05): 79.
[2] 张蓉, 袁薇, 叶燕斐, 李晓文. 全球绿色信贷发展趋势与思考[J]. 中国银行业, 2017 (01): 24–26.

会投资潜力巨大，只有采用正确的金融工具和合作方式才能撬动社会投资。绿色行业的社会投资不足主要是因为投资者对绿色项目的风险评估过高，收益预期不足。通过采用多样化的金融工具（如风险缓释工具），降低投资者的风险预期，以有限的公共资金吸引社会资本共同投资于绿色项目。绿色项目往往需要有针对性的投资方案是因为它具备以下三个特征：①商业模式不成熟，往往社会效益大、项目收益小，社会投资者对商业模式不了解；②投资回收期限相对较长；③项目分散，如一个综合大项目往往可以分为几十个子项目。英国绿色投资银行和澳大利亚清洁能源金融公司均将"量身定做"融资方案作为投资策略的一部分。例如，澳大利亚清洁能源金融公司与澳大利亚联邦银行共同成立了节能贷款项目，可提供按月度或季度偿还、期限最高可达12年的贷款，以资助借款人购买节能设备，降低电力消费和温室气体排放。该项目的贷款可根据借款人需求，灵活设计还款周期、期限，使借款人可通过降低的电力消费偿还贷款，而无须额外安排资金。

（4）绿色线上银行

当前的绿色投融资瓶颈之一在于缺乏历史成交信息统计，从而难以确定投资风险，进而导致了对于绿色技术、绿色政策及绿色项目成本不确定性的担忧。因投资者不愿意承担过多的风险，导致绿色行业的投资不足。通过成立京津冀绿色发展银行，间接建立透明的信息公开机制、分享项目数据、开发行业准则等，定期向包括投资者在内的利益相关方披露信息，这不仅可以提高绿色投资机构的透明度、公信力，也可以提高公司治理水平，建立机构知名度，增加行业透明度和投资者信心。社会投资者对绿色行业的理解越深，对清洁能源项目融资的定价就越准确。南非绿色基金、英国绿色投资银行、澳大利亚清洁能源金融公司和美国康涅狄格州绿色银行等多家绿色投资机构都定期公布绩效指标和项目信息。除此之外，也要积极运用大数据技术，突出线上线下一体化方式。现在银行网点的设置成本高，压力大。绿色银行既要不断提升单点能力，又要积极利用互联网、大数据、金融科技的作用，做到线上线下一体化发展，专业化经营。

（5）绿色碳银行

欧美国家的实践经验表明，碳交易体系采用市场化减排方式，已经成为控制温室气体排放的有效工具。专业的绿色银行可以创建排放交易平台、根据碳资产来提供先进的衍生产品、投资清洁发展机制和联合履约项目，让客户从中购买信用、最大程度减少并抵减自身温室气体排放。绿色银行碳金融产品基于基础标的进行开发，可以涉及的领域包括：一是基础的碳排放权交易业务；二是基于碳排放额度的金融衍生产品，主要包括碳远期、碳期货、碳期权、碳掉期等；三是碳资产管理类产品，主要形式是碳基金，用于资助温室气体减排项目，从现有的减排项目中购买二氧化碳排放权/减排单位或直接为绿色减排项目提供融资。京津冀绿色发展银行可通过其自身优势，为相关的节能减排项目提供融资服务，抢先占领市场为将来的碳金融时代作好准备。[①]

7.2 组建京津冀绿色发展银行

京津冀绿色发展银行的设计与建立需要根据政府政策和目标，考虑京津冀协同发展实际中的绿色资金需求，在前期可行性研究的基础上，制订具有针对性、可行性的方案。综合考虑已有的环境保护与治理政策、能源结构调整目标、温室气体减排目标，确定拟解决的问题、目标行业、运营模式，以及可使用的金融工具等，并着重考虑哪些绿色投资必须通过绿色发展银行的介入才可能实现。

7.2.1 国外专业绿色银行经验

（1）成立绿色投资机构的背景

2009 年以来部分国家和地区为了更好地发挥绿色产业在低碳经济

---

① 王先菊. 低碳背景下商业银行推进绿色信贷问题研究 [J]. 改革与战略，2012，28（05）：80 – 83.

转型中的带动作用纷纷建立了专业的绿色金融机构，这些机构有的叫作"基金"，有的叫作"银行"，但没有太多本质区别，所以在下文中将这类机构统称为绿色投资机构。绿色产业是没有太长发展历史的新兴产业，传统投资者对于新兴产业了解不足，评估项目风险相对困难，进而导致投资者基于风险厌恶而对绿色产业投资热情不高。总体而言，绿色行业的投融资壁垒主要有以下五点：①对于绿色项目的风险收益评估困难，无论是投资者还是中介机构都缺乏针对此类新兴产业的专业技术和历史数据信息，尚未形成合理的项目风险评估流程。②绿色金融标准不完善。绿色金融标准是绿色金融产品和业务落地、规模化发展的前提和基础，但目前我国绿色金融标准体系化尚未成形。③《巴塞尔资本协议Ⅲ》要求银行类金融机构持有更高质量的资本和流动性资产，更好地匹配资产和负债期限。这些要求间接地降低了资产回报周期较长、流动性较差的基础设施项目（包括绿色项目）对银行类金融机构的吸引力。④绿色资金需求产生后，金融机构盈利压力与社会责任之间的矛盾又会导致其缺乏投资绿色项目的内在动力，致使绿色资金供给不足。⑤市场和政府对于各类化石能源消费产生的大气污染、温室气体排放、人体健康损伤等负外部性估计不足，并没有在化石能源的价格中充分考虑这部分成本，使得化石能源与可再生能源相比价格优势明显，降低了新能源和可再生能源等新兴绿色产业的投资吸引力。

（2）成立绿色投资机构的途径

从图7-4可知专业的绿色投资机构成立方式有两种，政府部门组建和立法程序。但从实际建立的历史沿革来看会发现有三大类：第一类是国家或者省（州）的立法机构通过立法形成的新设独立机构，或者在已有政府机构内新设专业绿色投资机构。第二类是在政府已有的绿色项目基础上发展成的独立机构，如美国康涅狄格州绿色银行。这种方式可以沿用已有的人员和组织架构，成立初期取得成绩的可能性较高，但由于没有在市场中进行充分竞争，后期可能面临增长乏力等问题。第三类是将绿色投资机构委托其他机构管理，但这类情况仅限于规模较小的绿色投资机构。在上述研究对象中，共有3家绿色投资机构由其他机构管理：南非绿色基金、瑞士科技基金、丹麦绿色投资基金，资本金折合人民币分别仅为3.6亿元（8亿兰特）、1.6亿元（2 500万瑞士法郎）、1.9亿元（2亿丹麦克朗），分别由南非国家开发银行、瑞士翡翠科技风险投资公司、丹麦发展基金管理。各个国家和地区都有自己独特的法律法规体系、政府组织架构、国家管理体制和绿色产业政策，所以需要因地制宜地选择最合适的成立方式，但无论采取何种途径，绿色投资机构通常在政府监管下保持高度自治，由专业投资团队管理，日常运营不受政府直接干预。

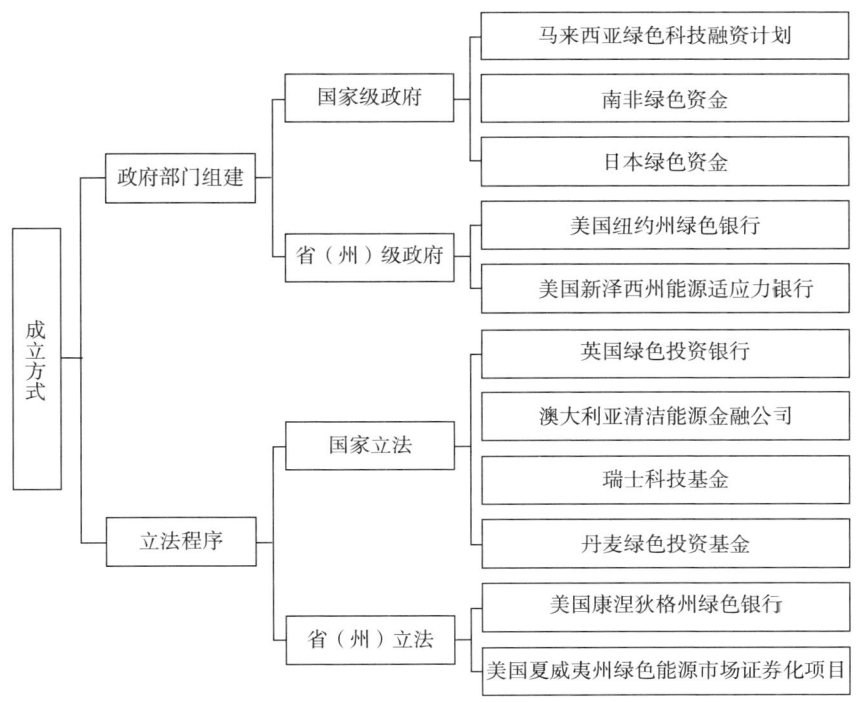

数据来源：Wind资讯，《绿色投资机构：发展绿色金融的国际经验及启示》。

图7-4　绿色投资机构成立方式

(3) 资本金来源

专业的绿色投资机构应以商业化的运转模式进行，不同于享受财政拨款的政府机构，绿色投资机构在政府进行首次资本金注入后应以绿色业务的投资利润来维持日常运转，初始资本金将用于投资活动以及其他一些产生一定回报的活动。不过对于部分承担政策性银行职能的业务还是需要政府提供持续的支持。

"国家级绿色投资机构的主要资本金来源于财政，在7家国家级绿色投资机构中，有5家的资本金直接来源于财政拨款，其余2家由碳税注资。税收实质上属于财政收入，所以也可以认为这2家绿色投资机构的资本金也来源于财政。对于需要政府持续提供支持的绿色投资机构来说，碳税注资优于财政拨款，这是因为税收是稳定的收入，即便国家财政紧张，也能通过专款专用来保障绿色投资机构的资金不受影响，而财政拨款在财政紧张时可能会面临减少甚至取消的风险。省（州）级绿色投资机构的资本来源多样化，取决于设立绿色投资机构的目的。本书中的4家省（州）级绿色投资机构都位于美国，但资金来源完全不同：美国纽约州绿色银行的资本金分别来自纽约州环境保护局和纽约州能源研究和发展管理局拨款；美国新泽西州能源适应力银行的初衷是为了提高新泽西州应对极端气候和灾害的能力，其资金来源于美国联邦住房和城市发展部在飓风'桑迪'灾后的特别拨款；美国夏威夷州绿色能源市场证券化项目的目的是发展可再生能源，尤其是促进分布式太阳能的发展，故使用绿色债券筹集资金；美国康涅狄格州绿色银行沿用了其前身的筹资方式，主要依靠电力额外收费和碳排放交易平台收入。"[①]

---

① 朱寿庆，周李焕.《绿色投资机构：发展绿色金融的国际经验及启示》.

表 7-4　　　　　　　绿色投资机构资本金注资途径与金额

级别	名称	资本金 折合人民币（亿元）	外币	来源	可从社会融资	需要政府持续提供资金支持
国家级	马来西亚绿色科技融资计划	52	35 亿林吉特	财政出资	否	是
	英国绿色投资银行	358	38 亿英镑	财政出资	是（股权、债券）	是
	澳大利亚清洁能源金融公司	510	100 亿澳元	财政出资	否	否
	南非绿色基金	3.6	8 亿兰特	财政出资	否	否
	日本绿色基金	7 300	14 亿日元	二氧化碳税收	否	是
	瑞士科技基金	1.6	2 500 万瑞士法郎	二氧化碳税收	否	是
	丹麦绿色投资基金	1.9	2 亿丹麦克朗	财政出资	否	是
省（州级）	美国纽约州绿色银行	62	10 亿美元	州政府其他项目	否	否
	美国新泽西州能源适应力银行	12.4	2 亿美元	政府灾后重建特别拨款	否	否
	美国夏威夷州绿色能源市场证券化项目	9.6	1.5 亿美元	绿色债券	是（债券）	否
	美国康涅狄格州绿色银行	3.3（2015 年）	5 37 万美元（2015 年）	公用事业收费碳排放交易（平台债券基金）	是（债券）	是

数据来源：Wind 资讯，《绿色投资机构：发展绿色金融的国际经验及启示》。

（4）绿色投资机构使用的金融工具

绿色投资机构使用的金融工具来源于传统金融，但也针对不同的项目和领域进行了精细化调整，使得金融工具能够更好地服务绿色产业发展。具体的分类如下：

①发放贷款是绿色投资机构最常用的投资手段，包括优先贷款、次级贷款等。绿色投资机构通过对绿色项目发放贷款直接为项目提供支持，并释放政策信号，给处在观望状态的私人投资者信心，实现撬动私人资本的目标。贷款可分为商业贷款和优惠贷款两种。实行商业或准商业准则、注重资金循环使用的绿色投资机构往往以商业贷款为主，这种方式可起到对私人投资者的示范作用，如英国绿色投资银行和美国纽约州绿色银行。而另外一些绿色投资机构未设定投资回报标准、目标投资行业包括不产生经济效益的环保产业，则可能提供优惠贷款。②股权投资的风险比发放贷款要高，仅有部分大型绿色投资机构进行股权投资，且往往有所约束，在使用股权投资的 5 家绿色投资机构中，有 4 家是国家级绿色投资机构。为保证被投资公司的控制权在投资前后不发生改变，绿色投资机构通常限制投资比例，不成为公司的最大股东。③基金投资是绿色投资机构针对规模较小的项目而采用的间接投资方式，获得投资的基金往往专注于投资某一个行业，投资组合包括多个该行业的项目。提高能源效率与节约能源的规模往往较小，而新成立的绿色投资机构人员规模不大，如果对每一个项目进行直接投资将需要耗费大量人力。投资专业化的基金将节省人力，同时取得推进绿色产业发展的目标。④风险缓释工具是绿色投资机构较为常用的另一类金融工具，主要包括贷款担保和贷款损失准备金。与直接提供贷款不同，绿色投资机构通过为借款人提供一定的担保，以降低私人投资者的风险，撬动私人资本参与绿色投资。对于贷款担保，绿色投资机构可以通过为新能源公司提供贷款担保来吸引私人资本。当还款人无力偿还贷款时，绿色投资机构会替还款人偿还部分贷款。对于贷款损失准备金，美国康涅狄格州绿色银行针对可再生能源和能源效率项目的 Smart – E 项目，通过为

申请者提供不同级别的贷款损失准备金来降低风险、吸引投资。①

表 7-5　　　　　　　　　　绿色投资机构运营模式

	商业贷款	优惠贷款	股权投资	基金投资	风险缓释工具
澳大利亚清洁能源金融公司	是	是	是	是	是
丹麦绿色投资基金	是	否	否	否	是
马来西亚绿色科技融资计划	否	是	否	否	是
美国康涅狄格州绿色银行	是	是	是	否	是
美国纽约州绿色银行	是	否	是	否	是
美国夏威夷州绿色能源市场证券化项目	是	否	否	否	否
美国新泽西州能源适应力银行	否	是	否	否	是
南非绿色基金	是	是	是	否	是
日本绿色基金	不确定	不确定	是	否	否
瑞士科技基金	否	否	否	否	否
英国投资银行	是	否	是	是	是
总计	7	5	5	2	7

数据来源：Wind 资讯，《绿色投资机构：发展绿色金融的国际经验及启示》。

7.2.2　组建京津冀绿色发展银行

根据国外绿色金融投资机构设立经验，结合国内金融机构设立的一般方式，同时依据京津冀绿色发展银行的特点、定位和服务宗旨，可由财政部牵头，全新成立京津冀绿色发展银行，京津冀地区政府按照经济发展程度或者绿色资金需求比例出资入股。京津冀绿色发展银行定位于服务绿色融资，全国经营，重点服务区域为京津冀，实行独立核算、自主、保本经营，企业化管理，行政指导关系在财政部，受财政部直属管理，在业务上接受中国人民银行、中国银监会等监管部门的指导和监督。在机构设置上，区别于一般性商业银行，按照京津冀协同发展和绿色发展的重点项目任务属性，设置四大事业部，并设立专门的绿色金融政策制定、认证、实施评估机构和研究部门，确保资金真正应用于绿色发展领域。在内控机制设计上，一是设立履行风险管理职能的专职

---

① 朱寿庆，周李焕.《绿色投资机构：发展绿色金融的国际经验及启示》.

部门，着重对绿色银行独特的科技风险和社会与环境风险及政策风险进行评估，密切关注企业和项目进展情况，以确保风险管理和经营目标的实现。二是建立涵盖绿色银行信贷、中间业务、股权投资等全行范围的风险管理系统，开发和运用风险量化评估的方法和模型，着重对信用风险、市场风险、流动性风险、科技风险等各类风险进行动态、持续监控。

京津冀绿色发展银行致力于服务京津冀协同发展和全国经济转型升级、绿色发展，着重为北京非首都功能疏散、棚户改造、通州新区、雄安新区建设、京津冀产业协调升级、生态环境保护和污染治理、京津冀交通设施一体化提供资金，服务全国绿色发展，为中国绿色金融体系建设提供样本，是对现有金融体系的补充和优化，与现有金融机构形成互补合作，是当前国家致力于绿色发展、绿色金融体系建设的主要承载体，因此，与现有金融机构相比，其专注于为绿色发展提供资金支持，在项目遴选方面优先支持绿色项目和清洁项目。其主要作用包括：在信贷领域发挥行业领军作用，制定相关绿色产业信贷指引，作为银团牵头行开展业务，引领其他金融机构资金进入等；发行绿色债券、绿色资产证券化产品等基本金融工具，支撑并逐步形成绿色金融交易市场；为市场提供"绿色基准利率"；发挥融资加融智作用，为绿色行业信贷融资提供技术援助及顾问服务，培养专业绿色信贷人才队伍等。因此，总体上，京津冀绿色发展银行是对现有金融体系的补充和完善，是国家绿色发展理念、绿色金融体系建设、京津冀协同发展的主要承载体，与现有金融机构形成互补，更加注重专业性，引导现有金融机构大力发展绿色金融。

（1）金融机构组建的国内经验

过去 40 余年中，随着经济体制改革和金融深化的实践探索和理论创新，中国银行业改革和发展大体上也经历了三个阶段，从商业银行的改革和历程上看，国内商业银行的组建方式主要有两种，第一种是全新成立，标志性的是 1978—1984 年，中国工商银行、中国农业银行、中国建设银行、中国银行的组建。和从1986—1997年底，包括交通银行、中信实业银行、招商银行、深圳发展银行、福建兴业银行、广东发展银行、中国光大银行、华夏银行、上海浦东发展银行股份制和国家开发银行、中国农业发展银行和中国进出口银行3家政策性银行的组建。第二种是在原有基础上成立。代表性的是农村信用合作社改制为农村商业银行和城市合作信用社改制成为城市商业银行。1995年，根据国务院《关于组建城市合作银行的通知》，城市合作银行在各地城市合作信用社的基础上组建，1998年，全部更名为城市商业银行，主要职能是依照商业银行经营原则为地方经济发展服务，为中小企业开展服务，部分城市商业银行正在逐渐向全国性银行的方向发展。在农信社改制方面，2003年以来，中央本着"花钱买机制"的原则，开始了以农村信用社管理体制和产权制度改革为核心的农村信用社改革，农村信用社纷纷转变成农村商业银行。

（2）京津冀绿色发展银行组建方式

当前京津冀地区共有银行业金融机构167家，第一类是国有股份制商业银行、政策性商业银行，包括五大行、中国邮政储蓄银行、国家开发银行、中国进出口银行、中国农业发展银行，第二类是全国性股份制商业银行，主要包括中国民生银行、中信银行、中国光大银行、华夏银行等，第三类是区域性商业银行，共有152家，注册资本共1 064亿元，主要包括城市商业银行、农村商业银行和村镇银行，其中农商行和城商行居多，比如廊坊银行、张家口银行、天津滨海农村商业银行、唐山银行、邯郸银行。注册资本小于1 000亿元的有152家，包括渤海银行、北京农村商业银行、天津银行、天津农村商业银行、河北银行以及众多农商行和村镇银行等。

根据国外新金融机构组建经验和国内商业银行的组建方式，京津冀绿色发展银行的任务性质、定位属性，应由财政部（或由财政部指定中金）牵头全新成立，京津冀地区政府按照经济发展程度（GDP或财政收入)或者绿色资金需求比例出资入股。京津冀绿色发展银行承担京津冀三地绿色发展的金融资金业务,为京津冀三地协同发展、绿色发展服务,为全国经济转型发展、绿色发展提供资金支持,实行独立核算、自主、保本经营,企业化管理,受财政部直接领导,在业务上接受中国人民银行、中国银监会等监管部门的指导和监督。

(3) 京津冀绿色发展银行机构设置

根据京津冀绿色发展银行的任务属性,京津冀绿色发展银行需从机构上做到四种创新,一是区别于传统商业银行的区域管理为主的总分行型组织架构,建立业务线管理为主的事业部制组织架构。二是设立专门的绿色金融指定、认证、实施评估机构和政策研究部门,确保资金真正的流入绿色发展领域。三是设立专门的动态风险评价体系,着重对绿色金融的科技风险、政策风险等进行动态评估和预警。四是按照政策性银行的分支机构设置特点,不设置营业性的分支机构,根据业务需要,在京津冀三地中业务比较集中的城市设立办事处或者代表处。

根据京津冀绿色发展银行的设置目的、战略定位和任务属性,建议采用事业部制组织架构。与其他组织架构相比,事业部制在人事、财务、组织结构设置方面有较大的自主权,有利于业务发展,主动掌握风险与收益的平衡,减少部门协调中的阻力。这种组织结构下的最高管理部门和管理者可以把主要精力放在研究制定组织发展的战略方面,而不拘泥对具体事务的管理。此外,由于权力下放,各事业部能独立自主地根据环境变化处理日常工作,使工作更加具有灵活性和适应性,跨职能的高度协调,使各条线业务能适应和满足不同的产品、地区和客户需求,便于将组织的经营情况同组织成员的物质利益挂起钩来,调动员工的积极性。具体设置上,可考虑根据京津冀协同发展中四大任务设置专门的首都功能疏解事业部、交通事业部、环境治理事业部、产业转型升级事业部等相关事业部;其中,首都功能疏散事业部负责为北京人口与产业的有序疏解、棚户区改造、基础设施建设和公共服务、雄安新区建设等提供资金支持；交通事业部负责为区域内交通网络建设、智能化交通管理、低碳交通、节能交通工具的开发提供资金支持；环境治理事业部负责为三地污染防治、生态屏障建设提供资金支持；产业转型升级事业部负责为支持传统产业技术改造升级、新技术新工艺研发、新模式新业态培育、高端制造、国家科学技术中心平台建设等战略性新兴产业发展提供资金支持。也可以根据绿色发展的建设项目类型设置为"新能源事业部""基础设施事业部""环保设备事业部"和"绿色产业基金事业部"。其中"新能源事业部"主要为新能源发展提供资金支持，包括潮汐能、太阳能、风能、新能源汽车等；"基础设施事业部"主要为重大生态环保基础设施项目进行中长期融资，包括大气的综合治理、土壤修复、江河湖海的综合治理工程、三地智能交通基础设施、城市矿产处理等。"环保设备事业部"主要支持清洁能源、清洁生产技术研发和制造等相关企业的资金需求，包括节能设备、提升能效设备、循环利用设备、污染处理设备等；"绿色产业基金事业部"主要以风险投资、私募股权投资等方式支持高科技、创业型企业、新业态等的初期发展。

（4）京津冀绿色发展银行内控机制设计

商业银行内部控制目标的基本思想是使商业银行防范各种金融风险的发生，避免经济损失，即便发生了风险事件或案件，可以采取相应的应急机制予以处理，以将损失降到最低。不同于一般性商业银行和政策性银行，京津冀绿色发展银行不仅面临信用风险、流动性风险、市场风险、监管风险、运营风险，还面临独特的科技风险和环境与社会风险及政策风险。在科技风险方面，主要是新兴绿色技术的实际效益达不到预期值而造成损失的风险，需要投资时专注可"商业化"的绿色技术和对项目审批时进行严谨的风险评估来规避，环境与社会风险则是由于环境和社会问题造成借款者无法偿还借款、绿色投资机构需要为项目造成的负面环境和社会影响进行赔偿的风险。政策风险则表现在科技政策的导向、科技标准的改变等所带来的项目风险。因此，与普通的

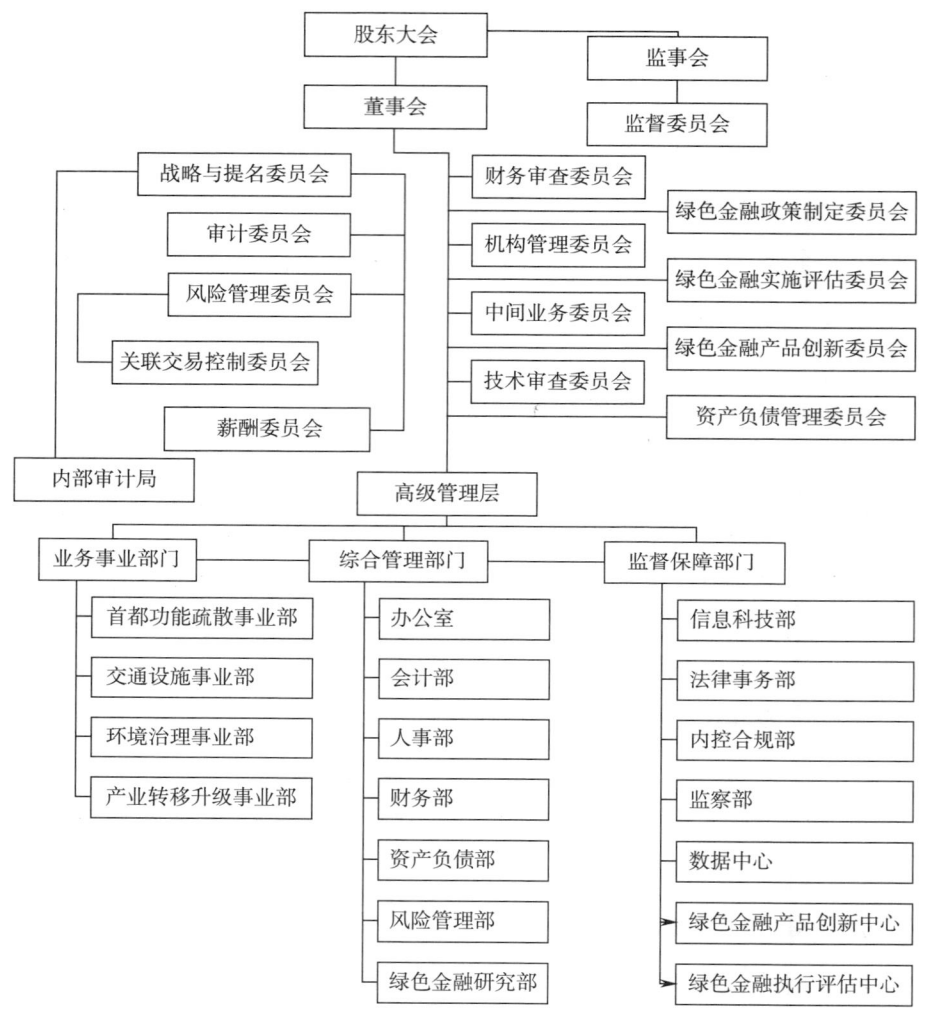

图7-5 京津冀绿色发展银行组织架构设计

商业银行相比,京津冀绿色发展银行更应建立严格的内部控制机制。

在内部控制环境建设方面,应按照巴塞尔协议等要求,一是要建立良好的公司治理以及分工合理、职责明确、相互制衡、报告关系清晰的组织结构。二是充分行使京津冀绿色发展银行董事会、监事会和高级管理层充分履行所承担的责任。三是在内部建立科学、有效的激励约束机制,培育良好的组织精神和内部控制文化。

在内部控制措施制定方面,一是制定全面、系统的各项业务政策,制度和程序,保持统一的业务标准和业务要求,保证业务连续性和稳定性,开展新业务时,应对潜在风险进行衡量和评估,提前制定相关政策,制度和程序,并提出风险防范措施。二是制定内部控制评价制度,定期审查和检查内部控制制度建设和执行情况,并根据市场环境变化和国家法律的规定,对银行的组织结构进行修订和完善。三是制定有效的应急预案,定期进行检测。发生事故或紧急情况时,应根据应急预案及时制定应急预案,防止或减少可能的损失。① 四是设立独立的法律事务部门或岗位,统一管理各类授权、授信的法律事务,确保各项业务的合法和有效。②

在风险识别和评估方面,制定并实施识别、计量、监测和控制风险的制度、程序和方法,建立动态的风险识别与评估体系,尤其是着重对绿色银行独特的科技风险和社会与环境风险及科技风险进行评估,密切关注企业和项目进展情况,开发和运用风险量化评估的方法和模型,实行事前、事中和事后监督,着重对信用风险、市场风险、流动性风险、科技风险等各类风险进行持续的监控。利用最新的云计算和大数据等信息技术,建立信息库,实现内部控制信息的共享,对绿色信贷等金融资产所涉及的企业项目、所依据的政策进行跟踪动态评估。最后是要建立独立性和权威性很强的内部审计制度。建立垂直领导、具有高度独立性和权威性、与国际银行业内部控制体制接轨的内部审计监督体系,是京津冀绿色发展银行经营和运行的重要保障。

7.2.3 京津冀绿色发展银行股权结构设计

在国外,绿色投资机构作为公共金融机构,资金几乎全部由政府提供,这样可以保证政府对绿色银行的绝对控制,确保绿色银行的目标与政府政策目标一致。但注资的具体形式存在多样性,国家级绿色投资机

---

① 中国银行业监督管理委员会:《商业银行内部控制指引》,2007-07-03.
② 中华人民共和国国务院公报:《商业银行内部控制指引》,2008-03-20.

构通常由国家财政注资，或以专款专用的形式使用碳税注资；省（州）级绿色投资机构的资金来源丰富，包括碳排放交易市场收入、电力附加费、国家灾后重建特别拨款、绿色债券等。对于需要政府持续提供支持的绿色投资机构来说，碳税注资优于财政拨款，这是因为税收是稳定的收入，即便国家财政紧张，也能通过专款专用来保障绿色投资机构的资金不受影响，而财政拨款在财政紧张时可能会面临减少甚至取消的风险。

京津冀绿色发展银行作为一家全国性股份制银行，应按照"政府引导、股权多元、市场运作、国际协同"的原则设计股权结构，初步考虑注册资本为不低于1 000亿元人民币，其中，国家（地方）财政资金将是资本金来源的主要渠道。财政资金可以来源于三个部分，第一部分是国家财政注资，可以通过外汇储备转入或者发行特别国债进行，例如，仿照四大行改革时，发行400亿元特别国债，通过中国投资有限责任公司①和中央汇金公司②间接注资100亿元。第二部分由京津冀三地注资，由三地按照财政收入比例或者绿色资金需求比例注资。2016年北京财政收入共计5 081亿元，天津为2 723亿元，河北为2 850亿元，三地财政收入共计10 654万亿元，可将三地年度财政收入的1%作为京津冀绿色银行资本金，这可为京津冀绿色发展银行提供100亿元左右的资本金。或者使用三地区域环境公共治理资金注资，当前京津冀环境问题突出，经济转型升级问题迫切，三地应把在治理环境上的投入放入京津冀绿色银行进行市场化操作，提高资金利用效率和项目的环境友好度。京津冀三省市2014年环境污染治理投资合计1 358.8亿元，如果把该项治理资金的20%投入京津冀绿色发展银行作为资本金，则大约为300亿元人民币。第三部分是三地地方政府的其他项目收入，如碳排放

---

① 中国投资有限责任公司是经国务院批准设立的国有大型投资公司。
② 中央汇金有"金融国资委"之称，根据国务院授权，对国有重点金融企业进行股权投资，代表国家依法行使对国有商业银行等重点金融企业出资人的权利和义务，但不干预其控股的国有重点金融企业的日常经营活动。

交易平台收入、碳税收入、电力附加费等。除了财政资金之外，京津冀绿色发展银行也可以吸收社会资本入股，包括社保基金、保险公司、其他养老基金、其他银行、央企下属支付结算公司和具有长期投资意愿的其他机构。最后，绿色发展相关企业的注资和持股也应该是绿色发展银行资本金的来源，通过让绿色企业持股，可以提高绿色发展银行的资本金规模，进而带来更多的绿色投资，同时也可以让相关绿色企业参与绿色发展银行治理，共谋绿色发展大计。

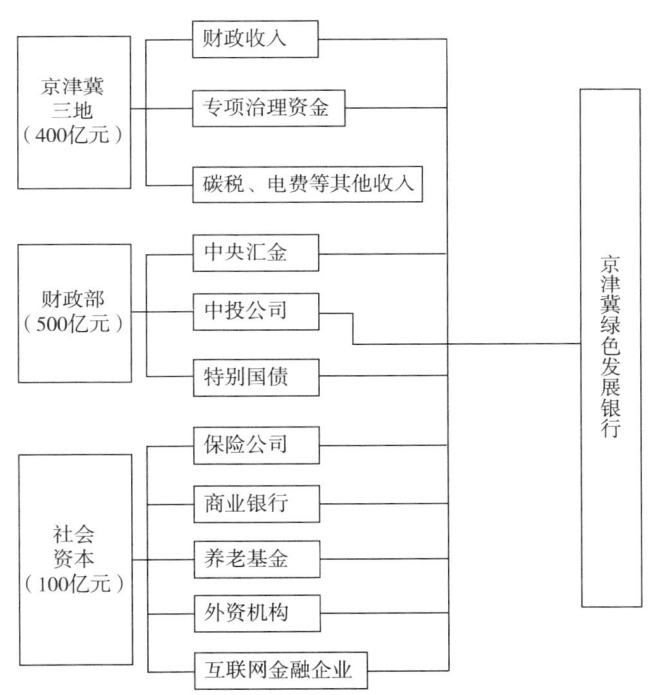

图7-6 京津冀绿色发展银行股权设计

7.2.4 京津冀绿色发展银行人才与科技

随着经济全球化和金融国际化趋势的不断发展，金融机构面临的市场竞争日趋激烈。金融行业属于智力与财力高度密集的行业，人才的重要性表现得尤为突出，人才资源已成为金融机构最重要的战略资源，机构间的竞争归根结底是人才竞争。京津冀绿色发展银行要建成具有国际竞争力的现代金融机构，就需要招募一批懂得如何在风险可控的前提下实现盈利的精干高效的管理人员和一支精业务、重团队、勇开拓的员工队伍，培养一批同时具有专业金融知识和企业管理经验，熟悉国内实际情况又能参与国际合作与竞争的高级专业人才。

绿色银行金融机构不仅需要专门的金融人才进行贷款和客户审查流程，更需要引进高级环保专业人才，熟悉各种高级化学、生物、物理等环保技术。在赤道原则中，专业融资方面包含融资的规模及属性，对信用风险的分析，需要专业人员来进行分析与判读，特别是授信部门的员工须具备深厚提供相关金融服务的经验与背景，更何况针对绿色企业或项目相对优惠的融资利率将会侵蚀部分的获利空间。这就要求员工团队需要熟悉授信企业运作环境与社会冲击，使金融机构在贷放过程中将持续发展理念放入授信准则，面对环境议题，在评估授信案的环境和社会风险时，需对环境科学、绿色产业、绿色金融、社会学、生态保育及国际公约等专业相关领域有所涉猎。

京津冀绿色银行的运营和发展，不仅仅是单一金融机构的营运，更是关乎京津冀绿色发展、国家千年大计，因此，应建立适用国际化的人才管理制度，提供具有吸引力的激励措施，发挥市场机制在人才资源配置中的决定性作用，可实行合伙人制度，对京津冀绿色发展银行行长应提供具有市场竞争力的年度薪酬，对其他高级管理层和员工也应设置具有市场竞争力的薪资，与相对较高的收入看齐。具体薪资设计上，除了保证员工与其他企业员工享有五险一金等一般性福利和保险外，应采用"基薪＋津贴＋风险收入（股权、股票期权）＋养老金计划"的报酬激励结构，在股权和经营权方面，应给员工提供股票期权、股票增值权、经营者持股等物质性激励。同时，直属管理部门应给优秀管理者提供晋升通道，京津冀地方政府可通过出台落户奖励、税收优惠、土地使用、经营贡献奖励等一系列支持政策，在工作和生活条件，包括住房、个人收入免减税以及配偶、子女的就业、入学等方面提供政策支持，完善引进和培养具有金融技能和绿色发展的复合型专业人才队伍。最后，要建立境内外人才的流动的通道和机制，注重吸引海外技术和金融类复合型人才，在人才的子女教育、生活便利上给予海外人才提供便利。同时，制订国内人才国外培训计划，分批分次组织境内人才到世界银行、亚洲基础设施投资银行、亚洲开发银行、美国华尔街、美国绿色投资机构、英国绿色银行等机构交流学习。

充分发挥信息科技在金融领域中的重要作用，建设线上银行。随着技术进步与客户行为的不断变化，银行的服务渠道在过去三十年发生了重大变化。全球众多领先银行开始强调以客户为中心驱动，在多渠道的基础上打造线上线下整合的全渠道发展模式。因此，京津冀绿色发展银行应更注重信息科技的作用，通过移动计算、高速无线网、大数据和云计算等领先信息技术的支持，实现作业标准化、产品组件化、决策智能化、业务平台化、管理可视化。互联网金融和移动金融的飞速发展，使得电子渠道对物理渠道的替代越来越强，物理渠道的地位将进一步受到挑战。首先要加强与互联网企业、工商、税务等部门的数据合作，实现对客户信息、账户信息、产品信息、交易信息等内容全面收集、集中管理，对客户的金融信息、物流信息、诚信情况等数据进行深层次、多维度的挖掘和分析，根据数据挖掘分析结果，开展精准营销、确定价格和管控风险。其次用大数据分析改进审贷机制和流程，实现申请贷款、签订合同、交易支付、放款与还款等全流程的网络金融服务。再次运用互联网、物联网、大数据技术打造网络金融服务平台，实现交易、资金和物流"三流合一"，提供适应供应链全链条的在线融资、结算、投资理财等综合金融服务。同时为企业提供在线人民币支付、跨境资金分账与清算等一揽子服务。还要利用大数据和云计算优势建立风险计量模型，并将对借款人经营、交易和社交信息的分析纳入风险管理流程，提高风险管理效率。① 加大智能设备投放，改进服务销售流程，打造线上线下全渠道发展，减少物理网点的设置。最后要加强新系统研发、新技术应用的安全控制，着力加强安全开发、安全测试管理，加强系统投产上线前安全评估，切实守住信息安全底线。

7.3 京津冀绿色发展银行业务发展

设立绿色银行可显著改善绿色金融市场缺位，平衡绿色金融供需。依据绿色银行定位，其经营促进环境效益产生，完全致力于人与环境和谐发展，因此可赋予绿色银行独特的执行绿色政策传导渠道职能，并给予绿色金融政策支持。独立运营的绿色银行的绿色标签虽然限定了其业务范围，但也降低了其业务风险。京津冀绿色银行可开展传统的绿色信贷业务和碳金融等新兴绿色金融业务，为京津冀绿色金融巨大需求提供资金支持。

7.3.1 政策支持降低业务发展风险

绿色银行不但会面临传统商业银行的业务风险，反而会因为环保成本和投资支出增加、环境效益少抵偿，面临更大的经营风险。传统非绿色金融远高于绿色金融供给的现状说明风险收益平衡方面绿色金融并不具有优势，造成传统金融即使过量去杠杆的情况下，绿色金融仍供给不足。政策支持可扭转绿色金融的风险收益结构，促使金融机构愿意提供绿色融资服务，而企业也愿意以绿色的方式进行生产和服务。

对于获得绿色财税政策激励或环保惩罚的企业生产或服务，已经被激励或惩罚证实可以判定：生产或服务是绿色的或非绿色的、产生了环境效益或是污染了环境、是国家或地方产业政策支持或不支持的、通过环保检查或未通过。对此类企业或项目提供融资的金融机构降低了尽职调查的成本，因客户的环保风险是有所证实的，也规避了环保风险

---

① 王兆星. 银行业与互联网融合发展：现状、挑战和方向［J］. 金融监管研究，2016（11）：1-6.

损失。因此从这一方面讲，绿色财税政策激励或相关环保惩罚，改善了环保信息不对称，能使绿色融资风险降低。而单独对银行等金融机构进行绿色补贴或激励，需要金融机构选择绿色的投向，并事后证实和报告，要经过审核和验收才能获得补贴或补偿，这要求银行等金融机构具备充分的绿色识别和评判技术，具有专业技术上的挑战，也额外产生成本。但只要因激励获得的收益或及时避免环保风险损失大于绿色识别和评判技术投入，银行有动力组织适应绿色要求的融资作业流程、方法和技术，投入相应的资源。

对环保项目乃至绿色经济的政策支持，需要绿色信息收集、评级和后评估作为基础。银行作为落实相关绿色政策支持的通道，本身也作为被激励的对象，同时也是绿色信息收集、使用方，对绿色政策的传导和执行处于特殊的地位。银行传导绿色政策、向绿色经济倾斜金融资源，也起到了优化资源配置的作用，可以扭转市场对外部性问题的失灵。因此，通过对绿色金融的激励，从而也是对绿色银行的激励，是绿色政策传导的必要一环。商业银行可以凭借信贷媒介的作用传导货币政策，也可以通过绿色信贷和绿色金融的媒介作用传导绿色经济政策，从而解决了实体经济对非绿色经济错配的问题，既降低了商业银行的经营风险，也降低了环境污染等社会风险。

直接对微观企业或项目进行绿色财税补贴或激励，由于信息不对称存在逆向选择的风险，也存在权力寻租等道德风险，同时财政杠杆的作用不明显，使财政资源不能落到激励绿色经济的实处。然而依托传统银行执行对绿色企业或项目的选择，并进行绿色财税补贴或激励，也存在商业银行内部绿色与非绿色融资套利的弊端。独立运营的专业绿色银行可规避上述风险，在严峻的环保监管和法律法规强制下能高效传导绿色支持政策，具有绿色政策性银行的作用。一是因为作为第三方，可公允对企业或项目进行绿色判定；二是因为专营绿色经济领域，自身承担环保风险，无动机寻租舞弊；三是因为财政杠杆通过绿色银行真正起到绿色金融加杠杆的作用。所以，政策支持既激励绿色银行业务发展，也降低了绿色银行业务风险，反之绿色银行业务也降低了绿色金融政策风险，使之能落到实处。可以预期，在监管政策激励和财政杠杆撬动下，京津冀绿色发展银行能独立发挥绿色金融扩大供给作用。

7.3.2 京津冀绿色发展银行资金来源

京津冀绿色发展银行先行先试作为绿色政策传导专门银行，监管机构应赋予绿色银行业务牌照优势，可特许直接开办绿色存款账户、发行绿色大额存单、同业存单和绿色债券，通过免收入税、可转让碳积分、零存款准备金率和免存款保险费等客户优惠和激励银行政策，促进绿色银行负债业务快速发展，为绿色金融供给提供基本的资金来源渠道。因为资金用于绿色经济领域，央行再贷款可为绿色银行提供流动性支持，绿色银行获得的央行再贷款可称之为绿色再贷款，同理，与传统银行间的同业往来资金也为成为绿色资金。绿色银行也可吸收一般性存款和协议存款，并可监管约束绿色银行业务资产端业务客户账户开立，使客户结算和托管等绿色账户仅可在绿色银行开立，强制促进绿色银行投放资金归行和存贷联动。

对于新成立的绿色发展银行，零售存款难以放量发展，但批发存款在一定条件下可快速发展，主要取决于负债成本和资产端的需求，只要资产收益能覆盖成本，筹集批发资金并不是不无可能。绿色银行可创新产品和渠道，引入长期保险资金。社保、商业保险资金期限长、金额大、稳定性好，符合绿色项目的资金需求特征。根据国内商业保险发展状况，2016年底，国内保险公司总资产16.5万亿元，根据保险公司投资资产比例、存款占投资资产的比例估算，可为京津冀绿色发展银行引入千亿元级以上资金。对保险资金而言，坚持价值投资和长期投资是既定原则，若投向京津冀绿色发展领域，不仅符合投资要求，且帮助企业承担社会责任，更重要的是资金促进了环境改善，进而提高人民健康，最终降低疾病或事故等方面的赔付率，形成环境与社会效益的良性循环。

近年来，资产证券化和资管业务在国内迅速发展，京津冀绿色发展银行也可以从存量交易着手，将优质的绿色信贷资产以绿色资产支持证券化或银行理财产品出售，腾挪出资金做大业务规模。京津冀在首都功能疏解、交通基础设施建设、环境治理、产业转型升级等方面潜在绿色资产量非常大，若以其作为证券化基础资产，可加快绿色金融资产流转，有效扩大绿色资产总量。

7.3.3 绿色专业银行业务

绿色银行应区别于传统银行，具有完备的绿色识别和评级技术、监管赋予的业务牌照优势，应能以二分法清楚判断资金投向是绿色还是非绿色、企业或项目是深绿还是浅绿，并专注于绿色领域，不从事相关非绿色经济的融资活动。独立运营，严格执行绿色经济支持政策，并发挥金融杠杆的作用，充分支持绿色经济发展。京津冀协同发展的目标明确、战略层级高，而区域总体的财政实力突出，经济总量大，黑色经济问题严峻，影响人口多，发展专业绿色银行业务潜力大、社会效益高。京津冀绿色发展银行应以绿色信贷等传统金融工具为基础对接绿色金融转杠杆，引传统金融之"水"入绿色金融之"渠"，并着眼未来，创新产品和服务，扩大绿色金融供给增杠杆。

（1）信贷业务

当前我国金融体系中银行占据绝对垄断地位，银行业务仍然以信贷为主，其中存量信贷配置到黑色经济的比重较大，传统金融向绿色转杠杆、支持黑色经济向绿色经济转型的需要十分紧迫。因此，未来一段时间内，绿色银行应以绿色信贷业务为重点，承接和引导传统非绿色信贷向绿色信贷转型。绿色银行信贷业务应利用牌照专有的政策支持，精准对接绿色政策支持，对于公共品产出投向，发挥绿色政策性银行作用；对于准公共品产出投向，发挥绿色政策支持的杠杆作用；对于市场化服务产品投向，发挥绿色商业银行作用。总之，通过有效平衡私人成本与收益、社会成本与收益，实现绿色信贷业务快速发展。京津冀地区在环保趋严和供给侧改革的背景下，绿色信贷需求十分旺盛，若政策支持，绿色银行则可发挥财政杠杆政策、金融监管政策的主传导渠道作用，做好绿色识别和评级技术嵌入信贷流程的工作，快速发展绿色信贷业务，发挥绿色银行信贷转杠杆的作用，增加绿色金融供给，改变传统金融中绿色金融占比低的结构性问题，克服传统银行绿色信贷和非绿色信贷混营导致的绿色政策套利等弊端，切实以绿色金融推动京津冀实体经济绿色化。

（2）绿色 PPP 项目融资

目前，国内 PPP 项目融资发展快，PPP 模式开展生态工程项目建设非常成熟，PPP 融资可以减少工程项目对自有资金的前期占用，又能有效降低项目风险。京津冀可多措并举设立和筹集绿色发展基金，同时在适当领域运用公共资金给予激励，针对京津冀三地生态工程项目通过 PPP 模式动员和激励更多社会资本，使更多社会资本投入绿色产业。也可以通过政府信用撬动更多社会资金，发挥更大的资金杠杆效应，进而降低绿色项目的社会融资成本，提高项目投资回报率。京津冀三地在疏解非首都功能、交通一体化、产业转移和环境保护等方面，各级政府储备了大量绿色项目，绿色发展银行可与各级政府合作，发挥绿色资金中介的作用，利用 PPP 项目融资工具，针对公共品和准公共品、绿色可商业化项目，开展 PPP 项目融资，持续为京津冀绿色发展提供融资。

（3）绿色债券业务

随资本市场发展资产证券化率逐步提高，绿色债券存在自然增长。另外，随环保趋严和供给侧改革，绿色债券发展会相对提速。因此，未来绿色债券发展处于快速上升期。京津冀绿色银行应顺应上述趋势，快速成长，依托自身绿色项目专家的技术手段、银行融资的专业能力和渠道优势，发力绿色债券业务，主动服务绿色经济领域。在绿色债券融资负债方面，把握好市场利率的变化，利用好绿色债券的融资优惠政策，为储备的绿色项目筹集资金，匹配项目资金期限，管理好自身的流动性风险。在绿色债券融资服务方面，筛选绿色投向和绿色项目，通过贴标绿色，帮助企业或项目获取绿色政策支持，满足企业低成本绿色融资需求，努力为绿色客户创造价值。在绿色债券投资方面，利用闲置资金，积极参与绿色债券一、二级市场投资、交易和做市，助力绿色金融发展。

（4）绿色投行与资管业务

绿色证券的发行离不开绿色投行服务。绿色投行服务贴上绿色标签，要求投行额外具备绿色资金投向、绿色项目的识别和筛选能力、事后资金绿色使用的跟踪能力。对于绿色银行，绿色投行能力成为其核心的专业能力之一，绿色投行服务也限定于绿色经济领域。绿色投行服务一方面满足绿色项目融资需求，另一方面也获得了丰厚的中间业务收入。京津冀地区绿色发展的巨大绿色金融需求，为绿色证券发展奠定了业务基础，绿色专业性及相关资质的相对垄断性和稀缺性，也为绿色银行树立了绿色投行业务发展优势。若考虑绿色银行在资本市场可能获得绿色政策的传导载体的特许经营资格，绿色银行会因为绿色证券发展具有独特的绿色投行业务市场竞争力。具体投行业务方面，除承销绿色债券和辅助绿色企业公开市场融资外，京津冀去过剩产能、去杠杆和治理污染的背景下，银行贷款、并购贷款和债转股也存在大量需求。另外，随监管趋严，非标转标，绿色基金和绿色资产证券化必然迎来快速发展，绿色银行应抓住绿色资产证券化契机，以流量促存量发展，加快满足绿色金融需求。一是利用自身绿色识别和评估技术，帮助金融机构对绿色资产打标签，获取绿色金融政策支持。二是作为绿色投行业务中介，加入政府信用和政策激励，以及自身增信措施，设计资产证券化分层产品，发行上市，加快绿色资产流转，以交易扩大绿色金融业务规模化发展。三是发挥绿色项目领域专门技术和独立运营优势，打造品牌绿色基金和理财，扩大绿色金融资金供给，积极满足绿色项目融资需求。

（5）碳银行业务

绿色银行可与银企合作，创新性打造储碳银行。对绿色企业或项目的碳排放减排额度，以及固碳额度，绿色银行可为企业或项目开立碳账户，支持企业间或通过碳交易市场进行碳交易，兑现减碳价值。绿色银行应建立碳排放计量标准和体系，并取得相关资质，内部建立相关作业流程，支撑企业储存碳额度和购买碳额度对冲排放。京津冀地区环保问题突出，碳减排任务重，三地应以碳减排额度作为供给侧改革以及环保督查指标，并赋予绿色银行专属碳账户开户权，政策支持京津冀绿色银行打造专有的、专业的储碳银行。第一，绿色银行在内部应具备储碳人才、技术、流程和科技条件；第二，要申请政策激励企业主动开立碳账户储碳，完善存量碳减排额度登记；第三，研发储碳银行新兴业务，使碳排放环保风险能够风险定价、交易和对冲，促进碳市场交易向深处发展。

7.3.4 绿色银行绿色服务创新

传统金融中绿色金融占比过少，本质上存在绿色项目和企业融资难和融资贵，对绿色银行和客户存在收益不能弥补成本和风险的问题，绿色服务创新可改善信息不对称和外部性，降低绿色金融的利息成本、经营成本和风险成本，促进绿色金融供给。目前，商业银行并未专门收集整理企业或项目的绿色信息，各个商业银行积累的企业或项目的绿色信息仍多是"孤岛"，远未通过整合发挥应有的价值。京津冀绿色银行可先行先试，建立专有的绿色信息平台和渠道，形成行业领先的绿色信息优势，并基于绿色信息开展绿色服务创新，增强绿色金融供给，增加中间业务收入。

首先，绿色银行也需要基本的商业银行清算结算服务，依托网点进行商业银行服务，存在商业银行基本服务绿色化需求。对新建绿色银行，面临科技网络不完善、网点不足的问题。但随互联网与信息技术的发展，大数据和云计算已经开始应用到商业银行，绿色银行可利用后发优势，积极利用互联网、大数据、金融科技，建设线上线下一体化服务网络，专业化经营，扩大服务覆盖面，降低业务运营成本。这也是以绿色的低碳运营方式决定绿色银行本身也是绿色企业。尤其利用信息科技支撑建立无距离虚拟碳账户，利用互联网和云技术，远程支持个人或公司开立碳账户，支持基于碳账户开发碳产品和交易碳产品，表明绿色银行可以以服务创新加快存量黑色经济绿色化。京津冀绿色发展银行可依托信息科技和互联网技术，打造线上线下两个绿色银行，布局京津冀绿色发展银行业务服务网络。一方面打造自身为低碳运营银行；另一方面发展为绿色融资和投资银行，为京津冀绿色发展提供源源不断的绿色金融资金和服务；同时，建立绿色信息银行，基于绿色信息开展产品创新和服务创新。

其次，拥有绿色信息和绿色专业技术是绿色银行区别传统银行的标签，其基于此开展绿色银行业务和绿色信息咨询服务。绿色银行可充分利用绿色信息和绿色专业技术，为企业提供各类绿色专项统计、信用咨询、财务顾问、评级授信、环保风险评估与定价、结构化融资、融资租赁、碳排放权质押等更加准确、高效、全方位、个性化的创新服务，从而有效解决绿色信息不对称的问题。此外，绿色银行还可进一步推动企业主动承担环境信息披露责任，建立统一透明企业环境污染与金融机构绿色金融开展情况的信息披露制度，建立公共环境数据平台，将企业环境违法违规信息等企业环境信息纳入金融信用信息基础数据库，推动信息和统计数据共享，完善绿色评级和认证，建立健全分析预警机制，强化对绿色金融资金运用的监管和评估。绿色银行积累的绿色信息，培养的绿色技术人才，甚至创建出绿色经济标准，能为绿色银行带来银行融资业务以外的增值服务，同时也极具社会效益，也正符合银行转型轻型银行、服务型银行的需要。

最后，碳排放额度是稀缺的，因而具有价值。若绿色银行专门为低碳企业和项目融资，并容易建立客户碳账户，具有碳金融服务创新先行优势。绿色银行完全可以凭借先行建立起来的碳排放计量体系，开展储碳银行业务。一是建立碳账户运营体系，研究依托碳账户开展客户碳排放额度清算结算，开展碳排放额度柜台交易；二是基于企业或项目碳账户流水识别企业或项目的绿色状态，基于绿色状态进一步开展绿色银行信用业务；三是争取政策支持，获取碳交易结算资格，代理服务各类低碳客户交易，做银行间碳交易结算交易商，活跃碳市场；四是创新碳金融衍生品，开展碳排放权跨期交易，平衡环保风险，促进碳交易市场价格形成；五是开展碳交易第三方服务，推进碳排放计量、碳排放标准制定、碳交易规则制定。

参考文献

[1] 郑怀林. 张家口市冬奥经济现象与金融支持实践 [J]. 河北金融, 2017（01）：30-2+47.

[2] 虞晓红. 经济增长理论演进与经济增长模型浅析 [J]. 生产力研究, 2005（02）：12-14+33.

[3] 李扬, 张平, 张晓晶, 汪红驹. 当前和未来五年中国宏观经济形势及对策分析 [J]. 财贸经济, 2013（01）：5-13.

[4] 李实, 万海远. 对当前中国劳动力成本的基本判断 [J]. China E-CONOMIST, 2017, 12（01）：58-79.

[5] 吴雪, 周晓唯. 人口红利、制度红利与中国经济增长 [J]. 经济体制改革, 2017（03）：11-16.

[6] 蔡昉. 人口转变、人口红利与刘易斯转折点 [J]. 经济研究, 2010, 45（04）：4-13.

[7] 贾康, 苏京春. 论供给侧改革 [J]. 管理世界, 2016（03）：1-24.

[8] 周茜. 中国经济与环境发展的瓶颈——基于人口效应、规模和技术效应研究 [J]. 经济问题探索, 2015（10）：20-26.

[9] 龚六堂, 严成樑. 我国经济增长从投资驱动向创新驱动转型的政策选择 [J]. 中国高校社会科学, 2014（02）：102-113+159.

[10] 李民吉. 转变经济发展方式的关键：从要素驱动转向创新驱动 [J]. 新视野, 2012（02）：26-28.

[11] 陈赟. 关于近20年中国能源消耗情况的研究 [J]. 中国发展, 2011, 11（03）：15-21.

［12］杨艺文．以环境建设带动区域品质提升［J］．前线，2017（01）：95－96．

［13］张守国．绿色金融服务生态旅游策略浅探［J］．河北金融，2016（12）：19－21．

［14］刘宏海，魏红刚．绿色金融：问题和建议——以京津冀协同发展为案例［J］．银行家，2016（12）：44－46．

［15］刘宏海：绿色金融支持京津冀协同发展［J］．银行家，2016（11）．

［16］袁佳，赵大伟．绿色金融如何助推能源转型［J］．投资北京，2016（10）：31－33．

［17］曹志文，牛晓叶，郑秀杰．京津冀大气污染联防联控的制度设计［J］．会计师，2016（18）：76－77．

［18］蓝天．资源、环境与内生经济增长模型［D］．华中科技大学，2007．

［19］京津冀大气污染防治融资创新项目启动［J］．印刷质量与标准化，2016（08）：2．

［20］唐树伶．京津冀协同发展背景下河北省产业承接效应［J］．中国流通经济，2016（06）：40－45．

［21］于怀彬．新增长理论初探［J］．理论学刊，2004（10）：59－62．

［22］陈雨露等．绿色金融改革与促进绿色转型研究［EB/OL］．http：//www.cciced.net．

［23］林新岳．京津冀一体化下保定市绿色金融发展探析及对策研究［J］．时代金融，2016（15）：56＋58．

［24］王双，陈柳钦．内生经济增长理论的演进和最新发展［J］．经济与管理评论，2012，28（04）：20－24．

［25］麦均洪，徐枫．基于联合分析的我国绿色金融影响因素研究［J］．宏观经济研究，2015（05）：23－37．

[26] 张玉. 京津冀地区绿色金融发展水平测度探究 [J]. 中国市场, 2016 (21): 31-32.

[27] 周毕文, 陈庆平. 京津冀一体化中的产业转移 [J]. 经济与管理, 2016 (03): 9-12.

[28] 刘宏海: 美联储加息下的央行货币政策选择 [J]. 中国金融, 2016 (5).

[29] 叶青. 京津冀新型城镇化的绿色金融支持研究 [J]. 对外经贸, 2016 (04): 96-97.

[30] 林致远, 贾巳梦, 张萌, 侯震寰. 河北省绿色金融发展现状调研 [J]. 统计与管理, 2016 (04): 15-16.

[31] 张玉. 区域绿色金融发展水平评价体系 [J]. 时代金融, 2016 (11): 35+47.

[32] 刘宏海: 从储蓄——投资转化的视角看中国经济 [J]. 银行家, 2016 (5).

[33] 郑万春. "十三五"银行的机遇与挑战 [J]. 中国金融, 2016 (04): 12-13.

[34] 赵雪芳, 孙芙蓉. 金融服务京津冀协同发展——访天津市人民政府副市长阎庆民 [J]. 中国金融, 2016 (02): 20-23.

[35] 刘毅, 孙剑. 京津冀环境治理中的绿色债券 [J]. 北京观察, 2016 (01): 22-23.

[36] 张建印, 郭瑞. 从银行业监管视角看实施绿色信贷的路径选择 [J]. 河北金融, 2015 (12): 26-29+38.

[37] 郑琪, 郭皓. 河北省绿色信贷发展所存在的问题 [J]. 经贸实践, 2015 (08): 150.

[38] 周月秋. 京津冀一体化中的绿色金融 [J]. 中国金融, 2015 (16): 30-32.

[39] 程小勇. "一带一路": 探讨互联网金融推动再生金属业转型新路径 [J]. 资源再生, 2015 (05): 18-21.

[40] 马骏,安国俊. 绿色金融: 环保投资新引擎 [J]. 金融博览 (财富), 2015 (03): 40-41.

[41] 张杨,李南哲,李海申. 培养京津冀金融服务外包人才政策建议 [J]. 合作经济与科技, 2015 (03): 110.

[42] 王延杰. 京津冀治理大气污染的财政金融政策协同配合 [J]. 经济与管理, 2015 (01): 13-18.

[43] 凯拉·廷哈拉,谢来辉. 绿色资本主义的多样性: 全球金融危机之后的经济与环境 [J]. 国外理论动态, 2014 (10): 30-39.

[44] 马骏. 构建绿色金融的理论框架 [J]. 金融市场研究, 2016 (02): 2-8.

[45] 张保留,罗宏. 关于绿色金融体系下"城市矿产"发展的思考 [J]. 中国矿业, 2014 (09): 58-60+106.

[46] 蔡玉平,张元鹏. 绿色金融体系的构建: 问题及解决途径 [J]. 金融理论与实践, 2014 (09): 66-70.

[47] 宁伟,佘金花. 绿色金融与宏观经济增长动态关系实证研究 [J]. 求索, 2014 (08): 62-66.

[48] 陈媛. 论"生态文明"背景下我国绿色金融法律制度的完善 [J]. 特区经济, 2014 (08): 216-217.

[49] 马骏. 论构建中国绿色金融体系 [J]. 金融论坛, 2015, 20 (05): 18-27.

[50] 马骏. 绿色金融体系的目标与框架 [J]. 金融博览 (财富), 2015 (03): 42-44.

[51] 黄贤,钟为亚. 我国绿色金融发展问题及对策探讨 [J]. 环境保护, 2014 (14): 45-47.

[52] 易金平,江春,彭祎. 我国绿色金融发展现状与对策研究 [J]. 特区经济, 2014 (05): 81-83.

[53] 马骏,施娱. 绿色金融政策和在中国的运用 [J]. 新金融评论, 2014 (02): 79-107.

[54] 马秋君, 梁润雅. 我国政策性银行开展绿色信贷的动因与实践——基于政策性金融背景下的研究 [J]. 金融发展研究, 2014 (05): 40-44.

[55] 田辉. 中国绿色保险的现状问题与未来发展 [J]. 发展研究, 2014 (05): 4-7.

[56] 赵放. 城市绿色交通发展与碳金融机制创新 [J]. 环境保护, 2014 (09): 43-45.

[57] 樊锦琳. 新型城镇化的金融支持与创新 [J]. 现代商业, 2014 (12): 160.

[58] 黄建欢, 吕海龙, 王良健. 金融发展影响区域绿色发展的机理——基于生态效率和空间计量的研究 [J]. 地理研究, 2014 (03): 532-545.

[59] 张峰, 董志, 杨念. 绿色金融发展的理论基础及各国实践比较 [J]. 商业时代, 2014 (07): 69-70.

[60] 生态文明建设长效机制与体制研究课题组. 促进中国生态文明建设的体制机制研究 [A]. 中国经济分析与展望 (2015—2016) [C]. 2016: 12.

[61] 周道许, 宋科. 绿色金融中的政府作用 [J]. 中国金融, 2014 (04): 22-24.

[62] 李仁杰. 市场化与绿色金融发展 [J]. 中国金融, 2014 (04): 17-19.

[63] 赵大建. 绿色金融驱动经济转型 [J]. 中国金融, 2014 (04): 20-21.

[64] 王和. 绿色金融与资金配置 [J]. 中国金融, 2014 (04): 25.

[65] 胡鞍钢, 周绍杰. 绿色发展: 功能界定、机制分析与发展战略 [J]. 中国人口资源与环境, 2014 (01): 14-20.

[66] 高鑫娟. 绿色金融法律保障体系研究 [D]. 东北财经大学, 2016.

[67] 马险峰, 王骏娴. 加快建立绿色证券制度 [J]. 中国金融, 2016 (06): 60-62.

[68] 王彤宇. 推动绿色金融机制创新的思考 [J]. 宏观经济管理, 2014 (01): 46-48.

[69] 郭溪茗. "贷动"产业转型呵护碧水蓝天——福建银行业推进绿色信贷发展调查 [J]. 中国金融家, 2013 (12): 72-74+68.

[70] 胡春生, 蔡锦松, 丁毅. 绿色金融路径下公司行为重构 [J]. 科学经济社会, 2013 (04): 48-51.

[71] 林彬. 产业结构调整与绿色金融发展研究 [J]. 中国商贸, 2013 (34): 119-120.

[72] 邓昂. 绿色农产品物流金融风险控制策略探析 [J]. 商业时代, 2013 (33): 55-56.

[73] 张燕, 施圣杰. 助推低碳农业发展的绿色信贷法律制度分析——以金融机构践行赤道原则为基础 [J]. 农业现代化研究, 2013 (06): 688-693.

[74] 李仁杰. 绿色金融可持续之路越走越宽 [J]. 中国金融, 2013 (20): 30-32.

[75] 杨驰. 发展绿色金融推进产业升级 [J]. 中国财政, 2013 (18): 66-67.

[76] 阚景阳. "美丽河北"视角下的绿色信贷政策研究 [J]. 河北金融, 2013 (08): 6-8+27.

[77] 绿色经济实现路径——中国碳金融交易机制研究 [J]. 吉林大学社会科学学报, 2013 (04): 2+177.

[78] 肖翠仙. 金融创新促进绿色发展 [J]. 人民论坛, 2013 (18): 94-95.

[79] 张跃. 绿色金融稳定震区民心 [J]. 中国邮政, 2013 (06): 20.

[80] 张兆曦, 赵新娥. 绿色金融存在的问题及解决途径 [J]. 武汉金

融，2013（05）：53-54.

[81] 孟祥彬，张红兵. 我国"绿色物流金融"运营环境优化探讨 [J]. 商业时代，2013（12）：42-43.

[82] 宋晓玲. 西方银行业绿色金融实践对中国的启示 [J]. 经济研究参考，2013（24）：24+27.

[83] 董捷. 我国绿色金融发展的现状、问题和对策 [J]. 工业技术经济，2013（03）：156-160.

[84] 刘爱萍. 经济转型下的区域经济发展与金融创新研究 [J]. 金融理论与实践，2013（03）：83-86.

[85] 范少虹. 绿色金融法律制度：可持续发展视域下的应然选择与实然构建 [J]. 武汉大学学报（哲学社会科学版），2013（02）：75-79+128-129.

[86] 朱晓东，欧洪涛. 绿色金融普惠荆楚大地 [J]. 中国邮政，2013（03）：10-15.

[87] 陈柳钦. 金融支持低碳经济发展问题探讨 [J]. 当代经济研究，2013（02）：42-49+93.

[88] 张云，胡继立. 碳金融的理论传承与实践进展——碳金融与绿色经济发展学术会议综述 [J]. 当代经济研究，2013（02）：88-90.

[89] 宋晓玲. 西方银行业绿色金融政策：共同规则与差别实践 [J]. 经济问题探索，2013（01）：170-174.

[90] 李雨昕. 我国推行绿色信贷政策的探讨 [J]. 北方经济，2012（23）：95-97.

[91] 王汐. 赤道原则：国际金融实践推动绿色信贷 [J]. 山西财经大学学报，2012（S3）：84-85.

[92] 邓翔. 绿色金融研究述评 [J]. 中南财经政法大学学报，2012（06）：67-71.

[93] 绿色金融促发展 [J]. 中国城市金融，2012（11）：27-28.

[94] 洪贺. 浅析我国绿色金融法律制度的发展及完善 [J]. 现代商

业，2012（29）：30-31.

[95] 戴宴清. 绿色经济发展背景下农业与农村金融服务体系建设研究[J]. 农业经济，2012（10）：120-122.

[96] 杜莉，张鑫. 绿色金融、社会责任与国有商业银行的行为选择[J]. 吉林大学社会科学学报，2012（05）：82-89+160.

[97] 田霖. 河南省绿色金融发展问题探讨[J]. 财会月刊，2012（24）：36-38.

[98] 牟惠萍. 增强约束激励机制推进绿色金融发展[J]. 中国商贸，2012（20）：70-71.

[99] 黄绥彪，秦建文，黄嘉，林丽. 广西碳金融产品定价研究——以绿色贷款为例[J]. 区域金融研究，2012（07）：45-49.

[100] 岳高社. 赤道原则：指引中国银行业践行绿色金融的国际标杆[J]. 经济师，2012（07）：26-27.

[101] 林章毅. 绿色金融的创新与实践[J]. 中国金融，2012（10）：61-63.

[102] 何伟，严立冬. 绿色农业生态补偿的财政金融支持[J]. 学术论坛，2012（04）：125-128.

[103] 严立冬，何伟，乔长涛. 绿色农业产业化的政策性金融支持研究[J]. 中南财经政法大学学报，2012（02）：88-92.

[104] 胡春生. 绿色金融：将可持续发展内生化的新经济发展方式[J]. 改革与战略，2012（02）：66-69.

[105] 中国人民银行泸州市中心支行课题组，李勇，曾江. 金融支持长江上游绿色循环经济的思考——以泸州市为例[J]. 西南金融，2012（02）：65-69.

[106] 天大研究院课题组. 构建中国绿色金融体系的重要意义[J]. 经济研究参考，2012（06）：16-17.

[107] 李溪. 国外绿色金融政策及其借鉴[J]. 苏州大学学报（哲学社会科学版），2011（06）：134-137.

[108] 秦亚丽. 绿色信贷的微观操作机制研究 [J]. 金融与经济, 2011 (10): 37-39.

[109] 中国人民银行衢州市中心支行课题组. 金融支持衢州四大产业集群绿色发展的路径研究 [J]. 浙江金融, 2011 (10): 50-53.

[110] 天大研究院课题组, 王元龙, 马昀, 王思程, 刘宇婷, 叶敏. 中国绿色金融体系: 构建与发展战略 [J]. 财贸经济, 2011 (10): 38-46+135.

[111] 薛淑玲、孙宏. 绿色金融支持低碳经济发展的模式与措施 [J]. 经济导刊, 2011 (10): 36-37.

[112] 杨熠、李余晓璐、沈洪涛. 绿色金融政策、公司治理与企业环境信息披露——以502家重污染行业上市公司为例 [J]. 财贸研究, 2011 (05): 131-139.

[113] 林信芝. 关于推进浙江台州地区发展绿色金融的几点建议 [J]. 经济师, 2011 (09): 81.

[114] 阳玉香. 论我国绿色金融发展的瓶颈及改进 [J]. 中外企业家, 2011 (16): 77-78.

[115] 张静、高鑫. 关于加快推进积极绿色信贷制度的思考 [J]. 北方经济, 2011 (14): 77-79.

[116] 天大研究院课题组, 王元龙. 构建中国绿色金融体系的战略研究 [J]. 经济研究参考, 2011 (39): 2-25.

[117] 黄梦哲. 谈绿色金融对我国旅游业可持续发展的促进作用 [J]. 商业时代, 2011 (17): 122-123.

[118] 李仁杰. 绿色金融的探索与实践 [J]. 中国金融, 2011 (10): 29-31.

[119] 中国人民银行杭州中心支行办公室课题组. 绿色金融: 国际经验、启示及对策 [J]. 浙江金融, 2011 (05): 20-25.

[120] 刘树新. 紫金矿业"污染门"对健全我国绿色金融体系的启示 [J]. 西南金融, 2011 (03): 54-55.

[121] 张燕, 庞标丹, 侯娟. 绿色小额信贷: 低碳农业的政策性金融支持路径探析 [J]. 武汉金融, 2011 (02): 32-35.

[122] 许文娟. 构建绿色金融体系加快经济发展方式转变 [J]. 实事求是, 2011 (01): 44-46.

[123] 查成伟. 绿色金融与金融可持续发展 [J]. 现代金融, 2011 (01): 14-15.

[124] 曾学文. 绿色金融悄然兴起 [J]. 经济研究参考, 2011 (02): 23-28.

[125] 沈洪涛, 游家兴, 刘江宏. 再融资环保核查、环境信息披露与权益资本成本 [J]. 金融研究, 2010 (12): 159-172.

[126] 陆巍峰. 基于排污权交易的浙江省绿色金融创新 [J]. 浙江金融, 2010 (12): 42-43+46.

[127] 王婧, 王光明. 低碳经济路径下的绿色金融创新模式探讨 [J]. 新金融, 2010 (12): 53-59.

[128] 朱彦. 绿色金融体系建设初探 [J]. 现代金融, 2010 (12): 35.

[129] 韩立岩, 尤苗, 魏晓云. 政府引导下的绿色金融创新机制 [J]. 中国软科学, 2010 (11): 12-18+53.

[130] 刘英, 张征, 王震. 国际碳金融及衍生品市场发展与启示 [J]. 新金融, 2010 (10): 38-43.

[131] 朱慧. 低碳经济发展与商业银行绿色金融支持 [J]. 现代金融, 2010 (09): 16-17.

[132] 陈柳钦. 碳金融: 撬动低碳经济的杠杆 [J]. 实事求是, 2010 (05): 63-67.

[133] 宫海鹏. 农业政策性金融开展绿色信贷助推低碳农业发展研究 [J]. 金融论坛, 2010 (S1): 100-104.

[134] 杨涛, 程炼. 碳金融在中国发展的兴业银行案例研究 [J]. 上海金融, 2010 (08): 35-39.

［135］陈柳钦．低碳经济发展的金融支持研究［J］．南方金融，2010（07）：12－18．

［136］薛新宇．建立低碳经济发展的绿色金融体系初探［J］．现代金融，2010（07）：16－17．

［137］李福胜，张雁．境外项目融资中的"绿色金融"问题［J］．中国金融，2010（12）：73－74．

［138］谭太平．国内外银行业绿色金融实践的比较研究［J］．生态经济，2010（06）：60－63．

［139］梅林海，叶丽娟．绿色金融——低碳经济发展的支撑［J］．中国市场，2010（14）：99－101．

［140］许红莲．农产品绿色物流金融运营的帕累托最优状态分析［J］．系统工程，2010（03）：123－126．

［141］张红．论绿色金融政策及其立法路径——兼论作为法理基础的"两型社会"先行先试权［J］．财经理论与实践，2010（02）：125－128．

［142］黄红心，曹卫平，刘红娟．金融危机背景下绿色贸易壁垒对我国农产品出口的影响原因与对策［J］．商场现代化，2010（06）：3－4．

［143］阎庆民．构建以"碳金融"为标志的绿色金融服务体系［J］．中国金融，2010（04）：41－44．

［144］许红莲．现代农产品绿色物流金融运作模式设计［J］．中央财经大学学报，2009（11）：82－86．

［145］任辉．环境保护、可持续发展与绿色金融体系构建［J］．现代经济探讨，2009（10）：85－88．

［146］尹钧惠．循环经济发展的绿色金融支持体系探讨［J］．金融与经济，2009（09）：21－23．

［147］植凤寅．产业承接应体现绿色金融的原则——四川省的实践与启示［J］．中国金融，2009（18）：78－82．

［148］王小江，祝晓光．提升绿色金融政策执行力的途径［J］．环境保护，2009（15）：45－46．

[149] 剧宇宏. 绿色经济与绿色金融法律制度创新 [J]. 求索, 2009 (07): 137-139.

[150] 郭莹莹. 商业银行实施环境责任的问题与对策 [J]. 武汉金融, 2009 (05): 54-57.

[151] 雷立钧, 高红用. 绿色金融文献综述: 理论研究、实践的现状及趋势 [J]. 投资研究, 2009 (03): 17-21.

[152] 吴婷婷, 曾绍伦. 我国绿色电力发展的金融支持体系研究 [J]. 生态经济, 2008 (12): 110-113+118.

[153] 胡愈, 许红莲. 现代农产品绿色物流金融的发展及其方向选择 [J]. 湖南师范大学社会科学学报, 2008 (05): 116-119.

[154] 安伟. 绿色金融的内涵、机理和实践初探 [J]. 经济经纬, 2008 (05): 156-158.

[155] 许红莲, 邓超. 现代农产品绿色物流金融发展及其制约因素分析 [J]. 湖南大学学报 (社会科学版), 2008 (04): 69-72.

[156] 匡国建. 促进节能环保的金融政策和机制研究: 国际经验及启示 [J]. 南方金融, 2008 (07): 4-9.

[157] 夏少敏. 论绿色信贷政策的法律化 [J]. 法学杂志, 2008 (04): 55-58.

[158] 杨华. 绿色金融助推林区清洁能源产业 [J]. 中国金融, 2008 (12): 83-84.

[159] 常杪, 杨亮, 王世汶. 日本政策投资银行的最新绿色金融实践——促进环境友好经营融资业务 [J]. 环境保护, 2008 (10): 67-70.

[160] 陈雁. 绿色信贷: 金融服务调控环保行为的新篇章 [J]. 环境保护, 2008 (08): 20-22.

[161] 熊惠平. 绿色信贷新论: 透视公司社会责任思想的演化 [J]. 河南金融管理干部学院学报, 2008 (02): 24-26.

[162] 朱伟雄. 金融信息化中的"绿色"解决方案 [J]. 中国金融, 2008 (08): 67-68.

[163] 戚德艳. 西部绿色金融生态的构建思路 [J]. 商场现代化, 2008 (10): 380-381.

[164] 郑良芳. 构建绿色金融的思考与建议 [J]. 武汉金融, 2008 (03): 19-20.

[165] 董玉华. 绿色信贷·绿色金融文化与环境内生型绿色经济 [J]. 农村金融研究, 2008 (02): 26-32.

[166] 张靖. 绿色金融——将"绿色"进行到底 [J]. 商场现代化, 2007 (26): 359-360.

[167] 何建奎, 江通, 王稳利. "绿色金融"与经济的可持续发展 [J]. 生态经济, 2006 (07): 78-81.

[168] 王浴辉. 绿色金融服务新农村 [J]. 中国邮政, 2006 (05): 16-17.

[169] 中国人民银行海口中心支行课题组, 覃道爱. 营造绿色金融生态环境促进区域经济金融稳健发展——海南省金融生态环境演变与启示 [J]. 南方金融, 2006 (04): 23-25+29.

[170] 章金萍. 基于经济可持续发展的绿色保险 [J]. 浙江金融, 2006 (03): 45-47.

[171] 胡士华, 谢佳. 绿色农业产业化发展与财政金融支持 [J]. 生态经济, 2006 (02): 106-109.

[172] 崔军林. "绿色金融法"及其价值取向 [J]. 河南金融管理干部学院学报, 2005 (04): 116-117.

[173] 欧阳瑞. 从生态经济学的发展谈绿色金融 [J]. 金融与经济, 2005 (06): 54-55.

[174] 熊学萍. 传统金融向绿色金融转变的若干思考 [J]. 生态经济, 2004 (11): 60-62.

[175] 张本照, 刘吉鹏, 陈剑锐. 绿色管理与我国金融业发展 [J]. 经济体制改革, 2003 (05): 139-142.

[176] 李树. 绿色壁垒的设置与我国经济的"绿化" [J]. 社会科学

辑刊, 2002 (02): 72 - 77.

[177] 刘钰俊. 绿色金融发展现状、需关注问题及建议 [J]. 金融与经济, 2017 (01): 76 - 78.

[178] 高建良. "绿色金融与金融可持续发展 [J]. 哈尔滨金融高等专科学校学报, 1998 (4): 17 - 19.

[179] 安伟. 绿色金融的内涵、机理和实践初探 [J]. 经济经纬, 2008 (05): 156 - 158.

[180] 邓翔. 绿色金融研究述评 [J]. 中南财经政法大学学报, 2012 (06): 67 - 71.

[181] 安同信, 侯效敏, 杨杨. 中国绿色金融发展的理论内涵与实现路径研究 [J]. 东岳论丛, 2017, 38 (06): 92 - 100.

[182] 李致远, 许正松. 发达国家绿色金融实践及其对我国的启示 [J]. 鄱阳湖学刊, 2016 (01): 78 - 87 + 127.

[183] 闪文晓, 李莹辉, 王云霄. 国内外绿色债券市场发展现状分析 [J]. 现代经济信息, 2017 (09): 288 - 289 + 292.

[184] 林进忠, 林旻, 汤银东, 陈燕翔, 吴静颖. 绿色信贷的国内探索与国际经验借鉴 [J]. 福建金融, 2017 (08): 38 - 43.

[185] 安国俊. 我国绿色基金发展前景广阔 [J]. 银行家, 2017 (08): 72 - 74.

[186] 陈雨露. 加大绿色金融产品和服务创新 [N]. 中国基金报, 2017 - 06 - 16.

[187] 李炫榆. 碳金融市场发展的国际经验与启示 [J]. 福建金融, 2017 (02): 8 - 12.

[188] 周学新, 周娟. 我国产业结构变动对经济增长影响的实证研究——基于中国东中西部地区的面板数据分析 [J]. 商业经济, 2008 (08): 22 - 24.

[189] 王曼曼. 金融产业集聚对区域经济增长影响分析 [D]. 华东交通大学, 2014.

[190] 毛宇舟. 绿色信贷占比仍仅为个位数银行呼吁绿色金融债券开闸 [N]. 证券日报, 2015-08-25 (B02).

[191] 国家级经济技术开发区、国家级边境经济合作区基础设施项目贷款中央财政贴息资金管理办法 [N]. 中国税务报, 2012-04-09 (010).

[192] 徐楠. 尚福林：化解过剩产能推行绿色信贷 [N]. 中国县域经济报, 2013-11-07 (005).

[193] 倪元锦. "十三五"中国绿色融资需求将超14万亿元 [N]. 中国矿业报, 2015-07-21 (001).

[194] 金辉. 陈雨露：2015年至2030年绿色融资需求最高可达123.4万亿元 [N]. 经济参考报, 2015-09-17 (008).

[195] 安国俊. 绿色金融的中国路径探索 [J]. 金融博览（财富）, 2015 (03): 45-47.

[196] 牛娟娟. 马骏：未来几年将迎来绿色金融发展黄金时期 [N]. 金融时报, 2015-09-25 (002).

[197] 张瑾. 中国上市公司股利政策影响因素的实证研究 [D]. 西南财经大学, 2005.

[198] 陈政. 寻找"绿金"标的 [J]. 金融博览（财富）, 2015 (03): 57-59.

[199] 温济聪. "绿色指数"指引绿色投资 [N]. 经济日报, 2015-09-15 (015).

[200] 单文苑. 绿色金融助力经济结构绿色转型 [N]. 中国经济时报, 2015-09-17 (003).

[201] 徐建雪. 从农民环境权视角审视我国环境污染责任保险制度 [D]. 西北农林科技大学, 2013.

[202] 王向楠. 美国环境污染责任保险的特点及借鉴意义 [J]. 金融与经济, 2015 (09): 55-57.

[203] 曹梦真. 环责险利企利民 [N]. 中国保险报, 2015-03-26

（004）．

　　［204］陈冬梅，段白鸽．环境责任保险风险评估与定价方法研究评述［J］．保险研究，2014（01）：54－67．

　　［205］孙庆．我国环境污染责任保险法律制度研究［D］．西南政法大学，2014．

　　［206］王成栋．乡村污水处理，谁来埋单？［N］．四川日报，2015－04－17（009）．

　　［207］张纯辉．JY公司发展战略研究［D］．吉林大学，2014．

　　［208］吴明红．中国省域生态文明发展态势研究［D］．北京林业大学，2012．

　　［209］张颖．环保产业绿色融资问题研究［D］．陕西师范大学，2016．

　　［210］李伟．以改革开放创新促进经济结构调整［N］．经济日报，2015－06－25（011）．

　　［211］郭树清．不改善金融结构中国经济将没有出路［J］．国际经济评论，2012（04）：9－16＋4．

　　［212］郭树清．金融调结构经济有出路［N］．人民日报，2012－07－02（017）．

　　［213］张末冬．河北银监局助推河北经济转型升级［N］．金融时报，2017－06－09（003）．

　　［214］张岸元．金融需与实体经济实现再平衡［N］．中国证券报，2017－07－21（A04）．

　　［215］武宏波．金融业增加值占GDP比重偏高的思考［J］．中国国情国力，2017（07）：20－23．

　　［216］蒋力歌．首都经济"稳进新优"［N］．中国信息报，2017－02－24（003）．

　　［217］傅苏颖．银监会：加快建立银行绿色评价机制［N］．证券日报，2016－09－03（A01）．

［218］韩雪萌．6月末绿色信贷余额 7.26万亿元［N］．金融时报，2016－09－03（001）．

［219］岳付玉．去年底绿色信贷余额占比超 10%［N］．天津日报，2016－08－29（001）．

［220］刘晓峰：加快建立京津冀绿色发展基金［J］．前进论坛，2017（04）：24．

［221］马险峰，王骏娴，秦二娃．上市公司的 ESG 信披制度［J］．中国金融，2016（16）：33－34．

［222］陈雨露：完善绿色金融体系防范"洗绿"风险［J］．农村金融研究，2017（05）：79．

［223］中国银行业监督管理委员会青海监管局课题组，郭尘子．中国绿色金融发展思考［J］．青海金融，2012（12）：34－37．

［224］黄剑辉，王一峰，张丽云．构建绿色金融服务体系的困难与对策［J］．中国国情国力，2016（12）：25－29．

［225］曹荣，苑德军．加快发展绿色信贷的思考［J］．银行家，2013（08）：61－63．

［226］朱寿庆，周李焕，孙轶依．绿色银行的国际借鉴［J］．中国金融，2015（20）：41－42．

［227］刘运．FDI、金融发展与产业结构优化研究［D］．南昌大学，2016．

［228］唐子湉．亚投行开业近两年投资超 34 亿美元［N］．南方日报，2017－12－12（A15）．

［229］平言．厚植雄安新区发展优势［N］．经济日报，2017－04－10（005）．

［230］张蓉，袁薇，叶燕斐，李晓文．全球绿色信贷发展趋势与思考［J］．中国银行业，2017（01）：24－26．

［231］王先菊．低碳背景下商业银行推进绿色信贷问题研究［J］．改革与战略，2012，28（05）：80－83．

[232] 葛晋. 国内外低碳金融发展方略的比较研究 [J]. 经济导刊, 2012 (03): 7-8.

[233] Salazar, J. "Environmental Finance: Linking Two World", Financial Innovations for Biodiversity Bratislava, 1998.

[234] Cowan E. "Topical Issues in Environmental Finance," Asia Branch of the Canadian International Development Agency, 1999.

[235] PWC. ExploringGreenFinanceIncentivesinChina [R]. 2013.

[236] Carlo Carraro, Alice Favero, Emanuele Massetti, "Investments and public finance in a green, low carbon, economy", Energy Economics, Volume 34, Supplement 1, November 2012, Pages S15-S28, ISSN 0140-9883.

[237] L. Carafa, Policy and Markets in the MENA: The Nexus between Governance and Renewable Energy Finance, Energy Procedia, Volume 69, May 2015, Pages 1696-1703, ISSN 1876-6102.

[238] Shahrouz Abolhosseini, Almas Heshmati, The main support mechanisms to finance renewable energy development, Renewable and Sustainable Energy Reviews, Volume 40, December 2014, Pages 876-885, ISSN 1364-0321.

[239] Sam Barrett, Subnational Climate Justice? Adaptation Finance Distribution and Climate Vulnerability, World Development, Volume 58, June 2014, Pages 130-142, ISSN 0305-750X.

[240] Viktorija Bobinaite, Dalius Tarvydas, Financing instruments and channels for the increasing production and consumption of renewable energy: Lithuanian case, Renewable and Sustainable Energy Reviews, Volume 38, October 2014, Pages 259-276, ISSN 1364-0321.

[241] Piet Eichholtz, John M. Quigley, Green building finance and investments: Practice, policy and research, European Economic Review, Volume 56, Issue 5, July 2012, Pages 903-904, ISSN 0014-2921.

[242] Robert M. Ryan, Conor M. O'Toole, Fergal McCann, Does bank market power affect SME financing constraints?, Journal of Banking & Finance,

Volume 49, December 2014, Pages 495 – 505, ISSN 0378 – 4266.

[243] Teodora Diana Corsatea, Sergio Giaccaria, Roberto Lacal Arántegui, The role of sources of finance on the development of wind technology, Renewable Energy, Volume 66, June 2014, Pages 140 – 149, ISSN 0960 – 1481.

[244] Steffen Brunner, Katrin Enting, Climate finance: A transaction cost perspective on the structure of state – to – state transfers, Global Environmental Change, Volume 27, July 2014, Pages 138 – 143, ISSN 0959 – 3780.

[245] Ivan Diaz – Rainey, Dionisia Tzavara, Financing the decarbonized energy system through green electricity tariffs: A diffusion model of an induced consumer environmental market, Technological Forecasting and Social Change, Volume 79, Issue 9, November 2012, Pages 1693 – 1704, ISSN 0040 – 1625.

[246] Soku Byoun, Zhaoxia Xu, Contracts, governance, and country risk in project finance: Theory and evidence, Journal of Corporate Finance, Volume 26, June 2014, Pages 124 – 144, ISSN 0929 – 1199.

[247] Beate Jochimsen, Sebastian Thomasius, The perfect finance minister: Whom to appoint as finance minister to balance the budget, European Journal of Political Economy, Volume 34, June 2014, Pages 390 – 408, ISSN 0176 – 2680.

[248] Florian Chatagny, Incentive effects of fiscal rules on the finance minister's behavior: Evidence from revenue projections in Swiss Cantons, European Journal of Political Economy, Volume 39, September 2015, Pages 184 – 200, ISSN 0176 – 2680.

[249] Ji – kun HUANG, Yang – jie WANG, Financing Sustainable Agriculture Under Climate Change, Journal of Integrative Agriculture, Volume 13, Issue 4, April 2014, Pages 698 – 712, ISSN 2095 – 3119.

[250] Jonathan Pickering, Jakob Skovgaard, Soyeun Kim, J. Timmons Roberts, David Rossati, Martin Stadelmann, Hendrikje Reich, Acting on Climate Finance Pledges: Inter – Agency Dynamics and Relationships with Aid in Contributor States, World Development, Volume 68, April 2015, Pages 149 – 162, ISSN

0305 – 750X.

[251] Chiara Criscuolo, Carlo Menon, Environmental policies and risk finance in the green sector: Cross – country evidence, Energy Policy, Volume 83, August 2015, Pages 38 – 56, ISSN 0301 – 4215.

[252] Conor O'Toole, Thia Hennessy, Do decoupled payments affect investment financing constraints? Evidence from Irish agriculture, Food Policy, Volume 56, October 2015, Pages 67 – 75, ISSN 0306 – 9192.

[253] Lochner Marais, Jan Cloete, Financed homeownership and the economic downturn in South Africa, Habitat International, Volume 50, December 2015, Pages 261 – 269, ISSN 0197 – 3975.

[254] Friedemann Polzin, Paschen von Flotow, Laurens Klerkx, Addressing barriers to eco – innovation: Exploring the finance mobilisation functions of institutional innovation intermediaries, Technological Forecasting and Social Change, Volume 103, February 2016, Pages 34 – 46, ISSN 0040 – 1625.

[255] Peter Forsyth, Pre – financing airport investments, efficiency and distribution: Do airlines really lose? Journal of Air Transport Management, Available online 17 March 2017, ISSN 0969 – 6997.

[256] Hans Degryse, Liping Lu, Steven Ongena, Informal or formal financing? Evidence on the co – funding of Chinese firms, Journal of Financial Intermediation, Volume 27, July 2016, Pages 31 – 50, ISSN 1042 – 9573.

[257] Stefan Ouma, From financialization to operations of capital: Historicizing and disentangling the finance – farmland – nexus, Geoforum, Volume 72, June 2016, Pages 82 – 93, ISSN 0016 – 7185.

[258] J. D. González Ruiz, C. A. Arboleda, S. Botero, A Proposal for Green Financing as a Mechanism to Increase Private Participation in Sustainable Water Infrastructure Systems: The Colombian Case, Procedia Engineering, Volume 145, 2016, Pages 180 – 187, ISSN 1877 – 7058.

[259] Andrea L. Eisfeldt, Tyler Muir, Aggregate external financing and

savings waves, Journal of Monetary Economics, Volume 84, December 2016, Pages 116 – 133, ISSN 0304 – 3932.

[260] Nur Syaimasyaza Mansor, Khairuddin Abdul Rashid, Incomplete Contract in Private Finance Initiative (PFI) Contracts: Causes, Implications and Strategies, Procedia – Social and Behavioral Sciences, Volume 222, 23 June 2016, Pages 93 – 102, ISSN 1877 – 0428.

[261] Trish Morgan, The techno – finance fix: A critical analysis of international and regional environmental policy documents and their implications for planning, Progress in Planning, Available online 12 July 2016, ISSN 0305 – 9006.

[262] Sopitsuda Tongsopit, Sunee Moungchareon, Apinya Aksornkij, Tanai Potisat, Business models and financing options for a rapid scale – up of rooftop solar power systems in Thailand, Energy Policy, Volume 95, August 2016, Pages 447 – 457, ISSN 0301 – 4215.

[263] Thiam Hee Ng, Jacqueline Yujia Tao, Bond financing for renewable energy in Asia, Energy Policy, Volume 95, August 2016, Pages 509 – 517, ISSN 0301 – 4215.

[264] Wen Zhang, Xun Pan, Study on the demand of climate finance for developing countries based on submitted INDC, Advances in Climate Change Research, Volume 7, Issues 1 – 2, March – June 2016, Pages 99 – 104, ISSN 1674 – 9278.

[265] Germana Corrado, Luisa Corrado, Inclusive finance for inclusive growth and development, Current Opinion in Environmental Sustainability, Volume 24, February 2017, Pages 19 – 23, ISSN 1877 – 3435.

[266] Helena Kościelniak, Agata Górka, Green Cities PPP as a Method of Financing Sustainable Urban Development, Transportation Research Procedia, Volume 16, 2016, Pages 227 – 235, ISSN 2352 – 1465.

[267] Sandrine Ansart, Virginie Monvoisin, The new monetary and financial initiatives: Finance regaining its position as servant of the economy, Research in

International Business and Finance, Volume 39, Part B, January 2017, Pages 750 -760, ISSN 0275-5319.

[268] Thomas Lagoarde-Segot, Bernard Paranque, Sustainability and the reconstruction of academic finance, Research in International Business and Finance, Volume 39, Part B, January 2017, Pages 657-662, ISSN 0275-5319.

[269] Sabina Scarpellini, Jesús Valero-Gil, Pilar Portillo-Tarragona, The "economic-finance interface" for eco-innovation projects, International Journal of Project Management, Volume 34, Issue 6, August 2016, Pages 1012-1025, ISSN 0263-7863.

[270] Yao Wang, Qiang Zhi, The Role of Green Finance in Environmental Protection: Two Aspects of Market Mechanism and Policies, Energy Procedia, Volume 104, December 2016, Pages 311-316, ISSN 1876-6102.

[271] Simon Marginson, Global trends in higher education financing: The United Kingdom, International Journal of Educational Development, Available online 1 May 2017, ISSN 0738-0593.

[272] Henry Wüstemann, Dennis Kalisch, Jens Kolbe, Access to urban green space and environmental inequalities in Germany, Landscape and Urban Planning, Volume 164, August 2017, Pages 124-131, ISSN 0169-2046.

[273] Ery Atmodjo, Machiel Lamers, Arthur Mol, Financing marine conservation tourism: Governing entrance fees in Raja Ampat, Indonesia, Marine Policy, Volume 78, April 2017, Pages 181-188, ISSN 0308-597X.

[274] Friedemann Polzin, Mobilizing private finance for low-carbon innovation - A systematic review of barriers and solutions, Renewable and Sustainable Energy Reviews, Volume 77, September 2017, Pages 525-535, ISSN 1364-0321.

[275] Bert Scholtens, Why Finance Should Care about Ecology, Trends in Ecology & Evolution, Available online 27 April 2017, ISSN 0169-5347.

[276] Raid Al-Aomar, Matloub Hussain, An assessment of green practices

in a hotel supply chain: A study of UAE hotels, Journal of Hospitality and Tourism Management, Volume 32, September 2017, Pages 71 – 81, ISSN 1447 – 6770.

[277] Jeong – Il Park, Sugie Lee, Examining the spatial patterns of green industries and the role of government policies in South Korea: Application of a panel regression model (2006 – 2012), Renewable and Sustainable Energy Reviews, Volume 78, October 2017, Pages 614 – 623, ISSN 1364 – 0321.

[278] William Blyth, Rory McCarthy, Robert Gross, Financing the UK power sector: Is the money available?, Energy Policy, Volume 87, December 2015, Pages 607 – 622, ISSN 0301 – 4215.

[279] David Borge – Diez, Antonio Colmenar – Santos, Clara Pérez – Molina, África López – Rey, Geothermal source heat pumps under energy services companies finance scheme to increase energy efficiency and production in stockbreeding facilities, Energy, Volume 88, August 2015, Pages 821 – 836, ISSN 0360 – 5442.

[280] Fiona Lambe, Marie Jürisoo, Carrie Lee, Oliver Johnson, Can carbon finance transform household energy markets? A review of cookstove projects and programs in Kenya, Energy Research & Social Science, Volume 5, January 2015, Pages 55 – 66, ISSN 2214 – 6296.

[281] Melissa Bos, Robert L. Pressey, Natalie Stoeckl, Marine conservation finance: The need for and scope of an emerging field, Ocean & Coastal Management, Volume 114, September 2015, Pages 116 – 128, ISSN 0964 – 5691.

[282] Mark Purdon, Opening the Black Box of Carbon Finance "Additionality": The Political Economy of Carbon Finance Effectiveness across Tanzania, Uganda, and Moldova, World Development, Volume 74, October 2015, Pages 462 – 478, ISSN 0305 – 750X.

[283] Yasuko Kameyama, Kanako Morita, Izumi Kubota, Finance for achieving low – carbon development in Asia: the past, present, and prospects for the future, Journal of Cleaner Production, Volume 128, 1 August 2016, Pages 201 – 208, ISSN 0959 – 6526.

[284] Lucy Baker, The evolving role of finance in South Africa's renewable energy sector, Geoforum, Volume 64, August 2015, Pages 146 – 156, ISSN 0016 – 7185.

[285] Thomas Poulsen, Rasmus Lema, Is the supply chain ready for the green transformation? The case of offshore wind logistics, Renewable and Sustainable Energy Reviews, Volume 73, June 2017, Pages 758 – 771, ISSN 1364 – 0321.

[286] Swarnalakshmi Umamaheswaran, Seth Rajiv, Financing large scale wind and solar projects—A review of emerging experiences in the Indian context, Renewable and Sustainable Energy Reviews, Volume 48, August 2015, Pages 166 – 177, ISSN 1364 – 0321.

[287] Gashaw Tadesse Abate, Shahidur Rashid, Carlo Borzaga, Kindie Getnet, Rural Finance and Agricultural Technology Adoption in Ethiopia: Does the Institutional Design of Lending Organizations Matter? World Development, Volume 84, August 2016, Pages 235 – 253, ISSN 0305 – 750X.

[288] Stefano F. Verde, Maria Grazia Pazienza, Energy and climate hand – in – hand: Financing RES – E support with carbon revenues, Energy Policy, Volume 88, January 2016, Pages 234 – 244, ISSN 0301 – 4215.

[289] Emanuele Campiglio, Beyond carbon pricing: The role of banking and monetary policy in financing the transition to a low – carbon economy, Ecological Economics, Volume 121, January 2016, Pages 220 – 230, ISSN 0921 – 8009.

[290] G. Andrew Karolyi, The gravity of culture for finance, Journal of Corporate Finance, Volume 41, December 2016, Pages 610 – 625, ISSN 0929 – 1199.

[291] Zeng Ming, Liu Ximei, Li Yulong, Peng Lilin, Review of renewable energy investment and financing in China: Status, mode, issues and countermeasures, Renewable and Sustainable Energy Reviews, Volume 31, March 2014, Pa-

ges 23 - 37, ISSN 1364 - 0321.

[292] Shuhong Wang, Malin Song, Influences of reverse outsourcing on green technological progress from the perspective of a global supply chain, Science of The Total Environment, Volume 595, 1 October 2017, Pages 201 - 208, ISSN 0048 - 9697.

[293] Gregor Schwerhoff, Mouhamadou Sy, Financing renewable energy in Africa - Key challenge of the sustainable development goals, Renewable and Sustainable Energy Reviews, Volume 75, August 2017, Pages 393 - 401, ISSN 1364 - 0321.

[294] Andrzej Wędzik, Tomasz Siewierski, Michal Szypowski, Green certificates market in Poland - The sources of crisis, Renewable and Sustainable Energy Reviews, Volume 75, August 2017, Pages 490 - 503, ISSN 1364 - 0321.

[295] Peng Liu, Yuan Zhou, Dillon K. Zhou, Lan Xue, Energy Performance Contract models for the diffusion of green - manufacturing technologies in China: A stakeholder analysis from SMEs' perspective, Energy Policy, Volume 106, July 2017, Pages 59 - 67, ISSN 0301 - 4215.

[296] Himanshu Gupta, Mukesh K. Barua, Supplier selection among SMEs on the basis of their green innovation ability using BWM and fuzzy TOPSIS, Journal of Cleaner Production, Volume 152, 20 May 2017, Pages 242 - 258, ISSN 0959 - 6526.

[297] Jihua Zhang, Quasi - landlord port financing in China: Features, practice and a contract theory analysis, Transportation Research Part A: Policy and Practice, Volume 89, July 2016, Pages 73 - 88, ISSN 0965 - 8564.

[298] Yike Ding, Andreas Hellmann, Lurion De Mello, Factors driving memory fallibility: A conceptual framework for accounting and finance studies, Journal of Behavioral and Experimental Finance, Volume 14, June 2017, Pages 14 - 22, ISSN 2214 - 6350.

[299] Rebecca Collins, Marije Schaafsma, Malcolm D. Hudson, The value

of green walls to urban biodiversity, Land Use Policy, Volume 64, May 2017, Pages 114 – 123, ISSN 0264 – 8377.

[300] Abdelmohsen A. Nassani, Abdullah Mohammed Aldakhil, Muhammad Moinuddin Qazi Abro, Khalid Zaman, Environmental Kuznets curve among BRICS countries: Spot lightening finance, transport, energy and growth factors, Journal of Cleaner Production, Volume 154, 15 June 2017, Pages 474 – 487, ISSN 0959 – 6526.

[301] Wenjing Zhang, Hengzhou Xu, Effects of land urbanization and land finance on carbon emissions: A panel data analysis for Chinese provinces, Land Use Policy, Volume 63, April 2017, Pages 493 – 500, ISSN 0264 – 8377.

[302] P. J. Irga, J. T. Braun, A. N. J. Douglas, T. Pettit, S. Fujiwara, M. D. Burchett, F. R. Torpy, The distribution of green walls and green roofs throughout Australia: Do policy instruments influence the frequency of projects? Urban Forestry & Urban Greening, Volume 24, May 2017, Pages 164 – 174, ISSN 1618 – 8667.

[303] Alexandra Medl, Rosemarie Stangl, Silvia B. Kikuta, Florin Florineth, Vegetation establishment on "Green Walls": Integrating shotcrete walls from road construction into the landscape, Urban Forestry & Urban Greening, Volume 25, July 2017, Pages 26 – 35, ISSN 1618 – 8667.

[304] Vien Nguyen Son, Christophe Schinckus, Felicia Chong, A post – Marxist approach in development finance: PMF or production mutualisation fund model applied to agriculture, Research in International Business and Finance, Volume 40, April 2017, Pages 94 – 104, ISSN 0275 – 5319.

[305] Meijun Qian, Yasheng Huang, Political institutions, entrenchments, and the sustainability of economic development – A lesson from rural finance, China Economic Review, Volume 40, September 2016, Pages 152 – 178, ISSN 1043 – 951X.

[306] Alberto Trejos, Randall Wright, Search – based models of money and

finance: An integrated approach, Journal of Economic Theory, Volume 164, July 2016, Pages 10 – 31, ISSN 0022 – 0531.

[307] Cecilia Tortajada, Policy dimensions of development and financing of water infrastructure: The cases of China and India, Environmental Science & Policy, Volume 64, October 2016, Pages 177 – 187, ISSN 1462 – 9011.

[308] Andy Gouldson, Niall Kerr, Joel Millward – Hopkins, Mark C. Freeman, Corrado Topi, Rory Sullivan, Innovative financing models for low carbon transitions: Exploring the case for revolving funds for domestic energy efficiency programmes, Energy Policy, Volume 86, November 2015, Pages 739 – 748, ISSN 0301 – 4215.

[309] Anita Kumari, Anil Kumar Sharma, Infrastructure financing and development: A bibliometric review, International Journal of Critical Infrastructure Protection, Volume 16, March 2017, Pages 49 – 65, ISSN 1874 – 5482.

[310] Bon – Gang Hwang, Lei Zhu, Joanne Siow Hwei Tan, Green business park project management: Barriers and solutions for sustainable development, Journal of Cleaner Production, Volume 153, 1 June 2017, Pages 209 – 219, ISSN 0959 – 6526.

[311] Katia Perini, Francesca Bazzocchi, Lorenzo Croci, Adriano Magliocco, Enrica Cattaneo, The use of vertical greening systems to reduce the energy demand for air conditioning. Field monitoring in Mediterranean climate, Energy and Buildings, Volume 143, 15 May 2017, Pages 35 – 42, ISSN 0378 – 7788.

[312] Amos Darko, Albert Ping Chuen Chan, Ernest Effah Ameyaw, Bao – Jie He, Ayokunle Olubunmi Olanipekun, Examining issues influencing green building technologies adoption: The United States green building experts' perspectives, Energy and Buildings, Volume 144, 1 June 2017, Pages 320 – 332, ISSN 0378 – 7788.

[313] Andrew Sudmant, Sarah Colenbrander, Andy Gouldson, Natasha Chilundika, Private opportunities, public benefits? The scope for private finance to

deliver low – carbon transport systems in Kigali, Rwanda, Urban Climate, Available online 11 March 2017, ISSN 2212 – 0955.

[314] Xilong Yao, Yang Liu, Shiyou Qu, When will wind energy achieve grid parity in China? – Connecting technological learning and climate finance, Applied Energy, Volume 160, 15 December 2015, Pages 697 – 704, ISSN 0306 – 2619.

[315] Karen Hoehn, Johanna Stratmann, Peter Schaffler, New actors, financial mechanisms and reformed aid reporting: What role for SRHR in post – 2015 financing for development? Reproductive Health Matters, Volume 23, Issue 45, May 2015, Pages 78 – 89, ISSN 0968 – 8080.

[316] Luca Di Corato, Michele Moretto, Gianpaolo Rossini, Financing flexibility: The case of outsourcing, Journal of Economic Dynamics and Control, Volume 76, March 2017, Pages 35 – 65, ISSN 0165 – 1889.

[317] Malin Song, Wanping Zheng, Shuhong Wang, Measuring green technology progress in large – scale thermoelectric enterprises based on Malmquist – Luenberger life cycle assessment, Resources, Conservation and Recycling, Volume 122, July 2017, Pages 261 – 269, ISSN 0921 – 3449.

[318] Sergio Copiello, Leveraging energy efficiency to finance public – private social housing projects, Energy Policy, Volume 96, September 2016, Pages 217 – 230, ISSN 0301 – 4215.

[319] Martina K. Linnenluecke, Tom Smith, Brent McKnight, Environmental finance: A research agenda for interdisciplinary finance research, Economic Modelling, Volume 59, December 2016, Pages 124 – 130, ISSN 0264 – 9993.

[320] Fang He, Xi Chen, Credit networks and systemic risk of Chinese local financing platforms: Too central or too big to fail?: – based on different credit correlations using hierarchical methods, Physica A: Statistical Mechanics and its Applications, Volume 461, 1 November 2016, Pages 158 – 170, ISSN 0378 – 4371.

[321] Jon Strand, Mitigation incentives with climate finance and treaty options, Energy Economics, Volume 57, June 2016, Pages 166 – 174, ISSN 0140 – 9883.

附表：

1 北京市通州区"十三五"时期经济社会发展主要指标及目标值

类别	序号	指标	单位	2020年目标	指标属性
发展约束	1	常住人口规模	万人	160	约束性
	2	城乡建设用地面积	平方公里	达到市级要求	
	3	用水总量	亿立方米	达到市级要求	
	4	能源消费总量	万吨标煤	达到市级要求	
	5	单位地区生产总值能耗降幅	%	达到市级要求	
	6	单位地区生产总值水耗降幅	%	达到市级要求	
	7	单位地区生产总值二氧化碳降幅	%	达到市级要求	
城乡建设	8	城市路网密度	公里/平方公里	9	约束性
	9	绿色出行比例	%	75	
	10	城区供水安全系数	—	1.3	
	11	燃气管网覆盖率	%	100	
	12	高速无线WiFi网络覆盖率	%	100	
	13	第四代移动通信覆盖率	%	100	
生态环境	14	细颗粒物浓度降低	%	达到市级要求	约束性
	15	森林覆盖率	%	33	
	16	重要水功能区水质达标率	%	60	
	17	人均公共绿地面积	平方米	18	
	18	城市污水处理率	%	100	
	19	垃圾无害化处理率	%	100	
	20	清洁能源使用比例	%	100	

1 北京市通州区"十三五"时期经济社会发展主要指标及目标值

续表

类别	序号	指标	单位	2020年目标	指标属性
公共服务	21	公共服务支出占一般性财政预算支出比重	%	85	约束性
	22	高中阶段教育入学率	%	100	
	23	大专以上受教育人数比重	%	30	预期性
	24	公共文化设施覆盖率	%	基本实现全覆盖	
	25	人均公共文化设施占地面积	平方米	0.45	约束性
	26	每千人拥有医疗机构床位数	张	6	
	27	甲、乙类传染病发病率	例/10万人	175.39	
	28	人均体育场地面积	平方米	2.25	
经济发展	29	地区生产总值年均增长率	%	7.5	预期性
	30	地方财政一般预算收入年均增速	%	8	
	31	全社会固定资产投资额年均增速	%	12	
	32	全社会消费品零售额年均增速	%	10	
	33	服务业增加值占地区生产总值比重	%	55以上	
人民生活	34	城乡居民收入年均增速	%	8	预期性
	35	城镇登记失业率	%	3.5以内	
	36	食品安全监测抽查合格率	%	98以上	约束性
	37	药品质量监督抽验合格率	%	99以上	
	38	单位地区生产总值安全生产事故死亡率降低	%	达到市级要求	
	39	城乡居民养老保险续保率	%	96以上	
	40	城区一刻钟服务圈覆盖率	%	95以上	

2 北京市拟疏解产业一览表

大类	小类	说明
一、农、林、牧、渔业		除科学研究、籽种繁育性质项目和休闲观光等农业经营项目外，进行疏解迁出
二、一般制造业（高耗能制造业全部外迁；研发、设计、采购、营销、技术服务、财务等非常制造业除外）	农副食品加工业	除本地出产的鲜活农副食品加工和水产品冷冻加工外，进行疏解迁出
	食品制造业	除保障城市基本运行和符合卫生规范的现场制作类经营外，进行疏解迁出
	酒、饮料和精制茶制造业	除葡萄酒制造外，进行疏解迁出
	烟草制品业	进行疏解迁出
	纺织业	除保障城市基本运行的纺织制成品制造外，进行疏解迁出
	纺织服装、服饰业	进行疏解迁出
	皮革、毛皮、羽毛及其制品和制鞋业	进行疏解迁出
	木材加工和木、竹、藤、棕、草制品业	进行疏解迁出
	家具制造业	除水性漆工艺、红木家具外，进行疏解迁出
	造纸和纸制品业	除纸制品制造业外，进行疏解迁出
	印刷和记录媒介复制业	除书、报刊印刷除外，本册印制；包装装潢及其他印刷中涉及金融、安全、运行保障等领域，且使用非溶剂型油墨和非溶剂型涂料的印刷生产环节，装订及印刷相关服务除外；记录媒介复制外进行疏解迁出

续表

大类	小类	说明
二、一般制造业（高耗能制造业全部外迁；研发、设计、采购、营销、技术服务、财务等非常制造业除外）	石油加工、炼焦和核燃料加工业	除油品质量提升和技术改造项目外，进行疏解迁出
	化学原料和化学品制造业	除涉及国家和北京市鼓励发展的新材料产品制造，保障医院、军工、科研机构、重点企业应用的气体生产，日用化学产品制造中城市医疗、应急保障类产品外，进行疏解迁出
	医药制造业	除化学药品制剂制造，中药饮片加工的精制环节，中成药生产的制剂环节，兽用药品制造中持有新兽药注册证书或自动化密闭式高效率混合生产工艺的粉剂、散剂、预混剂生产线，持有新兽药注册证书或采用动物、动物组织、胚胎等培养方式改为转瓶培养方式的兽用细胞苗生产线，生物药品制造，卫生材料及医药用品制造外，进行疏解迁出
	化学纤维制造业	除其他合成纤维制造中特种纤维、高性能纤维、生物基纤维材料制造外，进行疏解迁出
	橡胶和塑料制品业	除为航空航天、军工等配套的特种橡胶和塑料制品制造外，进行疏解迁出
	非金属矿物制品业	除涉及国家和北京鼓励发展的新材料产品制造，水泥制品制造和砼结构构件制造中符合住房城乡建设部门行业规划、技术规范要求的项目外，进行疏解迁出
	黑色金属冶炼和压延加工业	进行疏解迁出
	有色金属冶炼和压延加工业	除涉及国家和北京鼓励发展的新材料制造外，进行疏解迁出
	金属制品业	进行疏解迁出
	通用设备制造业	除内燃机及配件制造中燃气轮机，金属加工机械制造中超精密、智能装备，物料搬运设备制造中智能装备外，进行疏解迁出

续表

大类	小类	说明
二、一般制造业（高耗能制造业全部外迁；研发、设计、采购、营销、技术服务、财务等非常制造业除外）	专用设备制造业	除节能、智能、成套设备制造除外；制药专用设备，电子工业专用设备制造，医疗仪器设备及器械制造，环保、社会公共服务及其他专用设备制造外，进行疏解迁出
	汽车制造业	除新能源汽车，汽车整车制造中自主品牌乘用车高端品牌整车、产品结构优化升级，改装汽车制造中兼并重组、产品结构与企业布局调整升级，汽车零部件及配件制造中动力总成系统、汽车电子等外，进行疏解迁出
	铁路、船舶、航空航天和其他运输设备制造业	除铁路机车车辆配件制造，铁路专用设备及器材配件制造，城市轨道交通设备制造，航空、航天器及设备制造外，进行疏解迁出
	电气机械和器材制造业	除输配电及控制设备制造，锂离子电池制造，电气信号设备装置制造外，进行疏解迁出
	计算机、通信和其他电子设备制造业	除军工电子制造，计算机外围设备制造，其他计算机制造，通信设备制造，广播电视设备制造，雷达及配套设备制造，视听设备制造，半导体分立器件制造，集成电路制造，光电子器件及其他电子器件制造，电子元件及组件制造除外，其他电子设备制造外，进行疏解迁出
	其他制造业	除煤制品制造外，进行疏解迁出
	废弃资源综合利用业	除列入相关专项规划、保障城市运行的项目外，进行疏解迁出
	批发业	除符合规定的农产品批发市场及对城市运行及民生保障发挥重要作用的项目外，进行疏解迁出
	零售业	除符合规定的社区菜市场等农产品零售网点及对城市运行及民生保障发挥重要作用的项目外，进行疏解迁出

续表

大类	小类	说明
二、一般制造业（高耗能制造业全部外迁；研发、设计、采购、营销、技术服务、财务等非常制造业除外）	装卸搬运和运输代理业	除四大物流基地、口岸功能区、海关特殊监管区或场所外，进行疏解迁出
	仓储业	除粮食流通设施、城市物流配送节点外，进行疏解迁出
三、区域性物流基地、区域性专业市场	软件和信息技术服务业（电子银行，数据中心、呼叫中心等从三环整体迁出）	除PUE值在1.5以下的云计算数据中心外，进行疏解迁出
	商务服务业	经营符合规定的社区菜市场等农产品零售网点、符合规定的农产品批发市场以及对城市运行及民生保障发挥重要作用的项目的市场主体外，进行疏解迁出
四、部分教育医疗、培训机构等社会公共服务功能	教育、医疗	推动部分普通高等学校本科教育迁出，老校区向研究生培养基地、研发基地和重要智库转型，支持有条件的北京普通高等学校、中等职业学校通过部分院系搬迁、分校办学、联合办学等方式向外疏解。 中等职业学校教育： 不再新设立中等职业学校 不再扩大中等职业学校教育办学规模 中等职业学校不再新增占地面积 高等教育： 不再新设立或新升格普通高等学校 不再扩大高等教育办学规模 高等教育学校不再新增占地面积 成人高等教育： 不再扩大普通高等学校成人教育、网络教育、自考助学的面授教育规模 不再新增招收京外生源的成人教育机构和办学功能技能培训、教育辅助及其他教育： 禁止新设立面向全国招生的一般性培训机构

续表

大类	小类	说明
四、部分教育医疗、培训机构等社会公共服务功能	教育、医疗	推动在京优质医疗卫生资源通过对口支援、共建共管、办分院、整体搬迁等方式向京外发展，组建医疗联合体或医院集团；开展多种形式医疗技术、管理和学术交流；支持北京大医院在北京周边地区合作共建一批高水平的护理医院和康复医院，承接北京大医院医疗康复功能
	培训机构	推动以面向全国招生为主的一般性培训机构和具备条件的文化团体牵出北京六城区
五、部分行政事业性服务机构和企业总部	中央和国家机关	优先疏解中央和国家机关在北京二环以内的非紧密型行政辅助服务功能，包括服务中心、信息中心、行业协会、研究院所、培训机构、学术类社团、报社、出版社、杂志社等
	部队	在京部队所属单位
	企业总部	推动具备条件、具有明显地域特色的央企总部转移到相关产业集中区

3 北京市 2017 年高精尖投资项目

(一) 科技创新平台及战略性新兴产业（17 项）					
新建项目（10 项）					
1	清洁能源材料测试诊断与研发平台	怀柔区政府	中科院物理所、北京市长城伟业投资开发总公司	怀柔区。怀柔科学城	建设我国首个开放共享的从原子级到宏观尺寸、从材料到系统的清洁能源材料、器件综合分析测试平台，并通过 CNAS 认证
2	先进光源技术研发与测试平台	怀柔区政府	中科院高能物理所、北京市长城伟业投资开发总公司	怀柔区。怀柔科学城	建设有世界地位和领先研究水平的国家级先进光源科学技术研究中心、创新中心和技术转移中心，为我国未来在先进光源领域长期可持续发展，达到并保持国际领先水平奠定基础
3	材料基因组研究平台	怀柔区政府	中科院物理所、北京市长城伟业投资开发总公司	怀柔区。怀柔科学城	建设我国首个、世界上规模最大、手段最齐全的材料基因组研究平台
4	先进载运和测量技术综合实验平台	怀柔区政府	中科院力学所	怀柔区。怀柔科学城	建设国际一流的先进载运和测量技术综合实验平台，在临近空间超高速飞行器、高速列车、空间引力波探测等重大科技工程的技术攻关与系统方案研究，提供世界领先的实验条件

续表

5	空间科学卫星系列及有效载荷研制测试保障平台	怀柔区政府	中科院国家空间科学中心	怀柔区。怀柔科学城	建设有效支撑国际子午圈、载人航天空间科学与应用任务、月球与深空探测科学任务等国家重大任务的科学实验平台
6	综合极端条件实验装置	怀柔区政府	中科院物理所	怀柔区。怀柔科学城	项目占地130亩，建筑面积约5万平方米，主要建设极端条件物性表征系统、极端条件量子态调控等实验系统
7	地球系统数值模拟装置	怀柔区政府	中科院大气所	怀柔区。怀柔科学城	项目占地60亩，建筑面积约3.15万平方米，主要建设以地球系统各主要圈层和过程数值模拟系统为核心，软、硬件指标相适应，规模及综合技术水平与美国、日本和欧洲并列位于世界前列的地球系统数值模拟装置
8	北京生命科学研究所扩建工程	北京市科学技术委员会	北京生命科学研究所	昌平区。中关村生命科学园内	建筑面积约3万平方米，建设内容为应用实验大楼和综合服务楼
9	集成电路标准厂房（一期）项目	北京市经济和信息化委员会	北京屹唐集成电路科技有限公司	北京经济技术开发区。路东区B10M1地块	建筑面积约20万平方米，建设内容为集成电路标准厂房一期工程，主要包括生产厂房、动力厂房、生产研发综合楼及其配套附属设施

续表

10	新能源汽车创新科技中心	北京市经济和信息化委员会	北京新能源汽车股份有限公司	北京经济技术开发区。东环中路5号	建筑面积约16万平方米,建设内容为验证中心、科研开发中心、营销中心、体验中心等
续建项目（7项）					
11	中芯12英寸集成电路生产线	北京市经济和信息化委员会	中芯北方集成电路制造（北京）有限公司	北京经济技术开发区。文昌大道18号	建筑面积28.6万平方米,建设两条45/40纳米到32/28纳米集成电路生产线,月总产能7万片12英寸晶圆；新建厂房、研发楼等
12	奔驰MFA前驱车一期项目	北京市经济和信息化委员会	北京奔驰汽车有限公司	北京经济技术开发区。路南区	新建MFA厂房、产品生产线及配套附属设施,新增建筑面积107万平方米,新增年产12万辆前驱动轿车
13	超顺排碳纳米管阵列材料及应用产业化项目	北京市科学技术委员会	微纳星源（北京）科技有限公司	怀柔区。雁栖经济开发区	建筑面积约3.5万平方米,建设内容为超顺排碳纳米管阵列等应用产品及其自动化装备产业化
14	腾讯北京总部	海淀区政府	腾讯科技（北京）有限公司	海淀区。中关村软件园二期	建筑面积33.4万平方米,建设内容为研发中心
15	联想北京总部园区二期	海淀区政府	联想（北京）有限公司	海淀区。中关村软件园西区	建筑面积35.8万平方米,建设内容为研发中心
16	小米科技园项目	海淀区政府	小米科技有限责任公司	海淀区。安宁庄	建筑面积34.8万平方米,建设内容为科研楼
17	中科院北京纳米能源与系统研究所	怀柔区政府	北京中关村微纳能源投资有限公司	怀柔区。雁栖经济开发区	建筑面积约6.8万平方米,建设内容为中科院北京纳米能源与系统研究所

续表

（二）现代服务业（6项）					
新建项目（3项）					
18	亚投行总部	北京市金融工作局	北京新奥集团有限公司	朝阳区。奥林匹克公园	建筑面积约24.28万平方米
19	北京保险产业园639+649项目	石景山区政府	北京保险产业园投资控股有限责任公司	石景山区。实兴北街	建筑面积约14.7万平方米，建设内容为北京保险产业园孵化器
20	现代农业4.0智慧温室项目——大兴长子营智慧温室产业园区项目	北京市供销合作总社	北京京农控股集团有限公司	大兴区。长子营镇	建筑面积约13万平方米，建设内容为智慧玻璃温室、温室设备用房、加工包装展示用房、物流仓库
续建项目（3项）					
21	通州口岸功能区	北京市商务委员会	北京北建通成国际物流有限公司	通州区。马驹桥物流基地	建筑面积66万平方米，建设内容为仓库、海关国检办公楼、配套设施等
22	CBD核心区Z15地块（中国樽）	朝阳区政府	中信和业投资有限公司	朝阳区。CBD核心区	建筑面积43.7万平方米，建设内容为金融、办公及商业
23	平安金融中心	丰台区政府	北京金坤丽泽置业有限公司	丰台区。丽泽金融商务区E01/05/06地块	建筑面积约33.6万平方米，建设内容为相关金融服务业
（三）文化旅游产业（8项）					
新建项目（3项）					
24	中国宋庄艺术小镇	北京市国有文化资产监督管理办公室	北京鑫麒置业有限公司	通州区。宋庄镇	建筑面积约16万平方米，建设内容为中国艺术品交易中心、中国艺术品产业博览会会址等

25	北京国际文化商品展示交易中心	北京市国有文化资产监督管理办公室	北京歌华美华置业有限公司	顺义区。后沙峪镇	建筑面积约6.5万平方米。建设内容为展览中心、保税商品交易中心、文化产品交易所等
26	北昆国际文化中心	北京市文化局	北方昆曲剧院	西城区。陶然亭路14号	建筑面积约5.7万平方米,建设内容为昆曲剧院
续建项目（5项）					
27	北京世界园艺博览会园区	北京世界园艺博览会事务协调局	北京世园投资发展有限责任公司	延庆区。延庆镇	建筑面积61万平方米,建设内容为园区基础设施、公共景观、场馆、园艺小镇、产业带、世园村及其他相关配套设施
28	北京环球主题公园及度假区一期	环球主题公园项目工程协调推进办公室	北京首寰文化旅游投资有限公司	通州区。文化旅游区	建筑面积约88万平方米,建设内容为环球主题公园、配套停车楼、环球城市大道、环球大酒店、诺金度假酒店等
29	乐多港假日广场（原北京奥莱欢乐城）	昌平区政府	北京乐多港发展有限公司	昌平区。城南街道	建筑面积约29.37万平方米,建设内容为精品奥特莱斯商业、文化体验区、度假酒店
30	北京文化产权交易中心	北京市国有文化资产监督管理办公室	北京市文化置业有限公司	东城区。前门大街	建筑面积约6万平方米,建设内容为文化产权交易中心及配套用房
31	国际文化产品展览展示及仓储物流中心	北京市国有文化资产监督管理办公室	北京歌华美文置业有限公司	顺义区。后沙峪镇	建筑面积20.3万平方米。建设内容为文化艺术品存储、影视产品生产制作及文化产品展览展示等

4　河北省 2017 年重点合作项目

大类	小类	项目名称
战略性新兴产业	电子信息	1. 河北敬业鑫源科电子科技有限公司在平山县建设传感器项目 2. 平山县河北省西柏坡经济开发区建设省级互联网跨界融合示范园项目 3. 北京东方金鹰信息科技股份有限公司在廊坊永清建设企业智能化印章管理设备及系统生产线项目 4. 邯郸经济技术开发区电子信息产业基地项目 5. 河北定州经济开发区建设信息技术产业园项目 6. 承德平泉经济开发区建软件数码动漫产业项目 7. 承德平泉经济开发区电子产业园建设项目 8. 北京中智慧通科技有限公司在廊坊建设外包服务呼叫中心项目 9. 廊坊加乾通信设备制造有限公司在廊坊大厂县建设中关村·京东硅谷项目 10. 河北京创投资有限公司在涞水产业新城建设电子信息产业园项目 11. 邢台桥西区建设电子商务产业园项目 12. 河北方大科技园管理服务有限公司建设方大科技园暨宁晋县高新技术产业加速器项目 13. 辛集皮革城建设电子商务基地项目
	生物工程	14. 承德县鸡粪综合开发利用项目 15. 河北高邦生物科技有限公司在保定易县建设年产 5 万吨生物酶项目 16. 唐沧生物科技有限公司在沧州建设 20 万吨/年啤酒废酵母产业链项目 17. 河北博伦特药业有限公司在晋州市建设手性化合物及原料药生产基地项目

续表

大类	小类	项目名称
战略性新兴产业	生物工程	18. 新乐市河北安然动物保健品有限公司建设年产70万箱兽药及动物保健品项目 19. 河北凯佳医药科技有限公司在新乐市建设中药饮片加工项目 20. 承德畅隆冀北山区建设特色中药材种植加工基地和物流交易中心项目 21. 张家口塞北管理区建设生物疫苗生产项目 22. 秦皇岛城发健康产业发展有限公司在北戴河新建3万平方米生物医药产业化基地项目 23. 秦皇岛青龙满族自治县新建2 000吨中药饮片加工及中草药种植项目 24. 河北华晨药业有限公司在沧州黄骅建设海洋药物开发与扩产技改项目 25. 衡水工业新区建设医药产业园项目 26. 河北定州经济开发区建设生物医药产业园项目
	新材料、新能源	27. 承德建龙特殊钢有限公司建设钒钛高科技产业园项目 28. 保定高碑店市隆泰丰博石墨烯加工有限公司建设年产900吨石墨烯项目 29. 河北鑫利工程材料有限公司在衡水阜城县建设高分子材料生产项目 30. 河北龙翔工程材料有限公司在衡水阜城县建设喷膜防水材料项目 31. 卓达新材料科技集团在邯郸建设冀南卓达新型材料科技产业园一期项目 32. 邯郸经济技术开发区建设新型功能材料园项目 33. 邯郸磁县经济开发区建设化工新材料项目 34. 邯郸永年县建设过滤材料产业园延伸项目 35. 新乐市河北旭力生物质能源有限公司建设年产1 000万立方米生物天然气项目

续表

大类	小类	项目名称
战略性新兴产业	新材料、新能源	36. 承德高新区建设能源供应中心项目 37. 秦皇岛经济技术开发区新建年产 300MW 光伏太阳能电池组件生产线项目 38. 航天国轩（唐山）锂电池有限公司建设动力电池产业基地项目 39. 唐山乐亭经济开发区建设新能源汽车锂离子动力电池项目 40. 保定中煤科工清洁能源有限公司博野县分公司建设 $2\times25t/h$ 煤粉制备中心项目 41. 河北奥冠电源有限责任公司在衡水故城县建设新能源汽车燃料电池系统项目 42. 河北京安生物能源科技股份有限公司在衡水安平县建设热电联产项目 43. 北京阳光鸿志电气工程技术有限公司在廊坊永清建设绿色能源储能系统项目
	节能环保	44. 河北石阀机械设备有限公司在灵寿县建设年产 1 万吨工业环保设备项目 45. 河北弘之木环保科技股份有限公司在保定白沟建设建筑垃圾和箱包垃圾（二期）处理工程项目 46. 河北可耐特玻璃钢有限公司在衡水冀州建设复合材料废弃物回收再利用项目 47. 绿洁泰能科技有限公司在衡水饶阳县建设固体废弃物综合利用气化发电项目 48. 河北同业冶金科技有限公司在衡水故城县建设布料器及烟气脱硫设备项目 49. 北京京城环保股份有限公司在邢台沙河市建设循环经济环保产业项目 50. 河北定州经济开发区建设环保产业园项目 51. 河北辛集经济开发区建设环保设备产业园项目

续表

大类	小类	项目名称
战略性新兴产业	高端装备制造	52. 唐山联东金运投资有限公司建设联东U谷·唐山产业园项目
		53. 河北京创投资有限公司在涞水产业新城建设高端装备制造产业园项目
		54. 张家口怀来县建设高端装备制造产业园项目
		55. 秦皇岛开发区建设年产5 000台工业机器人项目
		56. 廊坊永清建设信泰安德里茨高端装备生产与运维基地项目
		57. 河北星鼎机械设备有限公司在高碑店建设工业机器人研发制造及中试基地项目
		58. 河北天启通宇航空器材科技发展有限公司在高碑店建设天启通宇飞行器制造项目
		59. 衡水饶阳县建设铁路高端装备工业园项目
		60. 河北聚银企业管理服务有限公司在邯郸魏县建设高端精密紧固件及系列设备制造产业园项目
传统产业	机械	61. 元氏县耐力股份有限公司建设年产40 000台螺杆压缩机项目
		62. 石家庄延昌节能电机有限公司在灵寿县建设节能发电机、节能电动机产业化项目
		63. 河北镕冠科技有限公司在承德宽城县建设高铁大截面车体专用板生产线项目
		64. 承德兴春和食用菌专用设备制造项目
		65. 承德丰宁县建设重工装备制造和能源开发产业一体化项目
		66. 河北卢龙经济开发区建设年产3000组机械加工臂项目
		67. 唐山市兴发工业有限责任公司在丰润动车城新建立本车库项目
		68. 唐山遵化市鑫虎矿机对外合作项目
		69. 唐山遵化市大诚制造有限公司扩建超细破碎机项目
		70. 唐山高新区建设电磁振动叶片式散热装置生产基地项目
		71. 唐山芦台经济开发区建设装备制造产业基地项目
		72. 衡水工业新区建设智能装备产业园项目
		73. 河北星月制动元件有限公司在衡水故城县建设汽车制动器总成生产项目

续表

大类	小类	项目名称
传统产业	机械	74. 河北铭信机械有限公司在邢台临西县建设机床生产项目
		75. 河北定州经济开发区建设智能装备产业园项目
		76. 河北辛集经济开发区建设轨道交通装备产业园项目
		77. 唐山迁西奥帝爱机械铸造有限公司 ADI 及 CADI 扩产项目
		78. 石家庄晋州市河北华和轴承制造有限公司轴承产品升级改造项目
		79. 承德高中压阀门管件集团有限公司建设承德阀门工业园项目
		80. 唐山三石重机制造有限公司建设烧结混料、天车设备项目
		81. 唐山芦台经济开发区建设汽车零部件生产基地项目
		82. 京慨尔康科技发展有限公司在廊坊永清县建设汽车传感器项目
		83. 廊坊香河建设汽车安全自控系统生产项目
		84. 廊坊轩鹏实业有限公司在大厂县建设年产 100 万套汽车零部件项目
		85. 廊坊沐泽机械设备制造有限公司在大厂县建设年产 1 000 万件/套精密机械部件项目
		86. 长城汽车股份有限公司在保定徐水建设长城国际汽车零部件产业园项目
		87. 沧州孟村回族自治县建设汽车零部件工业园项目
		88. 河北沧海核装备科技股份有限公司在沧州盐山县建设高耐腐蚀化工管 ODF 生产线项目
		89. 河北汇中管道装备有限公司在沧州盐山县建设高性能 JCOE 功能钢管生产线及管道预装配项目
		90. 北京金雨弘泰科技发展有限公司在沧州开发区建设地铁屏蔽门项目
		91. 河北卡玛液压机械有限公司在邢台临西县建设年产 3 万套液压泵阀建设项目
		92. 河北亿泰克轴承有限公司在临西县建设轴承生产项目
		93. 河北泰睿机械制造有限公司在临西县建设曲轴生产项目
		94. 河北定州经济开发区建设农机装备制造产业园项目
		95. 河北双天机械制造有限公司在定州建设现代农业装备研发制造基地项目
		96. 河北辛集经济开发区建设京津产业园项目
		97. 河北辛集经济开发区建设航空产业园项目

续表

大类	小类	项目名称
传统产业	冶金	98. 保定维尔铸造机械股份有限公司搬迁改造项目 99. 河北恒祥钛合金制品有限公司在衡水桃城区建设冀中恒祥钛产业小镇项目 100. 中冶海普粉末冶金有限责任公司在邯郸肥乡县建设粉末冶金高性能近终形模具项目 101. 河北永洋特钢集团有限公司在邯郸永年县建设钢铁产业延伸加工园项目 102. 承德平泉经济开发区建设年处理40万吨多金属矿综合利用项目
	化工	103. 河北三兴再生资源利用有限公司在灵寿县建设50万吨/年废润滑油循环再利用项目 104. 新乐市河北百斗嘉肥料有限公司建设年产50万吨复混肥料、掺混肥料、其他类型复合肥项目 105. 河北旭阳焦化有限公司在定州改造建设甲醇装置兰产液化天然气设备项目 106. 河北辛集新城经济开发区建设年产2万吨热塑性聚丙烯弹性体（TPO）项目
	轻工	107. 张家口市下花园区建设滑雪器材装备基地项目 108. 秦皇岛北戴河浪淘沙出版印刷创意产业园区项目 109. 河北卢龙经济开发区建设年产7万台节能环保家用电器项目 110. 唐山市三石动车内装制造有限公司建设动车内装配件项目 111. 唐山滦南经济开发区建设彩印包装生产线项目 112. 保定霸州福兴彩印包装有限公司建设河北包装·印刷产业基地项目 113. 保定天鹅新型纤维制造有限公司在顺平县建设年产6万吨溶剂法纤维素短纤维退城进园技改项目 114. 沧州河间市建设工艺玻璃产业园项目 115. 乐海乐器有限公司在沧州建设肃宁乐器生产基地项目 116. 河北普澳利通环境科技有限公司在衡水故城县建设空气净化器项目

续表

大类	小类	项目名称
传统产业	轻工	117. 邢台平乡县建设世界童车之都产业园项目 118. 天津博利新丰包装制品有限公司在邢台平乡建设年产15万吨印铁项目 119. 河北泰能医疗用品科技集团股份有限公司在邢台南宫建设年产60亿只无尘无菌防护手套项目 120. 河北天王自行车科技有限公司在邢台光宗县建设年产160万套碳纤维、铝合金运动器材项目 121. 邯郸经济技术开发区建设白色家电项目 122. 北京阀门集团在邯郸成安县建设北阀阀门产业园项目 123. 邯郸广平县建设国际家居产业园项目 124. 河北定州经济开发区建设电动汽车充电桩生产基地项目 125. 河北定州经济开发区建设高端体育用品产业园项目 126. 河北定州经济开发区建设通用航空产业园项目 127. 河北定州市李亲顾镇建设钢网产业园区项目 128. 河北定州市砖路镇建设铜雕工业园项目 129. 辛集皮革城有限公司建设研发设计检测中心项目 130. 石家庄灵寿中山青铜器工艺品厂中山文化青铜工艺技术升级改造项目 131. 河北润成仓储有限公司与石家庄市福瑞德皮革工业有限公司在石家庄无极县建设高档皮革后整饰产业园项目
	食品	132. 承德大金星食品有限公司在滦平县建设大金星食品深加工项目 133. 承德华朗食品有限公司在滦平县建设华朗食品深加工项目 134. 承德百纯食品有限公司在隆化县建设石片矿泉水厂（二期）项目 135. 张家口沽源县新建燕麦深加工项目 136. 张家口沽源县新建马铃薯渣生产膳食纤维项目 137. 秦皇岛众瑞制药有限公司在北戴河建设健康保健食品基地项目 138. 唐山市乐亭县建设海参精深加工项目 139. 廊坊香河建设食品生产基地项目

续表

大类	小类	项目名称
传统产业	食品	140. 保定霸州经济开发区建设食品工业园项目 141. 北京东来顺集团有限责任公司在衡水阜城县建设街坊铺餐饮公司生产基地项目 142. 北京中谷琪珑集团有限公司在邯郸成安县建设中谷琪珑现代食品产业融合示范园 143. 河北葵克生物科技有限公司在邯郸馆陶县新建年产1.2万吨秋葵多糖、多肽、秋葵黄酮、可溶性膳食纤维项目 144. 邯郸邱县开发区建设高档休闲食品生产项目 145. 石家庄五岳寨矿泉水有限公司在灵寿县建设天然饮用矿泉水生产项目 146. 承德双滦区建设伊逊水产业园项目 147. 唐山蓝猫饮品集团有限公司在遵化市年产60万吨野生酸枣汁扩建项目
	建材	148. 河北正一建材股份有限公司在承德宽城县建设中建材新型绿色保温建筑材料项目 149. 承德金隅集团建设装配式建筑材料产业基地项目 150. 河北秦皇岛卢龙经济开发区建设年产6万吨人造石英石装饰材料项目 151. 唐山华丽联合新型建筑材料有限公司在遵化建设"轻型钢结构ASA板镶嵌式集成节能建筑体系"项目 152. 廊坊胜芳镇大型家具制造项目 153. 黑龙江滨利建筑节能材料科技有限公司在平乡县建设年产120万平方米建筑用轻质复合隔墙板项目 154. 北京天润康隆科技股份有限公司在邢台南宫市建设微孔岩吸隔声板生产项目 155. 河北定州市新景商贸集团有限公司建设新景建材市场项目 156. 河北辛集经济开发区钢结构住宅产业化合作项目 157. 河北仁邦新型建材有限公司在灵寿县建设年产20万立方米粉煤灰加气块及10万立方米粉煤灰标砖生产线项目

续表

大类	小类	项目名称
传统产业	建材	158. 新乐市石家庄盛和建筑装饰有限公司建设年产40万平方米电磁波屏蔽门窗、塑钢、铝合金门窗项目
现代服务业	商贸物流	159. 沧州泊头市建设永安新区城市综合体项目
		160. 沧州献县建设渔具城项目
		161. 张家口经开区建设商贸物流港项目
		162. 张家口涿鹿县建设农副产品仓储物流中心项目
		163. 胜记仓物流有限公司在廊坊建设商谷集居项目
		164. 河北新发地农副产品有限公司在高碑店建设北京马连道国际茶城项目
		165. 沧州泊头市建设大型冷链物流基地项目
		166. 新乐市河北富达冷链物流有限公司建设富达冷链物流项目
		167. 平山县河北修竹农业科技开发有限公司建设农产品电商物流中心项目
		168. 秦皇岛山海关区建设临港物流园项目
		169. 唐山科奥浦森中车物流有限公司在丰润动车城建设物流园二期项目
		170. 唐山乐亭县建设集装箱分拨基地项目
		171. 保定速通市场服务有限公司在白沟建设速通电商快递产业园项目
		172. 沧州海兴县城市建设投资有限公司建设现代粮食物流园项目
		173. 沧州海兴县城市建设投资有限公司建设海兴临港物流园项目
		174. 邢台平乡县金速派电子商务有限公司建设电子商务服务中心暨电商快递配送物流园项目
		175. 河北宇昊天宏商贸有限公司在邢台广宗县建设冀南农贸物流中心项目
		176. 河北辛集经济开发区建设现代物流产业园项目
		177. 石家庄高新区开发建设天山·世界之门中央商务区项目
		178. 沧州河间市建设京津冀再制造产业园项目
		179. 沧州肃宁县融天通用机场管理有限公司建设通用航空产业园
		180. 衡水市工业新区建设商贸物流中心项目

续表

大类	小类	项目名称
现代服务业	商贸物流	181. 衡水工业新区建设冀南三农产业贸易园区项目
		182. 衡水饶阳县建设中冷农产品冷链物流配送中心暨交易平台项目
		183. 邢台平乡县建设天津富士达配套企业产业园项目
		184. 天津市保捷货运代理有限公司在邢台平乡建设国际货代服务暨仓储物流园项目
		185. 邢台桥西区建设市图书馆地下商业广场项目
	科技服务	186. 万浩投资控股有限公司在邯郸建设恒富科技创业产业园项目
		187. 沧州任丘经济开发区建设科技创业中心孵化器项目
		188. 承德双滦区建设检验检测产业园项目
		189. 承德创元建设开发有限责任公司在高新区建设微型智慧创业创新科技园项目
		190. 张家口怀来县建设高等院校科技成果孵化转化基地项目
		191. 河北捷信投资有限公司在保定徐水建设北湖智能科技生态城项目
		192. 保定安新县建设湿地生态创意科技产业园项目
		193. 沧州吴桥经济开发区建设桑园中小企业创业园项目
		194. 联合出版（集团）有限公司在衡水阜城县建设绿色数字印刷项目
		195. 河北辛集经济开发区建设科技企业孵化园项目
	健康养老	196. 魅力承德养生养老项目
		197. 澳康国际医疗管理有限责任公司在承德建设国际肿瘤治疗中心项目
		198. 承德市第六医院建设京津冀跨区医养结合示范园项目
		199. 承德围场建设综合养老服务中心项目
		200. 张家口下花园区建设高端生态休闲养老基地项目
		201. 张家口市下花园区建设花园康复基地项目
		202. 秦皇岛北戴河建设国际康养中心项目
		203. 北戴河集发农业综合开发股份有限公司建设乡村生态养老基地项目
		204. 秦皇岛北戴河区建设中医健康养生基地项目

续表

大类	小类	项目名称
现代服务业	健康养老	205. 中国煤矿工人疗养院在北戴河建设休闲健康养生城项目
		206. 唐山迁西融鑫集团建设京东综合宜养服务中心项目
		207. 唐山湾国际旅游岛管委员会建设生命健康产业园区项目
		208. 保定霸州津霸经济开发区建设金钟渡假村扩建项目
	旅游	209. 石家庄井陉润岭荒山开发有限公司建设杨庄草帽顶旅游观光项目
		210. 河北白鹿温泉旅游度假股份有限公司在石家庄平山县建设红崖山生态旅游度假区项目
		211. 石家庄晋州市建设温泉度假区项目
		212. 石家庄晋州市周家庄农业观光科技示范有限公司建设休闲农业乡村旅游项目
		213. 石家庄远江旅游开发有限公司在井陉县开发建设地都·乏驴岭旅游区项目
		214. 石家庄森源农林生态开发有限公司在井陉县建设森源生态旅游项目
		215. 河北宝阳实业有限公司在灵寿县开发建设五岳寨驼沟休闲度假区项目
		216. 石家庄灵寿县开发建设水泉溪旅游项目
		217. 河北聚诚集团有限公司在井陉县开发建设于家民俗生态旅游项目
		218. 石家庄平山县驼梁景区服务区建设项目
		219. 承德花溪城生态旅游发展有限公司在承德宽城县建设花溪城生态康养文化体验园项目
		220. 承德双桥区建设普宁文化休闲小镇项目
		221. 承德市双桥区建设国际温泉养生休闲小镇项目
		222. 承德双桥区双峰寺镇下南山村建设民宿旅游村项目
		223. 张家口沽源县建设金莲山滑雪度假村旅游开发项目
		224. 张家口经开区建设室内滑雪馆项目
		225. 张家口桥西区张家口堡保护开发项目

续表

大类	小类	项目名称
现代服务业	旅游	226. 张家口桥西区大境门景区保护开发项目
		227. 张家口桥西区张库大道文化旅游开发项目
		228. 张家口市下花园区鸡鸣山鸡鸣驿综合开发项目
		229. 张家口市下花园区石佛山旅游综合开发项目
		230. 张家口市涿鹿县小五台山旅游开发项目
		231. 张家口涿鹿县开发建设中华三祖文化园区项目
		232. 张家口市涿鹿县云上逐路旅游开发项目
		233. 秦皇岛抚宁区景盛旅游发展有限公司建设五道沟景区综合开发项目
		234. 秦皇岛瑞安生态旅游开发有限公司在青龙县建设"洋河印象"生态旅游综合开发项目
		235. 秦皇岛市新景顺农业开发有限公司在青龙县建设天然石长城山区综合开发项目
		236. 唐山市迁西县青山关旅游发展有限公司国际长城休闲度假区扩建项目
		237. 唐山湾国际旅游岛管委会建设菩提岛高端康养度假村项目
		238. 唐山湾国际旅游岛管委员会建设祥云岛水世界海洋主题公园项目
		239. 蔡家峪摩天岭生态旅游开发有限公司在保定易县建设蔡家峪生态旅游开发项目
		240. 保定阜平县开发建设古北岳恒山（神仙山）项目
		241. 沧州吴桥县杂技大世界有限公司建设杂技旅游产业园项目
		242. 衡水湖西湖旅游开发项目
		243. 邢台桥西区建设古镇文化旅游项目
		244. 邢台市皇寺历史文化名镇旅游开发项目
		245. 邯郸市丛台区紫山文化旅游休闲产业园项目
		246. 邯郸磁县溢泉湖旅游综合开发建设项目
		247. 邯郸临漳县文化旅游开发有限公司新建邺北城考古遗址公园项目

续表

大类	小类	项目名称
现代服务业	体育、卫生、文化	248. 张家口沽源县建设国家级亚高原训练基地项目
		249. 天津市博恩津医疗器材销售有限公司在正定县高新区建设亿信医用新材料项目
		250. 张家口怀来县建设首都医疗机构分院项目
		251. 河北京创投资有限公司在保定涞水新城建设三甲医院项目
		252. 北京倍飞视国际视觉艺术交流有限公司在廊坊大厂县建设 Base 总部项目
		253. 河北中古文化产业投资有限公司在沧州青县建设中古红木文化小镇项目
		254. 邢台桥西区建设襄都文化创意产业园项目
		255. 承德县建设青少年素质拓展教育基地
		256. 承德丰宁县白云古洞景区改扩建项目
		257. 河北尚霖文化产业园投资有限公司在保定涞水县建设中国京作古典家具艺术小镇项目
		258. 河北匠人谷旅游发展有限公司在保定建设大激店·匠人谷文创小镇项目
		259. 石家庄平山县孟家庄镇建设现代农业产业园区项目
		260. 石家庄灵寿县建设 200 平方公里核桃产业园区项目
		261. 河北坤利农业开发有限公司在灵寿县建设生态有机中药材综合开发示范基地项目
		262. 石家庄灵寿县建设 2 万亩高标准茶叶生产示范基地
		263. 河北绿地生物技术有限公司在石家庄灵寿县建设食用菌产业化项目
		264. 承德鑫达食品有限公司在承德围场县建设有机杂粮食品扩大生产能力项目
		265. 承德围场县建设榛子饮品和干果精包装项目
		266. 承德丰宁县建设有机蔬菜基地及深加工项目
		267. 张家口怀来县建设高档葡萄和葡萄酒产业示范区项目
		268. 张家口沽源县建设蔬菜冷链物流深加工项目

续表

大类	小类	项目名称
现代服务业	体育、卫生、文化	269. 秦皇岛市坤丰生态农业开发有限公司在抚宁县建设蔬菜物流配送基地项目 270. 秦皇岛抚宁县恒野蔬菜有限公司建设生姜深加工项目 271. 唐山开平区建设都市现代农业园区项目 272. 唐山古冶区范各庄镇建设春辉绿色农产品规模种植基地项目 273. 保定阜平县建设环南山现代农林产业园项目 274. 河北绿之梦农业开发有限公司在保定安新县建设高效生态循环现代农业科研试验示范园项目 275. 河北御带河农业科技有限公司在沧州肃宁建设御带河农业科技生态示范园项目 276. 衡水湖农业科技博览园项目 277. 衡水饶阳县建设国家级现代农业公园项目 278. 邢台桥西区建设中留国际生态休闲农场项目 279. 河北百年春酿酒有限公司在邢台建设现代科技生态循环农业产业园 280. 河北汇濠森森食用菌开发有限公司在邢台内丘新建食用菌规模化生产综合开发项目
其他		281. 秦皇岛山海关临港经济开发区综合开发项目 282. 秦皇岛抚宁区基础设施建设项目 283. 沧州孟村回族自治县建设京津产业转移园项目 284. 河北定州市经济开发区建设污水处理厂项目 285. 河北铠特农业机械有限公司在邯郸馆陶县建设中韩铠特拖拉机产业园拖拉机配套项目

5 2016年京津冀地区银行业金融机构情况

序号	公司名称	上市状态	城市	总资产（万元）	营业收入（万元）	注册资本（万元）	员工数（人）
1	中国工商银行股份有限公司	已上市	北京市	2 413 726 500	67 589 100	35 640 626	454 073
2	中国建设银行股份有限公司	已上市	北京市	2 096 370 500	60 509 000	25 001 098	356 048
3	中国农业银行股份有限公司	已上市	北京市	1 957 006 100	50 601 600	32 479 412	489 455
4	中国银行股份有限公司	已上市	北京市	1 814 888 900	48 363 000	29 438 779	304 492
5	国家开发银行	非上市	北京市	1 434 050 000	22 267 700	42 124 837	8 838
6	中国邮政储蓄银行有限责任公司	已上市	北京市	826 562 200	18 960 200	8 103 057	169 735
7	中国民生银行股份有限公司	已上市	北京市	589 587 700	15 521 100	3 648 535	56 933
8	中信银行股份有限公司	已上市	北京市	593 105 000	15 378 100	4 893 480	56 565
9	中国光大银行股份有限公司	已上市	北京市	402 004 200	9 403 700	4 667 912	41 335
10	华夏银行股份有限公司	已上市	北京市	235 623 500	6 402 500	1 282 269	39 354
11	中国农业发展银行	非上市	北京市	418 313 200	6 295 200	2 000 000	—
12	北京银行股份有限公司	已上市	北京市	211 633 900	4 745 600	1 824 801	14 472
13	中国进出口银行	非上市	北京市	333 434 984	4 628 578	15 000 000	3 036
14	渤海银行股份有限公司	非上市	天津市	85 611 968	2 186 516	850 000	7 579
15	北京农村商业银行股份有限公司	非上市	北京市	72 416 916	1 290 392	1 214 847	—

5 2016年京津冀地区银行业金融机构情况

续表

序号	公司名称	上市状态	城市	总资产（万元）	营业收入（万元）	注册资本（万元）	员工数（人）
16	天津银行股份有限公司	已上市	天津市	65 731 011	1 181 474	607 055	6 526
17	天津农村商业银行股份有限公司	非上市	天津市	30 376 054	773 353	750 000	5 953
18	河北银行股份有限公司	非上市	石家庄市	31 042 712	744 324	500 000	4 483
19	廊坊银行股份有限公司	非上市	廊坊市	20 611 519	508 802	460 000	2 150
20	张家口银行股份有限公司	非上市	张家口市	16 701 158	449 053	514 640	—
21	天津滨海农村商业银行股份有限公司	非上市	天津市	14 753 926	408 157	575 867	2 439
22	唐山银行股份有限公司	非上市	唐山市	20 361 161	382 947	421 590	935
23	邯郸银行股份有限公司	非上市	邯郸市	14 620 374	311 746	265 505	2 141
24	沧州银行股份有限公司	非上市	沧州市	11 191 232	288 231	383 928	1 807
25	承德银行股份有限公司	非上市	承德市	9 294 725	210 275	277 830	1 416
26	邢台银行股份有限公司	非上市	邢台市	7 718 665	150 192	117 914	1 774
27	保定银行股份有限公司	非上市	保定市	8 167 323	140 680	150 000	894
28	河北唐山农村商业银行股份有限公司	非上市	唐山市	6 135 656	107 990	201 718	—
29	秦皇岛银行股份有限公司	非上市	秦皇岛市	5 074 671	103 031	195 850	932
30	衡水银行股份有限公司	非上市	衡水市	3 758 453	83 962	101 828	1 455
31	河北文安农村商业银行股份有限公司	非上市	廊坊市	—	77 479	31 097	—
32	河北宽城农村商业银行股份有限公司	非上市	承德市	—	62 087	16 936	—
33	天津金城银行股份有限公司	非上市	天津市	2 204 055	55 072	300 000	—
34	河北邢台农村商业银行股份有限公司	非上市	邢台市	1 199 765	45 822	74 020	305

续表

序号	公司名称	上市状态	城市	总资产（万元）	营业收入（万元）	注册资本（万元）	员工数（人）
35	河北献县农村商业银行股份有限公司	非上市	沧州市	—	43 147	30 000	—
36	河北阜城农村商业银行股份有限公司	非上市	衡水市	—	42 772	25 490	—
37	石家庄汇融农村合作银行	非上市	石家庄市	1 106 447	40 962	60 000	—
38	河北大厂农村商业银行股份有限公司	非上市	廊坊市	—	37 148	13 200	—
39	北京顺义银座村镇银行有限公司	非上市	北京市	651 260	24 155	25 000	—
40	天津南村村镇银行股份有限公司	非上市	天津市	364 112	13 807	30 000	—
41	天津华明村镇银行股份有限公司	非上市	天津市	358 307	12 519	100 000	176
42	河北涉县农村商业银行股份有限公司	非上市	邯郸市	307 769	7 750	29 962	—
44	天津宝坻浦发村镇银行股份有限公司	非上市	天津市	60 425	3 768	10 000	—
45	石家庄市矿区农村信用联社股份有限公司	非上市	石家庄市	—	3 547	10 101	—
46	河间融惠村镇银行有限责任公司	非上市	河间市	41 600	1 637	5 000	—
48	冀洲联邦银行（辛集）村镇银行有限责任公司	非上市	辛集市	11 696	658	5 000	—
49	冀洲联邦银行（永年）村镇银行有限责任公司	非上市	邯郸市	10 949	584	4 000	—
50	冀洲联邦银行（栾城）村镇银行有限责任公司	非上市	石家庄市	12 940	533	6 000	—
51	冀洲联邦银行（涉县）村镇银行有限责任公司	非上市	邯郸市	10 028	461	6 000	—
52	冀洲联邦银行（成安）村镇银行有限责任公司	非上市	邯郸市	8 679	433	4 000	—
53	冀洲联邦银行（魏县）村镇银行有限责任公司	非上市	邯郸市	8 721	346	5 000	—
54	冀洲联邦银行（磁县）村镇银行有限责任公司	非上市	邯郸市	6 154	302	3 200	—
55	沧州融信农村商业银行股份有限公司	非上市	沧州市	589 031	—	65 729	428

5 2016年京津冀地区银行业金融机构情况   363

续表

序号	公司名称	上市状态	城市	总资产（万元）	营业收入（万元）	注册资本（万元）	员工数（人）
56	定州中成村镇银行股份有限公司	非上市	定州市	—	—	10 000	—
57	涿州中成村镇银行股份有限公司	非上市	涿州市	—	—	10 000	—
58	天津武清村镇银行股份有限公司	非上市	天津市	—	—	39 100	—
59	奥地利奥合国际银行股份有限公司北京分行	非上市	北京市	—	—	210 000	—
60	河北定州农村商业银行股份有限公司	非上市	定州市	—	—	80 262	—
61	河北晋州农村商业银行股份有限公司	非上市	石家庄市	—	—	52 000	—
62	河北正定农村商业银行股份有限公司	非上市	石家庄市	—	—	60 000	—
63	河北丰宁建信村镇银行有限责任公司	非上市	承德市	—	—	3 000	—
64	北京通州国开村镇银行股份有限公司	非上市	北京市	—	—	10 000	—
65	藁城恒升村镇银行股份有限公司	非上市	石家庄市	—	—	5 000	—
66	河北省农村信用社联合社	非上市	石家庄市	—	—	20 180	—
67	高碑店中成村镇银行股份有限公司	非上市	高碑店市	—	—	10 000	—
68	天津宁河村镇银行股份有限公司	非上市	天津市	—	—	20 000	—
69	沧州海兴新华村镇银行股份有限公司	非上市	沧州市	9 504	—	5 000	—
70	沧州盐山新华村镇银行股份有限公司	非上市	沧州市	—	—	5 000	—
71	河北滦平农村商业银行股份有限公司	非上市	承德市	—	—	22 793	—
72	滦平盛阳村镇银行股份有限公司	非上市	承德市	—	—	5 830	—
73	曲阳中成村镇银行股份有限公司	非上市	保定市	—	—	5 000	—
74	唐山市丰南舜丰村镇银行股份有限公司	非上市	唐山市	—	—	5 000	—

续表

序号	公司名称	上市状态	城市	总资产（万元）	营业收入（万元）	注册资本（万元）	员工数（人）
75	清河金农村镇银行股份有限公司	非上市	邢台市	—	—	4 000	—
76	行唐利丰村镇银行有限责任公司	非上市	石家庄市	—	—	3 000	—
77	孟村回族自治县融信村镇银行有限公司	非上市	沧州市	—	—	3 000	—
78	河北宁晋农村商业银行股份有限公司	非上市	邢台市	—	—	52 940	—
79	北京怀柔融兴村镇银行有限责任公司	非上市	北京市	—	—	20 000	—
80	鹿泉恒升村镇银行股份有限公司	非上市	石家庄市	—	—	5 000	—
81	天津滨海惠民村镇银行股份有限公司	非上市	天津市	—	—	30 000	—
82	河北蠡州北银农村商业银行股份有限公司	非上市	保定市	—	—	30 000	—
83	天津滨海德商村镇银行股份有限公司	非上市	天津市	—	—	30 300	—
84	河北围场农村商业银行股份有限公司	非上市	承德市	—	—	8 238	285
85	河北高碑店农村商业银行股份有限公司	非上市	保定市	—	—	50 500	—
86	天津市北辰村镇银行股份有限公司	非上市	天津市	—	—	63 836	—
87	北京大兴九银村镇银行股份有限公司	非上市	北京市	—	—	12 000	—
88	大厂回族自治县新华村镇银行有限公司	非上市	廊坊市	—	—	5 000	—
89	河北武强农村商业银行股份有限公司	非上市	衡水市	—	—	8 271	—
90	迁安襄隆村镇银行股份有限公司	非上市	迁安市	—	—	10 000	—
91	香河益民村镇银行有限公司	非上市	廊坊市	—	—	6 000	—
92	宣化中成村镇银行股份有限公司	非上市	张家口市	—	—	5 000	—
93	河北南和农村商业银行股份有限公司	非上市	邢台市	—	—	24 687	—

5 2016年京津冀地区银行业金融机构情况

续表

序号	公司名称	上市状态	城市	总资产（万元）	营业收入（万元）	注册资本（万元）	员工数（人）
94	大城舜丰村镇银行股份有限公司	非上市	廊坊市	—	—	5 000	—
95	河北沧州农村商业银行股份有限公司	非上市	沧州市	—	—	65 729	462
96	天津静海新华村镇银行股份有限公司	非上市	天津市	—	—	20 000	—
97	廊坊市广阳舜丰村镇银行股份有限公司	非上市	廊坊市	—	—	10 000	—
98	河北邯郸农村商业银行股份有限公司	非上市	邯郸市	—	—	41 974	—
99	滦县中成村镇银行股份有限公司	非上市	唐山市	—	—	8 000	—
100	滦南中成村镇银行股份有限公司	非上市	唐山市	—	—	8 000	—
101	沧州市运河青隆村镇银行股份有限公司	非上市	沧州市	—	—	6 000	—
102	永年县农村信用联社股份有限责任公司	非上市	邯郸市	—	—	40 800	—
103	北京大兴华夏村镇银行有限公司	非上市	北京市	—	—	12 500	—
104	北京延庆村镇银行股份有限公司	非上市	北京市	—	—	3 000	—
105	张北信达村镇银行股份有限公司	非上市	张家口市	—	—	3 500	—
106	黄骅青隆村镇银行股份有限公司	非上市	黄骅市	—	—	10 000	—
107	河北清河农村商业银行股份有限公司	非上市	邢台市	—	—	50 000	—
108	北京昌平包商村镇银行股份有限公司	非上市	北京市	—	—	17 200	—
109	北京平谷新华村镇银行股份有限责任公司	非上市	北京市	—	—	20 000	—
110	怀来利丰村镇银行有限责任公司	非上市	张家口市	—	—	5 000	—
111	深州丰源村镇银行股份有限公司	非上市	深州市	—	—	5 000	—
112	沙河襄通村镇银行股份有限公司	非上市	沙河市	—	—	5 000	—

续表

序号	公司名称	上市状态	城市	总资产（万元）	营业收入（万元）	注册资本（万元）	员工数（人）
113	石家庄市农村信用合作社联合社	非上市	石家庄市	—	—	1 578	—
114	河北井陉农村商业银行股份有限公司	非上市	石家庄市	—	—	20 000	—
115	永清吉银村镇银行股份有限公司	非上市	廊坊市	—	—	5 000	—
116	文安县惠民村镇银行股份有限公司	非上市	廊坊市	—	—	3 000	—
117	东光青隆村镇银行股份有限公司	非上市	沧州市	—	—	6 000	—
118	沧县吉银村镇银行股份有限公司	非上市	沧州市	—	—	5 000	—
119	遵化融和农村镇银行股份有限公司	非上市	唐山市	—	—	10 000	—
120	河北张家口宣泰农村商业银行股份有限公司	非上市	张家口市	—	—	33 962	—
121	霸州颍河农村商业银行股份有限公司	非上市	邢台市	—	—	50 295	—
122	霸州燕丰村镇银行股份有限公司	非上市	霸州市	—	—	5 000	—
123	河北万全农村商业银行股份有限公司	非上市	张家口市	—	—	25 114	—
124	蔚县银泰村镇银行股份有限公司	非上市	张家口市	—	—	5 500	—
125	天津滨海江淮村镇银行股份有限公司	非上市	天津市	—	—	30 000	—
126	保定满城区利丰村镇银行股份有限公司	非上市	保定市	—	—	5 000	—
127	三河蒙银村镇银行股份有限公司	非上市	三河市	—	—	8 000	—
128	河北黄骅农村商业银行股份有限公司	非上市	沧州市	—	—	51 458	—
129	阜平大商村镇银行股份有限公司	非上市	保定市	—	—	3 000	—
130	中德住房储蓄银行有限责任公司	非上市	天津市	2 848 600	—	200 000	—
131	河北衡水农村商业银行股份有限公司	非上市	衡水市	—	—	50 100	—

5　2016年京津冀地区银行业金融机构情况　　367

续表

序号	公司名称	上市状态	城市	总资产（万元）	营业收入（万元）	注册资本（万元）	员工数（人）
132	天津西青国开村镇银行股份有限公司	非上市	天津市	—	—	30 000	—
133	河北唐山曹妃甸农村商业银行股份有限公司	非上市	唐山市	—	—	50 161	—
134	保定清苑区邢农村商村镇银行股份有限公司	非上市	保定市	—	—	5 000	—
135	安平惠民村镇银行股份有限公司	非上市	衡水市	—	—	3 600	—
136	乐亭舜丰村镇银行股份有限公司	非上市	唐山市	—	—	5 000	—
137	北京门头沟珠江村镇银行股份有限公司	非上市	北京市	—	—	10 000	—
138	河北南皮农村商业银行股份有限公司	非上市	沧州市	—	—	15 154	—
139	深泽利丰农村镇银行有限责任公司	非上市	石家庄市	—	—	3 000	—
140	澳洲联邦银行（邯郸县）村镇银行有限责任公司	非上市	邯郸市	11 390	—	6 000	—
141	平山西柏坡冀银村镇银行有限责任公司	非上市	石家庄市	—	—	5 000	—
142	北京房山沪农商村镇银行股份有限公司	非上市	北京市	—	—	10 000	—
143	任丘村镇银行股份有限公司	非上市	任丘市	—	—	10 000	—
144	献县融和平汇金村镇银行股份有限公司	非上市	沧州市	—	—	10 000	—
145	唐山市开平开汇金村镇银行股份有限公司	非上市	唐山市	—	—	10 000	—
146	青县青隆村镇银行股份有限公司	非上市	沧州市	—	—	6 000	—
147	廊坊市安次区惠民村镇银行股份有限公司	非上市	廊坊市	—	—	10 000	—
148	晋州恒升村镇银行股份有限公司	非上市	石家庄市	—	—	5 000	—
149	天津滨海扬子村镇银行股份有限公司	非上市	天津市	—	—	30 000	—
150	衡水市农村信用合作社联合社	非上市	衡水市	—	—	300	—

续表

序号	公司名称	上市状态	城市	总资产（万元）	营业收入（万元）	注册资本（万元）	员工数（人）
151	廊坊开发区融商村镇银行股份有限公司	非上市	廊坊市	—	—	5 000	—
152	武安村镇银行股份有限公司	非上市	武安市	—	—	5 000	—
153	唐县汇泽村镇银行有限责任公司	非上市	保定市	—	—	5 000	—
154	望都中成村镇银行股份有限公司	非上市	保定市	—	—	5 000	—
155	北京密云汇丰村镇银行有限责任公司	非上市	北京市	—	—	30 000	—
156	天津市蓟州村镇银行股份有限公司	非上市	天津市	—	—	4 000	—
157	宁晋民生村镇银行股份有限公司	非上市	邢台市	30 391	—	4 000	—
158	元氏信融村镇银行股份有限公司	非上市	石家庄市	—	—	5 000	—
159	涿鹿利丰村镇银行股份有限公司	非上市	张家口市	—	—	10 002	—
160	高邑县农村信用联社股份有限公司	非上市	石家庄市	—	—	17 619	—
161	河北临城农村商业银行股份有限公司	非上市	邢台市	—	—	1 850	—
162	承德县农村信用合作联社	非上市	承德市	—	—	10 118	—
163	围场满族蒙古族自治县华商村镇银行有限公司	非上市	承德市	—	—	39 103	—
164	河北怀来农村商业银行股份有限公司	非上市	张家口市	—	—	2 200	—
165	康保银丰村镇银行有限责任公司	非上市	保定市	—	—	5 000	—
166	涞水利丰村镇银行有限责任公司	非上市	保定市	—	—	5 000	—
167	正定恒升村镇银行股份有限公司	非上市	石家庄市	—	—	5 000	—
合计						216 754 717	

跋

绿色金融的远征

宏海请我为他的新书写跋,希望我发挥文人特长,谈谈绿色金融的情怀。这倒让我有些踌躇,因为文以载道,在这本具有学术研究深度的绿色金融专著最后,抒发自己对于一个新兴领域的认知和感触,不免担心积淀尚浅,书写不透。

忆及与宏海曾硕士同窗三载,又各自在金融市场奋斗多年,期间几乎同时读完博士,此后我回到学校做科研,他已是金融机构中坚力量,并仍在学术上孜孜不倦。多年来,即使公务再繁忙,作为学校的业界导师,他仍坚持以其丰富的市场经验、扎实的理论基础以及严格的学术要求,指导了诸多学生,使他们获益匪浅。细细想来,同窗之谊二十载,如今又共同探讨绿色金融议题,欣然读到这一专著之余,其中所承载的情怀,理应铭记。

总有一种力量,让我们奋不顾身,或为民族与国家大义,或为个人对更加美好生活的希冀。这样看来,我们这些以绿色金融为己任的人是幸福的。因为这个让我们为之努力的方向,关乎我们呼吸的空气、饮用的水、耕种的土壤,关乎我们每个地球人生存的可持续性和质量。其所赋予我们的力量,可以让我们不必去踟蹰张望,而是主动肩负起责任与使命。

当下,我们已处在中国绿色金融发展的风华时代。

其一，是因为国家对于绿色发展的决心。曾几何时，当环境保护与经济增长看似冲突之时，被牺牲的总是前者。以环境为代价换取一时的经济增长，长期却给我们带来了严重的污染问题，并伴随着自然资源枯竭，人们的健康受损等危害。近年来，从《生态文明体制改革总体方案》、"十三五"规划，到十九大报告纲领文件，"正确处理好经济发展同生态环境保护的关系，牢固树立保护生态环境就是保护生产力、改善生态环境就是发展生产力的理念"，"必须树立和践行绿水青山就是金山银山的理念"，成为绿色金融得以发展的基石。

其二，是因为中国有一群为之努力的绿色金融先锋。他们有的来自政府部门、监管机构，有的来自金融机构或企业，有的来自高校和科研院所，有的来自NGO或国际组织，有的来自中介或媒体。在正确的领导决策下，这一群踏上绿色金融征途的先锋，汇聚己之所长，通过研究、创新、交流、沟通，去推进一个大国金融体系绿色化的庞大工程，并走在了世界的最前沿。更高兴的是，我们已经可以在这群人中发现十分年轻的面孔，绿色金融理念正在传承。

其三，是因为国际和国内社会的认可。一项事业或一份工作，无论多么复杂或简单，多么鲜亮或平淡，能否对社会有贡献是一个重要标尺。我们一直笃定，发展绿色金融是人类社会可持续发展的重要动力，这样的发展是一个漫长过程，需要持续的转型和变革，需要意识和能力的不断提高，且终将为全社会所认可和接受。中国已是国际绿色金融发展的引领国，其政策体系、工具创新、能力建设和理念传播的诸多成就，已成为全球各国政府和相关机构争相学习的经验。

凡此种种因素，支撑着我们对于发展绿色金融的理想，并相信理想终将照进现实：如果有一天，环境和气候风险已经内生化到我们的金融体系中，我们就不需要再谈绿色金融，因为金融体系已经完全绿色化。

显然，这是一场关乎人类生存的绿色远征，其背后是坚定的绿色发展信念，更是一份始终向前的坚持。在远征路上，我与宏海以及很多志同道合的人们相继加入，已逾十载春秋，至此无悔。

王遥

2018 年 1 月

后　　记

我大学毕业后在北京工作生活了15年，2009年一个机缘，我到天津的渤海银行，并在这里持续工作了6年。这六年里，我每天晨迎朝阳，暮听晚鼓，往返京津之间。算来每年要坐京津城际超过60 000公里，六年相当于绕行地球九圈。对京津两地也算熟络。2015年我有幸进入特华博士后工作站从事博士后研究工作。在与导师商量研究领域时，几位导师一致认为我的工作经历与现在亟需解决的京津冀协同发展问题契合度很高，建议我选择用京津冀协同发展的题目，我欣然从命。

由于京津冀协同发展是一个博大而宽广的题目，能从哪一点上给这一时代大题目贡献一点绵薄之力让我陷入沉思。2015年是北京雾霾最严重的时候，曾经持续多天红色预警，很多人感到呼吸不畅和眼睛流泪。这让我意识到清洁的空气、明媚的阳光和洁净的水，如此简单而又弥足珍贵的幸福参数正离我们远去。要寻找回曾经平和而又简单的幸福，我们需要付出艰苦的努力。我曾经设想从产业结构优化的角度，京津冀一体化过程中推进产业结构转型升级，进而解决困扰我们的环境问题。但在文献收集和整理过程中，我发现产业结构的优化，除了规划和财政支持外，金融作为现代经济的血液也是不可或缺。结合我在银行十几年的工作，以及在雄安新区的调研，最终确定了《以绿色金融创新支持京津冀协同发展》这样一个题目。我想绿色金融如果能够真正在京津冀系统发展过程中推动环境优化，为子孙后代留下一片蓝天，一泓碧水也算我这项研究的一点贡献吧。

由于京津冀协同发展和绿色金融都是新兴的领域,在研究中可借鉴的资料有限,困难重重。经过不知多少日的夜不能寐,几易其稿,终将这个稿子整理完成。虽自感疏漏难免,但不敢敝帚自珍,还是拿出来供各位前辈、同仁批驳指正,以臻完善。

在研究过程中,首先特别感谢我的三位导师阎庆民教授、霍学文教授、肖金成教授,三位先生治学严谨,待后学如春风化雨,润物无声,让我受益终生。即使工作再忙,只要是讨论论文内容,几位先生都耐心倾听,悉心指导,应该说书中每一段内容都融入了先生们的心血。十分感谢特华博士后工作站,以及站内的王力站长等一大批兢兢业业为我们服务的老师,无论寒暑,你们都认真对待我们的每一项需求,令我深为感佩!我还要感谢我的博士导师史建平教授,不仅指导我完成了我的硕士和博士论文,在我博士后的研究工作中也给予了莫大的关心和帮助。感谢我的同学、中央财经大学绿色金融国际研究院的王遥院长,她作为中财的年轻教授,是绿色金融领域的领军人物,我对绿色金融的深入了解还是应她之邀,为她的学生担任毕业论文答辩委员会主席开始。在我的研究过程中,曾多次与王教授电话交流,她无论在全球各地出差,无论是否有时差都会兴致勃勃与我交换意见。特别感谢我的同事们,魏红刚、范亚舟、吴奕楠、张宇轩、李莹、李晨曦、胡今雪、张一青,在本书写作过程中从材料收集到数据整理、图表制作做出了大量细致而卓有成效的工作,我在这里深表谢意。娄方鸿同志也对本书有贡献,一并致谢。此外,我要感谢中国金融出版社的魏革军社长、张智慧主任、王雪珂编辑。这是我们的第二次合作,无论是我的博士论文出版还是本书出版,他们都表现出了职业、专业、敬业、高效的作风,让我深表敬佩。

最后,我要感谢我的家人。是你们的理解和支持让我有勇气和毅力坚持完成博士后的研究工作。在此期间,少年从一个初中生晋级为高中生,请原谅我由于研究而疏于对你学习的指导。在此期间,夫人承担了全部家务，给我充分时间思考和学习，没有你的帮助，我很难想象如何完成这个题目。还有所有关心和关注我的家人，你们的鼓励是我前进中最重要的动力。我要深深的说一声：谢谢你们！

绿色金融是推动 21 世纪世界经济转型发展的重要杠杆，希望我们共同努力，有情义的做人，有情怀的做事，有温度的做金融，让绿色金融不仅成为促进经济发展的动力，更成为为子孙后代留下绿水青山的重要事业，成为为大家创造简单平和的幸福的事业。

刘宏海

2018 年 2 月